ZENTA MAURINA · DOSTOJEWSKIJ

ZENTA MAURINA

DOSTOJEWSKIJ

MENSCHENGESTALTER UND GOTTSUCHER

MAXIMILIAN DIETRICH VERLAG · MEMMINGEN

Die Skizze zu diesem Werk erschien erstmals 1932 in lettischer Sprache in Riga, 1934 in russischer Übersetzung ebenfalls in Riga und 1939 in englischer Übersetzung in London. Die schwedische Übersetzung der vorliegenden, erweiterten deutschen Originalausgabe erschien 1951 in Stockholm unter dem Titel „DOSTOJEWSKIJ".

ISBN 3 87164 1006

Printed in Germany. 4. unveränderte Auflage 1981. Gesamtherstellung: MZ-Verlagsdruckerei GmbH, Memmingen/Allgäu. Der Schutzumschlag stellt eine Reproduktion des Gemäldes „Dostojewskij" von HANS JÜRGEN KALLMANN dar.

INHALT

III. GOTTSUCHER

Formerlebnis und Weltanschauung

IV. DOSTOJEWSKIJ UND EUROPA

VORWORT

Von den klassischen Dichtern Rußlands ist Dostojewskij heute der lebendigste, russisch und allmenschlich in gleichem Maße. Ein großer Teil der modernen Literatur, in Amerika wie in West- und Osteuropa, diesseits und jenseits des Eisernen Vorhangs, hat sich von seinem Brot ernährt. Das Schrifttum der Gegenwart ist ohne Dostojewskij, den Mathematiker der Seelengleichungen mit mehreren Unbekannten, nicht denkbar.

Für die anthropozentrischen Dichter, aber auch die anthropozentrischen Leser, für die der Mensch im Mittelpunkt alles Seienden steht, ist er ein Wegweiser. Man greift zu Dostojewskij, wenn man von den starren Dogmatikern, von den Vernunftspinnen, dem Ehrgeizgezappel, den Gefühlchen und verderbten Lüstchen müde geworden ist und menschlich zum Menschen, zu den Urfragen des Seins zurückkehrt. Wir lesen ihn, wenn wir es satt haben, uns mit den talentvollen und talentlosen Epigonen zu beschäftigten, und uns die Kunststücke der Trapezartisten der Angst von Kierkegaard bis Sartre langweilen. Dostojewskij hilft uns die zu allen Zeiten und bei allen Völkern gleichen Probleme entwirren, er beunruhigt uns durch die Fragen: Wer bin ich als Mensch an sich, losgelöst von Eltern, Nation und Geschichte? Warum lebe ich? Welch ein Recht habe ich zu leben? Welch eine Verantwortung trage ich dem Ich und dem Du gegenüber? Er bedrängt und bestürzt den Leser, er macht es ihm unmöglich, in der gewohnten Gleichgültigkeit weiterzuvegetieren.

Hält man sich streng an das Tatsachenmaterial, so wirkt Dostojewskijs Leben in seiner sinnerfüllten Einheit, in seinem gewaltigen Schmerzensreichtum und seiner unverlöschbaren Leuchtkraft wie eine Tragödie großen Stils. Seine Romane sind phantastisch, sein Leben aber noch viel phantastischer, denn nichts ist so unglaubwürdig wie die Wirklichkeit. In einer Dostojewskij-Biographie bedeutet jede Retusche Verkleinerung der Größe, Sentimentalisierung des

Erhabenen. Umdichtungen und Hinzudichtungen führen zu Verflachungen und Verzerrungen.

Die Begebnisse seines Lebens sind gigantisch, eruptiv, stürmisch entweder zu hell oder zu dunkel, man wird geblendet vom Licht und schreckt vor der Finsternis zurück.

Die entgegengesetzten Urteile über Dostojewskijs Leben und Werk beruhen zum Teil auf einer Unkenntnis der Quellen. Seit einigen Jahren beginnt in der Dostojewskij-Forschung ein neuer Abschnitt, denn heute liegt sein Leben und Werk durch die Publikation seiner Briefe und Notizbücher in künstlerischer und weltanschaulicher Hinsicht klar vor uns. Was ein Dichter über sich selbst aussagt, ist wesenhafter als alle Beschreibungen und Forschungen der Literaturhistoriker und Kritiker.

Der größte Teil seines Lebens spiegelt sich in seinen Briefen, die ihrem Stil nach Beichte sind. Die ersten drei Bände konnte ich bereits in der ersten Auflage meines Buches auswerten, der vierte, sehr aufschlußreiche Band erschien erst 1959.

Neben der Neuausgabe seiner gesammelten Werke (Moskau 1958), die wertvolle Kommentare enthalten, neben seinen Briefen, Notizbüchern, den Entwürfen zu seinen Romanen habe ich in der zweiten Auflage meines Buches als Quellen die Erinnerungen seiner Zeitgenossen (einige von ihnen sind erst in den letzten Jahren in der Emigrantenpresse gedruckt worden), wie auch das in der Sowjet-Union publizierte Material ausgewertet.

Eine der größten Eigenarten des Wortmächtigen ist, daß man seine Bücher nicht vergißt und jedesmal, wenn man zu ihnen greift, neue Seiten entdeckt.

Zenta Maurina

I.

DAS LEBEN

*»Nicht vor dir habe ich mich verneigt,
sondern vor dem Leid der ganzen Menschheit.«*

Erwachen

„Die Pfeile des Allmächtigen sind in mir . . . und die Schrecknisse Gottes sind auf mich gerichtet."

Es ist heute dokumentarisch nachgewiesen, daß das Geschlecht der Dostojewskijs zu den fest eingesessenen Einwohnern des litauischen Fürstentums Pinsk gehörte, das 1521 unter polnische Oberherrschaft kam und seine Selbständigkeit einbüßte. In den Sümpfen unweit von Pinsk befindet sich heute noch das Dorf Dostojewo, aus dem das Geschlecht der Dostojewskijs stammt, das im 16. Jahrhundert eine einflußreiche katholische Adelsfamilie war.

Bereits im 17. Jahrhundert siedelte ein Zweig des alt-litauischen Dostojewskij-Geschlechtes in die Ukraine über. Die litauische Herkunft betont ganz besonders Aimée Dostojewskij in der 1921 veröffentlichten, wenig zuverlässigen Biographie ihres Vaters. Vielleicht haben sich im Blut des Dichters dunkle Erinnerungen an seine Vorfahren bewahrt, doch diese ethnologischen Spekulationen sind eigentlich belanglos: Fjodor Michailowitsch Dostojewskij selbst fühlt sich als Russe und ist zweifellos einer der russischsten aller russischen Dichter. Auch sind fraglos die zwei letzten Jahrhunderte, in der die Familie sich russifizierte, für die Strukturbildung des Genies entscheidender als die weiter zurückliegenden.

Der Großvater war orthodoxer Geistlicher. Der Vater — Michail Andrejewitsch — hatte in Moskau die medizinische Akademie absolviert und war einer der leitenden Ärzte im Marien-Krankenhaus, dem Armenspital in Moskau. Er war ein mürrischer, düsterer, geiziger, mißtrauischer und harter Mann. Seine Frau, eine zarte

Dulderin, namens Maria Fjodorowna (1800—1837), hatte in die Ehe eine kleine Mitgift mitgebracht. Sie zitterte in steter Angst vor dem Tyrannen und hing in selbstloser Liebe an ihm.

»Fjodor Michailowitsch Dostojewskij wird im Armenhaus geboren. Mit der ersten Stunde ist ihm so schon die Stelle seiner Existenz angewiesen, irgendwo im Abseits, im Verachteten, nahe dem Bodensatz des Lebens ... Niemals bis zum letzten Tage (er starb in einem Arbeiterviertel, in einer Winkelwohnung des vierten Stocks) ist er dieser Umgürtung entronnen, alle die sechsundfünfzig (!!) schweren Jahre seines Lebens bleibt er mit Elend, Armut, Krankheit und Entbehrung im Armenhaus des Lebens ... Dort im Moskauer Armenhaus, in einem engen Verschlag, den er mit seinem Bruder teilt, hat er die ersten Jahre seines Lebens verbracht«, so heißt es im Essay Stefan Zweigs*. Ich zitiere diese Stelle nicht, um die Bedeutung von Zweigs phantasieanregender Biographie, die den Sinn für Dostojewskij geweckt hat, zu vermindern, sondern weil ich darauf hinweisen möchte, daß selbst in den am meisten verbreiteten Werken über Dostojewskij unbegründete, sensationelle Urteile ausgesprochen und ohne weitere Nachprüfungen wiederholt worden sind. Von einer Existenz im Abseits, im Armenhaus des Lebens kann, wenn man sich auf Tatsachen stützt, nicht die Rede sein. Der Militärarzt Michail Andrejewitsch, der Vater des Dichters, bekam ein Gehalt von hundert Rubel monatlich und bewohnte die ihm vom Staat im Krankenhaus angewiesene Dienstwohnung; er hatte außerdem seine Privatpraxis, verfügte über eine Dienerschaft von sieben Personen und besaß vier Pferde. 1831 kaufte er von seinen Ersparnissen im Gouvernement Tula ein kleines, verwahrlostes Gut, das aus zwei Siedlungen bestand: Darowoje und Tschermaschnja.

Die Wohnung im Marien-Spital war allerdings sehr eng und befand sich in der unteren Etage; als die Familie bereits vier Kinder hatte, bestand die Wohnung nur aus zwei Zimmern, einer Halle und Küche. Die einfenstrige Halle, das sogenannte Vorhaus, war durch eine halbhohe Bretterwand in zwei Teile geteilt, und der hintere, dunkle Teil diente den beiden älteren Brüdern als Schlafraum. Ferner gab es einen geräumigen Dreifenster-Raum und ein zweifenstriges Wohnzimmer, das wiederum durch eine Bretterwand

* „Drei Meister", S. 99, Leipzig 1929.

in zwei Räume geteilt war, von denen der eine als Schlafzimmer der Eltern und jüngeren Geschwister diente. Später, als die Familie sich vergrößerte, wurde dem Militärarzt noch ein drittes Zimmer zugewiesen.

Das Geburtshaus Dostojewskijs hat sich bis auf den heutigen Tag erhalten. Die Wohnung seiner Eltern ist zum Museum umgestaltet, das Spital trägt den Namen des Dichters.

Im Sommer fuhr die Familie nach Darowoje, und diese Reise bedeutete für die Kinder jedesmal eine große Freude. Der Vater verbrachte nur seine kurzen Ferientage auf dem Lande, die Mutter mußte mit allen wirtschaftlichen Sorgen allein fertig werden. In Darowoje, mitten in einem Lindenhain, stand das kleine dreizimmrige Sommerhaus. Der Garten grenzte an einen großen düsteren Wald. Hier waren die Kinder sich selbst überlassen und verbrachten den ganzen Tag im Freien. Nein, das war nicht ein Leben im Armenhaus.

Der russische Militärarzt Michail Andrejewitsch heiratet 1819 im Alter von dreißig Jahren die elf Jahre jüngere Maria Fjodorowna. Er hat einen Hang zur Trunksucht; sie, schmalbrüstig und zart, ist für Tuberkulose anfällig. Dieser Ehe entspringen sieben Kinder*, die alle in das Dunkel der Anonymität versunken sind, mit Ausnahme des zweiten Sohnes Fjodor, der in der Weltfinsternis ein Ewigkeitslicht entzündete. Am 30. Oktober** 1821, einem düstern Herbsttage, wurde Fjodor Michailowitsch Dostojewskij in Moskau im rechten Flügel des Marienhospitals, wo sein Vater als Armenarzt tätig war, geboren.

Die Kinder des Arztes pflegten im Park des Krankenhauses zu spielen. Der kleine Fjodor beobachtete die siechen Gestalten, die schattengleich über die Wege humpelten und schlichen. Die in jedem Krankenhaus, besonders aber in einem Armenspital niederdrückende Atmosphäre von Jammer und Elend sank in sein Unterbewußtsein und bildete den Hintergrund für die Gestalten armer Leute, der Erniedrigten und Beleidigten. Die düstere Hospitalatmosphäre war der erste, tief einschneidende Eindruck seiner Kindheit. Das zweite unvergeßliche Bild: er ist acht Jahre alt und geht mit seiner Mutter in der Karwoche zur Kirche. Im dämmrigen, von Weihrauch erfüll-

* Michail 1820—1864; Fjodor 1821—1881; Barbara 1822—1893; Andrej 1825—1897; Wera 1829—1896; Nikolai 1831—1883; Alexandra 1835—1889.

** Alle Daten sind nach dem alten russischen Kalender zitiert!

ten Raum liest ein junger Priester aus dem Buch Hiob. Tief durchdringt ihn Hiobs Verzweiflungsschrei: „Warum ist das Licht gegeben den Mühseligen und das Leben den betrübten Herzen? Die Pfeile des Allmächtigen sind in mir: deren Gift muß mein Geist trinken, und die Schrecknisse Gottes sind auf mich gerichtet ..."

Er war über fünfzig, als er seiner Frau während eines Aufenthaltes im Ausland schrieb, er lese wieder einmal Hiob und die wohlbekannten Worte erregten ihn unaussprechlich, stundenlang tobte in ihm ein solcher Tumult der Gefühle, daß er im Zimmer auf und ab gehe und nahe daran sei, laut aufzuschluchzen. Auch in seinem letzten Roman kehrt er zum Buch Hiob zurück.

Ein dritter, sein künstlerisches Schaffen bestimmender Eindruck: er ist neun Jahre alt, es ist Spätsommer; ein trockener, klarer, windig-kühler Tag auf dem Lande. Der scheue, einsame Knabe war, sich selbst überlassen, von Hause weggelaufen und in das Gebüsch am Rande eines tiefen Abhanges gekrochen, wo er Käfer und Eidechsen beobachtete und sich einen handlichen Stock suchte, um Frösche aufzustöbern. Eine plötzliche Gehör-Halluzination ließ ihn vor Schrecken erstarren; er glaubte jemand rufen zu hören: „Ein Wolf! Ein Wolf!" Vor Angst schreiend rannte er ins Feld, wo Marius, ein Leibeigener seines Vaters, pflügte. Atemlos umklammerte er die Arme des Bauern und schrie: „Ein Wolf! Ein Wolf!" Der breitschultrige Knecht unterbrach seine Arbeit und sah erstaunt in seines jungen Herrn zuckendes, angstverzerrtes Gesicht. Er zog ihn an seine Brust, liebkoste die blutleeren Wangen, berührte mit seinen klobigen Fingern, an denen noch die Erde klebte, die zitternden Lippen des Jungen und tröstete ihn zärtlich: da sei ja gar kein Wolf, da könne ja gar keiner sein. Er bekreuzigte das Kind und bekreuzigte auch sich selbst.

Diese Erinnerung bewahrt Dostojewskij wie eine Reliquie sein ganzes Leben. Während der Katorga verklärte sich das Bild des Leibeigenen zu einem Heiligen. Einmal, zu Ostern, brach unter den Sträflingen ein wüster Streit aus, sie brüllten gemeine Lieder und Messer blitzten durch die Luft. Einer von ihnen lag, ernstlich verwundet, zusammengekauert in einer Ecke, mit einem Mantel zugedeckt. Dostojewskij lag auf seiner Pritsche und tat, als ob er schliefe. Sein Herz war krank vor Widerwillen, er empfand tiefen Abscheu vor dem bestialischen rohen Volk. Da brach plötzlich die Erinnerung an den Knecht Marius in ihm auf; er sah das lächelnde Gesicht des Bauern vor sich, sah seinen groben dicken Finger mit dem breiten, schwarzen Nagel und hörte die gute, ruhige Stimme, die das angstgeschüttelte Kind tröstete, als sei es sein eigenes. Diese Erinnerung glättete die Pein des Gefangenen. Der Haß verließ ihn, Osterfriede senkte sich in seine Seele; vielleicht verbarg sich auch im Herzen dieser wüsten Gesellen irgend etwas vom Bauern Marius? Als Fünfundfünfzigjähriger erzählt er im „Tagebuch eines Schriftstellers" dies Erlebnis und umgibt den Leibeigenen mit einem Heiligenschein.

Und ein vierter, unauslöschlicher Eindruck aus seinem fünfzehnten Lebensjahr: Er und sein Bruder Michail reisten in der Begleitung des Vaters mit der Postkutsche von Moskau nach Petersburg. Das war im Mai. Ringsum grünte und blühte die Natur. Die idealgesinnten Jünglinge deklamierten auf dem Weg Puschkin und schwärmten von Dichtung und einer glücklichen Menschheitszukunft. Irgendwo wurde haltgemacht, um die Pferde zu wechseln; da sah der junge Dostojewskij durchs Fenster folgende Szene: Die Troika eines Kuriers fuhr an der Poststation vor. Ein dicker Offizier mit einem feuerroten Gesicht in glänzender Uniform mit einem prächtigen Federhelm stieg aus, trat mit wuchtigen Schritten auf den Schanktisch zu, stürzte ein Glas Schnaps hinunter, stieg eilig wieder ein und begann, ohne ein Wort zu sagen, das Genick des Kutschers mit der Faust zu bearbeiten. Nicht etwa in einer jähzornigen Aufwallung, es war eine wohlberechnete, jahrelang gewohnte und geübte Methode, die er hier vollzog. Die schreckliche, in die Luft erhobene Faust sauste wieder und wieder auf den Nacken. Der Kutscher, der sich unter den Schlägen krümmte, drosch wie ein Besessener auf die Pferde, die wie toll die Straße hinunterrasten.

Vierzig Jahre später schildert er dieses Geschehnis so lebendig, als hätte es sich nur ein paar Stunden oder Tage zuvor ereignet; auch bei diesem Erlebnis verweilt er im „Tagebuch eines Schriftstellers", das nächst den Briefen sein Innenleben unmittelbar, ohne dichterische Verkleidung offenbart und für das Verständnis seiner Persönlichkeit ebenso notwendig ist, wie etwa für das Verständnis Goethes die Gespräche mit Eckermann; zurückschauend schrieb er: „Nie habe ich diesen Offizier vergessen können und das Schmachvolle und Grausame im russischen Charakter vielleicht infolgedessen allzu einseitig aufgefaßt ... Dieses Bild blieb für mich ein Emblem."

Immer wieder stieß er in seinem Leben auf die Bestialität der Menschen und glaubte trotzdem an die Güte des in Gott verankerten menschlichen Herzens. Die Faust des Offiziers und die Liebkosung des Leibeigenen Marius begleiten ihn sein ganzes Leben und unbeantwortet blieb die Frage: „Warum ist das Licht gegeben den Mühseligen und das Leben den betrübten Herzen?"

Wo immer Dostojewskij sich in seinen Romanen mit der Psychologie von Kindern beschäftigt, ist ein Reflex seiner eigenen, düsteren, von Ängsten gepeinigten Jugend spürbar. Von methodischer Pedanterie besessen, vergab der Vater den Kindern nicht das geringste Vergehen. Schon in ihrem vierten Lebensjahr erlernten die beiden ältesten Söhne das Lesen. Französische und russische Privatlehrer kamen ins Haus; der Vater, ein Anhänger der humanistischen Bildung, unterrichtete die Söhne in Latein. Er war so streng, daß er ihnen nicht erlaubte, sich während der Stunden hinzusetzen, nicht einmal an den Tisch durften sie sich anlehnen, allein die Prügelstrafe als Erziehungsmittel verabscheute er.

Vor der Strenge des Vaters retteten sich die Kinder zur sanften Mutter. Sie war eine jener Frauen, die Dostojewskij in seinen Romanen oft geschildert hat und die das Leben als Unbegreiflichkeit still erdulden. „Demut, Nachgiebigkeit, Geduld, Unterwürfigkeit und zu gleicher Zeit Festigkeit, Kraft, wirkliche Kraft — das ist der Charakter deiner Mutter", diese Worte Wersilows charakterisieren nicht nur die Mutter des „Jünglings", sondern auch Dostojewskijs eigene Mutter. Und weiter heißt es von der schlichten, stillen Dulderin, daß sie nicht immer schweige, „manchmal sagt sie auch etwas, aber aus dem, was sie sagt und wie sie es sagt, ersiehst du ohne weiteres, daß dein ganzes Reden nur Zeitverschwendung gewesen ist, selbst wenn du es fünf Jahre ganz allmählich vorbereitet hast".

Auch die Mutter Aljoscha Karamasows ist seiner eigenen Mutter verwandt. Ein kostbares Kleinod war für ihn das Bild eines Engels, das sie ihm, als er noch ein kleiner Junge war, geschenkt hatte und das die Inschrift trug:

J'ai le cœur tout plein d'amour,
Quand l'aurez-vous à votre tour?

Sie war in ständiger Sorge um die Gesundheit und das Seelenheil ihrer Kinder, sie ging mit ihnen in die Kirche und betete abends mit ihnen. Den ersten Unterricht erhielt Dostojewskij von seiner Mutter, und das Lesen lernte er, wie es damals üblich war, aus der Heiligen Schrift.

Maria Fjodorowna starb, wie viele Gestalten in Dostojewskijs Romanen, an der Lungenschwindsucht, als Fjodor 16 Jahre und die jüngste Schwester, das siebente Kind, kaum zwei Jahre alt war.

Die Kinder litten unter der übertriebenen Sparsamkeit des Vaters, die oft in schmutzigen Geiz ausartete. Während die Mutter auf dem Lande ist, fragt er sie in gefühlvoll sentimentalen Briefen, wieviel silberne Löffel sie zurückgelassen habe, seiner Meinung nach fehle von sechsen einer; auch müsse er wissen, wieviel Hauben, Kleider, Pelerinen in der Stadt geblieben seien, er habe ihre Sachen gezählt und den Eindruck gewonnen, daß die Magd bereits einiges gestohlen habe.

Die Kinder hatten vor dem Vater einen ungeheuren Respekt, sie sprachen mit ihm wie Diener mit ihrem Vorgesetzten. Im Sommer, wenn der alte Dostojewskij seine Siesta hielt, mußte eines der Kinder mit einem Lindenzweig die Fliegen wegjagen.

Der Vater tyrannisierte Frau, Kinder und Leibeigene. Als Maria Fjodorowna starb, war er so maßlos verzweifelt, daß er vor Schmerz laut schrie und mit dem Kopf gegen die Wand schlug. Nach ihrem Tode brachen seine wilden Triebe ungezügelt hervor. Er trat in den Ruhestand, siedelte aufs Land über, ergab sich dem Trunk und der Wollust, und mißhandelte seine Leibeigenen. Seine Frau hatte mit Tränen in den Augen um Gnade gefleht, wenn er im Jähzorn seine Bauern strafen wollte. Er hatte sie dann ins Haus gedrängt und die Tür verschlossen, um sich ihrem milden richtenden Blick zu entziehen. Nur sie allein hatte vermocht, seinen Jähzorn zu zähmen, nun aber beschwichtigte niemand mehr seine maßlosen Wutausbrüche. Es haben sich einige Zeugnisse der Bauern erhalten: „Der Herr war ein wildes Tier. Düster war seine Seele. Hart und willkürlich behandelte er seine Bauern, aber die Herrin war ein Herzensmensch. Sie lebten nicht gut miteinander, er schlug sie. Und seine Bauern züchtigte er, wenn es ihm gerade einfiel.“

1839 fand man ihn tot auf der Landstraße, die vom Gütchen Darowoje nach Tschermaschnja führte. Durch seine Grausamkeiten zum Äußersten getrieben, hatten die Bauern ihn in einer dunklen Nacht mit den Polsterkissen des Wagens, in dem er ausgefahren war, erstickt. In Dostojewskijs Briefen und Tagebüchern ist der gewaltsame Tod des Vaters mit keinem Wort erwähnt. Er war damals achtzehn Jahre alt, er hatte seinen Vater gehaßt und nun war er plötzlich auf eine so unheimliche Weise von ihm befreit.

Das Problem der „zufälligen Familie“, das heißt einer Familie, die nicht durch innere seelische Bande verbunden ist, hat ihn sein Leben lang gequält, ebenso wie das Problem von Schuld und Sühne. Ist ein in Gedanken begangener Mord nicht auch ein Verbrechen? In seinem letzten Werk, den „Brüdern Karamasow“, wälzt er endlich diese dreißig Jahre lang getragene Last von seinem Inneren: das, worüber er nicht zu sprechen wagte, hat er in einem künstlerischen Gebilde objektiviert. Sein eigener Vater wird in der Gestalt des alten Karamasow lebendig — obwohl man in keinem Fall ihn mit dem Modell identifizieren darf — löst sich auf diese Weise aus seinem Inneren und peinigt ihn nicht mehr. Bezeichnend ist es, daß das Gut, das dem alten Karamasow gehört, Tschermaschnja heißt.

Die Familie Dostojewskij führte ein zurückgezogenes Leben. An geselligen Zusammenkünften nahm sie nur selten teil. Der schäbige Geiz des Vaters hielt die Kinder von jedem Umgang mit Altersgenossen fern. Die beiden ältesten Brüder Michail und Fjodor schlossen sich im Lauf der Jahre immer enger aneinander. Ihre Abenteuerlust befriedigten sie durch Lektüre, ihre Phantasie fand in russischer und ausländischer Literatur immer neue Nahrung. Der Vater pflegte den Kindern abends seinen Lieblingsschriftsteller Karamsin vorzulesen, und der Eindruck, den dessen tränenreiche Sentimentalität hinterlassen hat, ist in den Erstlingswerken Dostojewskijs spürbar. Für sein späteres Schaffen ist der Einfluß zweier russischer Schriftsteller entscheidend. Schon in seinem zehnten Lebensjahr lernt er voller Begeisterung Puschkins Gedichte auswendig, und mit der eigenen Reife reift auch allmählich das Verständnis für den Giganten, an dem er das Weltumfassende, das Allmenschliche am tiefsten verehrt, und dem er sein letztes Werk weiht. Als Puschkin 1837 starb, bekannte der sechzehnjährige Dostojewskij, wenn er nicht schon um seine unlängst verstorbene Mutter Trauerkleider trüge, so täte er es zum Zeichen seiner Verehrung für Puschkin.

Der andere russische Schriftsteller, den Dostojewskij schon in seiner Jugend in sein Herz schloß und dem er bis an sein Lebensende treu blieb, war Gogol, der Schöpfer einer bizarren Typengalerie, der schonungslose Enthüller russischer Mißstände. Als er starb, war Dostojewskij dreißig Jahre alt. Seine Beziehung zu Gogol hat er in dem berühmten Satz ausgedrückt: „Wir alle sind dem ‚Mantel' Gogols entstiegen."*

Das Französische beherrschten beide Brüder wie ihre Muttersprache; sie lasen ausländische Literatur hauptsächlich in französischen Übersetzungen. Walter Scotts und Dickens' Werke, die damals schon ins Russische übersetzt waren, wurden von den Knaben heißhungrig verschlungen. Später kommen Chateaubriand, Walter Scott, Balzac, Shakespeare, E. T. A. Hoffmann, Victor Hugo, Homer, Platon, die französischen Klassiker und Goethe hinzu. Der teuerste aber von allen ausländischen Dichtern war ihnen Schiller. Seit ihrem zehnten Lebensjahr schwärmten sie für „Die Räuber" und Schillers Gedichte. „Die Räuber" waren das einzige Theaterstück, das die Brüder bereits in ihrer Kindheit gesehen hatten. Für den jungen Dostojewskij sind die Bucherlebnisse bedeutsamer als die Wirklichkeit. Seine Bekanntschaft mit Schiller und Walter Scott prägten sein Lebensbild mehr als Natureindrücke oder die wenigen Menschen, die das Elternhaus betraten. Sein von Kindheit an nach innen gerichteter Blick, sein durch die strenge Erziehung eingeschüchtertes Wesen wird durch die Lektüre noch weltfremder, seine Auffassung aller Dinge noch abstrakter.

Fjodor ist zwölf Jahre alt, als er und Michail in die Pension des Franzosen Suchard abgegeben werden. Der damalige Lebensstil verlangte von einem gebildeten Russen einwandfreie Kenntnisse der französischen Sprache. Ein Jahr später besuchen beide Brüder das teure und gediegene Erziehungspensionat L. I. Tschermak, wo die besten Professoren Moskaus den Unterricht erteilten und dem Studium der Literatur eine besondere Aufmerksamkeit zugewandt wurde. Fjodor war ein Einzelgänger, scheu, schweigsam, jähzornig. Jeden Sonnabendabend erwartete er sehnsüchtig das Zweigespann des Vaters, das ihn in seine Zurückgezogenheit zu den geliebten Büchern brachte.

Im Todesjahr der Mutter, 1837, trat Fjodor in die Militäringenieurschule in Petersburg ein, der „triftige Grund" dazu war in den Augen des Vaters ein Freiplatz. Daß der Vater ihn aus Sparsamkeitsgründen in diese Lehranstalt zwang, ist ein ebenso

* „Der Mantel" — eine der berühmtesten Erzählungen Gogols.

großes Mißverständnis wie Rilkes Eintritt in die Kadettenschule. Der Unterricht und die Fächer in der Militäringenieurschule konnten in keiner Weise die lebhafte Phantasie Fjodors befriedigen: Religion, russische Sprache, französische Sprache, technisches Zeichnen, Architektur, Geschichte, Topographie, analytische Geometrie, Physik, Artillerie, Fortifikation, Differential- und Intregalrechnung, Taktik, theoretische Mechanik, praktische Mechanik, Chemie, Geognosie. Armer Dostojewskij! Seine Depression steigert sich, als er infolge „unzureichender Fortschritte" das zweite Jahr auf dem ersten Kursus bleiben muß. An Michail schreibt er, die Gemeinheit des Algebralehrers hätte ihn zu Fall gebracht. Er könnte vor Wut die ganze Welt erwürgen. Er sei zum Lehrer unhöflich gewesen und dieser hätte sich nun an ihm gerächt. An den geizigen Vater schreibt er Klagelieder über die ihn niederdrückende Disziplin und Dürftigkeit, in der er gezwungen ist zu leben. Er bettelt ihn um Geld an wie ein Angestellter seinen Prinzipal. Um das Herz des Knausers zu erweichen, übertreibt er seine mißliche Lage: „Wenn man von den Übungen übermüdet und durchfroren zurückkehrt und bei regnerischem Wetter fröstelnd unter der Zeltbahn sitzt, kann man ohne heißen Tee erkranken, wie mir das im vorigen Jahr passierte. Trotzdem werde ich aus Rücksicht auf Ihre beschränkten Verhältnisse dem Teetrinken in Zukunft entsagen." Kniefällig bettelt er um ein paar Rubel für ein Buch, Schuhe, Federn, Papier, und jedesmal folgt eine peinlich genaue Abrechnung über jede Kopeke, die er ausgegeben hat und noch ausgeben muß. Eine Reihe seiner Briefe enthalten nichts als Rechnungen, Quittungen und Erklärungen dazu.

Einmal wurde er einem russischen Fürsten, der der Militäringenieurschule die Ehre seines Besuchs erwies, vorgestellt. In seiner Zerstreutheit und Verträumtheit vergaß der junge Dostojewskij die seiner Durchlaucht angemessene Anrede, und der Fürst rief ärgerlich: „Warum schickt man uns auch solche Idioten!"

Der ein Jahr ältere Bruder Michail hatte die Aufnahmeprüfung in die Petersburger Lehranstalt nicht bestanden und kam in eine Schule ähnlichen Typs nach Reval. Zwischen den Brüdern entwickelt sich sein eifriger Briefwechsel. So maßlos und leidenschaftlich in allen Dingen Fjodor war, so nüchtern und gesetzt war Michail. Fjodor hing an all seinen Geschwistern, die seine Berufung nicht vorausahnen konnten und sich wenig aus dem Eigenbrötler machten. Ganz besonders liebt Fjodor seinen ältesten Bruder Michail.

Ihm vertraut er seine geheimsten Pläne an und ist stets um das Wohlergehen Michails besorgt. Er gibt ihm Ratschläge und leidet maßlos unter einer längeren Trennung. Er bettelt um Zutrauen und Verständnis und ist gemäßigter Gefühle unfähig. Immer zittert er in Angst, den geliebten Menschen zu verlieren. In einem Delirium von Ungeduld wartet er auf Antwort, verspätet sie sich, ist er verzweifelt; kommt endlich der langersehnte Brief, dann verlängert er wissentlich die Vorfreude, indem er ihn nicht gleich liest. Er trägt ihn mit sich herum, überlegt, was wohl darin steht, er wiegt ihn in der Hand, steckt ihn in die Tasche, um ihn gleich wieder herauszunehmen. Er schiebt die Freude des Lesens eine Viertelstunde oder noch länger hinaus, bis er plötzlich den Umschlag aufreißt und gierig jede Zeile verschlingt.

Michail schrieb in seiner Knabenzeit sentimentale Verse. Durch Fjodor angeregt, übersetzt er in späteren Jahren „Die Räuber“ und „Don Carlos“, träumt von literarischem Ruhm und wird in den sechziger Jahren ein verdienstvoller Schriftleiter (vorübergehend leitete er eine Tabakfabrik).

Die Fortschritte in der Lehranstalt, die Zukunft mit ihren Existenzfragen sind für ihn belanglos im Vergleich mit dem Rätsel Mensch, das ihn schon in jungen Jahren beschäftigt. „Die Seele weitet sich, um die Größe des Lebens zu erfassen“, heißt es in einem Brief an seinen Bruder, und dies ist der erste Satz in der tragischen Symphonie seines Lebens.

Von seinen ersten dichterischen Versuchen — Dramen im Stile Schillers und Puschkins — haben sich nur die Überschriften bewahrt: Maria Stuart, Boris Godunow. Nicht einmal die Titel seiner geplanten Werke sind originell. Zweiundzwanzigjährig absolviert er die Militäringenieurschule mit dem Grad eines Leutnants und mietet sich eine schöne geräumige Wohnung. Aus dem hinterlassenen Erbe des Vaters erhält er alljährlich eine beträchtliche Summe, die zusammen mit seinem Gehalt fünftausend Rubel im Jahr ausmacht. Vom bürgerlichen Standpunkt aus: eine gesicherte Existenz. Allabendlich besuchte er die Oper oder das Theater. Glinkas Name stand an erster Stelle auf dem Programm, von den ausländischen Gästen wurde Franz Liszt am stürmischsten gefeiert. Bald aber mußte der junge Dostojewskij seine schöne geräumige Wohnung aufgeben und als Untermieter zu Dr. Riesenkampf, einem damals in Petersburg angesehenen Arzt, ziehen. Obwohl er in der Militäringenieurschule sich eingehend mit Mathematik beschäftigt hatte, verstand er nicht zu rechnen und immer überstiegen seine Ausgaben die Einnahmen.

Der ehrenwerte Doktor versuchte Ordnung und Regelmäßigkeit in das Leben seines jungen Freundes und Patienten zu bringen und ihn dazu anzuhalten, auf seine brüchige Gesundheit Rücksicht zu nehmen, aber alle Mühe war vergebens. Hatte Dostojewskij Geld, lud er den Doktor und die anderen Freunde in teure Restaurants oder auch zu sich nach Hause ein. Man spielte Karten, hauptsächlich Préférence, und trank Punsch. Dostojewskij strahlte, wenn er seine Freunde zu einem Diner oder Souper im „Hôtel de France" versammelt hatte. Er war glücklich, wenn „die armen Proletarier" — so nannte er alle, die von ihrer Arbeit und nicht von einer Rente lebten — in einem vornehmen Raum zusammenkamen, und er ihnen ein köstliches Mittagessen und schäumenden Wein vorsetzen konnte. Doktor Riesenkampf erzählt in seinen Erinnerungen: „Fjodor Michailowitsch gehörte zu jenen Menschen, in deren Nähe es allen gut geht, die aber selbst in ständiger Not leben. Man bestahl ihn unbarmherzig, aber er war so vertrauensselig und gütig, daß es ihn anwiderte, die Diebe, meistens einen der Dienstboten, zu überführen, die seine Sorglosigkeit auszunutzen verstanden."

In diesem Abschnitt seines Lebens setzte er sich auch mit dem Abschaum der Stadt, den Vaganten, an einen Tisch und hielt sie frei. Jeden armen Schlucker, der als Patient zum Doktor kam, war er bereit wie einen Gast zu empfangen. Generös und impulsiv, war er im praktischen Leben hilflos wie ein kleines Kind, und Geld sparen, um die Misere zu überwinden, lernte er nie.

Doktor Janowskij, der ihn jahrelang behandelt hat und ihn gut kannte, schildert die materiellen Sorgen seines Patienten sehr treffend: „Dostojewskij gehörte zu jenen Menschen, die ewig über Geldnot klagen und nicht zu sparen verstehen. Immer baute er Luftschlösser, träumte davon, sehr reich zu werden und allen, die in Not sind, zu helfen." Nie konnte er so sorglos leben, nie im Gefühl der Sicherheit und Muße seine Werke schreiben wie die Gutsbesitzer Tolstoj und Turgenjew, für die die schriftstellerischen Honorare einen angenehmen Zusatz zu ihrem Vermögen bildeten. Unrichtig wäre es aber zu behaupten, daß er, der in späteren Jahren seiner Frau kostbaren Brillantschmuck schenkte, alljährlich zu einer Kur ins Ausland fuhr, teure Vasen und sächsisches Porzellan kaufte und im großfürstlichen Hause ein willkommener Gast war, sein Leben lang elendiglich im Armenhaus des Lebens verbracht hätte, wie das Stefan Zweig so pathetisch und eindrucksvoll schildert.

Im November 1843 erhält er von seinem Vormund aus der Erbschaft seines Vaters tausend Rubel und verschleudert das Geld in kurzer Zeit. Er brauchte den Rausch wie Goethe das Ordnungsgesetz. Es lag für ihn ein wollüstiger Genuß darin, leichtsinnig Geld auszugeben. Schon im Dezember desselben Jahres ist er gezwungen, 300 Rubel gegen hohe Zinsen von einem Wucherer zu leihen. Im Februar 1844 erhält er die letzten tausend Rubel aus der Erbschaft, und auch von dieser Summe ist nach einigen Wochen nichts mehr übrig: alle seine Freunde und Bekannten lädt er großzügig zu einem grandiosen Essen ein, er spielt Billard und Domino. Karten spielte er nur in seiner Jugend und auch damals ungern, und die Hasardleidenschaft erwachte erst viel später auf seinen Auslandsreisen. Im Genuß von alkoholischen Getränken war er stets mäßig und in späteren Jahren, als er spürte, daß der Wein sein empfindsames Nervensystem zerrüttete, entsagte er ihm ganz.

Der Dienst im Departement war ihm zuwider „wie Kartoffeln, die man tagtäglich ißt". Im Oktober 1844 entsagte er dieser Existenzarbeit. Er ist 23 Jahre alt und hat „die Zwangsjacke" nur zwei Jahre getragen, doch länger kann er es nicht aushalten; er wirft sie voller Abscheu von sich und hat bis an sein Lebensende sich nie auch nur bemüht, ein Amt zu bekleiden, einen Beruf auszuüben: so stark war die Gewißheit der Berufung in ihm, obwohl mitunter die Not durch seine Freigebigkeit, seine Freude am Schenken wie auch durch seine Unfähigkeit, das Alltagsleben zu meistern, riesenhaft anwuchs, und ihn dazu zwang, sein einziges gutes Hosenpaar im Leihhaus zu verpfänden.

1843 war Balzac einige Monate Gast in Petersburg gewesen und hatte sich einer ungeheuren Popularität erfreut: er wurde als größter Dichter seiner Zeit gefeiert. Dieser Balzac-Enthusiasmus veranlaßte Dostojewskij, den Roman „Eugénie Grandet", den er ein Wunder nannte, ins Russische zu übertragen. Er arbeitete an der Übersetzung mit Begeisterung und schrieb seinem Bruder, daß sie ihm ganz vorzüglich gelungen sei. Leider war der Herausgeber nicht der gleichen Meinung und strich ein Drittel. Am Ende des Jahres 1844 trat Dostojewskij als Übersetzer des Balzacschen Romans zum ersten Male an die Öffentlichkeit.

„Der herrlichste Augenblick meines Lebens"

„Ja, das sind Menschen! Solche Menschen gibt es nur in Rußland!"

Wenn Dostojewskij als Mensch am 30. Oktober 1821 geboren wurde, so ward er zum Genie in einer durchsichtig bleichen Mainacht des Jahres 1845. Es war der denkwürdige Tag, an dem er sein erstes Werk, den Roman „Arme Leute" beendete. Seit dem Herbst 1844 teilte er seine Wohnung mit dem Schriftsteller D. V. Grigorowitsch. Sein einziges Einkommen war das Honorar für die Übersetzung des Romans „Eugénie Grandet". Das Geld reichte nur für die erste Hälfte des Monats, in der zweiten fristeten die Kameraden ihr Leben von Gerstenkaffee, Weißbrot und Tee. Sie mußten sich ohne Bedienung helfen, was damals auch in bedürftigen Kreisen als große Plage galt. In den Erinnerungen Grigorowitschs sind Bilder jener Tage lebendig festgehalten. Den ganzen Tag und einen großen Teil der Nacht verbringt Dostojewskij an seinem Schreibtisch. Mit keinem Sterbenswörtchen verrät er seinem Stubenkameraden auch nur das Thema seines Romans. Auf Fragen antwortet er lakonisch und mürrisch. Kaum daß die Feder seiner müden Hand entsinkt, greift er nach einem Buch.

Die angestrengte, ununterbrochene geistige Arbeit und sitzende Lebensweise wirkten schädlich auf seine Gesundheit, überreizten sein sensibles Nervensystem. Er macht selten Spaziergänge und der kleinste Reiz genügt, um eine Nervenerschütterung hervorzurufen. Der Anblick eines Leichenzuges läßt ihn zusammenzucken, erbleichen und bewußtlos niedersinken. Nach solchen Anfällen, die wohl die Vorboten der Epilepsie waren, folgten schwere Depressionen.

An seinem ersten Roman arbeitet er mehr als ein Jahr. Der Held Dewuschkin ist ein armer, von der Last des Alltags niedergedrückter Beamter, der seine Tage im Abschreiben von Akten verbringt. Seine Kollegen haben ihm den Spitznamen „Ratte" gegeben, und es scheint, als sei ihm vom Schicksal keine größere Rolle zugeteilt. Aber die Liebe zu einem reinen Mädchen erweckt in ihm das Bewußtsein seiner Menschenwürde, und in einem seiner Briefe — der Roman ist in Briefform geschrieben — bekennt er: „Ich weiß, wieviel ich Ihnen schulde, Liebling ... Bevor ich Sie, Engel, kannte, war ich von aller Welt abgeschieden, wie schlafend und kaum lebendig. Meine Peiniger sagten, selbst mein Äußeres sei unanständig, sie schmähten mich und so kam es, daß auch ich selbst mich schmähte; sie sagten, ich sei stumpf. Aber dann traten Sie in mein Leben und erhellten meine dunklen Tage. Meine Seele wurde licht und wach, mein Herz gewann Frieden, und ich wußte plötzlich, daß ich nicht schlechter als die anderen bin, nur habe ich nichts Glänzendes, und es mangelt meinem Leben an Schliff und Stil. Aber trotzdem: ich bin ein Mensch!"

Diese Worte sind der Schlüssel zu seinem ersten, eindrucksvoll geschriebenen Roman und eines der Leitmotive seiner künftigen Werke. Er ist hier noch im Banne Gogols, der in der Gestalt des Akakij Akakijewitsch den Typus eines armen, erniedrigten Beamten geprägt hat. Dostojewskij individualisiert diese Gestalt; indem er sich freimütig einen Schüler Gogols nennt, entsteigt er bereits der Welt seines Meisters. Sein Held Dewuschkin ist durch die Verinnerlichung demjenigen Gogols überlegen. Nicht die Schilderung der sozialen Not, die Psychologie des liebehungrigen, von Minderwertigkeitsgefühlen Geplagten war für Dostojewskij wichtig, obwohl damals der Begriff der Minderwertigkeit als solcher noch nicht figurierte. Armut macht den Menschen nicht nur äußerlich, sondern auch innerlich schutzlos, sie verschließt und verhärtet ein scheues Herz, raubt ihm die Menschenwürde, läßt es bald grausam und anmaßend, bald kriecherisch erscheinen. „Arme Menschen sind unausgeglichen ... der arme Mensch ist anspruchsvoll; ängstlich schaut er um sich und lauscht mißtrauisch auf jedes Wort, — spricht man über mich nichts Schlechtes? Spottet man nicht über meine Dürftigkeit? Ach, liebe Warenka, verzeihen Sie mir, wenn ich mich ungelenk ausdrücke, aber ich will Ihnen aufrichtig sagen, daß der arme Mensch ebenso seine Scham besitzt, wie Sie Ihre jungfräuliche."

Gleich beim ersten Werk handelt es sich für Dostojewskij um Sein oder Nichtsein. Er ist Dichter und nichts anderes, er kann nichts anderes sein. „Wenn mir dieses Werk nicht gelingt, erhänge ich mich", schreibt er. Und an anderer Stelle: „Bisweilen durchwache ich vor quälenden Gedanken die ganze Nacht. Gelingt es mir nicht, den Roman unterzubringen, dann vielleicht — in die Newa. Was bleibt mir übrig? Ich habe alles überlegt. Den Untergang meiner Idée fixe kann ich nicht überleben."

Als das Werk endgültig fertig ist, liest er es Grigorowitsch vor;

und obwohl er den Kameraden gebeten hat, ihn nicht zu unterbrechen, kann sich Grigorowitsch begeisterter Zwischenrufe nicht enthalten. Kaum, daß er den letzten Satz gelesen, nimmt Grigorowitsch das Manuskript und bringt es noch am selben Abend, ohne auf die zweiflerischen Widerreden Dostojewskijs zu achten, zu Nekrassow, der damals Material zu einem Almanach sammelte*. Er las es Nekrassow vor, Tränen erstickten seine Stimme und auch Nekrassows Augen wurden feucht — so neu, so stark wirkte Dostojewskijs Wort, so leidenschaftlich entzündet den Russen ein Kunstwerk. Um vier Uhr in der Frühe läutet die Flurglocke bei Dostojewskij, herein stürmen Grigorowitsch und Nekrassow, sie umarmen den verblüfften Dostojewskij, der in seiner Aufregung und zehrenden Ungeduld noch nicht schlafen gegangen ist. Grigorowitsch sprudelt seine Geschichte hervor: wie er mit dem Freund das Manuskript zu lesen begonnen, wie sie das Ganze — elf Druckbogen! — in einem Zuge verschlungen, wie sie abwechselnd einander vorgelesen, und als sie bis zum letzten Satz gekommen, beschlossen hätten, den Verfasser sofort aufzusuchen, um ihm zu gratulieren. „Was kümmert uns sein Schlaf, wir werden ihn wecken. Dieses hier ist wichtiger als Schlaf."

Am folgenden Morgen eilte Nekrassow zum berühmtesten Kritiker jener Zeit, zu Belinskij, von dessen Urteil der Erfolg oder Mißerfolg des jungen Schriftstellers abhing. Nekrassow berichtete erregt, ein neuer Gogol sei erstanden. Belinskij runzelte die Stirn und bemerkte mit kritischer Schärfe: „Glauben Sie, daß Gogols wie Pilze aus der Erde schießen?" Aber er nahm das Manuskript, las es auf der Stelle und lud schon am nächsten Tage den Verfasser zu sich ein. Begeistert empfing er den 23jährigen Dostojewskij, nannte sein Erstlingswerk eine Tragödie und sagte: „Ahnen Sie eigentlich selbst, was Sie da geschrieben haben? Ihrem Auge hat sich die Wahrheit entschleiert, und der Künstler in Ihnen empfing göttliche Eingebung. Bleiben Sie Ihrer Berufung treu und Sie werden ein großer Dichter werden."

Im „Tagebuch eines Schriftstellers" erzählt Dostojewskij von

* Dostojewskij erzählt im „Tagebuch eines Schriftstellers", daß er selbst das Manuskript zu Nekrassow gebracht habe, aber der reservierte Grigorowitsch, der neidlos das Genie in seinem Kameraden bewunderte, berichtet in seinen pedantisch wahrheitsgetreuen Erinnerungen sehr genau, wie *er* das Manuskript zu Nekrassow gebracht habe. Dieses Mal hat sich Dostojewskij rückerinnernd in der für ihn unbedeutenden Tatsache geirrt. Für den bescheidenen Grigorowitsch aber war diese Tatsache nicht unbedeutend.

seinem literarischen Debut und man glaubt noch die Erregung in seiner Stimme zu spüren. Er verläßt Belinskij „wie trunken". „Ich blieb an der Ecke seines Hauses stehen, schaute auf den Himmel, auf den hellen Tag, auf die vorüberflutenden Straßengänger und fühlte mit meinem ganzen Sein, daß in meinem Leben ein feierlicher Augenblick eingetreten war; ein Einschnitt für alle Ewigkeit, etwas ganz Neues hatte begonnen, etwas das sich selbst in meinen leidenschaftlichsten Träumen nicht zu ersehnen wagte. (Und ich war damals ein schrecklicher Träumer.) ‚Bin ich denn wirklich so groß?' fragte ich mich in scheuer Begeisterung. Oh, lacht nicht über mich; nie später in meinem Leben habe ich gedacht, daß ich groß bin, aber damals — konnte man denn das ertragen? Oh, ich werde mich dieses Lobs würdig erweisen, und Menschen, was für Menschen! Ja, das sind Menschen! ... Übrigens, solche Menschen gibt es nur in Rußland!"

Dieses Ereignis bewahrte durch alle Jahre hindurch seine innere Leuchtkraft, er nannte es „den herrlichsten Augenblick seines Lebens" trotz der Enttäuschungen, die er später an Belinskij erlebte. Selbst in der Katorga, in den Stunden tiefster Niedergedrücktheit, stärkte ihn die Erinnerung an seine erste Begegnung mit dem russischen Kritiker.

Diese Mainacht und der darauffolgende Tag waren vielleicht die einzigen restlos glücklichen Augenblicke in seinem Leben. Es ist, als hätte der unsichtbare Regisseur in der Absicht, eine der gewaltigsten Tragödien vor den Augen der Menschheit zu entrollen, das Licht im ersten Akt nicht gespart, auf daß die Düsternis in den darauffolgenden um so stärker wirke.

Im Januar 1864 wurde der Roman „Arme Leute" gedruckt, noch im selben Monat auch sein zweites Werk „Der Doppelgänger"; und schon im Februar erschien Belinskijs berühmte sechzehn Seiten lange Kritik, die ihn aus der Anonymität in einen Strudel der Anerkennung hineinriß. Am Almanach beteiligten sich so hervorragende russische Schriftsteller wie Turgenjew, Herzen, Maikow, Graf Sologub, und der junge Dostojewskij hatte nun einen Platz neben ihnen. Die „Armen Leute" hatten einen durchschlagenden Erfolg, die Türen aller Petersburger Salons öffneten sich ihm; der aus dem Ausland zurückgekehrte Turgenjew beeilte sich, mit ihm bekannt zu werden. Graf Sologub war so ungeduldig, das neue Genie kennenzulernen, daß er den Dichter in seiner armseligen

Behausung aufsuchte und ihn zu einer Soirée im gräflichen Hause aufforderte — erst zwei Monate später entschließt sich der verstörte Dostojewskij, dieser allen damaligen Konventionen spottenden Aufforderung Folge zu leisten.

In einem Brief an seinen Bruder schreibt er: „Nun lieber Bruder, ich glaube, nie in meinem Leben wird mein Ruhm solche Ausmaße erreichen ... Alle empfangen mich wie ein Wunder. Ich habe meinen Mund noch nicht geöffnet und schon wiederholt man an allen Ecken und Kanten: Dostojewskij hat dieses, Dostojewskij hat jenes gesagt. Belinskij liebt mich über alle Maßen ... Nach meiner Berechnung sind im Laufe dieser zwei Monate fünfunddreißig Kritiken über mich in den verschiedensten Zeitschriften erschienen. Manche loben mich bis in den Himmel, andere sind zurückhaltender, wieder andere lassen kein gutes Haar an mir." Und etwas weiter fügt er in quälerisch übertriebener Selbstkritik hinzu: „Ich habe ein schreckliches Laster: grenzenlose Selbstliebe und Ehrgeiz." Er erschrak über seinen plötzlichen Ruhm und erschrak über die Freude, die dieser Ruhm in ihm auslöste.

Dr. Janowskij, der ihn in jener Zeit behandelte, hat mit naturwissenschaftlicher Präzision sein Äußeres beschrieben:

„Er war kleiner als mittleren Wuchses, breitknochig, besonders breit waren die Knochen seines Brustkorbs und der Schultern, sein Kopf war gleichmäßig geformt, nur die Stirn war ungewöhnlich hoch, die Augen waren nicht groß, hellgrau, die Lippen schmal, fest zusammengepreßt und verliehen seinem Gesicht einen Ausdruck konzentrierter Güte und Zärtlichkeit; sein Haar war mehr als hell, fast weiß und ungeheuer weich und fein*, Hand- und Fußgelenke waren stark ausgebildet." In jener Zeit kleidete sich Dostojewskij, der auf sein Äußeres stets achtgab, elegant. Er trug einen schwarzen Anzug aus feinem ausländischem Stoff, Wäsche aus holländischem Leinen, als Kopfbedeckung einen Zylinder. Das einzige, was seine damalige Eleganz beeinträchtigte, war, wie Dr. Janowskij berichtet, sein plumpes Schuhwerk und seine „sackige" Haltung.

Dostojewskij nahm nicht Besitz von der Welt, er war von ihr besessen. Das literarische Schaffen nannte er seine Idée fixe. Grigorowitsch, dieser Biedermann, erzählt in seinen Erinnerungen, daß Dostojewskij, aus schweigsamer Versunkenheit erwachend, nie über

* Dies ist ein sehr charakteristisches Erkennungszeichen des litauischen Volksstammes.

etwas anderes als nur über literatur-philosophische Themen gesprochen habe und über diese immer mit einer verzehrenden Glut, als hinge seine persönliche Seligkeit von der Lösung dieser Fragen ab. Dr. Janowskij, der seinen Patienten 1846—1849 aufmerksam beobachtete, wunderte sich, daß dieser leidenschaftliche, im Banne starker Gefühle stehende junge Mann in keine einzige Frau verliebt war. Alles tat er inbrünstig und warf immer sein ganzes Ich in die Esse des Schicksals: seine erste Geliebte war die Muse, seine zweite trug den heiligen Namen Liberté; und erst als er sich mit diesen beiden auf Leben und Tod auseinandergesetzt hatte, überfiel ihn Eros, dem er sein Inneres ungewöhnlich lang verschlossen hatte.

In der ersten Hälfte des 19. Jahrhunderts gab es zwei Richtungen im geistigen Leben Rußlands, die slawophile und die westliche. Die slawophile Bewegung bildete sich als Reaktion gegen den französischen Einfluß und gegen das Weltbürgertum. Die Slawophilen waren bestrebt, eine reine nationale Kultur in Rußland zu begründen; sie lehrten, daß die Russen sich nicht nach dem Ideal fremder Völker entwickeln dürften, sondern auf ihrer eigenen Vergangenheit aufbauen müßten. Sie träumten vom Panslawismus, der Vereinigung aller slawischen Völker unter dem Zepter Rußlands. Der Ursprung aller Weisheit war für sie die orthodoxe Kirche. Die Westler hingegen verdammten diesen krassen Nationalismus und übernahmen die Ideale des westlichen Europa. Die Regierung verfolgte die Westler sehr heftig in der Befürchtung, daß mit der europäischen Kultur auch konstitutionelle und revolutionäre, dem russischen Absolutismus gefährliche Ideen importiert werden könnten. Belinskij gehörte zu den Westlern, und Dostojewskij stand eine Zeitlang unter seinem Einfluß. Ein ausgesprochener Westler oder Slawophile ist er nie gewesen.

Belinskij*, „der rasende Wissarion", eine der bedeutendsten Persönlichkeiten der klassischen russischen Literatur und der Vater der modernen russischen Kritik, hat für Rußland dieselbe Bedeutung wie Taine für Frankreich, Brandes für Dänemark. Er war weit mehr als ein Literaturkritiker oder ein Literaturhistoriker, der die Augen der Leser für Puschkins, Lermontows, Gogols und Dostojewskijs eigenartige Größe öffnete. Dieser self-made-man war der

* Wissarion Grigorjewitsch Belinskij, 1. 6. 1811 — 28. 5. 1848.

politische, soziale und philosophische Führer der jungen Generation. Ein persönliches Leben gab es für ihn kaum: sein ganzes Leben verbrannte im Kampf für die Idee. „Wir haben noch nicht die Frage über die Existenz Gottes gelöst und Sie wollen essen!“ sagte er einmal empört zu Turgenjew, den das endlose Philosophieren ermüdete. Fortschrittliche Gedanken fanden damals hauptsächlich ihren Ausdruck in der Literatur, sie war die Enthüllerin sozialer und politischer Mißstände. Im Wortkunstwerk konnte man in relativer Freiheit durch die Verkleidung des Symbols eine humane Weltschau äußern. Allerdings war man unter Nikolai I. immer von der „tatarischen Zensur“ bedroht. Es gab zweiundzwanzig Spezialzensuren. Jede Kritik der Regierung und Ämter war verboten. Von Nikolai I. hat sich der Ausspruch aufbewahrt: „Fortschritt? Was für ein Fortschritt? Dieses Wort ist aus der offiziellen Sprache auszumerzen.“ Kaum war er zum Zaren gekrönt, beseitigte er an der Moskauer Universität den Lehrstuhl der Philosophie und als Grund wurde die „tadelnswerte Entwicklung dieser Wissenschaft durch deutsche Gelehrte“ angegeben. Bei einer Fahrt durch Moskau zeigte der Zar auf das Universitätsgebäude mit den Worten: „Da ist die Wolfshöhle.“

Der Dichter wurde immer mehr zum Propheten und Anwalt seines Volkes. Belinskij hatte recht, wenn er schrieb: „Der Dichtertitel, der Beruf des Schriftstellers hat bei uns schon längst das Talmigold der Epauletten und vielfarbigen Uniformen ausgestochen.“ Er selbst nannte sich einen Kämpfer: während seiner nur vierzehn Jahre dauernden literarischen Tätigkeit berührte er in seinen Aufsätzen alle, den damaligen russischen Menschen bewegenden Fragen. Er besaß keine sonderlich große Bildung, sein Nicht-Wissen ersetzte er durch Begeisterung. Fremdsprachen verstand er nur stümperhaft, kein einziges Wort Englisch, schrieb aber trotzdem Kritiken über russische Shakespeare-Übersetzungen! Tief verbunden seinem Volk, das er glühend liebte und unbarmherzig kritisierte, hatte er eine Entwicklung vom Idealismus zum Materialismus durchgemacht; anfänglich ein Anhänger Schellings, später Hegels, wurde er zu einem Verehrer Feuerbachs und Marxs, obwohl er die Ideen dieser Philosophen mehr aus den Berichten seiner Freunde als aus den Originalausgaben kannte. „Die Idee befindet sich nie im Ruhezustand, sie schafft, um zu zerstören und zerstört, um zu schaffen“, heißt es in einem seiner Aufsätze. Seine Ethik wurzelte in der Überzeugung, daß der einzelne kein Recht habe glücklich zu sein, wenn die Gemeinschaft es nicht ist. „Fort von mir, Seligkeit, wenn du von Tausenden nur einem einzigen zugänglich bist!"

In seinen letzten Lebensjahren entsagte er dem utopischen Sozialismus, der am Anfang der vierziger Jahre die herrschende Geistesrichtung war, und bekannte sich zum materialistischen Sozialismus, der das Christentum und jede Art von Metaphysik einen Hemmschuh der Entwicklung nannte. Gemeinsam mit Herzen und Bakunin, den russischen Revolutionären, verkündet er den Atheismus als größte Befreiung des Geistes. In der letzten Periode seines Lebens wird er ein heftiger Gegner der Religion: „Zum Teufel mit aller Metaphysik! Dieses Wort bedeutet etwas Übernatürliches, also einen Unsinn." 1845 schreibt er an Herzen: „Ich setze mich für die Wahrheit ein, und in den Worten Gott und Religion sehe ich nur Dunkelheit, Finsternis, Ketten und die Peitsche." Gleich Voltaire, den die damalige russische Intelligenz überaus hochschätzte, — hatte doch schon Puschkin ihn voller Begeisterung und sehr frei übersetzt, — war der Atheist Belinskij ein leidenschaftlicher Kämpfer für die Idee der Humanität. Er empört sich gegen Gott aus Liebe zur Menschheit und will an einen Schöpfer dieser unvollkommenen Welt, die nur durch die Vernunft des Menschen vervollkommnet werden kann, nicht glauben. „Sozialisierung! Sozialisierung — oder den Tod — dies ist meine Losung!" Sein Einfluß nicht nur auf den jungen Dostojewskij, sondern auf den russischen Sozialismus und die russische neuzeitliche Mentalität ist ungeheuer: er bekämpft den christlich gesinnten Utopismus durch den materialistischen Atheismus und bereitet — ohne sich bewußt zu sein, was er tut — den Weg zum marxistischen Kommunismus. Seine Aussprüche in den letzten Lebensjahren sind wie eine Vorahnung der Thesen Lenins, z. B.: „Um einen Teil der Menschheit glücklich zu machen, bin ich, wie mir scheint, bereit, den übrigen Teil mit Feuer und Schwert zu vernichten." Und Lenin: Es ist nicht wichtig, daß vier Fünftel der Menschheit zugrundegerichtet werden, wenn nur das eine Fünftel der Kommunisten übrigbleibt. Hätte Belinskij gewußt, wohin seine Lehre führen werde, wäre er wohl zutiefst erschrocken.*

* Das „Kommunistische Manifest" erschien im Todesjahr Belinskijs, aber er hatte Marx' Aufsätze in den Deutsch-französischen Jahrbüchern gelesen und in der bolschewistischen „Literatur-Enzyklopädie" 1930 Bd. I steht der aufschlußreiche Satz: „Belinskij war der Vorgänger des russischen marxistischen Gedankens. Seine Verdienste sind unermeßlich."

Im Leben zweier Dichter, Gogols und Dostojewskijs, hat Belinskij eine gewaltige Rolle gespielt. Er hatte ihnen ihr Talent zum Bewußtsein gebracht und ihre Werke enthusiastisch bewundert, am Schluß seines Lebens aber kam es zu feindlichen Auseinandersetzungen, sowohl mit Gogol als auch mit Dostojewskij: noch nie hat ein Gottloser einen Gottsucher verstehen können. Wenn auch Dostojewskij sein ganzes Leben lang voll brennender Gottzweifel, wenn auch für ihn in den vierziger Jahren der Begriff des Christentums noch unklar war und nicht im Zentrum seiner Gedanken stand, und wenn auch in seinen Erstlingswerken das Gottesproblem noch nicht berührt ist, so war er doch eine metaphysisch veranlagte Natur und in dieser Hinsicht der direkte Gegensatz Belinskijs. Daß er sich anfangs von ihm gefangennehmen ließ, ist begreiflich; zeigte ihm doch der Kritiker in einem vortrefflich geschliffenen Spiegel sein inneres Antlitz. Belinskijs Radikalismus, seine unerschrockene, scharfe Logik, sein Traum von einer glücklichen Menschheit, sein waches Gewissen, seine Begeisterungsfähigkeit faszinierten ihn, aber sein Atheismus erschreckte ihn. Die Freundschaft dauerte keine zwei Jahre.

Das Erscheinen der „Armen Leute“ war ein Ereignis in der russischen Literatur; einen so gewitterartigen Erfolg hat in der Kulturgeschichte der neuen Zeit nur noch ein ganz anders geartetes Werk gehabt — der Werther. Aber das grelle Licht, das Dostojewskij ins Zentrum des Petersburger Lebens riß, erlosch gar bald. Die Erzählungen, die nach seinem Erstlingswerk erschienen*, fanden keinen Beifall. Turgenjew und Nekrassow verfaßten auf Dostojewskij ein Spottgedicht, das von Hand zu Hand ging. Turgenjew vor allem war ihm nie so recht wohlgesinnt gewesen: Dostojewskijs Eruptivität stieß den harmonischsten aller russischen Dichter ab, aber Nekrassow hatte vor Ergriffenheit über die „Armen Leute“ geweint, und trotzdem schrieb er gemeinsam mit Turgenjew dieses häßliche Pamphlet: Dostojewskij wird der Ritter von der traurigen Gestalt genannt und sein plötzlicher Erfolg mit einer Eiterblase verglichen: „An der Spitze der Literaturnase platzte plötzlich diese Blase.“ Auch Belinskij äußerte sich über Dostojewskijs Neuerscheinungen ablehnend, und sein Urteil wurde allenthalben wiederholt. Seinen Freunden gegenüber spöttelte er: „Mit dem Genie Dosto-

* Herr Prochartschin, Die Wirtin, Das schwache Herz, Die weißen Nächte, Netotschka Neswanowa.

jewskijs haben wir uns entzweit.“ Unbarmherzig tropfte er Galle in die empfindsame Seele des Dichters, den er noch unlängst hoch über alle anderen erhoben hatte. Über „Herrn Prochartschin“ veröffentlichte er 1847 eine Kritik, die ebenso abfällig war, wie die über die „Armen Leute“ lobend: er warf dem Werk Manierismus und Unnatürlichkeit vor. „Die Wirtin“ nannte er einen schrecklichen Quatsch: „ . . . ist das ein Mißbrauch oder ein Armutszeugnis seines Talents? In dieser ganzen Erzählung gibt es nicht ein einziges schlichtes Wort, alles ist prätentiös, gespreizt und falsch, der Verfasser geht auf Stelzen einher.“ Belinskijs Worte wirkten niederschmetternd auf den jungen Schriftsteller. Aus der historischen Perspektive gesehen, weisen die genannten Prosawerke mit Ausnahme zweier Erzählungen (Das schwache Herz und Netotschka Neswanowa) nur sehr wenige Goldkörner auf. Es scheint, als hätte sich der Dichter im ersten Werk verausgabt; er mußte Atem schöpfen.

1848, im letzten Lebensjahr Belinskijs, kam es zwischen dem Dichter und dem Kritiker zu offener Feindschaft. Ganz seltsam hatte das Schicksal diese beiden Menschen miteinander verkettet: noch nach seinem Tode sollte Belinskij im Leben Dostojewskijs eine entscheidende Rolle spielen; ohne es zu wissen und zu wollen, hatte er ihm den Strick zum Galgen gedreht, doch darüber im nächsten Kapitel.

Als Dostojewskij im Sommer 1845 aus Reval, wo er seinen Bruder besucht hatte, heimkehrte, ergriffen ihn düstere Vorahnungen. Im Brief an Michail heißt es: „Etwas Schmerzliches erwachte in mir, als ich nach Petersburg zurückkehrte. Petersburg und meine Zukunft erschienen mir unheimlich, öde, freudlos, die Lebenswirklichkeit so rauh, daß ich, hätte in diesem Augenblick mein Leben aufgehört, den Tod freudig begrüßt hätte.“

Er fühlt sich krank und elend, innerlich ausgehöhlt. Noch mehr als physische Unpäßlichkeit plagt ihn sein überreiztes Nervensystem. In Briefen an Michail verurteilt er sich selbst unbarmherzig, nennt seinen Charakter schlecht, abstoßend. „Bisweilen, wenn mein Herz voller Liebe ist, kann ich nicht ein einziges zärtliches Wort hervorbringen, mein Nervensystem pariert mir nicht. Ich wirke lächerlich und widerwärtig und leide darunter, daß man falsch über mich urteilt, man hält mich nämlich bisweilen für mürrisch und herzlos.“ Und in einem anderen Brief: „Für mich ist ein großer Erfolg notwendig, habe ich ihn nicht, ist alles verloren.“

Seine Beziehung zur Zeitschrift „Sowremennik“, in der Nekrassow die Hauptrolle spielte, wird immer gespannter und schließlich kommt es zu einem endgültigen Bruch. Seine Freunde, die ihn noch unlängst verherrlichten, sind abgekühlt, man wirft ihm vor, er sei selbstbewußt, selbstherrlich, er beneide Gogol und erweise Turgenjew nicht genügend Hochachtung. 1847 lebt er von jämmerlichen Honoraren, die ihm bald die eine bald die andere Zeitschrift auszahlt. Er schreibt Feuilletons und grämt sich, daß er aus Geldnot gezwungen ist, sein Talent und seine Jugend zu verschleudern.

Mit der kühlen Ablehnung, die ihm ebenso unbegreiflich ist wie es der schnell rauschende Beifall war, kann er sich nicht abfinden und will zur Erholung nach Italien reisen, um zu allen Geschehnissen und vor allem zum eigenen Können Distanz zu gewinnen; aber an Stelle Italiens erwartet ihn der Kerker und das Schafott.

Auf der Schmerzensstraße

„Nein, das darf man einem Menschen nicht antun.“
„Leben — eine Gottesgabe, Leben — Glückseligkeit.“

Dostojewskijs Leben wurde in seinen äußeren Ereignissen durch Zar Nikolai I. (1825—1855) bestimmt. Dieser reaktionäre Düsterling und Sadist wollte die Schriftsteller durch tatarische Zensur und Abschreckungsmethoden zu gehorsamen Bürgern erziehen. Für aufrührerische Taten wurden seine Untertanen (z. B. ein Student, der, durch die reaktionäre Haltung eines Professors gereizt, diesen ohrfeigte) zum Spießrutenlaufen verurteilt, d. h. totgeprügelt. Bald nach dem Regierungsantritt Nikolai I. kam es zur Verschwörung der Dekabristen, dem Aufstand auf dem Senatplatz am 14. Dezember 1825. Männer des Offiziersstandes, meist Adlige, forderten Aufhebung der Leibeigenschaft und Sicherung persönlicher Freiheit. Der schlechtorganisierte Aufstand wurde sofort niedergeschlagen. Fünf Dekabristen wurden am 13. Juli 1826 öffentlich gehängt, die übrigen in der ganzen russischen Intelligenz und Literatur sehr populären, idealistischen Dekabristen wurden nach Sibirien verbannt. Die Frauen der Offiziere, fürstlicher Herkunft, folgten ihren Männern in die Katorga und sind von Nekrassow und anderen russischen Dichtern besungen worden. Der Haß schwelte weiter.

Das Jahr 1848 war der Hexensabbat der Reaktion. Der Gedanke, daß die Sklaverei abgeschafft werden müsse, war nicht mehr auszumerzen. Neue Fabriken und Eisenbahnstrecken wurden errichtet, Aktiengesellschaften großen Stils gegründet, und im Zusammenhang damit stand die Entwicklung des Kapitalismus und seines notwendigen Gegenpols — des Sozialismus. Karl Marx, der Begründer des wissenschaftlichen Sozialismus, war der Zeitgenosse des Gottsuchers Dostojewskij.

1848 erschien gleichzeitig in deutscher, französischer, italienischer und dänischer Sprache „Das Manifest der Kommunistischen Partei" von Marx und Engels mit dem berühmten Satz: „Die Proletarier haben nichts zu verlieren als ihre Ketten. Sie haben eine Welt zu gewinnen. Proletarier aller Länder, vereinigt euch!" Karl Marx, dieser abstrakte Intellektualist, dieser „Ökonom gewordene Hegel", wie Lasalle ihn nannte, war für Dostojewskij schon deswegen unannehmbar, weil für ihn die soziale Entwicklung ein Problem der Logik war. Dostojewskij dagegen und alle von ihm geschaffenen Menschen sind ihrem Wesen nach alogisch, irrational. Ein Gedanke des Sozialismus aber war und blieb ihm immer teuer: die Erde und ihre Erzeugnisse gehören nicht einzelnen Erlesenen, sondern allen Menschen, Gottes Kindern.

Die russischen Wahrheits- und Freiheitssucher, abstrakte Phantasten, vereinigten sich zu kleineren oder größeren Gruppen, um in gemeinsamen Diskussionen das Wesen der Dinge, den Ursprung des Bösen zu enthüllen. Einen der populärsten Kreise versammelte M. W. Petraschewskij* um sich, ein Beamter im Ministerium des Äußeren. Zu diesem Kreis gehörten Schriftsteller wie der bekannte Satiriker Michail Saltykow, Beamte, Offiziere, Studenten. Jeder konnte seine Freunde mitbringen, auch unangemeldete Gäste waren willkommen. Die Zusammenkünfte fanden jeden Freitag in der Privatwohnung Petraschewskijs statt. Man trank Tee, besprach die literarischen Neuerscheinungen und, angeregt durch den französischen utopischen Sozialismus, diskutierte man über Fouriers demokratischen Mystizismus und die christlichen Theorien Saint-Simons. Man verurteilte die von der Zensur errichteten Schranken und vor allem die Leibeigenschaft. Wie konnte und durfte man es dulden, daß Menschen wie Haustiere behandelt und verkauft wurden? Man hatte aber

* 1821—1866.

weder ein bestimmtes politisches Programm noch die Absicht, sich zu einer Organisation zusammenzuschließen. Diese jungen, weltfremden, idealistischen Schwärmer träumten von einem goldenen Zeitalter, in dem das Glück, vor allem das Licht der Freiheit und der Bildung, allen zugänglich sein würde und nie ein Mensch den anderen erniedrigen geschweige denn züchtigen dürfe. Ganz Petersburg kannte diese Zusammenkünfte. Schaut man aus der historischen Perspektive auf die politische Einstellung dieses Zirkels, so wundert man sich, wie zahm und kindlich die Teilnehmer waren: Verfassungsfragen wurden kaum angeschnitten, und die meisten von ihnen waren überzeugte Monarchisten.

„Der russische Fourier", Petraschewskij, den Dostojewskij 1846 zufällig in einem Café kennengelernt hatte, war durchaus kein Revolutionär, der bereit gewesen wäre, für eine Idee zu leben und zu sterben. Er flößte Dostojewskij keine besonderen Sympathien ein, aber Dostojewskij benutzte heißhungrig seine umfangreiche Bibliothek. Hier machte er die Bekanntschaft mit dem Solipisten Max Stirner, der vorübergehend einigen Einfluß auf ihn ausgeübt hat. Hingerissen las er Proudhon. Eugène Sue fesselte ihn mit seinen ethisch-sozialen Tendenzen und seiner Vorliebe fürs Kolportagenhafte. Er begeisterte sich für den französischen utopischen Sozialismus. Der Gedanke, das Christentum mit dem Sozialismus zu verbinden, beschäftigte ihn bis ans Lebensende. Von Fourier angeregt, glaubte er an die Möglichkeit, das Leben durch Philosophie umzugestalten und eine glückliche Zukunft auf dieser Erde vorzubereiten. Er akzeptierte Fouriers ethisches System, das alle Vertreter der Kultur von Sokrates bis Rousseau verwirft, um als einzigen Führer Christus gelten zu lassen.

Im Winter 1846—47 besuchte Dostojewskij „die Freitage" Petraschewskijs unregelmäßig, erst im Winter 1847—48 kam er öfter, aber ohne sich irgendwie zu binden. An diesen Abenden deklamierte er Puschkin und versuchte zu beweisen, daß der russische Dichter größer als Victor Hugo sei. Er las Belinskijs Kritiken wie auch seine eigene, noch unveröffentlichte von E. T. A. Hoffmann beeinflußte Erzählung „Netotschka Neswanowa" vor. Seiner mädchenhaft scheuen, sensitiven und leicht verletzbaren Natur wegen nannten ihn seine Kameraden mit dem Namen seiner kleinen Heldin, die mit einem überzarten Gewissen begabt, frühreif in die unabwendbare Tragik des Lebens hineingerissen wird.

„Die Freitage bei Petraschewskij besuche ich, weil man dort gute Menschen trifft, die man bei anderen Bekannten nicht sieht; viele Leute kommen zu ihm, weil es bei ihm warm ist und man sich dort frei fühlt; und schließlich kann man bei ihm ein wenig liberalisieren und wer von uns Sterblichen liebt nicht hin und wieder dieses Spiel zu spielen?“ Ziehen wir in Betracht, daß dieses Bekenntnis, das von den künstlerisch-spielerischen und rein menschlich warmherzigen Neigungen Dostojewskijs und in keinem Fall von terroristisch-revolutionärem Ansinnen zeugt, in den Erinnerungen des nüchtern-wahrheitsgetreuen Arztes Dr. Janowskij sich aufbewahrt hat, ist es besonders aufschlußreich zur Klärung seiner politischen Einstellung: in allem und überall war er ein donquichottischer Sucher des guten Menschen.

Ein Brief Bakunins an Herzen charakterisiert die Besucher des Kreises Petraschewskijs als naive Schwärmer: „Sie sprachen über Dinge, die sie kaum verstanden, und in ihren Äußerungen war viel Kindisches.“ Dieses Zeugnis ist wiederum äußerst wichtig, weil hier ein geeichter Revolutionär an einen Gesinnungsgenossen schreibt.

An der Spitze eines anderen radikalen Kreises, den Dostojewskij auch besuchte, stand Durow. Über den Geist und die Tätigkeit dieses Kreises sind die Quellen nicht eindeutig klar. A. S. Ljaskowskij, der überaus wertvolle Dokumente publiziert hat, ist der Meinung, daß auch der Kreis Durows, „diese literarisch-musikalischen Abende“, keinen konspirativen Charakter hatten. Die Absicht, eine geheime Lithographie anzuschaffen, um Werke ohne die drakonische Zensur zu drucken, nennt er den allergewöhnlichsten Traum aller freidenkenden Menschen. Der andere große Dostojewskij-Forscher der Gegenwart, Motschulskij, versucht dokumentarisch nachzuweisen, daß Dostojewskij in den vierziger Jahren umstürzlerische revolutionäre Ideen hegte und sich darum von Durow angezogen fühlte. Er beruft sich auf einen Brief Maikows an Viskowatow vom Jahre 1885, in dem dieser erzählt, Dostojewskij hätte ihn in ekstatischer Stimmung besucht und ihm zugeredet, in den konspirativen Kreis Durows, der eine geheime Typographie anschaffe, einzutreten; dieser Kreis würde das Vaterland retten und sei etwas anderes als die Abende Petraschewskijs, auf denen nur geschwatzt werde. Maikow hätte auf die Gefährlichkeit dieses Unternehmens hingewiesen und es schroff abgelehnt.

Hier muß gesagt werden, daß der Brief, den Ljaskowskij „die

Geschichte Maikows" oder eine Legende nennt, kein zuverlässiges Zeugnis ist. Erstens hat ihn Maikow sechsunddreißig Jahre nach dem Geschehnis geschrieben und sein Gedächtnis arbeitete nicht präzis: so datiert er den Besuch Dostojewskijs ins Jahr 1848, tatsächlich aber vollzogen sich diese Ereignisse 1849. Außerdem war Dostojewskij damals schon tot und hatte nicht mehr die Möglichkeit, den Bericht Maikows in das Licht der Wahrheit zu rücken. Endlich — und das ist wohl das Wichtigste — schrieb Maikow diesen Brief als Gegner Dostojewskijs. 1875 hatten sich die Jugendfreunde überworfen, und kein Zeugnis ist weniger zuverlässig als das eines ehemaligen Freundes, der zum Feind geworden ist.

Die bekanntesten Figuren im Kreise Durows waren außer Dostojewskij: Pleschtschejew, Palm, Grigorjew, Specheff. Grigorjew las seine Erzählung „Ein Soldatengespräch" vor, die die Mißstände und die Roheit der Vorgesetzten gegen ihre Untergebenen enthüllte und die Unterdrückten zu einem Aufstand anfeuerte. Die brennendste Frage war auch hier die Befreiung der Bauern. Als einmal jemand fragte: „Wenn aber der Zar sich dieser Reform widersetzen sollte, was dann?", soll Dostojewskij, wie das Palm in seinen Erinnerungen berichtet, erregt ausgerufen haben: „Dann meinethalben einen Aufstand!" Palm seinerseits hatte einen Roman verfaßt, in dem der Satz stand: „Die Befreiung der Bauern wird der erste Schritt zu unserer großen Zukunft sein." Über den wahren Charakter der Zusammenkünfte bei Durow wissen wir kaum etwas Tatsächliches, denn keines der Mitglieder hat vor Gericht sich ein Bekenntnis abzwingen lassen. Im Kreise Durows kam Dostojewskij in nähere Berührung mit Speschеff, den er seinen Mephisto nannte und der das Modell zu Stawrogin, der unheimlichsten Gestalt in den Dämonen, abgegeben hat. Reich, schön, gebildet, kaltherzig, zynisch, war Speschеff in der Heimat wie auch später in Dresden als Frauenverführer bekannt. Er war einer der ersten Russen, der Marx' und Engels' „Kommunistisches Manifest" studierte und an einem Abend bei Petraschewskij für den „Sozialismus, Atheismus, Terrorismus und alles, alles Gute in der Welt" sich einsetzte, aber im allgemeinen mit einer großen Geheimnistuerei sich zu umgeben verstand. Dostojewskij hatte in seinem Leichtsinn fünfhundert Rubel von ihm geliehen, hatte nicht die Möglichkeit, die Schuld abzuzahlen, und Speschеff wurde in der orgiastischen Phantasie des Dichters zu seinem luziferischen Aussauger.

Der Weg von Schillers Idealismus, in dessen Bann Dostojewskijs frühe Jugend verging, bis zum französischen utopischen Sozialismus ist nicht weit. Dostojewskij glaubte, daß die Dichtkunst und Philosophie, an deren Spitze George Sand und Victor Hugo, dazu berufen sei, die Welt zu erneuern und die Menschheit zu beglücken. Von Dostojewskijs damaliger Weltschau und „revolutionärer" Einstellung gewinnen wir den klarsten Eindruck durch das „Tagebuch eines Schriftstellers" vom Jahre 1873. Indem er, der nie eine seiner Taten beschönigte oder verleugnete, auf seine Jugend zurückschaut und die reifen Körner von der Spreu scheidet, schreibt er: „Damals faßte man diese ganze Sache in einem rosigen, paradiesisch-moralischen Lichte auf. Es ist wirklich wahr, daß der Sozialismus damals ... mit dem Christentum verglichen als eine Verbesserung und Korrektur desselben erschien, die man den Ansprüchen der Zivilisation und denen des Jahrhunderts angepaßt hat. All die neuen Ideen gefielen uns in Petersburg ungemein, sie schienen uns im höchsten Maße heilig und ethisch zu sein und vor allem — allmenschlich, ein zukünftiges Gesetz für die ganze Menschheit ohne Ausnahme."

Seit 1848/49 wurden die Zusammenkünfte bei Durow und Petraschewskij von der Geheimpolizei überwacht, ohne daß die Teilnehmer auch nur die entfernteste Ahnung davon hatten. Und welche Ironie des Schicksals! Petraschewskij, unbefangen und herzlich, forderte einen seiner Kollegen im Ministerium, Antonelli, auf, an den Freitagen teilzunehmen; er hatte nämlich den Eindruck, Antonelli interessiere sich ganz besonders für idealistische Fragen. Gar bald erwies es sich aber, daß dieser Ausländer Antonelli ein Spitzel der Regierung war, der seine Aufmerksamkeit Petraschewskij nur darum zugewandt hatte, um über ihn und seinen Kreis „staatsverräterische Daten" zu sammeln und der Geheimpolizei zu übergeben.

Am 22. April 1849 schrieb Zar Nikolai I. eigenhändig auf die vom Grafen Orloff, dem Chef der Gendarmerie, vorgelegte Eingabe: „Ich habe alles gelesen, eine wichtige Sache, selbst wenn alles nur Schwätzereien sind, ist sie im höchsten Maße verbrecherisch und unzulässig. Die Verhaftungen haben wie üblich zu beginnen. Mit Gott. Sein Wille geschehe." So wurde der Zar zum Henker eines der größten Söhne seines Landes.

Es war ein ungleicher Kampf: auf der einen Seite der Zar, dessen Willen die russische Theokratie als göttliche Offenbarung hinstellte: „Der Zar von ganz Rußland ist ein selbstherrschender und unumschränkter Monarch. Seiner obersten Gewalt nicht nur aus Furcht, sondern aus Gewissen zu gehorchen, befiehlt Gott selbst", heißt es im Staatsgrundgesetz von 1832. Und auf der andern Seite ein junger Schriftsteller, ein kränkelndes, schmächtiges Männlein, das den „staatsumstürzlerischen" Gedanken vertrat, der am meisten erniedrigte Mensch sei noch ein Mensch, und dessen Genie ohne Geheimpolizei und militärische Macht mehr Menschen in seinen Bann gezogen hat als alle selbstherrschenden und unumschränkten Monarchen.

Graf Orloff befahl seinen Untergebenen, die Festnahme möglichst geräuschlos zu vollziehen, Dostojewskij um vier Uhr nachts abzuführen und streng darauf zu achten, daß aus seiner Wohnung nicht ein einziger Papierfetzen abhanden komme. Alle diese Beamten waren von einer schier abergläubischen Furcht vor der Macht des geschriebenen Wortes besessen.

Dostojewskij war von einem Besuch bei Grigorjew spät heimgekehrt und schlief fest, als vier Mann von der Polizei in Begleitung des Hauswächters, des sogenannten „Dworniks" in seine Wohnung drangen. Das Geklirr der Säbel weckte ihn. Wirren Blicks starrte er schlaftrunken um sich, ohne zu verstehen, worum es sich handelte. Man befahl ihm, sich anzukleiden. All seine Bücher, Manuskripte und Briefe, jeder Zettel auf seinem Schreibtisch wurde hervorgezerrt, verschnürt und versiegelt. Vor der Tür stand ein geschlossener Wagen. Unter strenger Bewachung wurde er in die „dritte Abteilung", zur Geheimpolizei gebracht, und von dort in die Peter-Pauls-Festung, in den von einem russischen Zaren für die gefährlichsten Staatsumstürzler erbauten Kerker, wo Prinzen und Prinzessinnen von ihren Rivalen bis in den Tod gepeinigt wurden. Auch er, den man in der Nacht vom 22. auf den 23. April eingekerkert hatte, war ein unumschränkter König im Reich der Phantasie.

In Sowjetrußland zeigt man heute neugieren Touristen die Zelle, in die Dostojewskij eingesperrt war, und erklärt in heuchlerischer Selbstgefälligkeit, daß in der Gegenwart ähnliches nicht geschehe.

Man nahm ihm die Privatkleidung und gab ihm den Arrestantenanzug: Hemd und Hose aus grober Leinwand und statt der Oberkleidung einen Chalat* aus hartem Soldatenstoff. Er wurde wie der

* Ein morgenrockartiges Kleidungsstück.

allergefährlichste Hochverräter in einer Einzelkammer eingeschlossen. Ein Strohsack, Strohkissen, eine Decke. Weder ein Kissenüberzug noch Laken. Ein kleiner Tisch, ein Holzkrug mit Wasser. In der Ecke die sogenannte „Paraschka", ein Abfalleimer zur Erledigung der Notdurft. Auf dem Fensterbrett ein Talglicht. Das kleine Fenster ist vergittert. Düstere Halbdämmerung auch mitten am Tage. Nur ein kleines Stückchen Himmel ist sichtbar, sonst nichts. Klamme, stinkende Luft. Als sich die Tür hinter ihm schließt, hat er das Gefühl, lebendig begraben zu sein. Zwei seiner Schicksalsgenossen, Grigorjew und Katanjew, die einige Zellen weiter eingesperrt sind, werden wahnsinnig, ein dritter begeht einen Selbstmordversuch, ein vierter von ihnen erzählt in seinen Erinnerungen, daß er nichts anderes tun konnte, als auf dem schmutzigen Fußboden sitzen, das Gesicht mit beiden Händen bedecken und laut wie ein Hund heulen.

In den ersten zehn Wochen war jede Verbindung mit der Außenwelt streng verboten. Er war wie in eine tiefe Gruft versenkt und durfte weder Briefe schreiben noch empfangen. Erst am 11. Juli erreicht ihn der erste Brief von seinem Bruder Michail, der eine Zeitlang auch verhaftet gewesen war, dann aber als unschuldig entlassen wurde. Der Antwortbrief Dostojewskijs ist von einer ruhigen, gefaßten Haltung und voll zärtlicher Besorgnis um das Wohlergehen des geliebten Bruders. Die Regentage seien im Kerker schwer zu ertragen, aber jetzt sei ja endlich der Sommer gekommen. Er versuche seine Zeit nicht zu vergeuden. „Ich habe meine Beschäftigung . . . drei Erzählungen und zwei Romane habe ich ausgedacht, an einem arbeite ich eben, aber ich fürchte, daß ich mich überanstrenge. Diese Arbeit, besonders wenn man sein ganzes Ich anspannt (und ich habe nie so con amore gearbeitet wie eben) hat mich immer ausgehöhlt, meine Nerven erschöpft. Als ich noch in der Freiheit war, mußte ich nach der Arbeit immer für Zerstreuung sorgen, hier aber muß die Anspannung sich von selbst lösen."

Es ist wie ein Wunder: in der Peter-Pauls-Festung, an diesem Ort der Düsternis und Qual, schrieb er im geheimen eine seiner lichtesten Erzählungen „Ein kleiner Held", die erst acht Jahre später als einzige von den im Kerker heimlich niedergeschriebenen Erzählungen das Licht der Welt erblickte. Auf einem reichen Gut versammeln sich frohe, sorglose Menschen. „Es war ein Feiertag, der, wie es schien, angefangen hatte, um nie wieder zu enden."

Musik, Gesang, Theatervorstellungen. Auf diesem sommerlichen, feiertäglichen Hintergrund zeichnet der Eingekerkerte das zarte, rührende Erwachen der Liebe im Herzen eines elfjährigen Jungen zu einer schönen Dame — das Bekenntnis eines keuschen leidenschaftlichen Herzens.

Im selben Brief erwähnt er ohne besondere Klage seine Unpäßlichkeiten, seine Nervenzerrüttung, die crescendo vor sich gehe, seine Schlaflosigkeit und seine Alpträume. „Am schwersten ist es in der Dämmerung, um neun ist es bei uns schon ganz dunkel. Bis zwei Uhr nachts liege ich immer wach und diese fünf Stunden der Dunkelheit zu ertragen ist sehr schwer. Das untergräbt am meisten meine Gesundheit ... Wenn ich nur gesund wäre, die Schwermut ist etwas Vorübergehendes, und gute Stimmung hängt schließlich nur von uns selbst ab. Im Menschen liegt ein Abgrund von Zähigkeit und Lebenskraft verborgen, ich ahnte es früher nicht, jetzt aber weiß ich das aus eigener Erfahrung." Im zweiten Brief schreibt er, er sei glücklich, man hätte ihm nämlich erlaubt, im Garten, „wo beinah siebzehn Bäume sind", einige Minuten spazierenzugehen. Und der zweite Grund seines Glücks — er darf abends Licht brennen! Er bittet den Bruder, ihm die Bibel in französischer Übersetzung zu senden. In einem weiteren Brief dankt er für die ihm übermittelte russische Zeitschrift und Shakespeares Werke. Er leidet unter einer Magenverstimmung, auch übermannt ihn mit der herbstlichen Dunkelheit eine schwer zu ertragende Hypochondrie, und trotzdem schließt auch dieser Brief mit einem lebensbejahenden Satz: „Erst jetzt sehe ich, daß die Lebenskraft in mir unerschöpflich ist."

Die einzige „Abwechslung" in dieser Eintönigkeit und Abgeschnürtheit war das Verhör, zu dem er in das „Weiße Haus" geführt wurde. Dazu mußte er sich umkleiden, der Vorschrift gemäß mußte man vor der Untersuchungskommission im Zivilanzug erscheinen. Auf dem Weg ins „Weiße Haus" sah er nicht nur jenen winzigen Fleck vom Himmel, an dem sich sein Auge in der Zelle festsog, er sah das ganze weite Gewölbe, und das Ohr fing begierig jeden Menschenlaut auf. Das einzige Material, das die Untersuchungskommission für ihre Anklage besaß, waren die Anzeigen Antonellis.

Das Gericht begann in den ersten Tagen des Mai. Die Protokolle sind aufbewahrt und publiziert worden. Die drei Fragen, um die sich das ganze Verhör drehte, lauteten:

1. Was für ein Mensch war Petraschewskij und was charakterisierte ihn als Politiker?
2. Was geschah an den Freitagabenden?
3. Hatte der Petraschewskij-Bund ein geheimes Ziel?

Die ihm zur Last gelegten „Verbrechen" leugnete Dostojewskij nicht, versuchte aber hartnäckig sie wahrheitsgemäß darzustellen.

Ja, er habe teilgenommen an den Gesprächen, die den Zwang der Zensur und die Unmenschlichkeit der Leibeigenschaft verurteilten. Ja, er sei zugegen gewesen, als man die Erzählung Grigorjews vorlas, allein dieser Dichterlesung hätte niemand rechte Aufmerksamkeit geschenkt, und der hinterlassene Eindruck sei gering gewesen. Ja, bei Durow hätte man beabsichtigt, einen Almanach zusammenzustellen, denn, wo Schriftsteller sich versammeln, entstehe immer der Wunsch, die eigenen Werke herauszugeben. Von einer geheimen Typographie wisse er nichts.

Die Todsünde aber war und blieb der Brief Belinskijs an Gogol, den Dostojewskij dreimal vorgelesen hatte. Welche Ironie des Schicksals! Belinskij war es, der ihm als erster die Pforte des Ruhms öffnete und den herrlichsten Augenblick schenkte, und er war es auch, der ihm die Todesschlinge um den Hals legte.

Empört über den reaktionären Geist in Gogols „Briefwechsel mit Freunden", schrieb Belinskij am 15. Juli 1847 an Gogol einen Brief aus Salzbrunn, wohin er nicht vor den Gendarmen des Zaren geflüchtet war, sondern vor der Schwindsucht, die seinen Körper aufzehrte, noch ehe ihn der Leviathan gepackt hatte. Schon die Tatsache allein, daß das Vorlesen eines Privatbriefes, den ein Kritiker an einen Dichter schreibt, einer Reihe von Menschen das Leben kosten konnte, ist überaus kennzeichnend für jene Zeit und vielleicht noch mehr für die unsere. Alles erregt den Argwohn der Tyrannen. Damals wurden Worte und Privatbriefe zum Staatsverbrechen, heute sind es Gedanken und Seufzer.

Dieser Brief Belinskijs ist eines der interessantesten Zeitdokumente, das in knappen, grellen Worten die russischen Zustände geißelt: zur Zeit Dostojewskijs und Turgenjews wurden Menschen von Menschen wie das liebe Vieh verkauft, „obwohl sie dazu nicht einmal jene Rechtfertigung haben, auf die sich die amerikanischen Farmer voller List stützen, indem sie behaupten, der Neger sei kein Mensch". Belinskij nennt Rußland ein Land, wo es keinerlei Garantie für persönliche Freiheit, für Ehre und Eigentum gebe, wo nicht einmal eine polizeiliche Ordnung herrsche, „sondern nur eine riesige Korruption von diensthabenden Dieben und Räubern". Rußland brauche „keine Predigten (zur Genüge hat es sie gehört), keine Gebete (zur Genüge hat es sie gesprochen), sondern das Erwachen des Gefühls menschlicher Würde, das seit Jahrhunderten in Dreck und Mist verlorengegangen ist".

„Die dringendsten gegenwärtigen nationalen Fragen sind heute in Rußland: die Aufhebung der Leibeigenschaft und der körperlichen Züchtigung und nach Möglichkeit die Erfüllung der bereits bestehenden Gesetze." Die orthodoxe Kirche, die seines Erachtens nichts Gemeinsames mit Christus hat, beschießt er mit giftigen Pfeilen, nennt sie einen Stützpunkt der Peitsche und eine Umschmeichlerin des Despotismus. Für den westlichen Europäer sei der russische Mensch gewöhnlich der Typus des religiösen, er wolle aber das Gegenteil behaupten: der russische Mensch besitze eine eingeborene Veranlagung zum Nihilismus; der Uranfang des religiösen Erlebnisses — Ehrfurcht und Gottesfurcht — sei im russischen Herzen kaum zu finden. Wird der russische Mensch von einer religiösen Manie befallen, „so räuchert er dem irdischen Gott inbrünstiger als dem himmlischen". Wie ein Peitschenhieb klingt der Satz: „Eine Bestie ist unser Bruder, der russische Mensch." Dieser Brief Belinskijs, sein stärkstes und revolutionärstes Werk, ging heimlich von Hand zu Hand. An allen Enden Rußlands, wo Menschen nach Freiheit dürsteten, wurde er gelesen und abgeschrieben. Für die revolutionär gesinnte Jugend wurde er zum Manifest: es gab viele, die ihn auswendig konnten. In der Geschichte der russischen Revolution hat dieser Brief eine bedeutende Rolle gespielt. Herzen bezeichnet ihn mit dem Epithet „genial" und nannte ihn das Testament Belinskijs. Selbst Lenin unterstreicht „die gewaltige lebendige Einwirkung", die dieses Schriftstück gehabt hat.

Der Brief an Gogol war Belinskijs Schwanengesang. Zehn Monate später starb er, der Tod hatte ihn mildtätig vor der Hand der Folterknechte bewahrt: in der Peter-Pauls-Festung war bereits eine Zelle für ihn reserviert. Der Zar und seine Diener erfuhren von diesem Brief erst, als der Verfasser bereits unter der Erde lag, aber die Verbreiter der Gedanken Belinskijs galten als Hochverräter. Bis 1856 durfte sein Name nicht genannt werden (wie heute der

Pasternaks), man behalf sich mit umschreibenden Andeutungen, wie z. B. „der Kritiker der vierziger Jahre". Aus den wohlüberlegten Antworten Dostojewskijs spricht ein starker männlicher Geist: in der Gefängniszelle hat der schwärmerische Jüngling sich in einen reifen Mann gewandelt. Die Namen der Mitschuldigen verschweigt er, auch als ihm Strafmilderung für „Bekenntnisse" versprochen wird. Zitieren wir einen Auszug des Protokolls: „Ich gestehe aufrichtig, daß mein ganzer Liberalismus im Verlangen besteht, meinem Vaterlande das Beste zu wünschen — eine ununterbrochene Entwicklung zur Vervollkommnung. Diesen Wunsch trage ich in mir, seit ich bewußt zu leben angefangen, er ist mit der Zeit immer stärker und stärker geworden, hat aber nie die Grenzen des Erlaubten überschritten.

Ich wage nicht zu sagen, daß ich mich in meinen Bestrebungen nie geirrt habe, d. h. daß alle richtig gewesen seien. Vielleicht habe ich mich in meinen Gedanken über die Vervollkommnung und das Allgemeinwohl sehr geirrt und die Erfüllung meiner Wünsche hätte mehr Schaden als Nutzen gebracht. Aber ich habe gewissenhaft mich selbst überwacht und oft meine Meinung geändert. Vielleicht habe ich meine Meinung mitunter allzu hitzig oder gar bitter geäußert. Aber mein Inneres ist nie verbittert oder böse. Immer hat mich die aufrichtigste Liebe zu meinem Vaterlande geleitet, sie riet mir Wege der Güte und hat mich, ich glaube fest daran, vor halsbrecherischen Irrwegen bewahrt.

Ich sehne viele Verbesserungen und Veränderungen herbei. Ich bin über alle Mißbräuche äußerst betrübt. Aber im Grunde meiner politischen Einstellung ruht die Überzeugung, daß alle Veränderungen vom Zaren ausgehen müssen. Alles was ich wollte, ist, daß keine einzige Stimme erstickt werde und daß man nach Möglichkeit die Not eines jeden lindere. Ich weiß, daß die Gesetze alle und jeden schützen, ich glaube daran, aber es gibt auch Mißbräuche und leider viele. Und darum erforschte und überlegte ich diese Fragen und lauschte gern, wenn Leute darüber sprachen, die mehr als ich wußten und Änderungen und Verbesserungen vorschlugen. Aber diese Wünsche haben in mir — ich wiederhole es nocheinmal — nie die Grenzen des Erlaubten überschritten.

Was aber die soziale Richtung anbetrifft, so bin ich nie ein Sozialist gewesen, obwohl ich gern über soziale Fragen gelesen und mich mit ihnen beschäftigt habe ... Mit großer Wißbegierde habe ich die

Umwälzungen im Westen verfolgt." Er bekennt, daß er sozialistische Werke verschiedenster Richtungen gelesen habe, weil keine ihn ganz befriedigt und er die Fehler und Mängel einer jeden erkannt hätte. „Ich bin fest überzeugt, daß die Anwendung dieser Systeme nicht nur bei uns, sondern auch in Frankreich zum Untergang führen würde. Diese Überzeugung habe ich mehr als einmal ausgesprochen. Und endlich — die Zusammenfassung meiner Anschauungen, bei der ich beharren will: der Sozialismus ist eine Wissenschaft im Zustand der Gärung, das ist ein Chaos, eine Alchimie, die nicht zur Chemie sich entwickelt hat, eine Astrologie als Vorstufe zur Astronomie, und ich glaube, daß aus dem gegenwärtigen Chaos mit der Zeit sich etwas Geschlossenes, Vernünftiges und Allgemeinnützliches herausschälen wird, wie ja aus der Alchimie die Chemie und aus der Astrologie die Astronomie entstanden ist."*

Sein mutiges, wahrhaftiges Bekenntnis, das in den zwanziger Jahren publiziert worden ist, wird durch die Erinnerungen eines seiner Zeitgenossen, des Fürsten Meschtscherski, ergänzt: „Dostojewskij wurde nach Sibirien in die Katorga für ein Staatsverbrechen verschickt! Wie das möglich gewesen ist, habe ich nie verstehen können, und aus allem, was ich von ihm selbst über dieses traurige Ereignis habe erfahren können, bin ich zur Überzeugung gekommen, daß der Hauptgrund zu dieser dramatischen Episode in Dostojewskijs Leben seine stolze und gerade Natur war, die keine Kompromisse kannte, und die es nicht zuließ, auch nur einen Finger zu rühren, um sich persönlich reinzuwaschen."

In diesem Strafverfahren wurden zweihundertzweiunddreißig Menschen verhört, außer Dostojewskij besonders streng Petraschewskij und Durow. Achtundzwanzig von den Verhafteten wurden dem Kriegsgericht übergeben, zwanzig von ihnen zum Tode verurteilt. Das Dostojewskij zugesprochene Todesurteil wird im Protokoll folgendermaßen begründet:

1. Er hat den verbrecherischen Brief Belinskijs vorgelesen, einmal bei Durow, ein zweites Mal bei Petraschewskij, außerdem hat er ihn zum Abschreiben an Mombelli weitergeleitet.

2. Er war zugegen, als die abscheuliche Erzählung Grigorjews „Ein Soldatengespräch" vorgelesen wurde.

* Petraschewskij, eine Sammlung von Dokumenten, zusammengestellt von Tschegolew, Moskau 1926.

Der größte russische Idealist, der, wie er selbst bekennt, damals „ein schrecklicher Träumer“ war und bis an sein Lebensende von der Vervollkommnung des Menschen träumte, saß im düsteren Kerker und harrte des Urteilsspruchs. Am 22. Dezember wurde er um sieben Uhr morgens geweckt. Da man ihm seine Privatkleider brachte, meinte er, er müsse wieder zu einem der endlosen Verhöre. Aber er wurde nicht ins „Weiße Haus“ geführt. Auf dem Gefängnishof standen, von berittenen Gendarmen umringt, geschlossene Wagen. Noch andere Häftlinge wurden herausgeführt und unter strenger Bewachung einzeln in die kastenartigen Wagen gesetzt. Gendarmen zu Pferde mit gezückten Säbeln begleiteten den düsteren Zug. Der Wintermorgen war trüb. Es schneite. Das kleine Wagenfenster war zugefroren. Wohin führte man ihn? Der neben ihm sitzende Polizist antwortete nicht auf seine Fragen. Endlich machte der Wagen auf dem Semjonowplatz halt, wo gewöhnlich die großen Paraden stattfanden. In der Mitte des Platzes war eine von einem Holzzaun umschlossene Tribüne errichtet — das Schafott, das an allen vier Seiten schwer bewaffnetes Militär umstand. In einiger Entfernung waren drei Pfosten in die Erde gegraben. Rings um den Platz stand trotz der frühen Stunde eine neugierig gaffende Menge: Studenten, Beamte, Arbeiter. Die Häftlinge stiegen am Fuße des Schafotts aus. Seit der Verhaftung hatten sie einander nicht gesehen. Der Kerker hatte sie so ausgelaugt, daß der Freund den Freund kaum noch erkannte. Hastig umarmten und küßten sie einander. Voll Schrecken erblickten sie die frisch eingegrabenen Pfähle. Man führte sie auf das Blutgerüst und stellte neun auf der einen, elf auf der gegenüberliegenden Seite auf. Hinter jedem Sträfling stand ein Gendarm. Dostojewskij erzählte flüsternd seinem Nebenmann von seiner literarischen Arbeit im Gefängnis. Selbst im Schatten des Todes lebte er in der für ihn allein wirklichen Welt — in seinen Phantasiegestalten.

Der Befehl erscholl: „Mützen herunter!“ Dann trat der Auditor in die Mitte des Schafotts und verlas den Urteilsspruch: „Hinrichtung durch Erschießen.“ Bei der Namensnennung ging er ein paar Schritte auf den Betreffenden zu. „Nicht möglich, daß man uns hinrichten wird!“ entrang es sich Dostojewskij.

Der Auditor hatte die Verlesung des Urteils beendet, an seine Stelle trat nun ein Priester aufs Blutgerüst. Mit erregter Stimme sprach er von der Reue und dem ewigen Leben. Nur einer von allen Verurteilten entschloß sich zur Beichte, die übrigen verharrten wie versteinert auf ihrem Platz. Da ging der Priester zu jedem Verurteilten und reichte ihm das Kreuz. Alle küßten es, auch Petraschewskij, der überzeugte Atheist.

Unter dröhnendem Trommelschlag wurde als erster Petraschewskij und mit ihm zwei seiner Kameraden vom Schafott heruntergeführt, in das lange weiße Totenhemd gekleidet und an einen Pfahl gebunden. Die Menge hielt den Atem an. Fünfzehn Soldaten zielten in fünfzehn Schritt Entfernung auf die drei Gefesselten, aber sie schossen nicht. Petraschewskij schob die ihm über die Augen gezogene weiße Kapuze zurück; er, der alle Dinge mit wissenschaftlicher Neugier beobachtete, wollte feststellen, warum es so lange dauerte. Wieder trat der Auditor auf den erhöhten Platz und nun verlas er die Amnestie des Zaren und den neuen Urteilsspruch: Verschickung nach Sibirien. Zwangsarbeit. Zar Nikolai I. hatte sich dieses schauerliche Theater der Hinrichtung in allen Einzelheiten ausgedacht. Er hatte sogar die Größe des Schafotts, die Kostümierung der zum Tode Verurteilten, das Verhalten der Popen, ja, selbst das Tempo des Trommelwirbels genau angegeben, obwohl er die streng geheimgehaltene Amnestie schon unterschrieben hatte. Der Alleinherrscher aller Reußen wollte die „Verbrecher" und alle Mitwisser, alle Zuschauer wie auch das Militär auf diese Weise erschüttern und für alle Zeiten den Freiheitsgedanken aus ihren Köpfen tilgen. Es war sein ausdrücklicher Wille, daß die Zeremonie der Hinrichtung in allen Einzelheiten vollzogen werden sollte und erst im allerletzten Augenblick hatte sein bisher geheimgehaltenes milderes Urteil wie ein allmächtiger Rettungsengel zu erscheinen.

Wie wirkte diese diabolische Maskerade auf die Verurteilten? Der älteste von ihnen, Debou, versank in finsteres Schweigen. Ein anderer, mit Namen Hippolyt, seufzte gequält: „Ach, hätte man uns lieber erschossen!" Der jüngste von ihnen, kaum zwanzig Jahre alt, mit Namen Kaschkin, sank in die Knie und flüsterte Gebetsworte. Auf dem Schafott erschien der Schmied mit Ketten in der Hand — vom Tode waren sie befreit, nicht aber von der Stiefmutter des Todes — der Katorga. Als erster wurde Petraschewskij gefesselt. Er ärgerte sich über die träge Lässigkeit des Schmiedes, entriß ihm gereizt das Handwerkszeug und legte sich selbst die Fesseln an. Dann küßte er seine Schicksalsgenossen, alle der Reihe nach, verbeugte sich tief vor dem versammelten Volk und stieg mühsam, die schwere Last an den Füßen schleppend, von Gendarmen bewacht, die Stufen des Blutgerüstes hinunter. Ein Schlitten erwartete ihn. Unter strenger polizeilicher Bewachung wurde er direkt nach Sibirien abtransportiert.* Die übrigen Verurteilten wurden zunächst in die Peter-Pauls-Festung zurückgebracht. Keiner von ihnen ist hingerichtet worden.

Was Dostojewskijs überempfindsame Seele, die schon der Anblick eines Leichenzuges bis zur Ohnmacht erschüttern konnte, in diesem nicht von Gott oder der Natur geschaffenen, sondern von diabolischen Menschen erklügelten Höllenring erlitten hat, können wir aus seinem Brief an Michail erahnen, zu dem er mit all seinem Schmerz und seiner Freude kam, obwohl der geliebte Bruder ihm auf seine Herzensergüsse nur kühl und sachlich zu antworten pflegte.

In die Gefängniszelle zurückgekehrt, schreibt Dostojewskij am 22. Dezember, also noch am selben Tage, da er im Geiste den Märtyrertod erlitten hatte, einen acht Seiten langen Brief, den wir hier gekürzt zitieren:

„Bruder, mein geliebter Freund! Alles ist entschieden. Ich bin zu vier Jahren Zwangsarbeit in einer Festung (wahrscheinlich Orenburg) verurteilt und hinterher gemeiner Soldat. Heute, am 22. Dezember, wurden wir zum Semjonowplatz gebracht, dort wurde uns allen das Todesurteil verlesen, man reichte uns das Kreuz zum Kusse, die Degen wurden über unseren Häuptern zerbrochen und man kleidete uns in die Totengewänder (weiße Hemden). Dann wurden die ersten drei zur Exekution an die Pfähle gebunden. Nach ihnen kam meine Reihe und ich hatte nicht mehr länger als eine Minute zu leben. Ich dachte an Dich, Bruder, und all die Deinen, Du allein warst in meinem Sinn in diesen letzten Augenblicken, und erst jetzt erkannte ich, wie sehr ich Dich liebe, Du mein teurer Bruder! Es gelang mir, die dicht neben mir Stehenden, Pleschtschejew** und Durow zu umarmen. Plötzlich wurde die Retraite geblasen, die an den Exekutionspfahl Gebundenen wurden befreit und man verkündete, der Zar habe uns das Leben geschenkt. Dann wurde das eigentliche Urteil verlesen. Nur Palm ist begnadigt. Er kehrt mit seinem früheren Rang ins Heer zurück.

Eben wurde mir gesagt, daß wir heute oder morgen abtransportiert werden. Ich bat um Erlaubnis, Dich sehen zu dürfen. Aber es

* Petraschewskij ist aus Sibirien nicht zurückgekehrt. Er starb 1866.
** Romantischer Lyriker, 1825–1893.

hieß, das sei unmöglich; man erlaubte mir nur, Dir diesen Brief zu schreiben, auf den möglichst gleich zu antworten, ich Dich bitte. Als wir zum Semjonowplatz gebracht wurden, sah ich durchs Fenster des Gefängniswagens eine Menschenmenge; vielleicht war die Kunde von meiner Verurteilung zu Dir gedrungen und Du littest um mich. Nun wirst Du aufatmen können. Bruder! Ich bin nicht verzagt, nicht niedergedrückt. Leben ist überall Leben, Leben ist in uns, nicht außerhalb uns. Ich werde Menschen um mich haben, ein Mensch unter Menschen sein und immer ein solcher bleiben, welches Mißgeschick uns auch treffen mag. Nicht verzagen, sich nicht niederdrücken lassen — sieh, das ist Leben, das ist die Aufgabe des Lebens. Dessen bin ich mir nun bewußt. Diese Idee ist in mein Fleisch und Blut übergegangen. Ja! Gewiß, den Kopf, der schöpferisch tätig war, ein höheres geistiges Leben führte und mit diesen höheren Ansprüchen verwachsen war, diesen Kopf hat man mir von den Schultern geschlagen. Allein das Gedächtnis ist mir geblieben und alle Gestalten, die geschaffenen und die noch zu schaffenden. Sie werden mich foltern, das ist wahr. Aber das Herz ist mir geblieben, das gleiche Fleisch und Blut. Ich kann lieben, leiden, mitleiden, mich erinnern und das ist immerhin Leben. On voit le soleil! . . .

Ein weiter Weg per Etappe liegt vor mir. Geld ist erforderlich. Lieber Bruder, sobald Du diesen Brief erhältst, versuche, etwas Geld aufzutreiben und schicke es mir sofort. Ich brauche Geld nötiger als Luft (aus einem besonderen Grunde). Schreibe mir auch einige Zeilen von Dir persönlich. Ich küsse Deine Frau und die Kinder. Sieh zu, daß sie mich nicht vergessen. Vielleicht werden wir uns eines Tages wiedersehen?! Bruder, schone Dich und Deine Familie, lebe still, ein geregeltes Leben. Denke an die Zukunft Deiner Kinder . . . Lebe in gesicherten Grenzen. Noch nie hat in mir eine solche Fülle von geistiger Energie gewogt wie jetzt. Aber ich weiß nicht, ob es mein Körper aushalten wird. Krank begebe ich mich auf den Weg, ich leide an Skrofulose, aber vielleicht wird alles noch gut. Bruder, ich habe so viel in meinem Leben durchgemacht, daß mich kaum etwas noch schrecken kann. Komme, was da wolle!“

Dann folgen Abschiedsworte voll Liebe und Dankbarkeit an die Brüder und Schwestern, an eine Reihe von Verwandten und Freunden, Versicherungen der Zuneigung und Treue, die in die Frage münden: „Mag sein, daß wir einmal einander umarmen werden und uns die früheren vergangenen goldenen Tage ins Gedächtnis zurückrufen, unsere Jugend und unsere Hoffnungen, die ich in diesem Augenblick aus meinem blutenden Herzen reiße, um sie zu begraben.

Mein Gott, wieviel Gestalten, lange gehegte und neu geschaffene, werden verderben, in meinem Kopf erlöschen oder als Gift in mein Blut sich saugen! Ja, wenn ich nicht schreiben darf, gehe ich zugrunde. Besser 15 Jahre Kerkerhaft, aber mit der Feder in der Hand.

Küß Deine Kinder von mir; ihre lieben kleinen Gesichter gehen mir nicht aus dem Sinn, wenn sie nur glücklich wären! Sei auch Du glücklich, Bruder, sei glücklich!

Um Gottes willen, gräme Dich nicht um mich, gräme Dich nicht um mich, wisse, ich bin nicht traurig, sei überzeugt, daß ich zuversichtlich bin. Nach vier Jahren wird sich mein Schicksal erleichtern. Ich werde gemeiner Soldat sein, nicht mehr ein Gefangener, und sei dessen eingedenk, daß ich dich einmal umarmen werde. War ich doch heute dreiviertel Stunden im Griff des Todes, lebte mit diesen Gedanken, trat in den allerletzten Augenblick und nun lebe ich wieder.

Wenn jemand mich in schlechter Erinnerung behalten hat, ich mich mit jemandem verzankt oder einen unangenehmen Eindruck hinterlassen habe, so bitte ich ihn, wenn Du ihn triffst, es zu vergessen. Weder Galle noch Groll ist in meiner Seele, nur das Verlangen zu lieben und zu umarmen, und sei es auch nur einen von meinen alten Freunden. Dieses Hochgefühl beseelte mich heute, als ich angesichts des Todes von meinen Lieben Abschied nahm ... Was treibst Du jetzt? Was hast Du heute gemacht? Weißt Du alles über uns? Wie kalt es heute war!

Auf die Vergangenheit zurückblickend, werde ich mir bewußt, wieviel Zeit ich durch Irrtümer, Fehler, Müßiggang, durch Unkenntnis des Lebens vergeudet, wieviel Zeit ich verschwendet, gegen Herz und Geist gesündigt habe, und mein Herz blutet bei diesem Gedanken. Leben — eine Gottesgabe, Leben — Glückseligkeit. Jede Minute könnte eine Glückseligkeit sein, si jeunesse savait! Jetzt da sich das Leben ändert, werde ich in eine neue Gestalt wiedergeboren. Bruder! Ich schwöre Dir, daß ich die Hoffnung nie verlieren, Geist und Herz rein erhalten werde. Zum Bessern werde ich mich wandeln. Das ist meine ganze Hoffnung, mein ganzer Trost! Wenn ich nur gesundheitlich durchhalte, alles andere grämt mich nicht. Nun lebe wohl, lebe wohl, Bruder! Stark umarme ich Dich, stark küsse ich Dich. Gedenk meiner ohne Groll ...

Ich reiße mich von allem, was mir teuer war, los: es tut weh, alles zu verlassen. Es tut weh, sich zu zerbrechen, sein Herz in Stücke zu reißen. Lebe wohl, lebe wohl, ich werde Dich wiedersehen, ich bin davon überzeugt, ich hoffe darauf, werde mir nicht untreu, liebe mich, laß die Erinnerung nicht erkalten, der Gedanke an Deine Liebe wird der beste Teil meines Lebens sein. Leb wohl, noch einmal leb wohl! Lebt alle wohl.

Dein Bruder Fjodor Dostojewskij."

Dieser Brief, der in seiner Ergriffenheit, Wahrhaftigkeit und unausrottbaren Liebesfähigkeit, in der Lebensbejahung trotz niederrasselnder Steinblöcke, mit dem Heiligenstädter Testament Beethovens verglichen werden kann, gehört zu den heiligen Dokumenten der Menschheit. Nach acht Monaten Gefängnis, nach einer Verurteilung zum Tode weder Bitterkeit, Apathie und Haß; man hat ihm das angetan, was man einem Menschen nicht antun darf und dennoch ist sein Herz erfüllt von Liebe und Zuversicht.

Er konnte verzeihen, aber vergessen konnte er nicht.

In seinen Werken begegnen wir mehrfach der Beschreibung jenes verhängnisvollen, frostigen Wintermorgens, da alles Leben sich in einen einzigen Augenblick zusammendrängt. Im „Idioten", der zwanzig Jahre nach jenem schicksalsschweren Tag geschrieben ist, gibt er dieselben Details, gebraucht er dieselben Worte wie im Brief an seinen Bruder. Alles blieb in seinem Herzen wie eingebrannt; darum war sein Herz so schwer, auch als die Gefängnisfesseln von ihm gefallen waren.

Im „Idioten" erzählt Fürst Myschkin dem Diener des Generals von einer Exekution, der er in Frankreich beigewohnt habe und er ist so ergriffen von seiner Erinnerung, daß er das Gelangweiltsein, die stumpfe Gleichgültigkeit des Lakaien nicht einmal merkt. Etwas später kehrt er im Kreise der durch Ichbesessenheit verblödeten Generalsfamilie zum selben Thema zurück. Man gibt ihm zu verstehen, daß es nicht wohlerzogen sei, in vornehmer Gesellschaft über so peinlich schauerliche Dinge zu reden, aber er spricht weiter, auch als man ihn auslacht. Er muß sich mitteilen, im Erzählen das Erlebte verbrennen.

„Er wurde zum Exekutionspfahl geführt und angebunden. Man kleidete ihn in das Totenhemd, ein langes weißes Gewand; eine weiße Kapuze wurde ihm über die Augen gezogen, damit er die auf ihn gerichteten Gewehre nicht sehe. Aber zwanzig Minuten später, als er bereits das Schafott bestiegen hatte, kam die Botschaft, daß er begnadigt und das Todesurteil in eine mildere Strafe umgewandelt worden sei. Doch in der Zeit zwischen den beiden Urteilen, in diesen zwanzig oder fünfzehn Minuten hatte er in der Überzeugung gelebt, daß er in wenigen Minuten unweigerlich sterben müsse. Der Priester trat mit dem Kreuz der Reihe nach zu jedem von ihnen. Noch fünf Minuten hatte der Mann zu leben. Er erzählte mir, daß es ihm geschienen hätte, als seien diese fünf Minuten ein unendlicher Zeitraum, eine wahre Überfülle an Zeit, so viel, daß er sie noch aufteilen könne, daß er nicht an den letzten Augenblick zu denken brauche, daß ihm mit diesen fünf Minuten noch viele Leben übriggeblieben seien. Von diesen fünf Minuten bestimmte er zwei, um von seinen Freunden Abschied zu nehmen, dann behielt er noch zwei Minuten, um zum letztenmal über sich selbst nachzudenken und dann noch eine Minute, um zum letztenmal um sich zu schauen ... Die zwei Minuten kamen, die er aufgespart hatte, um über sich selbst nachzudenken ... Er versuchte so schnell und so klar als möglich sich vorzustellen, wie es sei, daß er in diesem Augenblick noch lebe und existiere und drei Minuten später irgend etwas sein würde — irgendwer oder irgendwas. Aber was? Und wo? Er wollte das in diesen zwei Minuten ergründen. Nicht weit entfernt war eine Kirche, und die vergoldete Kuppel glitzerte in der strahlenden Sonne. Er erinnerte sich, daß er unentwegt und hartnäckig diese strahlende Kuppel angeschaut hatte; er konnte sich von diesem Licht nicht losreißen. Es schien ihm, daß diese Strahlen die Substanz seiner zukünftigen Existenz seien und daß er in drei Minuten irgendwie mit ihnen verschmelzen würde. Das Gefühl der Unsicherheit und Auflehnung gegen das Neue, das sein würde, das unmittelbar auf ihn zukam, war schrecklich. Aber nichts, sagte er, sei so grauenhaft gewesen wie der immerwährende Gedanke: wie wäre es, wenn du nicht sterben müßtest? Wenn du ins Leben zurückkehren könntest? Die Ewigkeit wäre dir dann geschenkt. Sie würde dir gehören. Jede Minute machte ich zu einem Äon, keine würde ich mir entgehen lassen, jede würde ich zählen, wenn sie vorüberginge, nicht eine würde ich vergeuden."

Mit dem Munde des Fürsten Myschkin erzählt Dostojewskij von seiner eigenen Kreuzigung und diese Schilderung ist nur eine Variation von der dem Diener anvertrauten Geschichte: „Der Verbrecher war ein Mann von mittleren Jahren, intelligent, stark und tapfer ... Aber ich versichere dir, du magst es glauben oder nicht, als er die Stufen zum Schafott hinaufstieg, weinte er und war so weiß wie ein Blatt Papier ... Was mag in solch einem Augenblick in einer Seele vorgehen, bis zu welchem Grad ist die Todesangst gesteigert! Das ist eine Vergewaltigung der Seele ... ja, das ist es. Es steht geschrieben: ‚Du sollst nicht töten!' Dürfen wir ihn töten, weil er getötet hat? Nein, wir dürfen das nicht. Ein Monat ist bereits vergangen, seit ich dies miterlebte, aber ich sehe es noch immer vor Augen. Ich habe wohl ein halbdutzendmal davon geträumt. Bedenke doch: wenn einer zum Beispiel gefoltert wird, dann leidet er Schmerzen, aber die leiblichen Qualen lenken seinen Geist von den seelischen ab, so daß ihn nur körperliche Schmerzen plagen, bis er stirbt. Doch die größte und schrecklichste Marter ist nicht der körperliche Schmerz, sondern die unabweisbare Gewißheit: in einer Stunde, dann in zehn Minuten, dann in einer halben Minute und dann jetzt, in eben diesem Moment wird die Seele deinen Körper verlassen, du wirst aufhören ein Mensch zu sein, und es wird unfehlbar geschehen — das ist das schrecklichste: es wird unfehlbar geschehen. Wenn du deinen Kopf auf den Block legst und das Fallbeil heruntersausen hörst, dieser Bruchteil einer Sekunde, das ist das Furchtbarste ... Durch einen Richterspruch getötet werden, ist unvergleichlich qualvoller als von Räubern ermordet zu werden. Einer, der von Räubern ermordet wird, dem man nachts im Walde den Hals abschneidet oder ihn sonstwie umbringt, kann bis zur letzten Minute noch hoffen zu entfliehen. Aber das ist das Grausige bei einer Hinrichtung: das Todesurteil ist gesprochen, und es gibt keine Möglichkeit ihm zu entrinnen, absolut keine. — Es gibt keine grausigere Folter in der Welt als diese. Wer kann sagen, ob die menschliche Natur fähig ist, sie zu ertragen, ohne daß der Mensch irrsinnig wird? Wozu solche abscheuliche, zwecklose und unnötige Schändung des Menschen? Vielleicht gibt es einen Menschen, der einmal zum Tode verurteilt worden ist, der die ganze furchtbare Tortur mitgemacht hat und dem man dann im letzten Augenblick sagt: du kannst gehen, du bist begnadigt. Dieser Mensch könnte uns vielleicht sagen, wie es wirklich ist. Von dieser Qual und Todesangst hat auch Christus gesprochen. Nein — das darf man einem Menschen nicht antun!"

Aber ihm, dem Dichter der „Brüder Karamasow" hat man das

angetan, und wie Christus legt er vor der Menschheit Zeugnis ab von seiner Todesangst. Und wie die Jünger auf dem Ölberg, so schläft die Menschheit noch heute. Die Bösen sprechen Todesurteile und „die Guten“ — schlafen.

Niedergefahren zur Hölle

„Jede Stunde, jede Minute lastete wie ein Stein auf meiner Seele.“

Am Heiligen Abend mußte Dostojewskij gemeinsam mit Durow und noch einem anderen Schicksalsgenossen den Weg nach Sibirien antreten. Vor seinem Abtransport bewilligte man ihm eine halbe Stunde, um von seinem Bruder Abschied zu nehmen. Zeugen dieser Szene berichten, der Dichter sei viel gefaßter als Michail gewesen und hätte noch die Kraft aufgebracht, den Bruder zu trösten und sich liebevoll nach dem Wohlbefinden der kleinen Nichten und Neffen zu erkundigen. Mit keinem Wort hätte er über sein Schicksal geklagt. A. T. Palm, der mit ihm zusammen auf dem Blutgerüst gestanden hatte, erzählt in seinen Erinnerungen: „Wie heute entsinne ich mich unseres Abschieds im Dezember 1849. Heiter, fast fröhlich und seltsam hell, voller Zuversicht umarmte er mich und sagte: ‚Lebe wohl, Palm, wir werden uns bestimmt wiedersehen, daran zweifle ich keinen Augenblick — wir sehen uns wieder! Vier Jahre Zwangsarbeit, dann der Kommiß, das ist eine Kleinigkeit, belanglos ist das! Die Zukunft gehört uns.‘ Seine Augen leuchteten, so schön waren sie, voller Liebe, obwohl nicht ohne leichte Ironie, und ein Lächeln erhellte sein blasses, zerquältes Gesicht.“

Um zwölf Uhr nachts wurden seine Füße an zehn Pfund schwere Ketten geschmiedet. In einem von Gendarmen bewachten Schlitten, vor den eine Troika gespannt war, verließ er Petersburg. Viele Jahre später (1854) schrieb er an seinen Bruder: „Meine Seele war traurig, und ich war verwirrt von einem Tumult unklarer Gefühle, die in mir tobten. Mein Herz war stumm vor Weh. Aber der kalte Wind erfrischte mich augenblicklich, ich gewann neuen Mut und Lebenskraft, wie das oft der Fall ist, wenn man gezwungen ist, ein neues Leben anzufangen. Im Grunde genommen war ich ruhig und nahm Petersburg noch einmal mit allen Sinnen in mich auf. Als wir an den festlich erleuchteten Häusern vorbeifuhren, sagte ich jedem einzelnen Lebewohl. Wir kamen an Deiner Wohnung vorbei. — Krajewskijs Haus war hell erleuchtet. Du hattest mir erzählt, daß man dort einen Christbaum hätte und die Kinder mit Emilia Feodorowna dort sein würden. Wilde Schwermut überfiel mich ...

Wir froren entsetzlich, trotz unserer dicken Pelzmäntel. In einer Nacht in Perm sank die Temperatur auf 40 Grad unter Null.

Der Übergang über das Uralgebirge war trostlos. Pferde und Schlitten blieben im tiefen Schnee stecken. Ein Schneesturm wütete. Wir mußten aus dem Schlitten steigen (es war in der Nacht) und warten, bis unser Gefährt aus den Schneeverwehungen ausgegraben war und wir weiterfahren konnten. Nichts als Schnee und Sturm um uns. Europas Grenze. Vor uns Sibirien und unser unergründliches Schicksal, hinter uns — unsere Vergangenheit. Ich war so traurig, daß ich zu weinen anfing."

Die gespenstische Schlittenfahrt dauerte fünfzehn Tage. Der Weg ging über Tobolsk nach Omsk. Am 23. Januar 1850 trafen Dostojewskij und Durow in Omsk ein. Im Zentrum der Festung erhob sich das düstere Schloß des Generalgouverneurs und unweit davon — durch einen hohen Holzzaun verdeckt — befanden sich die Holzbaracken, das Zuchthaus, über das der Platzmajor Krivzew zu bestimmen hatte. Die Arrestanten nannten ihn den „Achtäugigen", weil es unmöglich war, seinem Blick zu entschlüpfen. Krivzew war ein roher Wüterich, von dessen Willkür das Maß der den Häftlingen zugedachten Qual abhing. In ganz Sibirien kannte man seine Schandtaten. Ihm stand das Recht zu, Sträflinge zu körperlicher Züchtigung zu verurteilen, und es verging kaum ein Tag, an dem er von diesem Recht keinen Gebrauch machte, ganz gleich, ob der Eingekerkerte ein Gewohnheitsverbrecher oder ein Freiheitskämpfer war. In dem bereits erwähnten Brief an seinen Bruder schildert Dostojewskij den Luzifer der Hölle: „In Tobolsk erfuhr ich zuerst etwas über meine zukünftigen Vorgesetzten. Der Kommandant, hieß es, sei ein anständiger Mensch, aber der Major, ein gewisser Krivzew, galt als ein ausgemachter Schurke; er sei ein Barbar, ein kleinlicher Wüterich, ein Trunkenbold, ein Mensch, der alle Laster in sich vereine. Er begann damit, uns — Durow und mich — Idioten zu schimpfen wegen unserer politischen Überzeugungen und drohte, bei der ersten Gelegenheit eine körperliche Züchtigung über uns zu verhängen. Zwei Jahre ist er Major gewesen und hat entsetzliche Ungerechtigkeiten verübt. Schließlich kam er vor ein Kriegsgericht. Gott hat mich vor ihm bewahrt. Er kam stets betrunken ins Gefängnis (nie hab ich ihn in nüchternem Zustand gesehen) und schlug Lärm über belanglose Kleinigkeiten: etwa weil ein Sträfling auf der rechten Seite schlief oder ein anderer im Schlaf sprach, mit einem Wort über alles, was sein betrunkenes Gehirn wahrnahm. O Gott, mit einer solchen Kreatur mußten wir nun notgedrungen in Frieden leben, diese Kreatur schrieb die Berichte über unsere Führung, die nach Petersburg gingen."

Gleich am ersten Tage wurde Dostojewskij auch äußerlich zu einem Sträfling gebrandmarkt. Daß er nun zu den Verpönten und Verachteten gehörte, davon sollte sein Äußeres zeugen: sein Kinnbart und der halbe Schnurrbart wurden abrasiert, auch die Hälfte des Schädels ausrasiert. Diese Verunstaltung wurde jede Woche von neuem vollzogen. Das Rasiermesser war stumpf, der Barbier ein grober Kerl, und für den empfindsamen Dostojewskij war diese Prozedur eine kaum ertragbare Pein. Sein Arrestantenanzug bestand aus einer grauen Hose, einer Joppe, die rechts schwarz, links grau war und auf dem Rücken einen gelben Kreis, das Kainsmal trug. Ein kurzer Schafspelz und eine graue Baskenmütze vervollständigten den Anzug. Aus den sibirischen Archiven erfahren wir Genaues über den Zuchthäusler Fjodor Dostojewskij. Sein Sträflingspaß ist noch vorhanden:

Äußere Merkmale — reines Gesicht
Gesichtsfarbe — weiß
Augen — grau
Nase — gewöhnlich
Haar — hellblond
Besondere Kennzeichen — auf der Stirn über der linken Braue eine kleine Narbe
Arbeitstauglichkeit — Schwerarbeiter
Analphabet oder lesekundig — lesekundig.

Schließlich erfahren wir auch mit mathematischer Präzision die genaue Größe dieses vielumstrittenen Mannes: 2 Arschin, 6 Werschock, d. h. in westeuropäischen Maßen: 1,68 m.

1852, im zweiten Jahr der Katorga, wurde der lesekundige Schwerarbeiter für gutes Betragen von den Fußfesseln befreit.

Die politischen Gefangenen wurden von den kriminellen nicht getrennt: Dostojewskij war in einem Raum mit hundertfünfzig

Sträflingen, Huliganen, Falschmünzern, Räubern, Mördern, zusammengepfercht. In der Peter-Pauls-Festung litt er unter der Abgeschiedenheit, hier litt er — und noch viel heftiger — unter der Qual, in einer Herde entmenschter Wesen sein Leben fristen zu müssen. In einem Brief an Frau Vonwisin bekennt er, daß ihn in Sibirien die aufgezwungene Gemeinschaft mehr gepeinigt hätte als die schweren Ketten und die Zwangsarbeit: „Ich habe fast fünf Jahre ein Herdendasein geführt, immer unter den Augen eines Wächters, nie war ich auch nur eine Stunde allein. Zeitweilige Einsamkeit ist für einen normalen Menschen so notwendig wie Essen und Trinken. In diesem aufgezwungenen Kommunismus wird man zum Menschenfeind."

Bei Einbruch der Dämmerung wurde die Kasernentür verriegelt und das wüste Nachtleben begann. Trotz des strengen Verbots gelang es den Häftlingen immer wieder, Branntwein in die Kaserne zu schmuggeln und die zügellosen Orgien standen unter der Devise: „Tobe dich aus, freie Seele!" Dieser schmutzige Menschenknäuel empfand Dostojewskij als einen Fremdkörper. In seinen Erinnerungen berichtet er: „Wenn ich ihnen (den Gefangenen) bei einer gemeinsamen Arbeit helfen wollte, wurde ich von ihnen abgewiesen, mit Schimpfworten zum Teufel gejagt." Am Hungerstreik, den die Zuchthäusler aus Protest gegen die schlechten und verfaulten Speisen durchführten, durfte er nicht teilnehmen. „Du bist nicht einer von uns", mit diesen Worten wurde er überall abgewiesen.

In „Schuld und Sühne" ist das Zuchthaus von Omsk mit all seinen Bräuchen geschildert, und im Haß der Sträflinge gegen Raskolnikow spiegeln sich Dostojewskijs eigene Erlebnisse: „Man liebte ihn nicht. Man mied ihn. Zum Schluß haßte man ihn sogar. Warum? Er wußte es nicht. Man verachtete ihn, man lachte ihn aus, ihn verhöhnten sogar die, die weit verbrecherischer waren als er selbst."

Die Sträflinge mußten in einer Ziegelfabrik arbeiten, die einen Kilometer von der Kaserne entfernt lag. Mit den zehn Pfund schweren Ketten in brennender Hitze, wie auch bei einer Kälte von vierzig Grad legte Dostojewskij diesen Weg zurück. Anfangs konnte er nur eine Last von sechs Ziegelsteinen tragen, (jeder Stein wog zehn Pfund), später waren es zehn, schließlich zwölf. Er begehrte nicht auf, er wollte das gleiche Kreuz wie seine Kameraden. Der Strick des Tragkastens hatte seine Schulter wundgerieben und die

Wunden heilten nicht zu. Nie hörte man ihn klagen. Seine Bereitschaft, Leid auf sich zu nehmen, war unermeßlich. In einem Brief an Michail schreibt er: „Die Arbeit ist schwer, und oft müssen wir uns bis an die Grenze unserer Kraft quälen, im Schmutz, in Schnee und Regen, bei Gewittern und im Winter bei schneidender Kälte. Wir leben alle zusammengepfercht in einer Baracke. Stelle Dir vor: ein alter, verfaulter Holzschuppen, der schon längst hätte niedergerissen werden müssen, weil er zu nichts mehr zu gebrauchen ist. Im Sommer ist die Luft darin unerträglich stickig, im Winter nicht zum Aushalten kalt. Der Fußboden ist ganz verfault und mit einer zolldicken Schmutzschicht bedeckt, auf der man leicht ausgleitet und hinfällt. Die kleinen Fenster sind völlig undurchsichtig, so daß es fast unmöglich ist, bei Tageslicht zu lesen. Auf den Fensterscheiben liegt eine dicke Eiskruste. Das Wasser tropft von der Zimmerdecke, die voller Löcher ist. Wir sind zusammengepreßt wie Heringe in einer Tonne. Mit sechs Holzklötzen, die wir für unsere Feuerung zugeteilt bekommen, ist es unmöglich, genügend Wärme zu erzeugen. Das Eis im Zimmer fängt kaum an aufzutauen, und der Raum ist voll Rauch. In diesem Zustand verbringen wir den ganzen Winter. Die Gefangenen waschen ihre Wäsche in derselben Baracke und verplanschen den ganzen Boden mit Wasser. Man weiß nicht, wo man bleiben soll. Von der Abenddämmerung bis zum Morgengrauen darf keiner die Baracke verlassen, auch nicht um seine Notdurft zu erledigen, alle Türen sind verschlossen. Ein Kübel wird in den Gang gestellt, und es stinkt abscheulich. Alle Sträflinge stinken wie die Schweine, und man behauptet, es sei unmöglich, diese Schweinerei zu vermeiden, da man ja ein lebendiger Mensch sei. Wir schlafen auf blanken Brettern, nur ein Kissen ist uns erlaubt. Wir decken uns mit kurzen Pelzmänteln zu, die nicht bis zu den Füßen reichen. So liegen wir, zitternd vor Kälte, die ganze Nacht. Und Schaben, Flöhe und Läuse scheffelweis."

In dieser Düsternis leuchtete ein kleiner Funke auf, wenn der Aufseher mit dem Gewehr in der Hand die Gefangenen in die Kapelle führte. Auch in Sibirien gab es Menschen, die in ihm den großen Dichter erkannten und seine Lage zu erleichtern versuchten. Der General Borisowski ordnete z. B. an, daß Dostojewskij im Winter Schnee schaufeln sollte — eine verhältnismäßig leichte Arbeit — Dostojewskij selbst suchte nie um eine Vergünstigung nach. Viel Sympathie erwiesen ihm die Kadetten, die nach Sibirien verschickt waren, weil sie unbefugterweise eine Beschwerde wegen des schlechten Essens an die Obrigkeit eingereicht hatten. Diese zukünftigen Marineoffiziere lebten in der Verschickung in relativer Freiheit und hatten in der Festung, wo sie „Seemännchen" genannt wurden, die Obliegenheiten der Intendantur zu erfüllen. Es stand ihnen das Recht zu, täglich eine Anzahl von Häftlingen „für Arbeiten im Hause" zurückzubehalten. Hier fiel ihre Wahl oft auf Dostojewskij. Sie verschafften ihm hin und wieder einen Erholungstag, erwiesen ihm kleine Aufmerksamkeiten, erzählten ihm Petersburger Neuigkeiten. Dostojewskij war düster und zurückhaltend, er wagte nicht, sich den Seemännchen enger anzuschließen. Mitleidsbezeigungen wies er barsch zurück.

Der Platzmajor Krivzew hatte keine menschliche Sprache; wie stumpfe Hammerschläge hallten seine Schreie durch die Festung: „Rrruten!" brüllte er, sobald etwas nicht nach seinem Sinn geschah. Dem Gesetz nach durften nur Bauern zu körperlichen Züchtigungen verurteilt werden. „Du bist ein Bauer, also kann man dich prügeln!", diesen Schrei des Majors kannten alle im Zuchthaus und es war allen bekannt, daß der Major die Gesetze überschritt, sobald es ihm beliebte.

Dostojewskijs deutscher Biograph Nötzel berichtet, daß Dostojewskij im Zuchthaus „mehrfach aufs fürchterlichste körperlich gezüchtigt worden ist" (Die slavische Volksseele). Diese Behauptung entbehrt einer faktischen Grundlage. Heute, da Berichte, Protokolle, Erinnerungen und Tagebücher publiziert sind, wissen wir, daß es nicht der Fall war.*

Vor dem tiefsten Höllenring retteten ihn die Seemännchen. Der diensthabende Intendant hatte ihn wieder einmal für Hausarbeiten zurückbehalten. Dostojewskij lag in der leeren Kaserne auf einer Pritsche. Überraschenderweise machte der Platzmajor einen Rundgang durchs Gefängnis. „Was ist denn hier los?" schrie er, als er Dostojewskij erblickte. Der den Major begleitende Intendant setzte sich für Dostojewskij energisch ein und erklärte, der Häftling leide an fallender Sucht und hätte heute krankheitshalber von der Arbeit fortbleiben müssen.

„Blödsinn!" brüllte Krivzew, „Rrruten!"

Der Intendant, ein energischer Mann, entsandte heimlich einen

* Dr. Janowski und Baron Wrangel haben als erste die Unwahrheit dieser fürchterlichen Überlieferung festgestellt.

Eilboten zum Kommandanten der Festung, der diesmal sofort erschien, die Verordnung des Platzmajors aufhob und ausdrücklich verbot, über kranke Häftlinge Strafen zu verhängen.

Auch der Arzt des Zuchthauslazarettes, Troitzki, tat für Dostojewskij, was er konnte. Er verschrieb ihm, sooft es ohne Mißtrauen zu erregen möglich war, Lazaretturlaub. Die Frau des Arztes brachte dem Dichter an solchen Tagen heimlich ein leckeres Gericht, duftenden Tee, ein Glas Wein, eine ausländische Zeitung. Der Mittler dieser geheimen Samariterdienste war ein schlichter Mann, der den russischsten aller russischen Namen trug, Iwanow, und die Obliegenheiten eines Sanitäters, des sogenannten Feldschers erfüllte. Als der Leiter des Lazaretts, Baron Frank, davon erfuhr, wurde Iwanow für sein „Verbrechen" mit 25 Rutenschlägen bestraft, Dr. Troitzki selbst wurde von seinen eigenen Kollegen bei der Regierung in Petersburg denunziert. Eine Untersuchung wurde eingeleitet. Als an Dostojewskij die Frage gestellt wurde, ob er es gewagt habe, in der Baracke oder im Lazarett etwas zu schreiben, antwortete er gelassen: „Ich habe nichts geschrieben und schreibe nichts, ich sammle nur Material für meine zukünftigen Werke."

„Und wo ist dieses Material aufbewahrt?" fragte der Untersuchungsbeamte.

„In meinem Kopf."

Die Häftlinge, die Intendanten, das Personal des Lazaretts — alle hielten diesmal wie eine undurchdringliche Mauer zusammen und die aus Tobolsk gesandte Untersuchungskommission reiste unverrichteter Sache wieder ab: nichts ernstlich Strafbares hatte sich nachweisen lassen.

Einer der höheren Offiziere der Festung, der den gleichen Namen wie der kleine Feldscher Iwanow trug, und dessen mutige, schöne Frau, eine Anhängerin der Dekabristen, waren begeisterte Verehrer Dostojewskijs: sie übermittelten Nachrichten an seinen Bruder und händigten ihm kleine Geldsummen ein. Natürlich geschah dies alles auf geheimstem Wege. Die Strafe wäre unausdenkbar gewesen, hätte die Obrigkeit die Übertretung der Zuchthausgesetze bemerkt; aber wie diabolisch auch eine Einkerkerung sein mag, an unerwarteter Stelle findet sich ein schmaler Spalt, durch den die Sonne der Güte eindringt und den Verschmachtenden am Leben erhält. Kein Wesen vermag in absoluter Dunkelheit oder absoluter Leere zu leben — auch das Genie nicht.

1852 reichten Dostojewskijs Freunde an den Zaren eine Petition ein. Sie wiesen auf die makellose Führung des Dichters hin und baten, ihn wenigstens von den Ketten zu befreien. Der Zar lehnte diese Bittschrift ab.

Die Einstellung der Häftlinge zu Dostojewskij änderte sich im Laufe der Jahre kaum. Als er nach vier Jahren die Festung verlassen durfte, und von einem Kameraden zum andern ging, um sich von ihnen zu verabschieden, nahmen nur wenige seine ausgestreckte Hand entgegen, die meisten wandten sich ab oder zuckten verächtlich die Achseln über „diese Heuchelei und unnütze Höflichkeit". Im Brief an seinen Bruder, in dem er die Erlebnisse von vier Jahren zusammenzufassen versucht, heißt es von den Zuchthäuslern: „Es ist ein rohes, jähzorniges, verbittertes Volk. Ihr Haß auf die Aristokratie ist grenzenlos; uns, der Intelligenz, begegnen sie mit Feindseligkeit und haben eine boshafte Freude an unserem Unglück. Wenn sie gekonnt hätten, sie hätten uns aufgefressen. Natürlich wagten wir nicht, uns zur Wehr zu setzen, denn wir mußten vier Jahre unter ihnen zubringen, mit ihnen leben, essen, trinken und schlafen, und es gab niemand, bei dem wir uns über die zahllosen Beleidigungen hätten beschweren können."

Aber etwas später gesteht er im Rückblick auf die vier Jahre, die er eingekerkert zugebracht hat: „Schließlich ist der Mensch überall ein Mensch. Auch in Sibirien unter Mördern habe ich Menschen kennengelernt. Ich weiß nicht, ob Du es mir glauben wirst, aber es gab tiefe, starke und edle Charaktere unter ihnen — es war eine Freude, das Gold unter der rauhen Schale zu entdecken. Und so war es nicht nur in einem Fall oder in zweien, sondern in der Mehrzahl. Man konnte nicht umhin, Hochachtung vor einigen zu verspüren, und es waren welche darunter, die ausgesprochen edel waren." Und die gleiche Verflechtung düsterer und lichter Farben in den „Memoiren aus einem Totenhaus", die er sieben Jahre später schrieb: „Wieviel Jugend wird nutzlos hinter diesen Mauern begraben, welche gewaltigen Kräfte werden hier vergeblich verschleudert! Man muß schließlich einmal die volle Wahrheit sagen: es waren außergewöhnliche Menschen. Vielleicht waren es die Begabtesten, die Stärksten unseres Volkes. Aber ihre gewaltige Energie wurde unnütz vertan ... und wer ist schuld daran? Das ist es eben: Wer ist schuld daran?"

„Die Memoiren aus dem Totenhaus" sind gewissermaßen Dostojewskijs Autobiographie. Grausam und gewaltig öffnet sich vor uns der Passionsweg eines großen Leidenden, dem, als er Gott im Menschen suchte, eine Teufelsfratze entgegengrinste und der trotzdem die lebensbejahende Kraft besaß, an den göttlichen Uranfang alles Seienden zu glauben. Die unheimliche Brutalität der menschlichen Natur enthüllt er in den Szenen, die die körperliche Züchtigung beschreiben. Er erzählt von dem Kalmücken Alexander, der zum Spießrutenlaufen, zu viertausend Stockschlägen, verurteilt war, weil er seinen Vorgesetzten ermordet hatte. Während der Exekution, die alle Grenzen des Ertragbaren übersteigt, fällt er in Ohnmacht, wird ins Hospital gebracht, und als er wieder zum Bewußtsein gekommen ist, geht die Folter weiter. Und der Gefolterte gesteht in unfaßbarer Stumpfheit: „Ich konnte es aushalten, weil ich daran gewöhnt war. Ich bin geschlagen worden, solange ich mich erinnern kann. Man schlug mich für alles und mit allem, was gerade zur Hand war, jeden Tag einige Male. Ich wurde nur dann nicht geschlagen, wenn niemand da war, der gerade Lust dazu hatte."

Da ist ein Leutnant Scherebjatnikow, ein Sadist, der jede Exekution intensiv genießt. Er erfindet neue Foltermethoden, und wenn sie sich als wirksam erweisen, mischt sich das teuflische Lachen des Offiziers in das Stöhnen des Opfers. Da ist der Unmensch Orlow, der kleine Kinder und alte Leute kaltblütig abschlachtet, ein Mann von außergewöhnlicher Willenskraft und starkem Selbstbewußtsein. „Man sah ihm an, daß er eine ungeheure Selbstbeherrschung besaß. Er lachte bei Foltern und Strafen und fürchtete nichts in der Welt ... Ich war erstaunt über den ungemeinen Hochmut, mit dem er meine Versuche, sein Gewissen wachzurufen und Reue in ihm zu wecken, aufnahm. Er warf mir einen Blick voller Anmaßung und Verachtung zu, so als ob ich ein dummer kleiner Junge sei, mit dem sich eine Unterhaltung nicht lohne." Da ist der blutdürstige Tatar Gasin, der kleine Kinder mordete, die er zuvor furchtbar ängstigte, um so „das Flattern der Täubchen" zu verlängern. Da ist ein Räuberhauptmann, der damit prahlt, einen Menschen mit einem Keulenschlag töten zu können, ein Mörder, der aus seinem Gewerbe sozusagen eine Kunst macht. Dieser Auswurf der Menschheit kannte keine Gewissensbisse und hatte nicht die geringste Neigung sich zu bessern. „Versuche einem Verbrecher seine Verbrechen vorzuhalten, und er wird nicht aufhören zu fluchen ... Sie fluchten mit der Fertigkeit künstlerischer Vollendung, sie besaßen eine Wissenschaft des

Fluchens . . . Sie arbeiteten nur, wenn die Peitsche drohte. Sie waren faul, arbeitsscheu und moralisch verkommen. Und wenn es einige gab, die noch nicht total verdorben waren, so wurden sie es im Zuchthaus."

An anderer Stelle aber behauptet er das Gegenteil: selbst im Gefängnis könne ein Mensch sich erneuern, wenn es nur jemand gäbe, der an seine Fähigkeit, gut zu sein, glaube.

Zwischen Bestien und Ungeheuern leuchtet das sanfte Gesicht des jungen Tscherkessen Alej, der durch einen Justizirrtum nach Sibirien verbannt worden war. „Die Erinnerung an meine Begegnung mit Alej gehört zu den leuchtendsten meines Lebens", schreibt Dostojewskij, der mit Menschen wie Solowjew befreundet gewesen ist. Er lehrte den lauteren Jüngling russisch lesen und gemeinsam mit ihm erquickte er seine Seele an den Worten der Bergpredigt: liebet eure Feinde. Die Bibel war das einzige erlaubte Buch im Zuchthaus. Auf dem Wege von Petersburg nach Omsk hatte ihm eine seiner Anhängerinnen, die Tochter eines russischen Revolutionärs, Frau Vonwisin, die Heilige Schrift geschenkt.

In dem bereits mehrfach erwähnten Brief an seinen Bruder schreibt Dostojewskij ohne sonderliche Bitterkeit vom Hunger und seinen Folgen: „Meine Verdauung ist äußerst schlecht. Ich bin wiederholt krank gewesen, . . . Das Rauchen zu vermeiden ist unmöglich, weil man sonst in der verpesteten Luft erstickt. Natürlich geschieht es heimlicherweise. Meine nervöse Schwäche hat zur Epilepsie geführt, doch die Anfälle sind selten. Ich habe Rheumatismus in den Beinen." Aber in den nächsten Zeilen fügt er mit der ihm eigenen unzerstörbaren Lebensbejahung hinzu: „Aber sonst fühle ich mich ganz wohl." Die Bemerkung ist erschütternd. Eine ruinierte Verdauung, epileptische Anfälle, Rheumatismus, und trotz allem fühlt er sich ganz wohl!

Die medizinischen Forschungen haben erwiesen, daß die Epilepsie in ihrer eigentlichen Form erst in der Katorga zum Ausbruch kam. Er selbst wies den Gedanken an diese schreckliche Krankheit lange von sich, er wollte nicht an sie glauben und glaubte nicht an sie — solange es möglich war. Im Brief an den Bruder erwähnt er Anfälle, die „an fallende Sucht gemahnen, es aber nicht sind". Ein 1857 ausgestelltes ärztliches Zeugnis diagnostiziert die Krankheit und beschreibt sie genau: „1850 hat ihn der erste Anfall der fallenden

Sucht — Epilepsia — heimgesucht und sich folgendermaßen geäußert: Schreie, Bewußtlosigkeit, Krämpfe der Gliedmaßen und Gesichtsmuskeln, Schaum am Munde, keuchender Atem, schwacher, beschleunigter Puls. Der Anfall dauert fünfzehn Minuten. Mit der Rückkehr des Bewußtseins tritt eine allgemeine Schwäche ein." Aus diesem Zeugnis erfahren wir auch, daß die Anfälle anfangs seltener gewesen sind und sich seit 1853, also im dritten Jahr der Katorga, am Ende eines jeden Monats eingestellt haben.

1854, eine Woche, nachdem sich das Festungstor hinter ihm geschlossen hat, schreibt er Michail den bekenntnishaften Brief, aus dem ich noch einige Stellen, die von seiner leidenschaftlich ungeduldigen Liebe zum Bruder, seinem Buchhunger und seiner inneren Gefaßtheit zeugen, zitieren will: „Endlich kann ich Dir aufrichtiger und ausführlicher schreiben. Doch ehe ich zu erzählen beginne, muß ich Dich fragen: sage mir um Himmels willen, warum hast Du mir bisher nicht eine einzige Zeile geschrieben? Wie soll ich das begreifen? Ich muß gestehen, in meiner Verlassenheit und Abgeschnürtheit war ich bisweilen ganz verzweifelt, ich dachte, Du bist nicht mehr auf der Welt, und was würde dann aus Deinen Kindern werden? Dieser Gedanke peinigte mich in den Nächten, ich verwünschte mein Los, daß ich ihnen nicht nützlich sein kann. Dann wieder, als ich mit Bestimmtheit erfuhr, daß Du noch lebst, wurde ich böse auf Dich, (aber das geschah nur in Stunden krankhafter Gereiztheit, und solche gab es bei mir nicht viele) und machte Dir heftige Vorwürfe. Aber diese Stimmung verging bald: ich verzieh Dir, versuchte Dich zu entschuldigen, verharrte bei den besten Voraussetzungen, und den Glauben an Dich habe ich nicht ein einziges Mal verloren. Ich weiß, Du liebst mich und denkst gut von mir. Ich habe durch unseren Stab an Dich geschrieben. Diesen Brief mußt Du bestimmt erhalten haben, ich wartete auf eine Antwort, erhielt aber keine. Ist es möglich, daß man Dir verboten hat zu schreiben? Das ist selbst hier gestattet und die Politischen erhalten einige Briefe im Jahr ... Ich glaube, ich habe den richtigen Grund Deines Schweigens erraten. Deine Trägheit hinderte Dich, bei der Polizei eine Erlaubnis einzuholen oder auch: Du gingst hin und gabst Dich mit der ersten Absage gleich zufrieden ...* Dadurch hast Du mir unsägliches Leid zugefügt. Unwillkürlich sagte ich mir: wenn er sich

* Diese Vermutung des Dichters hat sich als wahr erwiesen.

nicht einmal bemüht, an mich einen Brief abzuschicken, dann wird er auch für die Angelegenheit, die für mich viel wichtiger ist, sich nicht einsetzen. Schreibe und antworte schneller, benutze zuallererst den offiziellen Weg, ohne auf eine besondere Gelegenheit zu warten, und schreibe genau und ausführlich. Ich bin jetzt von Euch allen abgetrennt, eine vom Brotlaib abgeschnittene Scheibe, und wie sehr ich auch wieder anwachsen will, es geht nicht."

Inständig bittet er den Bruder um Geld; nur Geld vermag seine qualvolle Lage zu erleichtern. Er ist überzeugt, daß er dem Bruder nichts schuldig bleiben, daß er einmal die Möglichkeit haben wird, alles Geliehene mit Zinsen zurückzugeben, nach fünf, sechs Jahren wird man ihm sicher erlauben, seine Werke zu drucken, und dann wird er aufatmen können. Wie eine Beschwörungsformel, wie ein Gebet, durch das er sich selbst stärken und läutern will, klingen die Worte: „In meiner Seele ist alles licht. Meine Zukunft und alles, was ich noch zu leisten habe, liegt klar vor mir. Ich bin mit meinem Leben zufrieden." Er fleht um drei Dinge, ohne die er nicht leben kann: um Liebe, Bücher und Geld. „Und noch eines, was notwendig ist: ich brauche und zwar unbedingt brauche ich die alten Geschichtsschreiber in französischer Übersetzung und die neuen Werke der Nationalökonomie, wie auch die Kirchenväter ... schicke mir diese sofort." Und einige Zeilen weiter kehrt er noch einmal zu der gleichen Bitte zurück: „Vergiß nicht, die Bücher zu besorgen ... wisse, lieber Bruder, Bücher sind für mich Leben, meine Nahrung, meine Zukunft ..." „Schicke mir den Koran und Kants Critique de la raison pure ... und unbedingt Hegel, besonders Hegels Geschichte der Philosophie, davon hängt meine ganze Zukunft ab."

Trotz seiner vulkanischen Natur war er sich seiner Ziele und der Bedeutsamkeit einzelner Lebensstufen, der Notwendigkeit des Ausharrens um seiner inneren Berufung willen, klar bewußt. Als er das Zuchthaus in Omsk verlassen hatte, schrieb er seinem jüngeren Bruder André, dem er nur selten und nie wieder so offen geschrieben hat: „Diese vier Jahre war ich lebendig begraben, in einen Sarg eingeschlossen. Wie schrecklich diese Zeit war, vermag ich Dir, mein Freund, nicht zu erzählen. Das war eine unbeschreibliche Qual, eine endlose, jede Stunde, jede Minute lastete wie ein Stein auf meiner Seele." Und in späteren Jahren, auf sein Leben in der Katorga zurückschauend: „Während dieser ganzen Zeit lebte ich trotz der Hunderte von Kameraden in einer grausigen Verlassenheit, aber schließlich gewann ich diese Verlassenheit lieb, seelisch einsam schaute ich auf mein vergangenes Leben zurück und überlegte alles bis in die kleinsten Einzelheiten. Ich vertiefte mich in die Vergangenheit und urteilte unbarmherzig und streng über mich, und in mancher Stunde segnete ich mein Schicksal, weil es mir diese Abgeschiedenheit gesandt hatte, ohne die weder dieses Selbstgericht noch das strenge Abwägen des vergangenen Lebens möglich wäre. Und welche Hoffnungen schwellten damals mein Herz! Ich dachte, ich beschloß, ich schwor mir, daß es in meinem zukünftigen Leben weder die alten Fehler, noch die früheren Vergehen geben wird. Ich zeichnete das Programm meiner zukünftigen Tage auf und beschloß fest, es zu verwirklichen. In mir entstand ein blinder Glaube, daß ich das alles erfüllen werde und erfüllen kann. Ich begehrte, ich sehnte die Freiheit herbei, ich wollte mich und meine Kräfte im neuen Kampf prüfen ... Freiheit, neues Leben, Auferstehung von den Toten! Welch herrlicher Augenblick ...“

Vier Jahre war er lebendig begraben, aber dank der seelischen Elastizität war ihm Auferstehung beschieden.

Purgatorium — Maria Dmitrijewna Isaijewa

„Wann werde ich endlich ganz frei sein?“

Vier Jahre hatte Dostojewskijs Höllenwanderung gedauert, sechs sollte er noch im Purgatorium ausharren.

Am 15. Februar 1854 wurde er aus der Zuchthausfestung in Omsk entlassen. Bis die weiteren Verfügungen in Kraft traten, verbrachte er mit Durow zwei Wochen im gastfreien Hause Iwanows. Rücksichtsvoll umhegten der Offizier und seine Frau die schweigsamen, zermarterten Menschen. Dann mußte Dostojewskij nach Semipalatinsk, wo er sechs Jahre als gemeiner Soldat den Rest seiner Strafe abbüßen sollte. Aus Semipalatinsk schreibt er an seine Freundin Vonwisin: „Wann werde ich endlich ganz frei sein? Wahrscheinlich, wenn ich die Freiheit nicht mehr brauche. Solange ich den grauen Soldatenrock trage, fühle ich mich noch als Häftling. Ich bin glücklich, so viel Geduld im Leiden aufzubringen, daß ich äußeres Wohlleben nicht entbehre. Ich wünsche mir nichts als Bücher, die

Möglichkeit zu schreiben und einige Stunden täglich allein zu sein. Besonders danach sehnt sich meine Seele."

Semipalatinsk war eine kleine Festung in Sibirien mit einer Kirche, mehreren Moscheen und vielen Kasernen. Die Bewohner bestanden aus Beamten, Soldaten und Kaufleuten, zum größten Teil Tataren. Unmittelbar hinter der Stadt lagen die Nomadenzelte der Kirgisen in der Ebene verstreut. Der Soldatendienst im sibirischen Heer war rauh, fast den ganzen Tag und bisweilen auch nachts gab es Dienst: endlose Übungen auf dem Exerzierplatz, endlose Paraden, Nachtwachen. In Briefen an den Bruder schildert Dostojewskij das harte, freudlose Leben und fügt hinzu: „Ich murre nicht: dieses ist mein Kreuz und ich habe es verdient." Seine scheue Natur besaß eine unausrottbare Fähigkeit zu lieben. Immer suchte er jemanden, mit dem ihn zarte Fäden der Sympathie verbanden. In der Katorga war es der Tscherkesse Alej, in der Kaserne ein ganz junger Soldat, der den Namen Kanz trug. Dostojewskij putzte die Armatur seines Kameraden mit rührender Sorgfalt und Kanz kochte für ihn den Tee im Samowar. Jeden guten Bissen teilten sie miteinander. Dostojewskijs Beziehungen zu seinen Vorgesetzten waren gut. Der Kommandant rühmte seinen Gehorsam und guten Willen in allen Dingen. Dank der Bemühungen Iwanows in Omsk erhielt Dostojewskij die Erlaubnis, privat zu wohnen. Er durfte die geräuschvolle Kaserne verlassen und zog zu einer Soldatenwitwe, die ihm in ihrer ärmlichen Behausung eine winzige fensterlose Kammer vermietete.

Am Ende des Jahres 1854 kam Baron Alexander Jegorowitsch Wrangel als Prokurator an das Bezirksgericht von Semipalatinsk. Er hatte mit Begeisterung Dostojewskijs Werke gelesen und freute sich nun, den geliebten Schriftsteller persönlich kennenzulernen. Als er die Berufung nach Semipalatinsk erhielt, war er erst zweiundzwanzig Jahre alt. Er gehörte einer alten aristokratischen Familie an und war außergewöhnlich begabt und gebildet. Im Leben Dostojewskijs hat er eine bedeutende Rolle gespielt und mehrfach die Dämonen der Not und Sorge von ihm gewiesen. Seine Erinnerungen und Briefe sind wichtige Zeugnisse zum Verständnis Dostojewskijs. Er hatte dem Dichter, vom Bruder Michail aus Petersburg, Bücher und Geld mitgebracht und beschreibt die erste Begegnung: „Als Dostojewskij zu mir ins Zimmer trat, war er äußerst zurückhaltend. Er trug den Soldatenmantel mit dem roten Stehkragen und roten Schulterstücken, er war düster, sein mit Sommersprossen bedecktes Gesicht krankhaft bleich; sein hellblondes Haar war kurz geschoren. Prüfend betrachtete er mich mit seinen klugen, graublauen Augen; mir war, als wollte er meine Seele durchschauen." Bald wurden die beiden gute Freunde, obwohl „die gute Gesellschaft" von Semipalatinsk über das ungleiche Paar die Achseln zuckte. Der eine war Aristokrat und hoher Beamter, der andere „einer aus der Katorga", ein politischer Verbrecher. Der Gouverneur warnte Wrangel vor diesem „gefährlichen Verkehr". Aber Baron Wrangel hatte seine eigene Meinung und hielt an ihr fest. Er liebte und verehrte Fjodor Michailowitsch aus ganzem Herzen. Seinem Vater schreibt er: „Das Schicksal hat mich mit einem ganz seltenen Menschen zusammengeführt, ungewöhnlich ist sein Herz und auch seine geistigen Fähigkeiten sind es: das ist unser junger, unglücklicher Schriftsteller Dostojewskij. Ich bin ihm zu Dank verpflichtet, seine Worte, Ratschläge und Ideen haben mich fürs ganze Leben gestärkt ... Er ist ein sehr gottesfürchtiger Mensch, kränklich, aber er hat einen eisernen Willen." In seinen Erinnerungen erzählt Wrangel, daß Dostojewskij eine Abneigung gegen die Popen gehabt, die Kirche nur selten besucht, von Christus aber in tiefer Ergriffenheit gesprochen hätte. Die Freunde lasen und übersetzten gemeinsam Hegel. Baron Wrangels Enthusiasmus zerbrach den eisernen Ring der Vorurteile: er setzte es durch, daß der gemeine Soldat im Hause des Gouverneurs verkehren durfte. Seine Freizeit verbrachte Dostojewskij im Hause des Freundes. Im Sommer nahm Wrangel ihn in seine Villa mit, die Freunde machten gemeinsame Angelpartien. Während Baron Wrangel angelte, las Dostojewskij ihm aus Aksakow vor, sie gingen gemeinsam auf die Jagd, obwohl Dostojewskij diese Art von Zerstreuung verabscheute: ihm war es viel lieber, wenn man in der Villa blieb und er aus den so lang entbehrten, heißgeliebten Werken Gogols und Victor Hugos vorlesen konnte.

An die Höllenringe Sibiriens sich erinnernd, heißt es in einem Brief an Maikow: „Ich kann Ihnen gar nicht sagen, was für Qualen mir das Verbot zu schreiben bereitete." Bisweilen meinte er von den in seinem Innern sich türmenden Gedanken erdrückt zu werden, aber im Zuchthaus war die Erlösung durch das geschriebene Wort streng untersagt. In Semipalatinsk, während seiner Soldatenzeit, wurde das Verbot aufgehoben, obwohl das des Publizierens noch bestand. Er hatte sich nach der Möglichkeit zu schreiben in verzehrender Leidenschaft gesehnt, aber nun, da ihn ein Verbot nicht mehr daran hinderte, schrieb er wenig: nur zögernd kehrte er zu sich selbst zurück. Der Druck, der von ihm gewichen war, war so grausam gewesen, daß er Zeit brauchte, um die Flügel seines Geistes wieder auszubreiten. Auch waren die Umstände für eine schriftstellerische Tätigkeit in Semipalatinsk sehr ungünstig. In der Kaserne war es nicht möglich, auch nur einen Augenblick der Muße zu finden, der Soldatendienst ließ ihm kaum freie Zeit, und später, als seine äußeren Lebensumstände sich ein wenig gebessert hatten, verschlang Eros sein ganzes Wesen.

An Maikow, dem er im Laufe vieler Jahre seine literarischen Pläne anvertraute, berichtet er über diese Phase seines Lebens: „Ich konnte nicht schreiben. Ein Ereignis, das zögernd und langsam in mein Leben trat und mich schließlich erleuchtete, hat mich vollkommen verschlungen. Ich war glücklich, ich konnte nicht arbeiten."

Ehe wir von seinem großen Liebeserlebnis berichten, muß eine Tatsache erwähnt werden, die seine Biographen aus Unkenntnis oder falscher Rücksicht verschweigen. In Semipalatinsk verfaßte er, der kaum ein Gedicht in seinem Leben geschrieben hatte, drei patriotische Oden. Die erste Ode „Die europäischen Ereignisse von 1854" trieft von feierlichem Patriotismus, sie wurde in die „dritte Abteilung" gesandt und verschwand echolos im Archiv der Geheimpolizei. Aber Dostojewskij ließ nicht nach. Im Sommer 1855 spricht er in pathetischen Versen der verwitweten Zarin Alexandra Fjodorowna sein Beileid zum Tode des unlängst verschiedenen Zaren aus. Und dieser Zar war Nikolai I., der ihm das angetan hatte, was man, nach seinen eigenen Worten, einem Menschen nicht antun durfte: er hatte ihn zum Tode verurteilt, Kerker und Krankheit über ihn verhängt, und im ganzen russischen Volk die Sklavenherrschaft aufrechterhalten. In der Ode wird nun dieser Tyrann als mächtiger Riese besungen. Dostojewskij nennt das Grab des verstorbenen Zaren, seines Henkers, heilig, und bittet um Vergebung, daß er, ein „trauriger Verbannter", es wagt, die hohe Landesmutter zu trösten. Ohne sie, die engelgleiche, wäre er, dessen Name sündige Lippen nicht zu nennen wagen, nicht das geworden, was er war. — Heftiger Widerstand mußte überwunden werden, bis dieses Gedicht an den Hof gelangte. Schließlich kam es in die Hände des Kriegsministers und begünstigte Dostojewskijs Beförderung zum Unteroffizier.

Die dritte Ode verfaßte er im Frühling 1856. Es ist ein Preislied zur Thronbesteigung Alexanders II., des humansten und edelsten russischen Zaren, der in allen Dingen ein Gegensatz zu seinem Vorgänger, dem stumpfsinnigen Gewalthaber Nikolai I. war, und der Dostojewskijs Sehnsuchtstraum, für den er so bitter hatte leiden müssen, verwirklichte: 1861 hob er die Leibeigenschaft in Rußland auf. Bald nach Dostojewskijs Tod wurde er von dämonischen Terroristen durch ein Attentat ermordet. — Diese ohne Zweifel geschmacklosen Gedichte sind Dostojewskij zum Vorwurf gemacht worden. Wir dürfen aber nicht vergessen: Dostojewskij war sich bewußt, daß die Katorga in ihm den Dichter tötete und kein Preis war für ihn zu hoch, um die Freiheit wieder zu erlangen. Auch war er Monarchist und hatte seine politisch-revolutionäre Gesinnung in der Katorga abgelegt. Tiefes Christentum hatte ihn durchdrungen, obwohl er ein Kind seines Jahrhunderts, ein Kind des Zweifels war und blieb.

Seinem Lieblingsgedanken von der Vervollkommnung der Menschheit war er treu geblieben, nur glaubte er nicht mehr, daß diese durch politische Umwälzungen zu erreichen wäre. Einer seiner neuesten Biographen, Ljaskowskij, der die Zeit in Sibirien besonders genau erforscht hat, behauptet, Dostojewskij habe diese Gedichte in einem Delirium der Verzweiflung geschrieben; er habe die Verschickung, das Ausgeschlossensein, das Schweigenmüssen einfach nicht länger ertragen können. Sein kindliches, demütiges Gemüt, sein leidbegabtes Herz kannte keinen Groll: nie hat er auch nur einen Versuch gemacht, sich an einem seiner Übeltäter zu rächen, und dieser Grad von unversehrbarer Demut und Herzenslauterkeit ist dem Durchschnittsmenschen vielleicht unbegreiflich.

Kein Mensch und besonders kein Genie ist ein abstrakter Syllogismus. Wer das Unbegreifliche in einem schaffenden Geist nicht a priori akzeptiert, sollte nie eine Biographie schreiben. Daß das Genie inkommensurabel ist, hat bereits Goethe, der seine Begegnung mit Napoleon, dem Zerstörer und Zertrümmerer Deutschlands, als den I-Punkt seines Lebens bezeichnet, aus innerer Erfahrung gewußt. Wir können Tatsachen verzeichnen, unsere Gedanken über ein Genie niederschreiben, eine unverzeihliche Arroganz aber wäre es zu behaupten, daß wir einen genialen Geist, der nach seinen eigenen ehernen Gesetzen wirkt, zugrunde geht oder siegt, restlos erklären könnten.

Die den beiden Zaren gewidmeten Gedichte Dostojewskijs, besonders das erstere, — denn Alexander II. war ja eine Persönlichkeit, der eine Huldigung zu versagen kein Grund vorlag — haben für mich etwas tief Erschütterndes. Wieder muß ich hier an Dante denken: von Verona aus versucht der Verbannte und Verachtete die Gunst der Herrscher von Florenz zu gewinnen, um die Rückkehr in die Heimat zu erzwingen. Er schreibt zu diesem Zweck eine Reihe von Briefen, nicht nur einzelnen Bürgern, sondern er richtet sich auch an das ganze Volk: „Popule meus, quid feci tibi?" Gleich Dostojewskij fleht auch er jene um Verzeihung an, die seinen Namen mit ewiger Schmach bedecken wollten, die ihn „als Dieb, Verleumder und Erpresser" vertrieben hatten. Die Oden Dostojewskijs lassen uns auch an den Brief Pasternaks vom 5. November 1958 denken: der Autor des „Dr. Schiwago" entschuldigt sich vor der Partei, die alle Freiheit erdrosselt, die dem Menschen das antut, was man ihm nicht antun darf, daß er sich über den Nobel-Preis gefreut habe, ohne die Erlaubnis der Allmächtigen eingeholt zu haben.

Das Preislied auf Alexander II. soll tatsächlich in die Hände des Zaren gelangt sein. Dostojewskij wurde zum Leutnant befördert, aber es ist möglich, daß diese Auszeichnung mehr den freundschaftlichen Bemühungen Baron Wrangels als der feierlichen Ode zu verdanken ist. Nach einer geisttötenden Abschnürung von acht Jahren konnte er endlich aufatmen: 1857 durfte er mit einem Werk an die Öffentlichkeit treten, allerdings sollte es nicht mit seinem Namen, sondern mit geheimnisvollen Initialen unterschrieben sein. Im August des genannten Jahres druckt die Zeitschrift „Otjetschestwennije Sapiski" seine in der Peter-Pauls-Festung heimlich geschriebene, romantische Erzählung „Ein kleiner Held", die Bruder Michail aufbewahrt hatte. Gleich darauf waren mehrere russische Zeitschriften bereit, ihn als ihren Mitarbeiter aufzunehmen. Hin und wieder schrieb Dostojewskij an einem Manuskript, aus dem später die „Erniedrigten und Beleidigten" entstanden, aber zur endgültigen Ausgestaltung dieses Werkes kam es in Sibirien nicht. Das erste Werk, das mit seinem Namen im März 1859 in der Öffentlichkeit erschien, war die in Semipalatinsk geschriebene Erzählung „Onkelchens Traum". Er hatte sie in großer Hast niedergeschrieben, um den aus der Redaktion erhaltenen Vorschuß abzuarbeiten, und war mit ihr sehr unzufrieden. Es ist eine alberne Geschichte. Die Gnade der schöpferischen Gestaltung war dem Getriebenen und Unbehausten noch versagt.

Gleichzeitig mit „Onkelchens Traum“ schrieb er eine komische Erzählung. Wie er in der urfinsteren Peter-Pauls-Festung die lichte Sommererzählung „Ein kleiner Held“ schuf, so im öden Semipalatinsk die lustige Komödie „Dorf Stepantschikowo“. Kein lebendiger Mensch, besonders kein schöpferischer, vermag ununterbrochen in Trübsal zu leben; entweder zerbricht die Lebenshülle, oder der Mensch schafft sich einen Lichtpunkt, wenn auch nur einen illusionären. Er hatte sein Vergnügen an diesem Dorf Stepantschikowo, an dieser satirischen Erzählung, zu der sich allmählich das als Komödie entworfene Werk entwickelte. In einem Brief an Maikow erzählt er, daß er „zum Spaß“, damit auch er einmal etwas zum Lachen habe, eine Komödie schreibe und über den Hauptheldcn, Foma Fomitsch, der ihm übrigens sehr ähnlich sei, sich köstlich amüsiere. „Der Anfang und die Mitte sind gut ausgearbeitet, der Schluß ist flüchtig geschrieben. In diesem Buch ist meine ganze Seele, mein Fleisch und mein Blut.“ (Brief an Michail.) Die Erzählung ist wie eine Komödie aufgebaut: markante, zum Teil karikierte Charaktere, Intrigen, Katastrophen, am Schluß — Hochzeit. Die Geschehnisse spielen sich im Prestotempo in zwei Tagen ab. Der romantische Sozialismus ist in der Hölle der Katorga verbrannt. Dostojewskij spottet über Dichterlinge und Weltverbesserer. Die Triebfeder der menschlichen Handlungen sieht er in der Geld-, und in der Machtgier. Wie in einer kleinen Eichel die knorrige Kraft und Wucht der Eiche verborgen ist, so im „Dorf Stepantschikowo“ die Eigenarten des Baumes Dostojewskij: alle Personen sind von frappanter Lebendigkeit. „Sollte das Publikum meine Erzählung kalt aufnehmen, muß ich verzweifeln.“

Der aus dem Grab Auferstandene, ins Leben Zurückkehrende dachte, die Verschonten würden ihn mit offenen Armen empfangen. Allein die Arme der Menschen öffnen sich nicht so leicht, auch nicht dem, der aus dem Reich des Todes zurückkehrt. Er schickte seine Erzählung dem „Ruski Westnik“, der ihm versprochen hatte, das Werk zu drucken, erhielt aber das Manuskript nach einiger Zeit zurück: die Schriftleitung war nicht einverstanden, dem bettelarm ins Leben Zurückkehrenden die kategorisch verlangten hundert Rubel pro Druckbogen zu zahlen. Und zur selben Zeit erhielt Turgenjew, der sorglos auf seinem großen Gut und in verschiedenen ausländischen Badeorten lebte, viermal mehr. Schließlich brachte eine andere russische Zeitschrift die Erzählung heraus.

Baron Wrangel war nur ein Jahr in Semipalatinsk tätig; seit er die Festung verlassen hatte, wurde sie für Dostojewskij zur Wüstenei. In dieser alle Lebenskraft aussaugenden Isolierung, in der Abtrennung von allem lebendigen Geist entschließt er sich zu einem überkühnen Unterfangen. Er übertritt die Gesetze der Soldatendisziplin, indem er 1856, ohne eine Erlaubnis bei seinen Vorgesetzten einzuholen, einen langen Brief an General Totleben schreibt. Er fleht ihn kniefällig an, ihm die Tür in die Freiheit zu öffnen. Die Strafe, die er erlitten habe, sei gerecht gewesen, er empfinde tiefe Reue für sein Vergehen und wolle jetzt ein neues Leben anfangen. In diesem Brief beginnt sich bereits seine Anschauung auszuprägen, die in späteren Jahren im „Tagebuch eines Schriftstellers“ ihren vollen Ausdruck findet: ohne Zar und orthodoxe Kirche sei das Glück des russischen Menschen undenkbar. Der Brief an General Totleben bezeugt eine neue Phase seiner Entwicklung: „Ich bin schuldig, ich bekenne das vollkommen. Man hatte mich des Versuchs (nicht mehr) bezichtigt, die Regierung zu untergraben. Dem Gesetz nach bin ich gerecht verurteilt worden. Die langen, qualvollen und schweren Erfahrungen haben mich ernüchtert und in vieler Hinsicht meine Gedanken geändert. Damals war ich wie blind, ich glaubte an Theorien und Utopien. Gedanken und Überzeugungen ändern sich, es ändert sich auch der ganze Mensch, und es ist bitter schwer, für etwas zu leiden, was nicht mehr ist, für etwas, was sich bereits ins Gegenteil verkehrt hat — für abgetane Überzeugungen.“ Er zweifelt nicht an der Güte Alexanders II. und hofft, daß der Monarch ihm nicht verwehren wird, durch schriftstellerische Taten seine neue Gesinnung zu beweisen. In Semipalatinsk müsse er an der Abgeschnürtheit und Öde zugrunde gehen, er besäße keine Kraft, seine Absonderung noch länger zu ertragen.

General Totleben war von diesem aufrichtigen und demütigen Brief erschüttert (damals gab es noch Menschen, die Briefe zu erschüttern vermochten). Großzügig übersah er das disziplinarische Vergehen, gemeinsam mit Baron Wrangel versuchte er das Schicksal des Verbannten zu erleichtern und vor allem seine Verschickung zu verkürzen. Am 18. März 1859, also neun Monate früher, als es im ursprünglichen Urteil vorgesehen war, schlug die Stunde der Befreiung. Das Wohnrecht in der Hauptstadt war ihm noch verwehrt, und Twer als vorläufiger Aufenthaltsort angewiesen. Ohne Geld, ohne Aussicht auf einen bestimmten Verdienst, ohne zum Druck vorbereitete Manuskripte, seelisch und körperlich ausgehöhlt, an eine vom Tode gezeichnete hysterische Frau gebunden, verläßt er Sibirien. Auf der Reise nach Twer suchen ihn zwei schwere epileptische Anfälle heim. Aber einen Augenblick lang erfüllt ihn Seligkeit: als er den Grenzpfosten Europas erblickt, läßt er die Pferde anhalten, steigt aus der Postkutsche, nimmt die Mütze ab, bekreuzigt sich und flüstert: „Gott hat mir vergönnt, das gelobte Land wiederzusehen."

Twer nennt er die widerwärtigste Stadt der Welt; er leidet unter Heimweh nach Petersburg. Und wieder schreibt er einen verzweifelten Brief, dieses Mal direkt an den Zaren, und fleht um das Wohnrecht in Petersburg, denn Petersburg sei für ihn Rußland, Heimat und Freiheit. Im Dezember desselben Jahres, also nach zehn Monaten, erhält er die Erlaubnis, nach Petersburg überzusiedeln. Auch dieses Mal hatte sich Baron Wrangel für ihn eingesetzt. In Twer war der Plan zum Totenhaus entstanden, doch die eigentliche Arbeit an diesem Werk vollzog sich erst in Petersburg. Das Totenhaus erschien 1860—62. Nach der Thronbesteigung Alexanders II. wehte in der Zensur ein toleranter Geist. Obwohl das ganze Werk eine furchtlose Enthüllung von Ungerechtigkeit und Bestialität ist, wurde es — vom heutigen Standpunkt aus ganz unbegreiflich — von den Hütern der Ordnung nicht beanstandet. Der Eindruck auf das Publikum war gewaltig. Man sah im Verfasser einen neuen Dante, ja es schien, er habe seinen Vorgänger noch weit übertroffen: ohne Haß und Bitterkeit hatte er Gewalttaten angeprangert, unmenschliche Schändlichkeiten aufgedeckt, und das Inferno hatte er nicht in der Phantasie, sondern in der Wirklichkeit und zwar in jüngster Vergangenheit erlebt und trotzdem seinen Glauben an Gott und den Menschen nicht verloren.

Seine ersten Eindrücke aus der Katorga waren Schrecken und Verzweiflung, Entsetzen und Widerwillen, wie das aus dem mehrfach zitierten Brief an den Bruder Michail hervorgeht. Sechs Jahre mußten vergehen, ehe er zum Erlittenen Abstand gewann, ehe das Grauen in ein ruhiges Blickfeld rückte. Nicht die Beschreibung der Greueltaten ist in seinem Werk das Wichtigste, das Entscheidende ist die Wesensschau: Gefängnis bedeutet Verlust der Freiheit, und an dieser grauenhaften Tatsache ist nichts Wesentliches geändert, wenn der Kerker anstelle von Stacheldraht durch ein Goldgitter abgeschlossen ist. Unter all den Qualen, die der Mensch für den Menschen erdacht hat, ist der Verlust der persönlichen Freiheit die größte. Das Bewußtsein des Menschseins besteht in der Freiheit, und das Bewußtsein der Unfreiheit ist qualvoller als die schwerste Arbeit, es ist schwerer als die Ketten, in die man den Gefangenen schmiedet. Durch das Bewußtsein der Unfreiheit verkümmert der Mensch mehr als durch mangelhafte Nahrung, Schmutz und Kälte. Im Totenhaus hat Dostojewskij zum ersten Male den Gedanken ausgesprochen, der später zu einem seiner Leitmotive wurde und in den „Memoiren aus dem Untergrund" auf die Spitze getrieben wird: die Menschlichkeit im Menschen ist sein freier Wille. „Seine phantastischsten Gedanken, seine dümmste Torheit will er behalten, nur um sich selbst zu beweisen, daß die Menschen — Menschen und keine Klaviertasten sind." ... „Der Mensch will nichts so sehr wie seinen selbständigen Willen, ganz gleich, was es ihn koste und wohin es ihn auch führe."

Dostojewskij hatte die Bekanntschaft seiner ersten Frau Maria Dmitrijewna Isaijewa* in Semipalatinsk gemacht. Sie war eine hübsche Blondine von sprühendem Temperament, aber schwindsüchtig; als Dostojewskij sie kennenlernte, war sie bereits vom Tode gezeichnet. Sie hatte viel gelesen und besaß ein lebhaftes Interesse für alle geistigen Fragen. Ihr Mann war ein kleiner Beamter, ein unbedeutender Mensch und haltloser Trunkenbold, ihr Sohn Pascha ein Faulpelz und Taugenichts. Sie eroberte Dostojewskijs Herz schnell, denn sie begegnete ihm in einer Zeit, da er nach weiblicher Nähe hungerte. Die Gefängnistore hatten sich hinter ihm geschlossen, das Tor des Lebens aber war noch nicht aufgesprungen. Maria Dmitrijewna litt gleich ihm unter der Eintönigkeit und dem Stumpfsinn von Semipalatinsk, und seine Verliebtheit schmeichelte ihr sehr, aber sie hatte weder für sein Talent noch für seine Wesensart ein tieferes Verständnis; sie hielt ihn für einen Mann „ohne Zukunft".

Isaijew wird 1855 nach Kusnezk versetzt, Dostojewskij muß sich von der geliebten Frau trennen und weint wie ein Kind. Baron Wrangel berichtet in seinen Erinnerungen, Dostojewskij sei von seiner Liebe wie besessen gewesen. In einer hellen Mainacht — auch

* 1825—1864.

dieses entscheidende Erlebnis vollzog sich in einer Nacht — begleitet er gemeinsam mit Wrangel die Geliebte ein Stück Weges. Der Freund erzählt: „Als die Kutsche in der Wegbiegung verschwand, stand Dostojewskij wie angewurzelt, wortlos, er hatte den Kopf tief geneigt und Tränen rannen über seine Wangen." Erst mit dem Morgengrauen kehren die Freunde heim. Ohne sich schlafen gelegt zu haben, begibt sich Dostojewskij auf den Exerzierplatz. In den folgenden Tagen spricht er kaum ein Wort; er weigert sich, Nahrung zu sich zu nehmen, raucht seine Pfeife Tag und Nacht. Die nervöse Gereiztheit steigert sich bis zum äußersten. In einem Brief an Maria Dmitrijewna lesen wir: „Die bloße Tatsache, daß eine Frau die Hände nach mir ausstreckt, bedeutet eine Epoche in meinem Leben. Auch der beste Mann ist, wenn ich so sagen darf, bisweilen nichts anderes als ein Holzklotz. Das Herz einer Frau, das weibliche Mitgefühl, die weibliche Einfühlung, ihre unendliche Güte, von der wir keinen Begriff haben, und die wir in unserer Grobschlächtigkeit nicht immer bemerken — nichts in der Welt ist dem gleichzusetzen. Das alles fand ich in Ihnen. Wenn wir auch bisweilen hart aneinandergerieten, so geschah das einmal deswegen, weil ich undankbar bin, und dann, weil Sie krank und gereizt sind und sich immer gekränkt fühlen; es ist auch kränkend für Sie, daß die verfluchte Gesellschaft Sie nicht richtig einzuschätzen verstand. Bei Ihrer Energie war es nicht möglich, sich über diese Ungerechtigkeiten nicht zu empören; das war edel und ehrlich."

Isaijew stirbt und hinterläßt seiner Frau einen ungezogenen Jungen und einen Haufen Schulden. Sie hat nicht einmal Mittel, um den Entschlafenen zu beerdigen! Innere Hemmungen überwindend, entschließt sich Dostojewskij nur schwer, Freund Wrangel um Hilfe zu bitten.

Er will sich mit Maria Dmitrijewna trauen lassen, aber diese launenhafte Frau hat andere Pläne. Als Dostojewskij erfährt, daß sie einen älteren reichen Herrn heiraten will, schreibt er Wrangel einen Brief, der von seiner vulkanartigen Natur zeugt: „Ich war wie vom Blitz getroffen, ich zitterte am ganzen Körper, als ich diese Nachricht erhielt; ich verlor die Besinnung und weinte die ganze Nacht ... Gott bewahre den Menschen vor diesem schrecklichen und grausamen Gefühl. Groß ist die Freude der Liebe, doch ihre Qualen sind so schrecklich, daß es besser ist, nicht zu lieben. Ich schwöre Ihnen, ich war verzweifelt ... Ich schrieb ihr noch am selben Abend einen Brief, einen furchtbaren, verzweifelten. Die Ärmste, mein Engel! Sie ist ohnehin krank, und nun peinige ich sie noch. Vielleicht hat mein Brief sie getötet. Ich schrieb ihr nämlich, daß ich, wenn ich sie verliere, sterben werde. In meinem Briefe waren Drohungen und Zärtlichkeiten, erniedrigendes Flehen und Gott weiß was alles noch." Dieser lange, glühende und verzweifelte Brief klingt wie eine Seite aus seinen späteren Romanen, wie überhaupt sein Leben das tragische Urmodell seiner tragischen Romane ist. Dostojewskij nennt sich im Brief einen Irrsinnigen und — Liebe in dieser Form — Krankheit. Nach einem dramatischen Briefwechsel und vielen Eifersuchtsszenen ließen sie sich endlich im Februar 1857 trauen, obwohl seine Freunde ihm von diesem Schritt abrieten und ihn warnten, eine zusätzliche Bürde auf sich zu laden. Es war kein Glück in dieser überreizten Verbindung. In der Hochzeitsnacht wurde Dostojewskij von einem schweren epileptischen Anfall heimgesucht. Nach dem Anfall war seine Depression unbeschreiblich. Nun war er sich zum ersten Male darüber klar, an welch schrecklicher Krankheit er litt. Einen Monat später schrieb er seinem Bruder: „Als ich heiratete, glaubte ich den Ärzten, die immer wieder versicherten, es seien nur nervöse Zusammenbrüche, die mit einer Änderung der Lebensart vergehen würden. Hätte ich mit Bestimmtheit gewußt, daß ich die fallende Sucht habe, hätte ich nie geheiratet."

Maria Dmitrijewna war sehr eifersüchtig. Sie selbst war keineswegs treu, nahm es aber als selbstverständlich hin, daß Dostojewskij ihr allen Leichtsinn großzügig verzieh. Sie benahm sich feindlich gegen die Verwandten ihres Mannes, besonders gegen Michail, der gegen die Heirat Einspruch erhoben hatte. Der Stiefsohn Pascha, ein dummer, fauler Bursche, machte Dostojewskij das Leben sauer. Gar bald erkannte Dostojewskij, daß es leichter ist, die kranke Geliebte in der Phantasie zu lieben und zu verherrlichen, als mit ihr ein gemeinsames Leben zu führen, Tag für Tag Geduld und Sanftmut aufzubringen, um ihre Schwäche, ihre nervösen Ausbrüche, ihre Launen und Eifersuchtsszenen zu ertragen. Maria Dmitrijewna brachte es fertig, ihrem Mann weinend die Hand zu küssen und ihm von ihrer Leidenschaft für einen anderen zu beichten. Dieser andere verließ sie, nachdem sie den ersten Blutsturz gehabt hatte. Nach zwei Ehejahren trennte sich Dostojewskij von ihr, sorgte aber für Maria Dmitrijewna bis zu ihrem Tode wie für eine liebe, schonungsbedürftige Schwester. Auch fühlte er sich für das Wohlergehen seines Stiefsohnes verantwortlich und war froh, als er ihn in der Kadettenschule untergebracht hatte.

Anna Grigorjewna, die zweite Frau Dostojewskijs, die ihn wie kein anderer Mensch kannte, berichtet: „Fjodor Michailowitsch hatte seine erste Frau innig geliebt. Das war sein erstes Liebeserlebnis. Seine Jugend hatte ausschließlich der literarischen Arbeit gehört ... Hier lernte er zum ersten Male alle Lust und alles Weh einer wahren Liebe kennen."

Maria Dmitrijewna hat das Modell zu mehreren Gestalten seiner Romane abgegeben. Katharina Iwanowna in „Schuld und Sühne" ist ihr besonders ähnlich: sie ist schwindsüchtig, hoffnungslos arm, hat Wutanfälle und weint heiße Reuetränen. Die Beschreibung ihres Äußeren wirkt wie ein Porträt Maria Dmitrijewnas: „Sie war eine ziemlich große, sehr magere, schlanke, anmutige Frau mit wundervollem dunkelblondem Haar und hektisch geröteten Wangen. Sie ging in ihrem kleinen Zimmer auf und ab und preßte die Hände gegen ihre Brust; ihre Lippen waren trocken, sie atmete kurz und stoßweise. Ihre Augen glänzten wie im Fieber und ihr Blick war durchdringend und unbeweglich. Dieses schwindsüchtige, erregte Gesicht, auf dem der flackernde Schein einer niedergebrannten Kerze spielte, machte einen krankhaften Eindruck."

Maria Dmitrijewna starb am 15. April 1864. Die letzte Zeit war Dostojewskij bei ihr, versuchte ihr Leiden zu erleichtern und hielt in der Todesstunde ihre Hand. Nach ihrem Tode schreibt er dem treuen Wrangel: „Oh, mein Freund, sie liebte mich maßlos, auch meine Liebe zu ihr war grenzenlos, aber wir waren nicht glücklich ... sie hatte einen leidenschaftlichen, mißtrauischen, krankhaften Charakter und neigte zu Phantastereien, aber wir konnten nicht voneinander lassen: je unglücklicher wir waren, desto fester klammerten wir uns aneinander. Das mag seltsam klingen, aber es war so. Sie war die ehrlichste und großzügigste Frau, der ich je in meinem Leben begegnet bin."

Vom Gedanken gepeinigt, daß er sie nicht selbstlos geliebt hatte, schrieb er am Tage ihrer Beerdigung folgende Gedanken über Liebe, Tod und Unsterblichkeit in sein Notizbuch: „Mascha liegt auf der Bahre. Werde ich Mascha wiedersehen? Unseren Nächsten zu lieben wie uns selbst, wie Christus es geboten hat, ist unmöglich. Das Gesetz der Persönlichkeit bindet uns auf Erden, das Ich ist ein Hindernis. Christus allein konnte das, doch Christus ist göttlich, das Ideal aller Zeiten, und der Mensch kann ihm nur nacheifern; es ist das Gesetz der Natur, daß er ihm nacheifern muß. Nach der Menschwerdung Christi wurde es unbedingt offenbar, daß es nichts Edleres gibt als die vollkommene Vernichtung des selbstischen Ich, die volle Hingabe an alle und jeden, restlos und rückhaltlos. Das ist die höchste Glückseligkeit."

Am Schluß dieser Meditation kehrt er noch einmal zum Leitmotiv zurück: „Die Krone aller Gebote — Liebe den Nächsten wie dich selbst — auf Erden zu erfüllen, ist unmöglich, und daraus ergibt sich, daß der Mensch einem Ideal nachstrebt, das seiner Natur widerspricht. Wenn der Mensch sein Ich seinem Nächsten oder einem erwählten Wesen (ich und Mascha) nicht in Liebe opfert, leidet er und nennt diesen Zustand Sünde." In diesen Notizen hat Dostojewskij, der keine Halbheiten und Kompromisse kannte, in schonungsloser Aufrichtigkeit und Folgerichtigkeit die Tragödie seiner ersten Liebe und vielleicht der Liebe überhaupt enthüllt.

„Das Land der heiligen Wunder" — Apollinaria Prokofjewna

„Der verdammte Wirbelwind der Leidenschaften."

Im Jahre 1860, gleichzeitig mit den „Memoiren aus dem Totenhaus", setzte Dostojewskij in fiebriger Eile die Arbeit an den „Erniedrigten und Beleidigten" fort. In seinen Briefen taucht der Satz auf, den wir schon früher angetroffen haben und der bis an sein Lebensende sich in immer neuen Variationen wiederholt: „Ich weiß, daß von diesem Erfolg meine literarische Karriere abhängt." Immer setzte er alles auf eine Karte. Jedes Werk, an dem er arbeitete erschien ihm das wichtigste. Der Roman wurde 1861 gedruckt und hatte beim Publikum Erfolg, aber die Presse — diesmal stand Dobroljudow an der Spitze — behauptete, der Roman stände unter aller ästhetischen Kritik. Am meisten interessiert uns Dostojewskijs eigenes Urteil, besaß er doch die seltsame Fähigkeit, auf sein vulkanartiges Schaffen wie auf etwas außerhalb ihm Stehendes zu schauen: „Es ist ein ungereimtes Ding. Aber es gibt in diesem Buch ein halbes Hundert Seiten, auf die ich stolz bin." Mit einer nur dem Genie und dem Kinde eigenen Offenherzigkeit spricht er über sein Werk und meint, daß es in diesem Roman neben lebendigen Menschen leider auch leblose Puppen gäbe. Dieser melodramatische, von Eugène Sue, Victor Hugo und Dickens beeinflußte Roman ist eine Vorstudie zu seinen großen Tragödien.

Um sich eine materielle Basis zu schaffen und ein Organ zu haben, das der eigenen Geistesrichtung entsprach, gründeten die Brüder Dostojewskij 1861 die Zeitschrift „Wremja“, die bereits 1863 von der Zensur verboten wurde. Michail war der verantwortliche Redakteur, Dostojewskij leitete den literarischen Teil und bestimmte den Geist der Zeitschrift. „Wremja“ sollte eine Synthese zwischen den Westlern und Slawophilen bilden. Hier gab Dostojewskij zum ersten Male seiner geliebten Idee Ausdruck: die Mission des russischen Volkes sei es, einen Ausgleich aller europäischen Ideen zu schaffen; das russische Ideal sei ein allmenschliches, weder die Slawophilen noch die Westler hätten sich bisher zu allumfassenden Erkenntnissen erhoben. Die Zeitschrift hatte Gegner in beiden Lagern: die Slawophilen fanden sie zu wenig patriotisch, die Westler zu national. In der ersten Nummer wurden die „Erniedrigten und Beleidigten“ gedruckt, daneben Werke von Nekrassow, Turgenjew und Fragmente aus den Aufzeichnungen Casanovas. Bei den Lesern fand die Zeitschrift durch die Aktualität der Probleme einen lebendigen Widerhall. Fast den ganzen Tag saß Dostojewskij in der Redaktion. An seinen eigenen Werken arbeitete er nur nachts, von zwölf bis fünf Uhr morgens. Durch starken Tee hielt er sich wach, dann schlief er bis zwei Uhr mittags. Die Anfälle der Epilepsie verschlimmerten sich und stellten sich allmonatlich ein. Die ununterbrochene Spannung, in der er lebte, wäre auch für gesunde Nerven untragbar gewesen, er aber kümmerte sich wenig um seinen Gesundheitszustand, froh, endlich einen Platz in der Freiheit sich erobert zu haben. Den Widerhall der Leser schätzte er sehr hoch; zu wissen, daß man seine Gedanken brauchte, daß sein Name es war, der die Abonnentenzahl vermehrte, erfüllte ihn mit Freude. Scherzend pflegte er zu seinen Mitarbeitern zu sagen: „Mein Name ist Millionen wert.“ Er war in der Tat ein hervorragender Journalist. Aus dem von Dostojewskij niedergeschriebenen Werbeprospekt ersehen wir die Ziele seiner Zeitschrift: „Wir haben uns endlich überzeugt, daß auch wir eine eigene Nation sind und zwar eine im höchsten Grade urwüchsige, und daß es unsere Aufgabe ist — eine neue

Form zu schaffen, unsere eigene, heimatliche, die unserer Erde entspringt, unserem nationalen Geist und nationalen Uranfängen ... Die russische Idee wird vielleicht die Synthese sein all jener Ideen, die Europa mit solch einer Hartnäckigkeit und solch einem Mut in den einzelnen Staaten verficht."

Er ist 41 Jahre alt, als sich sein Jugendtraum verwirklicht; im Sommer 1862 reist er zum erstenmal ins Ausland. Seit früher Kindheit hatte er sich gesehnt, Italien zu besuchen, die Romane Anna Radcliffes hatten in ihm die Sehnsucht nach dem Süden geweckt, und später steigerte Shakespeares „Romeo und Julia" in ihm dieses Verlangen. In einem Brief erzählt er von seinem ersten Plan, ins Ausland — das er nicht ohne Ironie das „Land der heiligen Wunder" nennt — zu reisen und fügt hinzu: „Aber ich kam nicht nach Italien, sondern nach Semipalatinsk und zuallererst ins Totenhaus. Wird es mir diesmal gelingen, nach Europa zu reisen? Kraft, Begeisterung und Poesie hätte ich genug." Aber seine erste Auslandsreise brachte ihm statt der erwarteten Beglückung eine Reihe von Enttäuschungen. Zurückgekehrt schreibt er das philosophische Feuilleton „Winterliche Bemerkungen zu sommerlichen Eindrücken", das 1863 in der „Wremja" gedruckt wird. „Ich war in Berlin, Dresden, Wiesbaden, Baden-Baden, Köln, Paris, London, Luzern, Genf, Genua, Florenz, Mailand, Venedig, Wien; manche Orte besuchte ich zweimal, und all das hat nur zweieinhalb Monate beansprucht." Wie in allen Dingen, so war er auch auf Reisen von ungestümer Ungeduld, fiebriger Unersättlichkeit. Er wollte alles, unbedingt alles sehen. „Das Land der heiligen Wunder erfaßte ich aus der Vogelperspektive." Er verweilte weder bei Naturschönheiten noch bei Denkmälern der Kunst. Auch im Reisen hatte er seinen eigenen Stil, der für einen anderen Pein, für ihn aber Bereicherung bedeutete. Das Straßenleben, die Gesichter der Menschen befruchteten seine Phantasie, erweckten in ihm eine Fülle von Fragen und Problemen, die alle in das Lieblingsthema mündeten: Rußland und der Westen. Er fühlte sich im Ausland unheimlich fremd, im Gegensatz zu Turgenjew, der trotz seines ewigen Heimwehs nicht mehr in Rußland zu leben verstand. In London besuchte er den russischen Revolutionär Alexander Herzen und dieser schreibt an einen seiner Freunde: „Gestern war Dostojewskij bei mir. Er ist ein naiver, etwas verworrener, aber sehr lieber Mensch. Enthusiastisch glaubt er an das russische Volk." In der Hauptstadt Englands lernte er den russischen Revolutionär und Anarchisten Bakunin kennen, der ihm mehr Probleme aufgab als Londons Museen.

„Es gibt eine chemische Verbindung zwischen dem menschlichen Geist und der heimatlichen Erde“, schreibt er in den „Winterlichen Bemerkungen“ und für ihn war diese Verbindung tatsächlich unlösbar. Er träumt von einem neuen russischen Menschen, der „stolz, mächtig, demütig und liebevoll“ ganz Europa überstrahlen wird. Hier erwacht zum erstenmal seine Sehnsucht nach dem „vollendet schönen Menschen“, den er später wiederholt zu schildern versucht hat. In den „Winterlichen Bemerkungen“ spricht er, hellseherisch in die Zukunft schauend, als einer der ersten oder gar als der erste vom Untergang Europas. Er schildert das bürgerliche Paradies in Paris, die kapitalistische Hölle in London, und ein apokalyptischer Schrecken ergreift ihn. In seiner Ablehnung der französischen Revolution gesteht er den Zusammenbruch seiner Jugendträume. Was ist durch die schönen Worte und das grausame Blutvergießen erreicht? Die Freiheit gehört einer Million Menschen, alle übrigen sind unfrei. Die Gleichheit in Frankreich hat für ihn etwas Beleidigendes, und von Brüderlichkeit findet er keine Spur, denn die Urwurzel der Brüderlichkeit, das Gottbewußtsein, fehlt in Westeuropa. Vergebens haben die Sophisten die Brüderlichkeit durch Vernunft und Berechnung aufzurichten versucht. Ein Ameisenbau ist das Ergebnis. Dies sind die Erkenntnisse, die er von der ersten Auslandsreise mitbringt.

Im Sommer 1863 fährt er zum zweiten Male ins Ausland und wird dort das Opfer einer zwiefachen Besessenheit. Die Frau, die Dostojewskij in einen Wirbel der Leidenschaft riß und seinen schöpferischen Genius am tiefsten erregte, war Apollinaria Prokofjewna Suslowa.* Keine der Frauen, die in seinem Leben eine Rolle spielten, war von so sanfter Taubennatur, alle waren mehr oder weniger Persönlichkeiten, Individualitäten mit stark ausgeprägten, geistigen Zügen. Dostojewskij begegnete Apollinaria Prokofjewna 1861, als seine erste Frau noch lebte. Noch als er bereits seine zweite Ehe mit Anna Grigorjewna geschlossen hatte, erregte es ihn tief, wenn jemand auch nur ihren Namen nannte.

Zwei Bilder der Suslowa sind bekannt: Ein sinnlich-weiches, rundes Gesicht, ein ziemlich großer Mund, kleine zarte Hände,

* 1840—1918.

seidiges Haar, ein verführerisch verschleierter Blick. Auf dem anderen Bild, aus dem Nachmittag ihres Lebens, derselbe verschleierte Blick, aber das Lächeln ist verschwunden und der Gesichtsausdruck ist resigniert. Die Backenknochen treten schärfer hervor, das Gesicht hat etwas Härteres, aber in der Neigung des Kopfes und in der Haltung der Hände liegt noch die gleiche liebliche Anmut. Es sind Hände, die daran gewöhnt sind, geküßt zu werden. Sie war keine Heilige, sie gehörte zu den Frauen, von denen geschrieben steht: es wird ihnen viel vergeben werden, denn sie haben viel geliebt.

Seitdem ihr Tagebuch, die Beichte einer exzentrischen Seele, und Großmanns Forschungen über sie publiziert sind, ist die Gestalt dieser für Dostojewskij verhängnisvollen Frau ins Licht der Öffentlichkeit gerückt. Einige ihrer Zeitgenossen vergleichen sie mit Katharina Medici. Sie hatte eine unheimliche Macht über die Menschen ihrer Umgebung, besonders über die Männer, die bedingungslos ihrem Bann verfielen. Der Philosoph W. W. Rosanow berichtet, er hätte nie eine so ausgesprochen russische Frau gesehen; der Stil ihrer Seele sei in jeder Faser russisch gewesen.

1840 geboren, war sie zwanzig Jahre jünger als Dostojewskij. Ihr Vater, ein leibeigener Bauer, hatte sich noch vor der Aufhebung der Leibeigenschaft freigekauft und in kurzer Zeit zu einem reichen Fabrikbesitzer heraufgearbeitet. Sie war die typische Frau der sechziger Jahre: unabhängig, ohne bürgerliche Vorurteile und Hemmungen, begierig nach intellektueller Betätigung. Zu dieser Zeit befand sich die Emanzipationsbewegung in den ersten Anfängen. George Sand und ihr von allen Bindungen und Pflichten befreites Leben schwebte vielen Frauen als Ideal vor. Apollinaria Prokofjewna besuchte Vorlesungen an der Universität und war in Petersburger Kreisen als Schriftstellerin bekannt. Sie sehnte sich nach verantwortungsvoller sozialer Tätigkeit; ihr Traum war es, dem Gemeinwohl zu dienen, denn „leben und niemandem etwas Gutes tun, ist eines Menschen unwürdig“ (Tagebuch).

Von denen, die sie liebte, verlangte sie alles. Nie war sie befriedigt. Sie begehrte einen makellosen reinen, weltbedeutenden Geliebten. In ihrer Maßlosigkeit war sie Dostojewskij verwandt. Wie er fand sie den Kosmopolitismus abscheulich. Manche ihrer Urteile — und sie hatte über alle Dinge ein Urteil — klingen wie ein Echo Dostojewskijs, obwohl sie sich vor einer Wiederholung seiner Meinungen gehütet hätte. Sie konnte sich für kurze Zeit unterordnen, bald war sie tyrannisch und herrschsüchtig, bald unendlich demütig. Sie war fähig, einen Mann bis aufs Blut zu quälen, und im nämlichen Augenblick in ihrem Tagebuch von ihrem heißen Verlangen, barfuß zum Kreml zu pilgern, zu schreiben. In der Ausgestaltung ihres eigenen Lebens war sie schöpferische Künstlerin, trotz aller Fehltritte und Sünden immer vornehm, immer mit einem Zug ins Große.

1861 veröffentlichte Dostojewskij in seiner Zeitschrift „Wremja“ eine Erzählung von ihr; sie schrieb ihm einen „naiv poetischen Brief“ und er verliebte sich in seine zwanzigjährige Mitarbeiterin. 1863 reiste Apollinaria Prokofjewna nach Paris; kurz darauf folgte ihr Dostojewskij. Dies war seine zweite Auslandsreise. Nicht nur die Sehnsucht, die Geliebte wiederzusehen, trieb ihn aus Petersburg fort; er reiste, um wenigstens für eine kurze Frist dem ungestümen Drängen der Gläubiger zu entfliehen. Er reiste über Wiesbaden, blieb dort einige Tage und verfiel zum ersten Male dem Wahnsinn des Hasardspiels, dem „verdammten Wirbelwind der Leidenschaften“, wie er es selbst nennt. Die Leidenschaft zu Apollinaria Prokofjewna und die Leidenschaft zum Roulettespiel verflochten sich in unheimlicher Weise. Für Dostojewskij war Liebe und Spiel ein Gehen am Rande des Abgrundes, und es ist schwer zu sagen, welche Leidenschaft ihn mehr verzehrte, die zur unerreichbaren Frau oder die zum Hasardspiel. Die Katorga hatte in ihm alle festen Grundlagen unterhöhlt, ihn innerlich durchwühlt; ins geordnete Leben zurückgekehrt, vermochte er lange Jahre hindurch nicht geordnet zu leben, wie sehr er sich auch danach sehnte, wie sehr er auch immer wieder sich schwor, eine neues, streng geregeltes Leben zu führen und keinen Augenblick zu vergeuden.

Als er Omsk verlassen hatte, waren die äußerlich sichtbaren, zehn Pfund schweren Fesseln von ihm gefallen; aber ausgemergelt und ausgelaugt war er unfähig, die Fesseln der zügellosen Leidenschaften, deren Gewicht nicht zu ermessen ist, abzuschütteln. Die Epilepsie und die Leidenschaft zum Hasardspiel sind nach der Katorga seine gefährlichen Feinde. In Wiesbaden gewinnt er zehntausend Francs, ist überglücklich und schickt einen Teil des Geldes seiner kranken Frau und Michail. Die Versuchung des Weiterspielens ist zu groß. Beim nächsten Spiel verliert er die Hälfte.

Apollinaria Prokofjewna begrüßt ihn in Paris mit den Worten:

„Du bist ein wenig zu spät gekommen." Sie hatte sich in einen vulgären Spanier, Salvador, verliebt. Dieses schöne Tier wurde ihrer bald überdrüssig und kehrte ihr den Rücken. Sie suchte sich mit allen Mitteln zu rächen, denn ihre Eitelkeit war tödlich verletzt. „Ich will ihn nicht töten", schreibt sie in ihr Tagebuch, „das wäre zu wenig; ich werde ihn mit einem schleichenden Gift vergiften, ich werde ihm die Lebensfreude rauben, ich werde ihn demütigen." Sie ersann lange und sorgfältig ausgearbeitete Pläne, der dunkeläugige Spanier war aber so primitiv und dickhäutig, daß er ihre Pfeile gar nicht spürte.

Sie litt unter ihrer Niederlage und Dostojewskij tröstete sie. Es ist fast unglaublich, daß es nicht schon in Paris zu Eifersuchtsszenen kam. Er verhielt sich zu ihr, als sei er Fürst Myschkin: verständnisvoll, demütig, anspruchslos. Sie notierte mit einer unheimlichen Präzision ihre Erlebnisse im Tagebuch. Von Paris fuhren sie nach Baden-Baden. Apollinaria Prokofjewna freute sich, als es gelang, zwei getrennte Zimmer im Hotel zu mieten. „Er spielt die ganze Zeit und ist sehr sorglos." Aber daß diese Sorglosigkeit nur eine äußere war, beweist eine andere Seite aus ihrem Tagebuch, die uns wie ein Kapitel aus seinen Romanen anmutet und davon zeugt, wie raffiniert sie in ihrer Grausamkeit sein konnte und wie schwer es ihm fiel, die Rolle des liebevollen Bruders zu spielen:

„Um zehn Uhr abends tranken wir Tee, ich war müde, legte mich nieder und bat F. M., er möge sich zu mir setzen. Ich fühlte mich wohl und geborgen, nahm seine Hand und hielt sie lange in der meinen. Er sagte, es sei schön, so bei mir zu sitzen. Dann aber stand er jäh auf und wollte fortgehen, stolperte über meine Schuhe, die neben dem Bett lagen, kehrte hastig um und setzte sich wieder zu mir.

‚Wohin wolltest du gehen?' fragte ich.

‚Ich wollte das Fenster schließen.'

‚Nun, schließe es doch.'

‚Nein, ich will nicht. Du weißt nicht, was in mir vorging', sagte er, und sein Gesicht hatte einen seltsamen Ausdruck. Ich sah ihn an und bemerkte, daß er sehr erregt war. ‚Ich wollte eben deinen Fuß küssen.'

‚Ach, laß das', sagte ich sehr verwirrt und deckte erschreckt meine Füße zu.

‚Ja, dieser Wunsch erwachte in mir und ich wollte mich ihm nicht widersetzen.'"

Die Flamme der Leidenschaft zerriß die zarten Schleier der Rücksicht. Apollinaria Prokofjewna verbarg vor ihm nicht, daß sie ihren schönen Spanier nicht vergessen hatte, gleichzeitig aber ließ sie sich in ein gefährliches Liebesspiel mit ihm ein und berauschte sich am Gefühl ihrer Macht über ihn. In Baden-Baden verspielte er den letzten Heller. Großzügig bezahlte Apollinaria seine Schulden, versetzte ihre Schmucksachen, ohne ihm auch nur den geringsten Vorwurf zu machen. Schließlich hatten beide kein Geld mehr, um im Hotel die Rechnungen zu begleichen. Dostojewskij schreibt seinem Bruder: „Es ist ein Skandal, wir fürchten, daß die Polizei eingreifen wird. Welch eine Schmach! Meine Uhr habe ich schon in Genf versetzt ... Über meine Reise erzähle ich mündlich Näheres. Es gab viele Erlebnisse, aber mich plagt eine unerträgliche Melancholie, trotz der Nähe Apollinaria Prokofjewnas.“ In Baden-Baden traf er Turgenjew, und beide Dichter gingen fremd aneinander vorbei. Ihre gegenseitige Höflichkeit hatte etwas Gekünsteltes.

Die Liebenden reisen über Turin nach Rom. Ihre Geldnot ist katastrophal. Besessen von ihrer Leidenschaft, jeder von einer anderen, sehen sie nichts von den berühmten Schönheiten des Südens. Italienische Städte und Kunstdenkmäler gleiten unbeachtet an ihnen vorbei. Das innere Auge ist so stark in Anspruch genommen, daß das äußere nichts sieht. Dostojewskij schreibt: „Unendlich niedergedrückte Stimmung. Ich sehe mir alle Sehenswürdigkeiten pflichtgemäß an, so als ob ich eine Schulaufgabe zu erledigen hätte.“ Zwei Monate reisen sie miteinander, zwei Monate quälen sie einander und nennen das Liebe. Ihre Gefühle zu ihm gleichen ihrer Einstellung zu Paris: „Ich hasse diesen Ort“, schreibt sie in ihr Tagebuch, „und kann mich doch von ihm nicht losreißen.“

Eindringlicher und wahrhaftiger als alle Interpreten enthüllen Suslowas Briefe und Tagebücher, die mit einer Offenherzigkeit geschrieben sind, zu der nur der slawische Mensch fähig ist, diese leidvollen und leidenschaftlichen Beziehungen. Im Oktober kehrt Dostojewskij nach Rußland zurück, sie fährt nach Paris. Aber Dostojewskij kann seine Peinigerin nicht vergessen. Ein 1865 an die Schwester der Geliebten gerichteter, rückhaltlos aufrichtiger Brief zeugt, wie anhaltend tief seine Leidenschaft zu dieser verhängnisvollen Frau war. Seine Einstellung zu ihr war wie die zum Roulette: „Apollinaria ist eine große Egoistin. Ihr Egoismus und ihre Selbstliebe sind unermeßlich. Sie verlangt alles von einem

Menschen, jede Vollkommenheit, und verzeiht keinen einzigen Fehler, aber sie selbst möchte von allen Verpflichtungen gegen ihre Mitmenschen frei bleiben. Noch immer beklagt sie sich, ich sei ihrer Liebe unwürdig gewesen; sie schilt mich und überhäuft mich mit Vorwürfen, aber sie selbst empfing mich 1863 in Paris mit den Worten: ‚Du bist ein wenig zu spät gekommen.' Sie liebte einen anderen, obwohl sie mir erst 14 Tage vorher einen leidenschaftlichen Brief geschrieben hatte, worin sie mir beteuerte, wie sehr sie mich liebe ... Ich liebe sie noch heute, liebe sie sehr, aber ich will sie nicht mehr lieben. Sie ist einer solchen Liebe nicht wert ... Sie hat mich immer von oben herab behandelt ... Nie hat sie eine Gleichberechtigung in unseren Beziehungen zugelassen. Sie weiß doch, daß ich sie noch immer liebe. Warum quält sie mich denn?"

Die Antwort auf diese Frage finden wir im Tagebuch Apollinaria Prokofjewnas: sie rächt sich an Dostojewskij für eine Erniedrigung, eine Beleidigung, eine tatsächliche oder eingebildete, das bleibe dahingestellt. „Man spricht mir von Fjodor Michailowitsch, ich hasse ihn. Wenn ich daran zurückdenke, was vor zwei Jahren geschah, erwacht in mir der Haß. Er hat in mir den Glauben getötet ... Jetzt fühle ich, daß ich überhaupt nicht mehr fähig bin zu lieben, ich kann kein Glück in dem Genuß der Liebe finden, jede Zärtlichkeit eines Mannes ruft in mir die Erinnerung an die Beleidigung und Qual wach."

Nie verteidigt sie sich, nie beschönigt sie ihre Taten, in ihrer Kühnheit und Wahrheit liegt ihre Größe. Dostojewskij konnte sich aus der Verstrickung der Gefühle nicht retten, aber die Richtigkeit seiner psychologischen Diagnosen ist verblüffend. Er schreibt ihr: „Du hast dich mir hingegeben, und nun möchtest Du Dich Dein Leben lang dafür rächen, das ist ein echt weiblicher Charakterzug." In der Tat, sie hatte sich ihm in sinnlicher Leidenschaft hingegeben, dann aber erwachte ihr anspruchsvoller Hochmut und belehrte sie, daß er ihre Hingabe nicht demütig dankbar, nicht anbetend empfangen habe. Darauf erwachte ihr Haß und das Verlangen, ihn zu erniedrigen.

Apollinaria Prokofjewna, seine ewige Geliebte, hätte niemals die Gefährtin seines Lebens werden können. Ein Genie ist nicht nur den gigantischen, durch seine Größe bedingten Dämonen, sondern auch den infusorischen des Alltagslebens ausgeliefert, und noch niemand ist während seines Lebens mit einem Heiligenschein einhergegangen. Die Aureole kommt erst nach dem Tode. In ihrer Phantasie sah Apollinaria diese Aureole um Dostojewskijs Haupt, fühlte sich zu ihm hingezogen und war entsetzt, wenn ihr Phantasiegebilde der Wirklichkeit nicht entsprach. Sie kannte kein Maß, im Guten wie im Bösen. Sie reizte seine Leidenschaft bis zur Weißglut und wünschte, er solle vor ihr wie ein Cherub knien. Auch sie war eine Hyperbel unter den Menschen.

Nach dem Bruch mit Dostojewskij verfiel noch mancher Mann ihrem Zauber und mit jedem spielte sie eine Weile, um die Gier ihres ungesättigten, unersättlichen Herzens zu betäuben. 1865 kehrte sie nach Rußland zurück und sah Dostojewskij in Petersburg wieder. Es war eine traurige Begegnung. Seine erste Frau war gestorben. Apollinaria schrieb in ihr Tagebuch: „Heute war Fjodor Michailowitsch bei mir. Wir haben uns gezankt und waren uns über alles uneinig. Er machte mir einen Heiratsantrag und das allein machte mich wütend.“

Im Februar 1866 heiratete Dostojewskij seinen Schutzengel, Anna Grigorjewna Snitkina, und schrieb einige Monate später an die Geliebte: „O meine Geliebte, ich lade Dich nicht zu einem billigen, alltäglichen Glück ein. Ich achte (wie ich Dich immer geachtet habe) Deine hohen Ansprüche. Ich weiß, Dein Herz begehrt Verwirklichung im Leben und trotzdem hältst Du die Menschen entweder für göttliche, unendlich erhabene Wesen, oder für Schurken und Betrüger ... Lebewohl, Du meine Freundin für alle Ewigkeit.“

Von der Liebe enttäuscht, denkt Apollinaria Prokofjewna nicht an Selbstmord; sie eröffnet eine Mädchenschule auf dem Lande und entsagt jedem Gedanken an persönliches Glück. Als der Erziehungsminister einen Bericht über die Schule anforderte, schrieb der Schulinspektor an seine hohe Obrigkeit, daß die Suslowa keine politisch zuverlässige Person sei; „erstens trägt sie eine blaue Brille und zweitens hat sie kurze Haare. Ihre Ansichten sind liberal und sie geht nie in die Kirche.“ Die Schule wurde geschlossen, aber ihr ruheloser Geist hielt ein müßiges Dahinleben nicht aus. Alle ihre Energie wandte sie nun ans Universitätsstudium.

1880, ein Jahr vor Dostojewskijs Tod, als sie bereits vierzig Jahre alt ist, heiratete sie den vierundzwanzigjährigen W. W. Rosanow und verließ ihn sechs Jahre später, als ein junger Jude, Goldowski, ihre Phantasie erregt hatte. Sie brachte es nicht fertig, eine gute Frau und Lebenskameradin zu sein, sie war zu hungrig nach Abenteuern und empfand eine tiefe Abscheu gegen den Alltag. Obwohl sie es war, die Rosanow verlassen hatte, wollte sie die Macht über ihn behalten und verweigerte die gerichtliche Scheidung, um ihn an einer zweiten Ehe zu hindern. Wie gut Dostojewskij sie kannte, geht aus einer Bemerkung hervor, die er ihr gegenüber in Petersburg machte: „Würdest du je eine Ehe eingehen, so würdest du sie doch nie ertragen. Schon nach drei Tagen würdest du deinen Mann hassen und ihn verlassen."

Apollinaria Prokofjewnas widerspruchsvolle, reizvolle Schönheit, ihre diabolische, bacchantische Natur hat Dostojewskij mehrfach geschildert: Polina, Aglaja, Nastassia Filippowna heißen diese Porträts.

Das tragische Jahr 1864/65 und erotische Intermezzi

„Mein Leben ist entzweigebrochen . . . gerne ginge ich wieder in die Katorga, wenn ich nur die Möglichkeit hätte, meine Schulden zu bezahlen, um mich endlich frei zu fühlen."

Das Jahr 1864 war für Dostojewskij ein tragisches. Kaum fünf Jahre war er in der Freiheit, und schon wieder wankte der Boden unter seinen Füßen. Seit dem polnischen Aufstand von 1863 waren die führenden Kreise in Rußland chauvinistisch gestimmt. Die Zeitschrift „Wremja" wird von der Zensur verboten. Michail überwindet unglaubliche Schwierigkeiten, um die Konzession für eine neue Zeitschrift, die er „Epoche" nennt, zu erhalten. Von seiner zweiten Auslandsreise zurückgekehrt, am Krankenbett seiner Frau Maria Dmitrijewna, von Geldnot gehetzt, schreibt Dostojewskij in qualvoller Gespanntheit und Übermüdung die „Memoiren aus dem Untergrund"*, die 1864 in der „Epoche" gedruckt werden. Er selbst nennt dieses philosophische Werk ein „seltsames" und bei den Lesern findet es keinen Widerhall. Der erste Teil ist eine Beichte, die aus philosophischen Reflexionen besteht, im zweiten Teil werden die philosophischen Reflexionen im Leben ausprobiert. Der Held ist ein zynisch-enttäuschter Idealist. Nach all dem

* Der Titel der deutschen Übersetzung „Memoiren aus einem Kellerloch" entspricht nicht dem Sinn des Werkes.

Glauben und der Begeisterung seiner Jugend, nach der Pein in der Hölle des Totenhauses, der Hölle des Hasardspieles und der sinnlichen Leidenschaft, im Angesicht des sich unaufhaltsam nähernden Todes, dem sich das unausgelebte Leben Maria Dmitrijewnas zäh widersetzte, war diese Einstellung Dostojewskijs eine natürliche Konsequenz seiner radikalen Natur. Wie im Glauben, so mußte er auch im Unglauben überall bis an die letzte Grenze gehen, um am Nachmittag seines Lebens den Ausgleich zu finden. Liest man nur dieses Werk oder liest man es ohne Beziehung zu seinen anderen Werken, so hat man allen Grund, ihn einen Pessimisten zu nennen.

Am 10. Juli 1864, einige Monate nach dem Tode seiner ersten Frau, stirbt der heißgeliebte Bruder, der in der gemeinsamen journalistischen Tätigkeit durch seine Nüchternheit und seinen Wirklichkeitssinn das notwendige Gegengewicht zur extremen Natur des Dichters bildete. Dostojewskij will die „Epoche" fortsetzen, er bittet Turgenjew und andere namhafte Schriftsteller, auch ferner seine Mitarbeiter zu bleiben. Er selbst arbeitet Tag und Nacht, gibt zwei Hefte in einem Monat heraus, aber das Unglück häuft sich: auch sein fleißiger Mitarbeiter A. Grigorjew stirbt plötzlich, das Niveau der Zeitschrift sinkt, die Zahl der Abonnenten schrumpft zusammen und im Sommer 1865 geht die „Epoche" ein.

Obwohl Michail ein praktisch veranlagter Mensch war und dem Dichter Leichtsinn und Verschwendung vorwarf, stellte es sich nach seinem Tode heraus, daß er eine Schuld von fünfundzwanzigtausend Rubel hinterlassen hatte. Außerdem brachte die Drucklegung der letzten Hefte der „Epoche" beträchtliche Schulden ein. Ohne zu überlegen, übernimmt Dostojewskij die Schulden Michails, um — wie er sagt — die Ehre des geliebten Bruders zu retten. Auch hält er es für seine Pflicht, die sehr egoistische Witwe Emilia Fedorowna, die ihn wie ein Vampir aussaugt, und ihre vier Kinder zu versorgen. Mit seinem eigenen Stiefsohn Pascha sind es somit sechs Personen, für die er das tägliche Brot verdienen muß.

Er sehnt sich nach einem Mitgenossen in der Trübsal, nach weiblicher Nähe. Ohne ein ihn verstehendes Wesen glaubt er zu erstikken. In seiner Verlorenheit schließt er sich mit der ihm eigentümlichen, jähen Anhänglichkeit an eine Marfa Braun an, eine energische Frau, die durch ganz Europa gereist ist und für die die „Ars amandi" nicht ein mit sieben Siegeln verschlossenes Buch ist. Nur ein einziger ihrer Briefe an Dostojewskij ist erhalten, aber ein überaus charakteristischer, aus dem wir unter anderem erfahren, daß Dostojewskij sich bemühte, sie für seine Zeitschrift zu engagieren. Mit einer echt slawischen, grellen Aufrichtigkeit schreibt sie über die Möglichkeiten eines gemeinsamen Lebens, rückhaltlos bekennt sie ihre Vergangenheit und ist voller Dank für seine Nachsicht und die ihr erwiesene Hilfe während ihrer Krankheit. — Warum diese Beziehungen plötzlich abbrechen, wissen wir nicht. In seinem späteren Leben kommt Dostojewskij auf diese derb aufrichtige Frau nie mehr zu sprechen.

Ein anderes erotisches Erlebnis, die Begegnung mit Anna Wasiljewna Korvin-Krukowskaja*, ein kurzes lyrisches Intermezzo, ist tieferer Art. Auch bei der Bekanntschaft mit dieser Frau spielte die „Epoche" die Rolle der Vermittlerin. Eines Tages erhielt der Schriftsteller zwei flüssig und farbig geschriebene Erzählungen, gezeichnet: Juri Orbelow. Er veröffentlichte beide, ohne zu wissen, daß hinter dem männlichen Pseudonym sich ein schönes junges Mädchen verbarg. Es dauerte nicht lange, da erschien die Autorin persönlich auf der Redaktion und gefiel dem Schriftleiter noch besser als ihre Erzählungen. Das war Anna Wasiljewna Korvin-Krukowskaja, eine Schwester der nachmals weltberühmten Mathematikerin, Sonja Kowalewskaja, Tochter eines reichen Gutsbesitzers, gefeierte Königin vieler Bälle, eine blendende Schönheit mit wundervollem blondem Haar, leuchtenden blauen Augen, intelligent und gebildet, von einem unwiderstehlichen Drang nach Unabhängigkeit und aufgeschlossen für romantische Abenteuer. Dostojewskij war von beiden Schwestern entzückt, der kleinen, klugen, vierzehnjährigen Sonja und der damals achtzehnjährigen Anna. Durch die langwierige Krankheit seiner Frau, durch ihren Tod, der ihn so tief aufgewühlt hatte, durch die Haß-Liebe zu Apollinaria Prokofjewna leergebrannt, gibt er sich in der Öde seines Lebens begierig dieser sorglosen Atmosphäre hin.

Im palastartigen Hause des Generals Krukowski, das Dostojewskij drei-viermal in der Woche besuchte, kannte man weder Krankheit noch Armut noch hirnzermarternde Probleme. Bei großen Empfängen fühlte sich der weltscheue Dichter unbehaglich, glücklich aber in der Gesellschaft der beiden reizenden, geistsprühenden Schwestern. Stundenlang diskutierten sie zu dritt über Puschkin

* 1847—1887.

und lasen einander ihre Lieblingsstellen vor. Dostojewskij entwikkelte seine religiösen Probleme, und die jungen Mädchen hörten mit leuchtenden Augen zu. Verteidigte Anna Wasiljewna den Nihilismus, wurde er so zornig, daß er, ohne sich zu verabschieden, das Haus mit der Versicherung verließ, nie wiederzukehren. Aber schon am andern Tage war er wieder da. Die kleine Sonja hatte sich unsterblich in den Dichter verliebt. Um ihm eine Freude zu machen, studierte sie Beethovens Sonate Pathétique ein: er hatte einmal beiläufig bemerkt, dies sei sein Lieblingsstück, obwohl er im allgemeinen für Musik wenig Sinn hatte. Während Sonja beglückt und aufgeregt die Sonate vorspielt, erklärt er der Schwester im Nebenzimmer seine Liebe. In den Erinnerungen Kowalewskajas heißt es:

„Indem ich die Portiere, die das Musikzimmer von dem kleinen Wohnzimmer nebenan trennte, zur Seite schob, erblickte ich dort Fjodor Michailowitsch und Anjuta*.

Sie saßen eng nebeneinander auf dem kleinen Diwan, das Zimmer war durch die Lampe mit dem großen Schirm nur schwach beleuchtet, die Schwester saß im Schatten, ihr Gesicht konnte ich nicht genau sehen, sehr genau aber das Antlitz Dostojewskijs: er war bleich und erregt. Er hielt Anjutas Hand in seinen Händen, beugte sich zu ihr und sprach in dem leidenschaftlichen, ruckhaften Flüsterton, den ich so gut kannte und so sehr liebte:

‚Mein Täubchen, Anna Wasiljewna, verstehen Sie doch, ich liebte Sie vom ersten Augenblick an, gleich, als ich Sie das erste Mal sah, nein, eigentlich noch früher, schon in den Briefen fühlte ich es voraus. Und nicht als Freund liebe ich Sie, sondern leidenschaftlich mit meinem ganzen Wesen . . .‘

Mir wurde schwarz vor den Augen. Ein Gefühl bitterer Einsamkeit, eine tödliche Kränkung befiel mich, alles Blut stürzte zum Herzen und dann schoß es als heißer Strom in den Kopf. Ich ließ die Portiere fallen und floh aus dem Zimmer.

Ein früher nie gekanntes Gefühl der Bitterkeit, des Zurückgesetztseins, der Scham erfüllte meine Seele bis an den Rand, ja, vor allem Scham und Zurückgesetztsein. Bis zu diesem Augenblick hatte ich mir selbst in meinen geheimsten Gedanken meine Gefühle zu Dostojewskij nicht gestanden und wußte es nicht, daß ich in ihn verliebt war."

* Anjuta — Kosename für Anna.

Anna Wasiljewna wies den Heiratsantrag Dostojewskijs entschieden zurück. Sie liebte und bewunderte den Dichter, aber noch mehr liebte und bewunderte sie sich selbst. Sie fürchtete sich, ihr Schicksal an diesen Mann mit dem mageren, grauen, sommersprossigen Gesicht, den glänzenden Augen und nervös-begierigen Händen zu binden.

Trotz der Enttäuschungen und des gegenseitig zugefügten Wehs bewahrten diese drei Menschen füreinander Freundschaft bis ans Lebensende. Sonja studierte im Ausland Mathematik und wurde weltberühmt. Anna überwand ihren jugendlichen Egoismus und ihre romantischen Träume von Kloster und Bühne; ihrem inneren Gesetz treu, verabscheute sie ein alltägliches Leben. Sie reiste ins Ausland und spielte eine bedeutende Rolle in der französischen Revolution von 1871. Sie heiratete einen bekannten Pariser Arzt und Revolutionär, Jaquelard, und arbeitete als Krankenschwester in demselben Hospital, wo ihr Mann als Arzt tätig war. Während der Kommune war sie Vorsitzende des Komitees für Frauenbildung und zeichnete revolutionäre Aufrufe furchtlos mit ihrem Namen. In der Geschichte der Pariser Kommune ist die schöne und feurige russische Revolutionärin unter dem Namen Jeanne bekannt.

Dostojewskij bewahrte einst geliebten Menschen gegenüber eine hartnäckige Treue. Nachdem die Wellen der Leidenschaft sich gelegt hatten, korrespondierte er mit den beiden Schwestern. Dankbar empfingen sie von ihm geistige Anregungen und in mancher kritischen Stunde — verständnisvollen Trost. Die stolze, unnahbare Katharina Iwanowna (Brüder Karamasow) ist nach Anna Wasiljewna gezeichnet.

Nach dem Zusammenbruch der „Epoche“ ist Dostojewskij vollkommen ruiniert. Er wendet sich an den Literaturfonds, er wendet sich an mehrere Herausgeber und fleht um ein Darlehen, aber überall erhält er abschlägige Antworten. Heute werden Herausgeber und Übersetzer in aller Welt durch Dostojewskijs Geistesgut wohlhabend, und damals, als er schon den Beweis seiner Genialität geliefert, das „Totenhaus“ und die „Memoiren aus dem Untergrund“ geschrieben hatte und „Schuld und Sühne“ unter dem Herzen trug, fand er weder einen Verleger noch sonst jemand, der ihm einen Vorschuß bewilligt hätte. Er ist allein „wie eine Maus in der Falle“. Die Gläubiger drohen ihm mit dem Schuldgefängnis. Da erscheint ein Mephisto kleinen Formats, Stellowski mit Namen, ein Literaturspekulant, der auch den Komponisten Glinka schmachvoll auszunutzen verstanden hat. In seiner ausweglosen Verzweiflung schließt Dostojewskij einen ganz unsinnigen Vertrag: er verkauft dem Mephisto Stellowski für dreitausend Rubel das Recht, seine gesammelten Werke in drei Bänden herauszugeben und verpflichtet sich außerdem, bis zum 1. November 1866 einen neuen Roman zu liefern. Sollte er das Manuskript zum abgemachten Termin nicht fertig haben, gehören dem Aussauger Stellowski nicht nur seine bisherigen, sondern auch alle seine zukünftigen Werke.

Durch diesen Teufelsvertrag niedergedrückt, schreibt er 1865 seinem Freund Wrangel: „Ich bin plötzlich so alleingeblieben, daß es mir ganz unheimlich zumute ist. Mein Leben ist entzweigebrochen ... o geliebter Freund, gerne ginge ich wieder in die Katorga, wenn ich nur die Möglichkeit hätte, meine Schulden zu bezahlen, um mich endlich frei zu fühlen. Nun muß ich einen Roman unter der Knute schreiben, notgedrungen, gehetzt. Und es scheint mir, daß ich erst jetzt zu leben anfange. Ist das nicht seltsam? Zäh wie eine Katze!“

Vor den Gläubigern, die ihm nachstellen, flieht er ins Ausland, mit hundertfünfundsiebzig Rubel in der Tasche. Diese seine dritte Auslandsreise dauert etwas über zwei Monate. Im Juli 1865 trifft er in Wiesbaden ein und verspielt all sein Geld. Er bittet Turgenjew um ein Darlehen und erhält von ihm nur fünfzig Taler. Er fleht die Redakteure mehrerer russischer Zeitschriften um eine Geldsendung an, aber niemand erhört ihn. Auch Alexander Herzen, an den er sich wendet, gibt eine abschlägige Antwort. An Wrangel, den Gütigen, schreibt er zwei verzweifelte Briefe und ist entsetzlich traurig, als er keine Antwort erhält. Im Hotel weigert man sich, ihn zu beköstigen, da keine seiner Rechnungen beglichen ist. Er fristet sein Leben von Tee, schließt sich in sein Zimmer ein und schreibt vom frühen Morgen bis zum Abend. Er darf kein Licht brennen, und da er ein Abendmensch ist, leidet er qualvoll darunter. In diesem „Kellerloch“, in dieser Körper, Geist und Seele zerfressenden Atmosphäre arbeitet er wie irrsinnig an „Schuld und Sühne“, dem ersten großen Werk, das die Reihe seiner fünf unsterblichen Romantragödien eröffnet, an dem Werk, das heute alle Welt liest, alle, die weder Sinn für Schuld noch Sühne haben. In jenen dunklen Tagen wäre seine Gesundheit wohl ganz zusammengebrochen, wenn nicht der Priester einer kleinen russischen Gemeinde in Wiesbaden, ein schlichter Mann, Janischew, ihm geholfen hätte. Als die Dürftigkeit nicht mehr zu ertragen war, kam die Rettung: Freund Wrangel kehrt vom Urlaub an seine Dienststelle in Kopenhagen zurück, findet Dostojewskijs verzweifelten Brief, schickt ihm Geld und fordert ihn auf, zu ihm nach Kopenhagen zu kommen. Dostojewskij verbringt eine erholsame Woche bei seinem Freunde und fährt dann zurück nach Petersburg. In Kopenhagen und auf dem Schiff setzt er mit fiebriger Intensität die Arbeit am neuen Roman fort. Wie immer, schien ihm das Werk, an dem er gerade arbeitete, als das beste, das entscheidendste, das wertvollste, und wie immer brauchte er jemand, dem er sein Herz ausschütten konnte. Ende September 1865 schreibt er Wrangel: „Die Erzählung, an der ich jetzt arbeite, wird vielleicht die beste sein, die ich je geschaffen, wenn man mir nur Zeit geben würde, sie zu beenden.“ Die Erzählung weitet sich zu einem Roman, aber er ist mit dem Geleisteten unzufrieden und verbrennt all die vielen vollgeschriebenen Hefte. Er beginnt von neuem und arbeitet Tag und Nacht. Als der erste Teil im Januarheft des „Ruski Westnik“ bereits gedruckt wird, ist der zweite Teil noch nicht fertig. Der Roman erweckt im Publikum ein riesiges Interesse, der allgemeine Widerhall beflügelt den Verfasser. Im April 1866 schreibt er dem Pfarrer Janischew nach Wiesbaden: „Ich muß Ihnen bekennen, daß mein Roman außerordentlich gelungen ist und meine Reputation als Dichter ist merklich gestiegen. Meine ganze Zukunft hängt davon ab, ob es mir gelingt, ihn gut abzuschließen.“

Immer wieder hängt seine Zukunft davon ab, ob es ihm gelingt, ein Werk zu vollbringen, und wenn es ihm gelingt, wird er gerühmt — und bald darauf vergessen. Die kurzen Augenblicke des Ruhms, des Erfolges, der sich dahin äußert, daß er Geld in den Händen hat, vermögen die langen Strecken der gesundheitzerfressenden Not nicht zu überbrücken. Immer kämpft er wie ein Ertrinkender, rettet ihn die Kraft seines schöpferischen Genius, steht er im Zentrum der Aufmerksamkeit und vergeudet das schwerverdiente Geld.

Während er an „Schuld und Sühne“ arbeitet, drückt ihn der Vertrag mit Stellowski, dem er sich verpflichtet hat, zum 1. November einen ganz neuen Roman abzuliefern. Am 17. Juli schreibt er an Anna Wasiljewna: „Ich will eine ganz ungewöhnliche, exzentrische Sache machen, in vier Monaten dreißig Druckbogen fertigstellen, und zwar zu zwei verschiedenen Romanen; einen werde ich morgens schreiben, den anderen abends, um beide zum Termin fertig zu haben. Wissen Sie, meine gute Anna Wasiljewna, daß solche exzentrische und außergewöhnliche Sachen mir liegen ... Ich bin überzeugt, daß keiner von unseren Schriftstellern, weder von den lebenden noch von den gestorbenen, je unter solchen Umständen geschrieben hat, wie ich das jetzt beständig tue. Turgenjew würde allein beim Gedanken daran sterben."

In diesem kurzen Briefabschnitt wiederholt sich zweimal das Wort „exzentrisch": die außergewöhnlichen Dinge lagen ihm mehr als die gewöhnlichen. Aber dieser Plan war wohl zu außergewöhnlich, um ihn zu verwirklichen. Einen Monat, bevor Mephisto Stellowski bei ihm erscheinen sollte, um die Schuld einzukassieren, war vom versprochenen Roman noch nicht eine Zeile geschrieben. Wieder einmal stand Dostojewskij ganz hart am Abgrund. Da rät ihm einer seiner Freunde, eine Stenographin anzunehmen, die den Gang der Arbeit beschleunigen und erleichtern würde. Der Leiter der stenographischen Kurse in Petersburg empfiehlt ihm seine beste Schülerin: Anna Grigorjewna Snitkina, die ihm das Geschick zur Lebensgefährtin bestimmt hatte. Am 4. Oktober 1866 beginnt er den Roman „Der Spieler" zu diktieren, am 31. Oktober ist das Werk vollendet, der Vertrag mit Stellowski ist erfüllt, er ist von seinem Blutegel befreit und kehrt zur Arbeit an „Schuld und Sühne" zurück. Unmittelbar nach dem „Spieler" schreibt er den letzten Teil zu „Schuld und Sühne", den er im November abschließt. Der Roman wird 1866 gedruckt. Alle Verpflichtungen sind erfüllt.

Anna Grigorjewna Snitkina und die europäische „Verschickung"

„Überall und immer gehe ich bis an die letzte Grenze."

Hatte Dostojewskij für Maria Dmitrijewna eine leidenschaftliche Liebe empfunden, die im Mitleiden ihren Ausklang fand, für Apollinaria Prokofjewna den Irrsinn der Liebe, für Anna Wasiljewna träumerische Schwärmerei, so für Anna Grigorjewna eine durch Freundschaft gefestigte Liebe; und jedes dieser Gefühle hat er mit äußerster Intensität erlebt.

Die Urteile der Literaturforscher über Anna Grigorjewna Snitkina (1846—1919) sind geteilt. So meint Dolinin, Dostojewskij habe, indem er seine Beziehungen zu der Suslowa abbrach und eine Ehe mit Anna Grigorjewna schloß, den Festtagsrausch gegen den Alltag vertauscht. Großmann und Dolinin haben das Leben dieser Frau bis ins kleinste erforscht und sie selbst hat es in ihren Tagebüchern und Erinnerungen offenherzig und unbefangen erzählt. Diese nüchternen, wahrheitsgetreuen, etwas unbeholfenen Aufzeichnungen haben als Dichtwerk an sich wenig Wert, sind aber für jeden Dostojewskij-Forscher unentbehrlich: sie geben die verläßlichste Auskunft über seine vielumstrittene Persönlichkeit, und nicht nur über ihn und sein persönliches, häusliches Leben, sondern auch über sie, die während seiner letzten fünfzehn Lebensjahre seine Frau und Sekretärin war, also derjenige Mensch, der ihn am besten gekannt hat.

Eine Heldin des Alltags, war Anna Grigorjewna kein Durchschnittsmensch. Sie besaß den höchsten und edelsten Mut — die Demut — und wagte in der unmittelbaren Nähe des Genies zu leben, eine Prüfung der Herzkraft, die keine ihrer Vorgängerinnen bestanden hatte. Dostojewskij war in den sechziger Jahren nicht der weltberühmte Schriftsteller, der er heute ist, sondern ein kranker mit Schulden belasteter, von seinen mittel- und gewissenlosen Verwandten ausgenutzter, in Rußland vielgelesener Autor, dem man aber in Tagen der Not ungern ein Darlehen bewilligte.

Wer sich in die nüchternen, naiven, ganz ohne poetischen Hauch geschriebenen Tagebücher und Erinnerungen Anna Grigorjewnas versenkt, erlebt Dostojewskijs Alltag Stunde für Stunde. Langweilig sind die vielen Nebensächlichkeiten (Beschreibungen von Einkäufen, Lebensmittel- und anderen Preisen, Familienereignisse), aber für ihre Wahrhaftigkeit sind wir ihr dankbar, diese unterscheidet ihre Schriften von denen ihrer Tochter Aimée.

Dostojewskijs Epilepsie hatte schlimme Formen angenommen, die Anfälle wiederholten sich jede Woche. Er fürchtete für seine geistige Arbeitsfähigkeit: „Das Gefühl der Nervenzerrüttung führt mich zu dämonischen Augenblicken.“ Vor den Anfällen der Epilepsie empfindet er ein ungeheures Gefühl des Glücks, einen Zustand der Ekstase, aber dieser währt nur einige Augenblicke, denen ein schrecklicher Absturz folgt. Er fühlt sich niemals frei, die Angst vor den Anfällen sperrt ihn wie in einen Käfig. In seinen Romanen hat er mehrfach diese grauenhafte Krankheit beschrieben. Die kleine, von Angst gehetzte, Mitleid erregende Nelly, der vom Laster zerfressene Diener Smerdjakow und der fromme Apostel Christi, Fürst Myschkin, sie alle leiden an Epilepsie, und indem Dostojewskij die Heimsuchung seiner Helden schilderte, versuchte er die dämonischen Mächte, denen er je und je ausgeliefert war, abzuschütteln.

Anna Grigorjewna hatte die Genialität Dostojewskijs erahnt, noch ehe Erfahrung und Vernunft ihr Wort gesprochen hatten: ihre durch keine Anfechtung auszumerzende Ehrfurcht vor dem Meister hat etwas Bewundernswertes und nicht minder bewundernswert ist ihr zäher Wille, ihr Wirklichkeitssinn, mit dem sie in das chaotische Leben des Dichters Ordnung bringt, die seine schöpferischen Kräfte auszehrende Schuldenlast und Krankheit eindämmt und ihm jenen Frieden und jene Sicherheit schenkt, welche die notwendigen Voraussetzungen zu schöpferischer Tätigkeit sind.

Auf den gemeinsamen Weg zurückschauend, bekennt Anna Grigorjewna: „Es gibt auf der Welt nichts Kostbareres als die Liebe, und es gilt, sich ein für allemal seinen Gott zu erwählen, um ihm sein ganzes Leben hindurch zu dienen. Ich hatte Dostojewskij gewählt, als ich achtzehn zählte. Heute bin ich siebzig, und noch immer gehört jeder meiner Gedanken, jede meiner Handlungen nur ihm allein. Ich gehöre seinem Gedächtnis, seinem Werk, seinen Kindern, und jedes kleinste Teilchen von ihm ist mir immer ein Ganzes. Und nie und nimmer hat es etwas anderes für mich gegeben als diesen Gottesdienst ... Er war mir nicht nur ein Gott, er war auch ein Mensch, der wie der gewöhnlichste seine alltäglichen Züge und Mängel hatte, und nicht immer war er groß; sehr oft war er ein großes, krankes, anspruchsvolles, eigensinniges, dem Leben verständnislos gegenüberstehendes Kind. In solchen Augenblicken habe ich alle Schwere des Daseins auf mich nehmen müssen, alle Sorgen lasteten dann auf mir allein, ich verbarg vor ihm alle Schwierigkeiten und Übel materieller Bedrängnis. Nicht einmal krank zu sein erlaubte ich mir in solchen Zeiten."

Am Schluß ihrer Erinnerungen zieht sie schlicht und bescheiden die Quintessenz aller Erlebnisse: „Zeit meines Lebens ist es mir ein Rätsel geblieben, daß mein guter Mann mich nicht nur geliebt und verehrt hat, wie viele Männer ihre Frauen lieben und verehren, sondern mich geradezu angebetet hat, als wäre ich ein besonderes, eigens für ihn geschaffenes Wesen. Und dies nicht etwa nur in der ersten Zeit unserer Ehe, sondern auch in den Jahren bis zu seinem Tode. Ich habe mich doch wahrhaftig weder durch Schönheit noch durch Talent oder besondere geistige Entwicklung ausgezeichnet und hatte ja nur Mittelschulbildung genossen. Und siehe da, trotz alledem erwies mir ein so kluger und begabter Mann eine Achtung, die fast an Anbetung grenzte."

Dostojewskij hat ihr die Bibel seines Lebens, die „Brüder Karamasow" gewidmet, hat aber, seltsamerweise, in keinem seiner Werke ihr Porträt in Lebensgröße gezeichnet. Dascha, die viele Züge von ihr trägt und ihr durch ihre schlichte Opferbereitschaft verwandt ist, spielt in den „Dämonen" nur eine Nebenrolle.

In all den alltäglichen Kleinigkeiten, die Anna Grigorjewna, ohne zu sichten, in ihren Aufzeichnungen festhält, tritt uns Dostojewskijs lautere, von einem ständigen inneren Feuer geläuterte Gestalt immer näher. Als Tolstoj sie fragte, was für ein Mensch ihr Mann gewesen sei, antwortete sie ihm: „Er war gütig, großherzig, edel, gerecht, uneigennützig, zartfühlend und voller Mitleid. Und seine Wahrheitsliebe, seine unbestechliche Aufrichtigkeit, die ihm so viele Feinde gemacht hatte! Gibt es denn einen Menschen, der von meinem Manne weggegangen wäre ohne einen Rat, einen Trost oder Hilfe in irgendeiner Form erhalten zu haben?" Und am Schluß dieses Gesprächs fügt sie noch hinzu, daß nirgends ein Charakter so sehr zur Geltung komme wie im Familienleben.

Im Alter von siebzig Jahren schaut sie auf ihr Leben zurück und fragt sich: „Lieber Gott, warum hast du mir ein so glückliches Leben gegeben? Wie soll ich dir dafür danken?" Sie hat es verstanden zu danken. Rückhaltlos, wie sie ihm während seines Lebens diente, hat sie ihm auch nach seinem Tode gedient. Unermüdlich hat sie an der Komplettierung des Nachlasses gearbeitet und alle Aufzeichnungen aus der Feder Dostojewskijs mit minutiöser Genauigkeit geordnet; unermeßlich ist ihr Verdienst bei der Gründung des Dostojewskij-Archivs, doch ihr größtes Verdienst ist vielleicht, daß sie das Andenken ihres Mannes vor der lüsternen Sensationsgier der Unbefugten und Stumpfsinnigen geschützt hat.

Anna Grigorjewna stammte aus einer bürgerlichen Beamtenfamilie. Ihr Vater war ein großer Kunst- und Literaturenthusiast, der Dostojewskijs Werke sehr schätzte. Ihre Mutter war eine finnische Schwedin aus Helsinki. Wenn Anna vom Vater ihre Liebe zur

Literatur und ihre Hochachtung für die Kunst geerbt hatte, dann von ihrer schwedischen Mutter Ordnungssinn, Pflichtgefühl, gesundes Selbstbewußtsein, das Verlangen, Unermeßliches in seine Grenzen zu leiten — lauter wenig russische Eigenschaften. Wißbegierig und erkenntnishungrig widmete sie sich naturwissenschaftlichen Studien, besuchte literarische Kurse, und als ihr Vater schwer erkrankte, erlernte sie die Stenographie, um die Möglichkeit eines selbständigen Broterwerbes zu haben. Sie war nicht schön, ihre Bewegungen waren ungelenk und schwerfällig, sie hatte eine fahle Gesichtsfarbe wie Menschen, die ihr Leben in geschlossenen Räumen verbringen. Ihre Stirn aber war hoch, glatt und klar. Auch hatte sie wunderbar leuchtende, ausdrucksvolle Augen, ein sehr energisches Kinn und große ruhevolle Hände, denen die Zügel des Lebens nie entglitten. Sie hatte ein Gesicht, das im Verlauf der Jahre immer anziehender wurde, das durch alle Erlebnisse immer mehr an Ausdruck und Seelenschönheit gewann.

Sie war 25 Jahre jünger als Dostojewskij. Noch ehe sie ihn kennengelernt hatte, wurde sie von ihren Bekannten „Netotschka Neswanowa“ genannt, weil sie sich für Dostojewskijs Werke so enthusiastisch begeisterte. Er lernte Anna Grigorjewna am 4. Oktober 1866 kennen, am 8. November hielt er um ihre Hand an und bereits am 15. Februar heiratete er sie. Ihre erste Begegnung war durchaus nicht poetisch. Er diktierte ihr seinen neuen Roman „Der Spieler“ und sie hatte das Gefühl, daß er sie überhaupt nicht beachte; er sah sie kaum an und vergaß dauernd ihren Namen. Das blasse, ernste 19jährige Mädchen saß an seinem kleinen Pult und schrieb eifrig, ohne auch nur einmal zu lächeln. Der Dichter bat sie das Geschriebene vorzulesen und wies nervös und verdrießlich auf die Fehler hin, die sie in ihrer Aufregung gemacht hatte. Sie hatte sich den vergötterten Dichter anders vorgestellt, vor allem nicht so mürrisch und weniger gereizt. Eingeschüchtert und enttäuscht kehrte sie nach Hause zurück, aber ihre Begeisterung für den Dichter zerbrach nicht an dieser ersten Enttäuschung. Sie arbeiteten weiter zusammen — jeden Tag von zwölf bis sechzehn Uhr. Ihre ruhige Art förderte Dostojewskijs Werk und besänftigte seine nervöse Reizbarkeit, aber ihren Namen vergaß er immer wieder. Aus dem Diktat des Romans „Der Spieler“ erfuhr sie von seiner Leidenschaft zu einer anderen Frau. Dieser Roman konnte wahrhaftig nicht dazu beitragen, dem Autor in den Augen seiner jungen

Stenographin einen Glorienschein zu verleihen. Sie aber hielt hartnäckig an ihrer Begeisterung fest. Einmal, während sie nach der Arbeit gemeinsam Tee tranken, kamen sie auf die Ehe zu sprechen und Dostojewskij fragte halb im Ernst, halb im Scherz, was für eine Frau er heiraten solle, eine kluge oder eine gute? „Gewiß eine kluge", antwortete sie. Er schüttelte den Kopf und meinte: „O nein, wenn ich schon wählen soll, nehme ich lieber eine gute, die Mitleid mit mir hat und mich liebt."

In den Notizbüchern Anna Grigorjewnas findet sich folgende Eintragung: „Kein Mensch in der Welt hat auf mich, weder früher noch nachher, einen so niederdrückenden, schweren Eindruck gemacht wie Fjodor Michailowitsch bei unserer ersten Begegnung. Ich sah vor mir einen schrecklich unglücklichen, einen zu Tode zerquälten Menschen. Er sah aus wie jemand, der heute oder gestern einen seiner liebsten Menschen verloren hat, oder wie jemand, der von einem furchtbaren Unglück heimgesucht ist."

Gegen die Heirat Dostojewskijs setzte sich vor allem sein Stiefsohn Pascha Isaijew, dieser kleine Beelzebub, energisch ein. Er behandelte seinen Stiefvater wie einen kindischen alten Mann und dessen Frau wie eine Fremde, die sich in die Familie eingedrängt hat. Instinktiv fühlte er sofort, daß er durch diese Frau die Macht über seinen Stiefvater verlieren, daß sie seiner Habsucht Grenzen setzen würde. Er war nur einige Jahre jünger als seine Stiefmutter und scheute sich nicht, ihr seine Verachtung zu zeigen.

Wie erschöpft Dostojewskij war, ersehen wir aus einem Brief, in dem er Strachow, einen seiner Freunde, zur Hochzeit einlädt: „Durch das letzte Jahr und mein Leben im Ausland bin ich so verwildert, und die in einem Jahr geschriebenen vierundvierzig Druckbogen haben mich so stumpf gemacht, daß es mich eine ungeheure Mühe kostet, Ihnen diesen kleinen Brief zu schreiben."

Bald nach der Hochzeit wurde Dostojewskij von zwei epileptischen Anfällen heimgesucht, die seine Frau mit der ihr eigenen Sachlichkeit beschreibt: „Am letzten Faschingstage speisten wir bei Verwandten zu Mittag und verbrachten den Abend bei meiner Schwester. Nach einem fröhlichen Abendessen, ebenfalls mit Champagner, wie am Tage zuvor, fuhren die Gäste fort, und wir blieben zurück. Fjodor Michailowitsch war ganz besonders lebhaft und erzählte meiner Schwester irgend etwas Interessantes. Plötzlich brach er mitten in der Rede ab, wurde blaß, erhob sich vom Diwan und neigte sich langsam zu mir herüber. Erstaunt blickte ich in sein verändertes Gesicht. Plötzlich aber ertönte ein schrecklicher, kaum noch menschlich zu nennender Schrei, richtiger ein Gebrüll, und Fjodor Michailowitsch sank immer weiter nach vorn. Gleichzeitig schrie meine Schwester, die neben meinem Manne saß, laut auf, sprang vom Fauteuil und lief hysterisch weinend auf ihr Zimmer ... Später mußte ich noch sehr oft diesen unmenschlichen, bei Epileptikern häufigen Schrei hören. Und dieser Schrei erschreckte und erschütterte mich immer wieder. Damals aber, so sonderbar es auch klingen mag, erschreckte er mich gar nicht, obwohl ich zum erstenmal in meinem Leben einen epileptischen Anfall sah.“ Gefaßt und mutig schiebt Anna Grigorjewna den Tisch mit der brennenden Lampe zur Seite und läßt Fjodor Michailowitsch auf den Fußboden gleiten. Sie kniet vor ihm nieder und hält seinen Kopf die ganze Zeit während der Zuckungen auf ihren Knien. Ihr Schwager und das Dienstmädchen sind um die von hysterischen Anfällen heimgesuchte Schwester besorgt. Anna Grigorjewna ist allein, aber ihre Liebe und Jugend schützen sie vor Verzweiflung.

Nach einer halben Stunde, als die Zuckungen aufgehört hatten und das Bewußtsein wiedergekehrt war, konnte sie ihren Mann aufheben und auf den Diwan legen. Jedoch eine Stunde nach dem ersten Anfall stellte sich der zweite ein, „und diesmal mit einer solchen Heftigkeit, daß Fjodor Michailowitsch noch bei Bewußtsein vor Schmerzen laut schrie. Das war grauenhaft! Später kam es nur sehr selten vor, daß er von einem doppelten Anfall heimgesucht wurde.“ In jener Nacht erkannte sie zum erstenmal, an welch schrecklicher Krankheit Fjodor Michailowitsch litt. „Ich hörte sein stundenlang andauerndes Schreien und Stöhnen, sah sein vom Leiden bis zur Unkenntlichkeit verzerrtes Gesicht und die wie vom Wahnsinn erstarrten Augen, ich verstand seine unzusammenhängenden Worte nicht; das alles drängte mich zu dem Glauben, mein teurer, lieber Mann sei dem Irrsinn verfallen, und unbeschreiblicher Schrecken erfüllte mich bei diesem Gedanken.“ Dem Anfall folgten Depressionen, die meist über eine Woche dauerten: „Mir ist, wie wenn ich mein allerteuerstes Geschöpf in der Welt verloren, wie wenn ich jemanden beerdigt hätte — so ist meine Stimmung.“ In seinen Notizbüchern aus den siebziger Jahren finden wir zwischen Entwürfen zu seinen Romanen genaue Aufzeichnungen über seine epileptischen Anfälle. Es ist, als versuche er durch genaues Fixieren den

Dämon zu bannen, ihn zu verscheuchen, indem er das Geheimnis von Ursache und Wirkung zu entdecken versucht. Unheimlich ist es, wie er das Nahen des Anfalls spürt und ihn doch nicht abzuwenden vermag.

Dostojewskij hatte seine junge Sekretärin nicht aus Berechnung oder Überlegung geheiratet, wie es manche seiner Biographen behaupten. Zu einem solchen Schritt war er gar nicht fähig, er war eine viel zu eruptive, unmittelbare, leidenschaftliche Natur. Seine Briefe sind von zärtlicher Liebe und Besorgnis um ihr Glück erfüllt. Sein erster Brief an Anna Grigorjewna, seine Braut, schließt mit den Worten: „Dein Dich unendlich liebender und an Dich glaubender, restlos der Deine F. M. — Du bist meine ganze Zukunft — meine ganze Hoffnung, mein Glaube, mein Glück, meine Seligkeit — alles." Er nannte sie seine Freundin für alle Ewigkeit, wie er auch Apollinaria genannt hatte, und glaubte fest daran, daß ihre starke, führende Hand sein Lebensschiff vor dem Scheitern bewahren werde. Kurz nach der Hochzeit schrieb er ihr: „Gott hat Dich mir anvertraut, damit kein Samen, der in Deiner Seele ruht, nichts vom Reichtum Deines Herzens verlorengehe, sondern wachse und gedeihe. Er hat Dich mir gegeben, damit ich meine Sünden, die gewaltigen, durch Dich sühne, indem ich Dich Gott als vollentwickeltes, zielstrebiges Wesen makellos zurückgebe, gerettet von allem, was niedrig ist und den Geist tötet."

Dostojewskij trug das Verlangen in sich, alles, was ihn innerlich bewegte, einem Verstehenden mitzuteilen. Anna Grigorjewnas Name figuriert häufig in seinen Briefen. Er schildert sie seinen Freunden als „unglaublich jung", mit einer unbegrenzten Fähigkeit zur Aufopferung. „Der Altersunterschied zwischen uns ist erschreckend (zwanzig und vierundvierzig), aber ich bin mehr und mehr davon überzeugt, daß ich sie glücklich machen werde. Sie hat Herz und kann lieben." Dieses Urteil ist außerordentlich wertvoll, besonders wenn wir wissen, wem er es schreibt — seiner früheren Geliebten Apollinaria Suslowa! Fast dasselbe berichtet er auch seinem Freund Maikow: „Ich fürchtete, sie wird mich bald leid werden. Aber sie ist stärker und tiefer, als ich es wußte und voraussetzte. Oft ist sie wirklich mein Schutzengel. Allerdings hat sie viel Kindliches und Zwanzigjähriges, was ganz reizend und natürlich ist, worauf ich aber kaum imstande bin in richtiger Weise einzugehen."

Seit Dostojewskijs Briefe an Anna Grigorjewna publiziert sind, wissen wir, daß trotz Eifersuchtsszenen seinerseits und heftiger Mißverständnisse beiderseits das Gefühl gegenseitiger unzertrennbarer Zugehörigkeit anwuchs.

Der Arzt rät zu einer Kur im Ausland. Dostojewskij gelingt es, von seinem Herausgeber Katkow zweitausend Rubel als Vorschuß für einen noch nicht angefangenen Roman zu erbitten. Diese Summe reicht nur, um die dringendsten Schulden zu bezahlen und die unersättlichen Verwandten, die ihn wie Aasgeier aussaugen, zu beschwichtigen. Aber Anna Grigorjewna sah die Notwendigkeit der Auslandsreise ein; kurz entschlossen versetzte sie ihre Mitgift, die ganze Wohnungseinrichtung, auf die sie so stolz gewesen war. Für den Erlös fuhren die Jungvermählten am 14. April 1867 ins Ausland. Diese vierte Auslandsreise Dostojewskijs währte vier Jahre. Sie lebten in Genf, Mailand, Florenz, Dresden und Baden-Baden. Während dieser Zeit schrieb Dostojewskij zwei seiner großen Romane, den „Idioten“ und die „Dämonen“. Es waren Jahre, reich an schöpferischer Gespanntheit, reich an Sorgen und tiefem Weh. In dieser schweren Zeit bewies Anna Grigorjewna eine zähe Beharrlichkeit, einen eisernen Willen, unbestechlichen Wirklichkeitssinn und vor allem, daß in ihrem jungen und unerfahrenen Herzen jener Quell sprudelte, von dem der erste Korinther-Brief im 13. Kapitel spricht. Wenn sie auch durch kein Talent ausgezeichnet war, wie Anna Wasiljewna oder Apollinaria Prokofjewna, wenn ihre eigene Seele auch keine Schwingen besaß, so vermittelte sie doch Dostojewskij soviel Kraft und Sammlung, daß er die seinen zum höchsten Flug anspannen konnte.

Die ersten Wochen verbrachten sie ruhig und glücklich in Dresden. Sie hatten in der Johannisstraße eine Wohnung von drei gut möblierten Zimmern bezogen. Dostojewskij liebte von allen deutschen Städten Dresden am meisten, die Gärten dieser Stadt und die Bildergalerie. Die Sixtinische Madonna hielt er für die höchste Offenbarung des menschlichen Geistes und häufig saß er stundenlang vor diesem Bilde. In seinen Augen hatte die Madonna ein „liebes, gütiges, klares, ja ein demütiges Gesicht“ und ein wehes Lächeln. Tizians Zinsgroschen stellte er Raffaels Madonna gleich. Und wenn Anna Grigorjewna in ihr Tagebuch eintrug: „Das Antlitz Christi zeigt wunderbare Milde, Erhabenheit, Leid“, wiederholte sie wohl nur das Urteil ihres Mannes. Er hatte unter den Bildern seine Lieblinge, zu denen er immer wieder zurückkehrte. Außer den genannten waren das: die Heilige Nacht von Correggio, der Christuskopf von Carracci, Morgen und Abend von Claude Lorrain. Die Irrealität des güldenen Lichts in der Landschaft Lorrains ließ ihn an den Traum vom goldenen Jahrhundert denken: Stawrogin und Wersilow erwähnen dieses Bild wie ein Symbol irdischer Glückseligkeit.

Er konnte nur nachts arbeiten. Um elf Uhr mittags pflegte er aufzustehen, um zwei Uhr traf er sich mit seiner Frau in der Bildergalerie, um drei speisten sie in einem Hotel, meist im „Italienischen Dörfchen". Nachher folgte ein Spaziergang, oder sie besuchten gemeinsam ein Gartenkonzert. Dostojewskij hegte eine Abneigung gegen Richard Wagner und liebte Beethovens Fidelio, nicht so sehr um der Musik als um des Gedankengehalts willen: der Lobgesang der Häftlinge an das süße Himmelslicht erlöste ihn von Zwangserinnerungen. Chopins Musik nannte er sehr schwindsüchtig und zog Glinka und Mozart ihm vor. Gesang machte ihm mehr Freude als Instrumentalmusik und sein Lieblingslied war — „Du hast Diamanten und Perlen."

In den ersten anderthalb Jahren ihrer Ehe führte Anna Grigorjewna in stenographischen Aufzeichnungen ein Tagebuch, und so erfahren wir neben vielen öden und amüsanten Kleinigkeiten manch innerliches Erlebnis.

Anna Grigorjewna pflegte früh zu Bett zu gehen, Dostojewskij saß bis zwei Uhr oder noch länger auf und schrieb. „Wenn er schlafen geht, weckt er mich, um mir gute Nacht zu sagen", heißt es im Tagebuch (29. 4. 1867), „wir führen noch lange Gespräche miteinander, tauschen Zärtlichkeiten aus, lachen, scherzen, und das ist die Stunde, wo wir am innigsten miteinander verbunden sind und die für mich die glücklichste des ganzen Tages ist. Ich erzähle ihm meine Träume, er teilt mir alle tagsüber empfangenen Eindrücke mit, und wir sind furchtbar glücklich." Ein gefährlicher Windstoß streift das Eheleben, wenn hin und wieder ein Brief von Apollinaria Prokofjewna ankommt, der Dostojewskij in heftige Erregung versetzt und den seine junge Gattin heimlich liest; beim Lesen leidet sie schreckliche Qualen der Eifersucht, die sie aber vor ihrem Mann zu verbergen versteht: „Es ist gewiß nicht schön, die Briefe seines Mannes hinter seinem Rücken zu lesen, aber ich konnte nicht anders ... Nachdem ich den Brief gelesen, wurde mir ganz kalt vor Aufregung, ich zitterte und weinte sogar. Ich fürchtete, die alte

Neigung werde wieder erwachen und seine Liebe zu mir verdrängen. Mein Gott, schicke nicht solches Unglück über mich. Ich war furchtbar traurig ... Ich hatte kaum Zeit, meine Tränen zu trocknen, da kam Fedja heim. Er war sehr erstaunt, als er mich ansah. Ich sagte ihm, ich hätte Magenschmerzen, ich sei nicht wohl, ich hätte Fieber ...“

In den vier Auslandsjahren hat Dostojewskij keine einzige bedeutsame Bekanntschaft angeknüpft, geschweige denn einen Freund gewonnen. Auch darin war er das Gegenteil von Turgenjew, der unter den Ausländern mehr Freunde besaß als unter den Russen. Vom Pfeil des Todes gekennzeichnet, vermauerte er sich in seiner schöpferischen Arbeit. Die Bildergalerie, russische Zeitungen und Zeitschriften, die er in der Lesehalle verschlang, füllten die kurzen Pausen aus.

In Baden-Baden traf Dostojewskij erneut mit Turgenjew zusammen und hier kam es zwischen beiden zum endgültigen Bruch. Im Brief an Maikow vom 28. August 1867 beschreibt er diese dramatische Begegnung. „Ich kam zu Turgenjew um zwölf Uhr morgens, als er gerade frühstückte. Ich muß Ihnen offen gestehen, daß ich rein persönlich diesen Menschen auch früher nicht gemocht habe. Am jämmerlichsten ist es, daß ich ihm noch seit unserem letzten Zusammentreffen in Wiesbaden fünfzig Taler schuldig bin und sie bisher nicht zurückgegeben habe. Ich kann auch seine aristokratischen, pharisäerhaften Umarmungen nicht leiden; er tut, als wolle er einen küssen und reicht einem dann nur die Wange. Rein als wäre er ein hoher General!“

Dostojewskij wirft Turgenjew drei Dinge vor: Atheismus, Verachtung gegenüber Rußland und übertriebene Verehrung für den Westen. Am emphatisch gereizten Ton seines Briefes spürt man, daß er selbst noch mitten im Kampf für und wider diese Werte stand. „Und diese Leute wagen es noch, sich zu rühmen, daß sie Atheisten sind! Turgenjew selbst erklärte mir offenherzig, er sei aus Überzeugung Gottesleugner. Anstelle der höchsten Schönheit Gottes, auf die sie spucken, tritt ihre gemeine Eigenliebe, sie sind so schamlos gereizt, so leichtfertig in ihrem Hochmut, daß es ganz unbegreiflich erscheint, worauf sie ihre Hoffnung setzen, und daß sie noch Nachfolger finden könnten.“ Trotz aller Zweifel stand bereits damals für Dostojewskij im Zentrum des Alls die Gestalt Christi, das Ziel und der Sinn der Menschengeschichte. Wer dieses ewigkeitsalte Ideal zerstörte, bedrohte seiner Meinung nach die kosmische Ordnung und war einem Mörder gleichzusetzen. Dostojewskij tat Turgenjew entschieden unrecht, indem er ihn auf eine so kategorische Weise des Atheismus bezichtigte. Ganz gleich, was Turgenjew im Gespräch gesagt haben mag, ein Atheist im wahren Sinne dieses Wortes war er nicht, wohl aber ein Skeptiker, der sich durch ausländische Einflüsse dem Westen akklimatisiert hatte.

In dem genannten Brief kommt Dostojewskij auch auf Turgenjews Roman „Rauch" zu sprechen: „Sein letzter Roman hat mich einfach wild gemacht. Er selber sagte mir, der Hauptgedanke, der Ausgangspunkt dieses Buches liege in dem Satz: ‚Und wenn ganz Rußland von der Erdoberfläche verschwände, so würde das die ganze Menschheit weder aufregen noch einen Nachteil für sie bedeuten.' — Er erklärte mir, dies sei seine Grundüberzeugung. Er war sehr ungehalten über den Mißerfolg des Romans. Er schimpfte schrecklich und auf eine ganz unanständige Weise über Rußland und die Russen. Und ich mußte feststellen, daß es für alle diese liberalen Leutchen, alle diese Progressisten, hauptsächlich aus der Schule Belinskijs, ein Genuß und eine Genugtuung ist, Rußland zu schmähen." Auch in diesem Punkt war Dostojewskij Turgenjew gegenüber nicht gerecht. Zweifellos war Turgenjews Vaterlandsliebe eine gespaltene, aber Verleumdung wäre es, die Existenz einer solchen bei ihm abzuleugnen. Einer seiner Helden bekennt im „Rauch", daß er seine „liebe, erbärmliche, teure Heimat" zugleich liebe und hasse. Von diesem Bekenntnis hat Dostojewskij nur den zweiten Teil erfaßt — den Haß. Für Turgenjews mystische Verbundenheit mit der russischen Erde hatte er kein Verständnis, auch schien er es bei seiner Expansivität vergessen zu haben, daß der Verfasser von „Rauch" auch „Das Tagebuch eines Jägers" und das „Adelsnest", diese sanfte Idealisierung des russischen Menschen, des leibeigenen Bauern wie auch des adeligen Gutsbesitzers, geschrieben hatte, Bücher, die Dostojewskij bis an sein Lebensende hoch einschätzte. Und was die negativen Urteile über Rußland betrifft, so sind Dostojewskijs Urteile entschieden grausamer. Trotzdem erschien ihm Turgenjews Westlertum als ein Verrat an der Heimat. Im Brief an Maikow heißt es weiter: „Turgenjew sagte mir, daß wir vor den Deutschen auf allen vieren kriechen müßten, daß es für alle nur einen gemeinsamen Weg, den der Zivilisation gäbe, und daß alle Versuche des Russizismus und der Selbständigkeit eine Schweinerei und Dummheit seien.“ Kurz vor dem Abschied ließ Dostojewskij seiner Emigrantenbitterkeit freien Lauf und behauptete, das einfache deutsche Volk sei ehrloser als das russische, und daß es dümmer sei, liege auf der Hand. „Turgenjew erbleichte (buchstäblich, ich übertreibe wirklich nichts, nichts!) und erwiderte mir: ‚Mit diesen Worten beleidigen Sie mich. Wissen Sie denn nicht, daß ich mich hier endgültig niedergelassen habe, ich zähle mich selbst zu den Deutschen und nicht zu den Russen und bin stolz darauf.‘ Ich antwortete: ‚Obwohl ich „Rauch“ gelesen und mit Ihnen eine ganze Stunde gesprochen habe, so habe ich doch nicht erwartet, daß Sie solches sagen würden, verzeihen Sie, wenn ich Sie gekränkt habe‘.“

Von deutscher Philosophie und deutschem Geist beeinflußt, an die verfeinerte Lebensart im Ausland gewöhnt, empfand Turgenjew für Deutschland eine tiefe Sympathie. In der deutschen Ausgabe von „Väter und Söhne“ spricht er seinem „zweiten Vaterland“ seinen Dank aus. Scherzweise nannte er sich einen „faul gewordenen Bürger Badens“. Im hitzigen Streit vergaß Dostojewskij, was für ihn selbst Schiller bedeutet hatte und noch bedeutete. Der Brief an Maikow schließt: „Vielleicht berührt Sie die Schadenfreude, mit der ich Ihnen Turgenjew und unsere gegenseitigen Beleidigungen schildere, unangenehm. Aber bei Gott, ich kann nicht anders: er hat mich durch seine Überzeugung zu tief verletzt.“

Auch während dieser Auslandsreise verfiel Dostojewskij der Spielleidenschaft. Zu Zeiten war er ausschließlich von ihr besessen, ohne Sinn für etwas anderes; er spielte in Homburg, er spielte in Baden-Baden. Seiner jungen Frau erklärte er, er müsse spielen, um schnell zu Geld zu gelangen, auf diese Weise könne er am ehesten dem Fluch der Armut entrinnen. Nachdem sie drei Wochen ruhig in Dresden verlebt haben, fährt Dostojewskij nach Homburg, in die für ihn so verhängnisvolle Stadt, während seine Frau in Dresden verbleibt. In Briefen beteuert er ihr seine Liebe, nennt sie seinen Engel, macht sich die heftigsten Selbstvorwürfe und schildert ihr die Hölle in seinem Innern: „Ich bin ja auch, wenn wir zusammen sind, wenig mitteilsam, düster, ich verstehe es nicht, meine Gefühle auszudrücken. Ich habe nicht die richtigen Formen und Gesten. Mein verstorbener Bruder Mischa hat mir deswegen oft bittere Vorwürfe gemacht . . . Ich habe in der Nacht, an Dich denkend, geweint und gebetet, aber ich konnte mich nicht beherrschen.“ Anna Grigorjewna schickt ihm Geld zum Billett für die Rückreise und geht ihm auf den Bahnhof entgegen, wartet aber vergebens. Sie erhält einen Brief: „Geliebter Engel, glaube nicht, daß ich auch dieses Geld verspielen werde. Kränke mich nicht so tief. Denke nicht so niedrig von mir. Auch ich bin doch ein Mensch. Auch in mir ist doch irgend etwas Menschliches.“ Diese von brennender Aufregung erfüllten Stunden verbitterten Anna Grigorjewnas Herz nicht. Als sie kein Geld mehr hatte, ging sie ins Leihhaus und versetzte ihren Schmuck, auch die geliebte Brosche und die Ohrringe mit Brillanten und Rubinen, das Hochzeitsgeschenk ihres Mannes und schließlich ihre gesamte Wintergarderobe. Nicht wegen des Verlustes beunruhigte sie seine Spielmanie, vielmehr fürchtete sie, daß die nervöse Spannung seiner Gesundheit schaden werde. Es ist rührend, wie sie in ihrem Tagebuch und ihren Lebenserinnerungen sich bemüht, Dostojewskijs Hasardleidenschaft in ein günstiges Licht zu rücken: er hatte beim Spiel bisweilen so viel Glück, und die Geldnot war so niederdrükkend, da war es ja doch nur begreiflich, daß er bei seinem kindlichen Gemüt auf diese Weise der Armut zu entkommen hoffte. Und es wäre ihm vielleicht auch gelungen, wenn er nicht so gereizt und nervös gewesen wäre; aber wie konnte er ruhig und bedachtsam sein, da seine Verleger ihn hetzten und drängten? Kein Wort des Vorwurfs, immer nur das Verlangen, ihn vor der Nachwelt zu rechtfertigen. Er flehte sie an, seine rückhaltlosen Bekenntnisbriefe nie zu publizieren. Solange sie lebte, hat sie seinen Wunsch erfüllt. Erst nach ihrem Tode sind diese Briefe veröffentlicht worden.

Dieser irrsinnige Zustand dauert einen Monat. Der letzte Heller ist verspielt. Dostojewskij versetzt seinen Trauring und gewinnt viertausend Francs, aber er vermag nicht aufzuhören, er spielt weiter und verliert alles. Verwahrlost kehrt er aus der Spielhölle zurück, verdeckt das Gesicht mit beiden Händen und weint wie ein Kind. Seine Selbstbeobachtung ist von erschreckender Genauigkeit. Wie die Epilepsie, so beschreibt er auch seine andere Krankheit — die Sucht zum Hasardspiel — in allen Einzelheiten.

An Maikow schreibt er über seinen Aufenthalt in Baden-Baden: „Das Schlimmste ist, daß ich eine niedrige und allzu leidenschaftliche Natur besitze: überall und immer gehe ich bis an die letzte Grenze, mein ganzes Leben lang habe ich Grenzen übertreten.“ Wer die Tragik dieses Satzes erfaßt, dem eröffnet sich das Geheimnis der Kunst Dostojewskijs. Wie von einem unabweisbaren Fatum gezwungen, hat er immer alle Grenzen überschritten. Im Kampf gegen diese Übertretung schuf er seine Welt, seine Helden, und während er sie schuf, befreite er sich von der Marter der Selbstkritik. Im Roman „Der Spieler" hat er die Hölle des Hasardspiels, die er in einem Brief mit der des Totenhauses vergleicht, aufgedeckt. Das ist gewiß eine Hyperbel, aus dem Totenhaus konnte er nicht entfliehen, hier aber lag die Möglichkeit der Freiheit immer vor. Allein dieser Vergleich sagt uns, wie sehr er unter seiner Besessenheit litt. Im „Spieler" sind alle Geschehnisse von einem Wirbelwind ergriffen. In einigen Tagen entscheidet sich das Schicksal des Helden. „Alles war seltsam, häßlich und sogar tragisch." Er sah dieses Häßliche und Tragische, aber ihn reizte die Herausforderung des Schicksals, das Risiko, das ihn in einem Augenblick retten und verderben konnte, die Macht des blinden Zufalls, das lüsterne Toben der Versuchung: das unergründliche Verhängnis. Die Dunkelheit seines Lebens ist ungeheuer; verwischen wir sie, so verflachen und verfälschen wir sein Bild. Der Held im „Spieler", das Alter-Ego des Verfassers, hat alles verspielt, findet aber in seiner Westentasche schließlich doch noch einen Gulden. Erfreut ruft er aus: „Ah, so habe ich doch etwas, womit ich heute mein Mittagessen bezahlen kann!" Aber er kehrt nicht im Speisehaus, sondern im Spielhaus ein. „Wahr und wahrhaftig, es ist etwas ganz Besonderes in dem Gefühl, wenn du allein in der Fremde bist, fern von der Heimat und allen Freunden, ohne zu wissen, was du heute essen wirst, und deinen letzten Gulden, deinen allerletzten aufs Spiel setzt!" Vielleicht bedingt durch das Erlebnis auf dem Semjonowplatz oder bedingt durch seine Krankheit, war diese Gefühlsintensität unabhängig vom psychologischen Inhalt für ihn Notwendigkeit, und das Roulette in den ersten zehn Jahren nach der Katorga — ein Spiel um Leben und Tod. Die mit dem Hasardspiel zusammenhängende Dauererregung, die Nervenüberspannung und der darauf folgende Verelendungszustand zehrten an seiner Kraft, vermochten aber nicht den gebrechlichen und zugleich zähen Mann zu zerstören. Die Idee des Idioten, seine Lieblingsidee von einem vollendet schönen Menschen, entstand in dieser Zeit; die ersten Notizen rühren vom August 1867 her.

Von Dresden war Dostojewskij mit seiner Frau nach Baden-Baden übergesiedelt und von dort hetzte der Ruhelose in die Schweiz. Einen Tag verweilten sie in Basel, um Hans Holbeins

Christus im Museum zu sehen. Dieses Bild wurde zu einem wiederkehrenden Motiv in seinen Werken. Zu seiner Frau sagte er: „Vor diesem Bilde kann einem der Glauben vergehen.“ Anna Grigorjewna fühlte sich von der naturalistischen Darstellung abgestoßen und ging in einen anderen Saal des Museums. Beim Zurückkehren fand sie ihren Mann noch immer auf demselben Platz, sein Gesicht war verzerrt wie vor den Anfällen der Epilepsie. „In dem Wunsche, es näher zu sehen, stieg er auf einen Stuhl, so daß ich in heller Angst war, er werde Strafe zahlen müssen, denn hier muß man fortwährend Strafe zahlen.“

In Begleitung seiner Frau besucht Dostojewskij in Genf den ersten Kongreß der Friedens- und Freiheitsliga, der unter der Beteiligung von Garibaldi und Bakunin tagt. Die Sitzung währt drei Stunden, zwei Stunden hält es Dostojewskij im überfüllten Saal aus, er hört die Rede des „Weltzerstörers“ Bakunin, nach dessen Modell er den Schigaleff in den „Dämonen“ gezeichnet hat. Hier lernt er die menschenfeindlichen Ideen der Weltrevolution näher kennen. Die wüstenhafte Seelenarmut Bakunins, des russischen Anarchisten, sein nihilistischer Intellektualismus und das einfältige Zutrauen der fünftausend Zuhörer erschrecken ihn tief. Aufmerksam verfolgt er den Gedankengang des terroristischen Atheisten über die Ausrottung der Großmächte und des persönlichen Eigentums durch Feuer und Schwert und den Wahn, auf diese Weise den Weltfrieden zu erzwingen. Hier empfing er die ersten Anregungen zu den „Dämonen“, hellsichtig erfaßte er die anwachsende Gefahr der Gottlosigkeit und des Nihilismus. Ein phantastischer Gedanke ergreift ihn: Rußland als christliche Monarchie wird Westeuropa von der Hölle des Atheismus retten. Seinem Jugendglauben an einen gewaltsamen Umsturz hat er endgültig entsagt. Als er zufällig in Genf auf der Straße den überzeugten Revolutionär A. Herzen trifft, kehrt er ihm mit ein paar feindlich höflichen Worten für immer den Rücken. An Freund Maikow schreibt er: „Die ganze Welt wird durch den russischen Gedanken erneuert werden und dieser ist, wie Sie wissen, eng mit der orthodoxen Kirche verbunden. Die Erneuerung wird sich ungefähr nach einem Jahrhundert vollziehen — dies ist mein inbrünstiger Glaube.“*

* Da wir heuer das Jahr 1960 schreiben, hätten wir auf eine durchgreifende Umwälzung nicht mehr lange zu warten.

Er mag die Schweiz nicht, wie er sich überhaupt im Ausland immer wie ein Verstoßener vorkommt. Die Schweizer nennt er selbstgefällig und selbstgenügsam. Die Arbeit am „Idioten“ schreitet fort, obwohl das Zimmer so kalt ist, daß er an seinem kleinen Tisch im Wintermantel arbeiten muß. Seine Briefe sind voller Jammer über chronische Geldnot, Krankheit und „Verbannung“. Die schöpferische Begeisterung ist seine einzige Rettung. In einem Brief schreibt er Maikow, daß er den „Idioten“ „schrecklich liebe“ und voll Genuß und Erregung an diesem Werk arbeite.

In Genf litt er unter dem veränderlichen Wetter, den Herbststürmen und noch mehr unter der Echolosigkeit der Umwelt. Um seine Schwermut zu zerstreuen, die ihn zeitweilig zu schöpferischer Arbeit völlig unfähig machte, redete ihm seine Frau zu, nach Saxon les Bains zu fahren, um sein Glück noch einmal am Roulette zu versuchen. Im November 1867 verbringt er einige Tage in Saxon und kehrt ohne einen materiellen Gewinn, aber guter Stimmung und arbeitsfreudig zurück.

In Genf, am 22. Februar 1868, schenkt ihm Anna Grigorjewna das erste Kind. In ihren Aufzeichnungen berichtet sie, wie feinfühlend und rücksichtsvoll Fjodor Michailowitsch sich ihr gegenüber in dieser Zeit verhalten habe. „Keine liebende Mutter hätte mich so beschützen und verwöhnen können, wie es mein teurer Mann tat. Bei der Ankunft in Genf und nachdem wir die erste Geldsendung empfangen hatten, bestand F. M. darauf, daß ich den besten Arzt konsultierte, und bat diesen, uns eine sage femme zu empfehlen, die meinen Zustand zu beobachten und mich wöchentlich zu besuchen hätte.“

Dostojewskij ist entsetzt über die Nüchternheit der Schweizer und über die Herzlosigkeit der Hebamme, die für „dieses große Ereignis“ so wenig Sinn hat, daß sie nicht einmal bereit ist, während der sechsunddreißig Stunden dauernden Wehen gemeinsam mit einer Krankenschwester bei der jungen Mutter zu wachen. Der braven Schweizerin kamen diese Ausländer, die sie immer wieder bei ihrem Lottospiel störten, überspannt vor; entrüstet schüttelte sie den Kopf und wiederholte: O, ces russes, ces russes! Als sie schließlich erschien, war Dostojewskij so glücklich und dankbar, daß er ein ausgezeichnetes Abendessen für sie zubereitete, Vorspeisen, Süßigkeiten und Weine kaufte. Nein, zu sparen verstand er nicht, wohl aber zu danken.

Die Geburt des ersten Kindes war für ihn mit ungeheurer Aufregung verbunden. Anna Grigorjewna erzählt: „In seinem Gesicht las ich mitunter eine solche Qual und Verzweiflung, ich sah ihn so weinen, daß ich selbst zu fürchten begann, ich sei vielleicht schon dem Tode nah.“ Man verbot ihm, das Zimmer der Gebärenden zu betreten. In den Pausen zwischen den Wehen bat Anna Grigorjewna die Hebamme oder auch die Krankenpflegerin nachzusehen, was ihr Mann tue. Sie teilten ihr mit, er bete auf den Knien liegend. Als die Kleine endlich zur Welt gekommen war, war der Vater überglücklich, er warf sich vor dem Bett der jungen Mutter auf die Knie und küßte ihre Hände. Im Überschwang seiner Freude umarmte er auch die Hebamme; daß sie ihn durch ihre nüchtern-trokkene Art gereizt und gekränkt hatte, war bereits vergessen. Im Roman „Die Dämonen“ hat er in der Szene der Entbindung von Schatows Frau vieles von seinen eigenen Gefühlen wiedergegeben. Er war ein überaus zärtlicher Vater; er half seiner Frau das Töchterchen baden, wickelte es in Decken ein und steckte diese mit Sicherheitsnadeln zu, trug die Kleine auf den Armen und schläferte sie ein. Stundenlang verweilte er an ihrem Bettchen, sang ihr Lieder vor oder unterhielt sich mit ihr. Nicht lange aber war es den Eltern beschieden, sich ihres Glückes zu erfreuen; die kleine Sonja erkrankte und starb am 12. Mai. Noch mehr als die Mutter war der Vater verzweifelt. „Zu meinem grenzenlosen Schmerz kam noch die entsetzliche Angst um meinen unglücklichen Mann: seine Verzweiflung war leidenschaftlich wie bei einer Frau, er weinte laut vor dem kalten Körper seines Lieblings und bedeckte das blasse Gesichtchen und die Hände mit heißen Küssen. Nie habe ich ihn in so wilder Verzweiflung gesehen.“ Alle mit der Beerdigung verbundenen Wege macht er mit seiner Frau gemeinsam. Sie suchen auf dem fremden Friedhof einen Platz für ihren Liebling aus, kleiden das tote Kindchen in ein weißes Atlaskleid und betten es in einen Sarg, der mit dem gleichen Stoff überzogen ist. Sie bepflanzen das Grab mit Zypressen und stellen ein schönes weißes Marmorkreuz auf. Länger in Genf zu bleiben, wo alles an Sonja erinnerte, war für Dostojewskij unmöglich. Den Sommer 1868 nennt Anna Grigorjewna den traurigsten in ihrem vierzehnjährigen Eheleben. Dostojewskij besaß nicht die alles lindernde Gabe des Vergessens. Alle seine Gedanken und Gespräche konzentrierten sich auf die Entrückte. Die Mutter tröstete sich mit der Hoffnung, daß ihr der

Allmächtige wieder ein Kind schenken werde, aber den Vater tröstete dieser Gedanke nicht. Für ihn war die menschliche Seele, auch die eines drei Monate alten Säuglings, etwas unersetzlich Einmaliges. Im Verlangen nach einer mitschwingenden Nähe schreibt er seinem Freunde Maikow:* „Ich bin noch nie so tief unglücklich gewesen wie in der letzten Zeit. Ich kann Ihnen meinen Zustand gar nicht beschreiben, je mehr Zeit darüber vergeht, um so quälender wird die Erinnerung und um so leuchtender steht das Bild der verstorbenen Sonja vor mir. Es gibt Augenblicke, die ich kaum ertragen kann. Sie hat mich schon gekannt ... Nie werde ich sie vergessen, nie wird mein Gram ein Ende nehmen! Und wenn ich einmal ein anderes Kind bekommen sollte, so weiß ich gar nicht, ob ich es werde lieben können, wo ich die Liebe hernehmen werde. Ich will nur Sonja, ich kann es gar nicht fassen, daß sie nicht mehr ist, und daß ich sie nie wiedersehen soll." Dieser Verzweiflung entstieg das tragische Motiv in den „Brüdern Karamasow": die Tränen eines zu Tode gequälten Kindleins zerstören die Weltharmonie.

Die verwaisten Eltern siedelten nach Vevey über. Weil in Genf sie alles an den verlorenen Liebling erinnerte, erfüllte sie diese Stadt mit Grauen. Sie verließen Genf, doch ihre Trauer nahmen sie mit. „Es war, als ob unser Leben stillstehe", berichtet Anna Grigorjewna von dieser trostlosen Zeit. Dostojewskij zwingt sich zu der Arbeit am „Idioten", der ihm mittlerweile widerwärtig geworden war. Sein Heimweh verwandelt sich in wilde Schwermut, fluchtartig verläßt er die Schweiz. Im September 1868 trifft er mit Anna Grigorjewna in Mailand ein, aber auch hier bleibt er nur zwei Monate, dann geht es weiter nach Florenz. Das Jahr 1868 ist mit der Arbeit am „Idioten" ausgefüllt, den er am Anfang des Jahres 1869 beendet. Er atmet erleichtert auf.

An seine Nichte S. Iwanowa, der er dieses Werk zugeeignet hat, schreibt er: „Jetzt ist er (Idiot) fertig, endlich! Die letzten Kapitel habe ich Tag und Nacht geschrieben, voll stechendem Weh und schrecklicher Unruhe ... Mit dem Roman bin ich nicht zufrieden; er hat auch nicht den zehnten Teil davon ausgedrückt, was ich beabsichtigte, aber ich verleugne ihn nicht und liebe meinen, wenn auch nicht gelungenen Gedanken noch immer." Der Roman wurde im „Ruski Westnik" gedruckt und Dr. Janowskij schreibt vom Wider-

* Brief vom 23. Juli 1868.

hall bei den Lesern. „Die ganze Masse, fraglos alle Leser sind in Begeisterung. Im Klub, in den kleinen Salons, im Eisenbahnzug, überall und von allen hört man dasselbe: Haben Sie den letzten Roman Dostojewskijs gelesen? Das ist etwas Wunderbares! Man kann sich von diesem Buch bis zur letzten Seite nicht losreißen."

Nächst Dresden war Florenz die Stadt, in der er die Fremde am leichtesten ertrug. Er besuchte Kirchen und Museen und begeisterte sich an den Bildern seines Lieblingsmalers Raffael. In der Lesehalle las er eifrig zwei russische Zeitungen täglich, abonnierte Bücher aus der Bibliothek, schloß aber auch hier keine einzige Freundschaft.

Im Januar 1869 schreibt er seiner geliebten Nichte S. Iwanowa, daß es nun bald zwei Jahre seien, die er im Ausland verbringe. „Bisweilen meine ich, daß es noch schlimmer ist als die Verbannung in Sibirien. Das sage ich in vollem Ernst und ohne Übertreibungen. Wenn es auch hier eine unbeschreibliche Sonne und einen Himmel gibt und wahre Wunder der Kunst, unerhörte und unvorstellbare, so hatte doch Sibirien einige Vorzüge — es gab dort russische Menschen und russische Erde, ohne die ich nicht leben kann."

Von den russischen Schriftstellern interessierte ihn in dieser Phase seines Lebens eigentlich nur Tolstoj. Er liest „Krieg und Frieden" und fühlt sich von der Wahrheit des Buches so tief ergriffen, daß er es vor seiner Frau, die guter Hoffnung ist, verbirgt: er fürchtet, der Tod der Gräfin Bolkonski im Wochenbett könnte sie niederdrücken und schädlich auf ihren Zustand wirken; gab es doch für ihn selbst keinen wesentlichen Unterschied zwischen Wirklichkeit und Bucherlebnissen. Er liest Diderot und Voltaire in französischer Sprache. Den Intellektualismus dieser Denker hat er in späteren Jahren in der Gestalt Iwan Karamasows verlebendigt.

Seine Lieblingskirche in Florenz war die Kathedrale Santa Maria del Fiore. Von der Porta del Paradiso in der Kapelle del Battisterio pflegte er zu seiner Frau zu sagen, er wolle, wenn er einmal reich sein werde, die Photographie der Bronzetür Ghibertis in Originalgröße in seinem Arbeitszimmer aufhängen. Gemeinsam mit Anna Grigorjewna machte er täglich lange Spaziergänge im Giardino Boboli, wärmte sich in der Sonne vor dem Palazzo Pitti und träumte von künftigen sorgloseren Tagen.

Anna Grigorjewna vertrug ihre zweite Schwangerschaft schlecht, sie war gereizt, fühlte sich elend und matt. Öfter als früher kam es zu nervenzersägenden Streitigkeiten. Das für den „Idioten" fällige Honorar war zum größten Teil bereits verbraucht, und neue Honorare waren nicht zu erwarten. Diese stete Unsicherheit zehrte an Dostojewskij wie eine heimliche Krankheit.

Die Freude des lebendigen Gedankenaustausches, die für den schaffenden Geist so notwendig ist wie das tägliche Brot, war ihm im Ausland versagt. Erst im Gespräch, im brieflichen und besonders im persönlichen, gewann ein Problem für ihn Gestalt und Wirklichkeit. Gleich Nietzsche sehnte er sich stets nach erlösendem Verständnis und dem Weggefährten. Um dieser auf die Dauer unerträglichen Absonderung zu entfliehen, siedelte er mit seiner Frau nach Prag über, in der Hoffnung, in der slawischen Stadt Gleichgesinnte zu finden. Er sympathisierte mit der in Rußland verbreiteten Idee des Zusammenschlusses aller Slawen und glaubte in Prag Näheres darüber zu erfahren. Der armen Anna Grigorjewna fiel das Reisen in ihrem Zustand sehr schwer, aber sie erfüllte den Wunsch Dostojewskijs und verlängerte die Reise noch durch einen Aufenthalt in Bologna, wo Dostojewskijs unersättliche Augen unbedingt Raffaels heilige Cäcilia sehen wollten. Es kostete Anna Grigorjewna viel Mühe, ihren Mann von diesem Bilde wegzubringen. Fast hätten sie den Zug versäumt.

In Prag gab es keine Bleibe. Schon nach drei Tagen mußten sie diese Stadt enttäuscht verlassen, da es ihnen nicht einmal gelungen war, eine Wohnung zu finden, geschweige denn einen Freund. Anfang August kamen sie in Dresden an und mieteten drei möblierte Zimmer im englischen Stadtviertel, Viktoriastraße Nr. 5. Hier wurde am 14. September 1869 Dostojewskijs zweite Tochter Ljubow geboren.*

Dostojewskij schreibt in gereizter und depressiver Stimmung die wenig anziehende Erzählung „Der ewige Gatte“. Er hatte Petersburg mit der Absicht verlassen, sich einer Kur zu unterziehen, doch es kam nie dazu; es mangelte an Geld, an Muße, an einem Gefühl der Sicherheit. Die Anfälle der Epilepsie waren kaum seltener geworden und die ihnen folgende Schwermut noch quälender. Seinem Freund Maikow berichtete er in einem Brief: „Es ist, als müsse man ins Irrenhaus. Wie kann ich schreiben, wenn ich hungrig bin, wenn ich, um zwei Taler für ein Telegramm zu erhalten, meine Hosen verpfänden muß? Hol' der Teufel mich und meinen Hunger! Aber

* Ljubow-Aimée. Verfasserin einer tendenziösen Dostojewskij-Biographie, in der sie interessante Einzelheiten erzählt, aber Dichtung von Wahrheit nicht unterscheidet.

meine Frau nährt noch das Kind und ist gezwungen, ihre letzte warme Winterkleidung zu verpfänden. Und bei uns schneit es schon den zweiten Tag (ich lüge nicht, man kann sich davon in den Zeitungen überzeugen). Sie kann sich doch erkälten ... und dann verlangt man von mir künstlerische Ausarbeitung, Reinheit der Poesie, ohne Überspannung, ohne Dunst! Und einen Turgenjew stellt man mir als Muster hin! Möge sich doch jemand vorstellen, in welchen Verhältnissen ich arbeite!" — Endlich gelingt es ihm, von der Zeitschrift „Sarja" 100 Rubel als Vorschuß zu erbetteln. Im Winter 1869/70 ist er mit dem Entwurf eines neuen Romans beschäftigt, dessen Zentralfrage das Dasein Gottes ist und den er „Das Leben eines großen Sünders" nennen wollte. Über hundert aufgeschriebene Seiten vernichtet er, um wieder von neuem zu beginnen, bis aus einem Feuerwirbel von Entwürfen und unter großen inneren Schwierigkeiten und Kämpfen die „Dämonen" entstehen.

Am 30. Dezember 1870 schreibt er Maikow, daß er im Frühling unbedingt in die Heimat zurückkehren müsse. „Ich befinde mich in so jämmerlicher Verfassung, daß ich kaum mehr schreiben kann. Es ist ein wahrer Schrecken, wie schwer mir das Schreiben fällt. Aber alle Ereignisse verfolge ich aufmerksam. Diese vier Jahre habe ich wie im Fieber verbracht und vieles erlebt. Ich habe intensiv gelebt, obwohl in großer Abgeschiedenheit. Was Gott mir ferner zugedacht hat, will ich ohne zu murren auf mich nehmen, aber Sie können sich kaum eine Vorstellung davon machen, welch einen Ekel bis aufs Blut, bis zum Haß, Europa während dieser vier Jahre in mir erweckt hat."

Der deutsch-französische Krieg hat begonnen und Dostojewskij ist entsetzt, daß deutsche Professoren und Studenten über das Bombardement von Paris wie von einer Selbstverständlichkeit sprechen.

Von seinem sanguinischen Temperament und seiner Hasardleidenschaft zeugt ein kleines Ereignis im Winter 1870, das seine Frau mit rührender Genauigkeit beschreibt. Irgendwo in Dresden fand eine Auktion von Wertgegenständen statt. Es wurden Brillanten, Kleider und Pelze versteigert. An einem der letzten Tage der Versteigerung besuchte Dostojewskij mit seiner Frau das Lokal, um sich einmal anzusehen, wie eine Auktion bei den Deutschen verliefe. Dostojewskij bemerkte auf dem Büfett ein wunderbares Tafelservice aus böhmischem Glas, dunkelhimbeerfarbig mit goldenen Verzierungen. Die Versteigerung beginnt. Die Spielleidenschaft erwacht in ihm. Mit Schrecken sieht seine Frau, wie der Preis in die Höhe steigt, aber sie vermag ihren Mann nicht zurückzuhalten. Diese kurze aufregende Szene endet damit, daß das teure Luxus-Service in die billig möblierten Zimmer gebracht wird und wohl noch heute als Familienkostbarkeit von den Nachkommen des Dichters oder gar im Museum aufbewahrt wird.

Durch das ruhelose Leben ausgelaugt, erwartet Anna Grigorjewna bangen Herzens das dritte Kind. Dostojewskij zermartert sich am Gedanken, daß er seine Familie nicht ernähren kann und daß sein Talent unter diesen Verhältnissen zugrunde geht. Um seine unruhige Stimmung zu zerstreuen und die Schwermut, die ihn am Arbeiten hindert, zu bannen, greift Anna Grigorjewna in ihrer müden Ratlosigkeit zum letzten Mittel: sie schlägt ihm vor, nach Wiesbaden zu fahren und sein Glück noch einmal am Roulette zu versuchen. Sie rechnete wohl kaum mit einem Gewinn und gesteht in ihrem Tagebuch, daß es ihr um die hundert Taler, die die Reise kostete, leid war; aber sie hoffte, daß Dostojewskij nach den stürmischen Eindrücken des Spiels vielleicht wieder imstande sein werde, mit neuer Kraft an die Arbeit zu gehen und das Verlorene wieder zu gewinnen. Dostojewskij fuhr nach Wiesbaden und blieb eine Woche dort. Er folterte sich mit Vorwürfen, daß er das Geld seiner Familie, seiner Frau und seines Kindes verschleuderte und spielte trotzdem weiter. Als er alles verspielt hat, will er in der Nacht seinen alten Freund, den russischen Geistlichen aufsuchen. Er ist so niedergedrückter Stimmung, daß er sich verirrt. Auf einer dunklen fremden Straße erblickt er ein Gotteshaus. Im Glauben, es sei eine rechtgläubige Kirche, will er einkehren, um zu beten, aber es erweist sich, daß er vor der verschlossenen Tür einer Synagoge steht. In dieser Nacht schreibt er seiner Frau: „Nun haben diese Phantastereien für immer ein Ende ... Und noch mehr: ich bin wie wiedergeboren, moralisch neu geboren (das sage ich Dir und Gott) ... glaube nicht, ich sei irrsinnig. Anja, Du, mein Schutzengel! Mir ist Großes widerfahren, diese abscheuliche Phantasterei, die mich beinahe zehn Jahre lang (oder richtiger, seit dem Tode meines Bruders, als ich plötzlich mit Schulden beladen dastand) gequält hat, ist verschwunden ... ich hoffte bisher noch immer zu gewinnen; allen Ernstes, geradezu mit Leidenschaft. Jetzt ist das vorbei. Das war das letztemal. Anja, glaube mir, unsere Auferstehung hat begonnen und glaube mir, daß ich das Ziel erreiche und Dich glücklich machen werde."*

Es muß etwas Großes und Mystisches gewesen sein, was er in jener Nacht erlebte, denn seit jenem Tag hat er nie mehr gespielt. Die „abscheulichen Phantastereien" verschwanden für immer. Während seiner späteren Auslandsreisen hat er nie mehr eine Spielhölle aufgesucht. Ruhig und heiter kehrte er dieses Mal aus Wiesbaden zurück und ging sofort an die Fortsetzung der „Dämonen". Er war geheilt. Die ruhige Liebe und Duldsamkeit seiner Frau hatten geholfen, den bösen Dämon zu bezwingen.

In den letzten Junitagen des Jahres 1871 erhält Dostojewskij von der Redaktion des „Ruski Westnik" ein größeres Honorar. Ohne einen Tag zu verlieren, packen sie ihre Sachen. Dostojewskij verbrennt alle Entwürfe und Manuskripte, aus Angst vor der Zollrevision an der Grenze. Seiner Frau gelingt es, nur einige Blätter auf geheime Weise zu retten. Dostojewskij ist gehobener Stimmung, seine Frau dagegen matt; ein Kind auf dem Schoß, das andere unter dem Herzen. Sie reisen ohne Kinderfrau und Dostojewskij wird nicht müde, während der sechsundsechzig Stunden sich mit seiner kleinen Tochter Aimée zu beschäftigen. Er kehrt nach Rußland in der Überzeugung zurück, daß im Westen der Glaube an Christus gestorben und deswegen der Untergang des Abendlandes unabwendbar sei. Am 9. Juli treffen sie in Petersburg ein und am 16. Juli wird Dostojewskijs drittes Kind, der Sohn Fjodor**, geboren. Seine „Europäische Verschickung" hatte vier Jahre gedauert.

Freunde und Bekannte, die mit Dostojewskij nach seiner Rückkehr aus dem Ausland zusammenkamen, erklärten, er sei milder, gütiger und nachsichtiger geworden. Auch Anna Grigorjewna schreibt in ihren Erinnerungen, daß die ihm früher eigene Starrköpfigkeit und Ungeduld fast gänzlich verschwunden waren. Im Ausland hatte er oft Not gelitten, aber er hatte in völliger Abgeschiedenheit Gigantisches geleistet: der „Idiot", die „Dämonen" waren in den vier Jahren der „europäischen Verbannung" entstanden. Abgetrennt von der Heimat, hatte die Sehnsucht nach allem Heimatlichen seinen christlichen Geist vertieft. Nach Petersburg zurückgekehrt, fiel es seinen Bekannten auf, daß er das Gespräch immer wieder religiösen Themen zuwandte. Seine Art und Weise zu spre-

* Brief vom 28. April 1871.

** Er erreichte ein Alter von nur 21 Jahren.

chen war sanfter und stiller geworden und auf seinem düsteren Gesicht zeigte sich bisweilen ein Lächeln. Er selbst hat sich in späteren Jahren seines Lebens im Ausland stets dankbar erinnert. Auch seine junge Frau hatte sich verändert. In ihren Erinnerungen heißt es: „Aus dem schüchternen, zaghaften Mädchen war eine Frau mit entschlossenem Charakter geworden, die den Kampf gegen die Unbilden des Lebens, richtiger gesagt, gegen die Schulden, die zur Zeit unserer Rückkehr nach Petersburg fünfundzwanzigtausend Rubel erreicht hatten, nicht mehr scheute. Meine Fröhlichkeit und Lebenslust war mir erhalten geblieben, doch kam sie nur in der Familie, unter Verwandten und Bekannten zum Vorschein." Ihre Freundinnen behaupteten, sie sei in diesen vier Jahren „furchtbar gealtert" und sie warfen ihr vor, daß sie zu wenig auf ihr Äußeres achte und keine moderne Frisur trüge.

Bisweilen kam es zu Eifersuchtsszenen, denn Anna Grigorjewna war trotz all ihrer Liebe und Selbstlosigkeit sehr naiv und unerfahren. 1876 kommt sie auf den törichten Einfall, ihm zum Scherz einen anonymen Brief zu schreiben: „Wenn Sie mir nicht glauben, so sehen Sie in dem Medaillon am Halse Ihrer Frau nach, und Sie werden erfahren, wen sie in diesem Medaillon und im Herzen trägt." An diesem Tage, so berichtet Anna Grigorjewna in ihren Erinnerungen, kam Dostojewskij fröhlich und gut gelaunt nach Hause. Als er aber den Brief gelesen hatte, ging er mit schweren, gewichtigen Schritten im Zimmer auf und ab. Als Anna Grigorjewna seine Erregung sah, wollte sie sofort das Geschehene bagatellisieren. Es war aber schon zu spät. Er blieb drohend vor ihr stehen und fragte sie mit gepreßter Stimme: „Du trägst ein Medaillon? Zeige mir das Medaillon!" Seine Frau kam nicht dazu, das Medaillon abzunehmen und es ihm zu reichen, er konnte seinen Zorn nicht mehr beherrschen, wütend schrie er böse Worte und zerrte mit aller Kraft an der dünnen Kette, die im Nu zerriß. Seine Hände zitterten, so daß es ihm nur schwer gelang, das Medaillon zu öffnen: auf der einen Seite sah er das Porträt seiner Tochter, auf der anderen sein eigenes. Ganz betroffen starrte er die Bilder an. Als seine Frau erzählte, sie hätte diesen Brief im Scherz geschrieben, war er empört: wisse sie denn nicht, daß es Dinge gäbe, mit denen man nie scherzen dürfe; ein durch Eifersucht gereizter Mann sei zu allem fähig. „Du lachst, Annetschka", sagte er, „doch bedenke nur, was für ein Unglück hätte geschehen können, ich wäre imstande gewesen, dich in meinem Zorn zu erwürgen.“ Anna Grigorjewna bewahrte das Medaillon und den anonymen Brief bis ins Alter zur Ermahnung und Belehrung auf.

Das letzte Jahrzehnt

1. Erfüllung und Kampf

„Du bist meine Königin“
„Ein Buch im voraus verkaufen ist Selbstmord“

Wenn das Zusammenleben mit jedem vulkanartig schöpferischen Menschen ein Gewittersturm ist voll gewaltiger Schönheit und lebensgefährlichen Einschlägen, so war die Ehe mit Dostojewskij fraglos reich an Konflikten, Spannungen, Eifersuchtsszenen, Zwistigkeiten und Versöhnungen. Aber Anna Grigorjewna war, wie Dostojewskij es an seinem Lebensabend dankbar bekennt, der einzige Mensch, der ihn ganz verstanden hat. Dostojewskij hatte mehrere Frauen geliebt, aber sein Schutzengel war und blieb Anna Grigorjewna. Nach langen Jahren der Ehe schreibt er ihr leidenschaftlichere Liebesbriefe als in der Brautzeit. Er redet ihr zu, in seiner Abwesenheit Bälle zu besuchen, unter der Voraussetzung, daß sie seiner gedenke. Von ihr getrennt, fühlt er sich von allen guten Geistern verlassen. Immer ist er um ihre Gesundheit und ihr geistiges Wachstum besorgt. Rührend sind seine inständigen Bitten, an Gewicht zuzunehmen.

Er nennt sie seine Königin, die Herrin seiner Seele und überschüttet sie mit Zärtlichkeitsäußerungen. In Wirklichkeit und in Gedanken küßt er ihre „lieben Hände und Füßchen“.

In Gesellschaft Fremder, besonders unter Männern, war Anna Grigorjewna sehr zurückhaltend. Dostojewskij legte Wert darauf, seine Frau schön gekleidet zu sehen. Sie aber hatte keinen Sinn für schöne Gewänder und auch keine Zeit, sich mit Modefragen zu beschäftigen. Meist trug sie ein bescheidenes, selbstgenähtes schwarzes Kleid mit einem weißen Krägelchen, aber seine nimmersatten Augen begehrten auch äußere Schönheit. Kindlicher Stolz erfüllt ihn, wenn es ihm gelingt, gegen den Willen der sparsamen Anna Grigorjewna ihr aus dem Auslande etwas Kostbares mitzubringen: echt seidene Wäsche — gleich ein ganzes Dutzend! — einen Fächer mit Elfenbeinschnitzereien, ein Theaterglas aus blauer Emaille, ein seidenes Kleid. Sind die teuren Geschenke nicht im Ausland, sondern in Petersburg gekauft, drängt sie ihn, diese „unnützen Dinge" zurückzubringen und für die Kinder ein Paar neue Stiefelchen oder einen Wintermantel anzuschaffen. Manch ein Nachtgespräch vergeht in heftigen Auseinandersetzungen über dieses Thema. In einem Brief sagt er, das ganze Unglück* ihrer gegenseitigen Beziehungen sei, daß sie nie begriffen habe, wie sehr er sie liebe.

Am 24. Juli 1876 schreibt er: „Du fragst mich, wie kann ich eine so alte und unschöne Frau wie Dich lieben? Das ist der reine Unsinn. Für mich bist Du die Allerherrlichste, jenseits aller Vergleiche. Und jeder mit Herz und Geschmack Begabte muß dasselbe sagen, wenn er Dich näher kennenlernt, — sieh, das ist der Grund, weshalb ich bisweilen eifersüchtig bin. Du weißt ja selbst nicht, wie schön Deine Augen sind und Deine Begeisterung im Gespräch. Das ganze Unglück ist nur, daß Du wenig unter Menschen kommst, sonst würdest Du selbst über Deine Eroberungen erstaunt sein ... Wie bin ich glücklich, wenn Du Dich vergnügst. Ich will Dir die Wahrheit sagen, Anja, wenn Du Dich nur richtig ankleidest und ein klein wenig herausputzt, Du glaubst gar nicht, wie Dich das verjüngt und verschönt. Ich selbst habe mich darüber gewundert. Das ganze Unglück ist, daß Du ewig zu Hause sitzt, Dich ewig abarbeitest und darum in Deiner Kleidung bisweilen nachlässig bist. Nein, Anja, ich wiederhole: Du mußt Dir in diesem Winter ein neues Kostüm anschaffen und mit mir oder ohne mich ausgehen. Mir zur Freude mußt Du Dich amüsieren."

Wie glücklich war er, als er zwei Jahre vor seinem Tode für seine Frau Ohrgehänge mit echten Brillanten gekauft und so den Verlust des Hochzeitsgeschenkes ersetzt hatte. Anna Grigorjewna trug den Schmuck zum ersten Male an einem literarischen Abend, an dem Dostojewskij aus seinen eigenen Werken vorlas. Als er vom Katheder aus sah, wie sich die zahlreichen Lichter in den großen Edelsteinen spiegelten, war er ganz selig.

Und dann der Appassionatabrief aus Ems vom 1. August 1879,

* Eine Redewendung, die sich in Dostojewskijs Briefen oft wiederholt.

also nach zwölf schweren Ehejahren, anderthalb Jahre vor seinem Tode:

„Lieber Engel, meine Anja“, lautet die Anrede. Er entschuldigt sich, daß er auch dieses Jahr ihr zum Namenstag nicht gratuliert habe: „Wahrhaftig, obwohl ich Dich unendlich liebe, es wird nie dazu kommen, daß ich mich an das Datum Deines Geburtstages und Deines Namenstages rechtzeitig erinnere.“ Liebevoll erkundigt er sich nach der Gesundheit und dem Betragen der Kinder, nach denen er sich bis in den Tod sehnt. Er erwähnt seine Arbeit und seine Geldsorgen, seinen krampfartigen Husten nachts, das diesige Wetter, die Hitze, das trübselige Gefühl der Verlassenheit: „Öde und trostlos ist es hier“. Und am Schluß des Briefes bricht ein Vulkan an Leidenschaft hervor: „Hier gibt es schrecklich viel Blumen und man verkauft sie haufenweis. Ich kaufe keine einzige, ich habe niemanden, dem ich sie schenken könnte, meine Königin ist nicht hier. Und wer ist meine Königin? Du bist meine Königin. Das habe ich beschlossen, denn ich habe mich hier in Dich so verliebt, wie Du Dir das nicht vorstellen kannst.“

Er denkt Tag und Nacht an sie, er sieht sie im Traum, er sehnt sich nach ihr bis zum Irrsinn, ganz am Rande wirft er ihr die Trokkenheit ihrer Briefe vor, dankt aber für ihre Wahrhaftigkeit. Und der Schlußsatz: „Ich bin wie im Rausch, ich fürchte einen Anfall. Ich küsse Deine lieben Hände, den Handrücken und das Innere, Deine lieben Füßchen, ich küsse Dich ganz.“

Er ist noch immer leicht gereizt, die heiterste Stimmung kann plötzlich in eine düstere umwechseln. Aber wie in großen weltanschaulichen Fragen, so strahlt auch ins alltägliche Leben, in die kleinsten Geschehnisse, die Güte seines Herzens. Während der Cholera-Epidemie bricht ein Mann auf der Straße zusammen. Aus Angst vor Ansteckungsgefahr stieben alle Fußgänger auseinander. Nur einer hilft dem Unglücklichen, bringt ihn ins Spital: Dostojewskij. Oder eine andere Erinnerung der Zeitgenossen: An einem dunklen Abend versetzt ihm ein betrunkener Arbeiter, dem er auf der Straße begegnet, einen heftigen Schlag. Das dem Trunkenbold von der Polizei abgeforderte Strafgeld bezahlt Dostojewskij.

Als er an einem heißen Junitag des Jahres 1871 nach Petersburg zurückkehrte, ahnte niemand, daß ihm nur noch zehn Schaffensjahre vergönnt waren. Niemand erwartete ihn, niemand hatte etwas für ihn vorbereitet. Er ließ sich mit seiner Familie in zwei möblierten Zimmern nieder, um bald darauf in eine Vierzimmerwohnung überzusiedeln. Wer vermag alle seine Petersburger Wohnungen zu nennen? Sie waren für ihn nicht mehr als ein Unterschlupf für eine vor Unwetter fliehende gehetzte Kreatur. Wie Nietzsche, vom Dämon seines Inneren getrieben, in seinen sechzehn Schaffensjahren vierzehnmal seinen Wohnort änderte, so wechselte auch Dostojewskij im Ausland die Städte, in Rußland die Wohnungen, denn in Rußland gab es für ihn nur eine Stadt — Petersburg.

Die „Dämonen“ wurden 1871 gedruckt, und für das Honorar wurden gegen Monatsraten Möbel angeschafft: die schöne Einrichtung, die Anna Grigorjewna als Mitgift mitgebracht hatte, wurde ja gleich nach der Hochzeit verpfändet, und ging, weil die Auslösung nicht bezahlt werden konnte, verloren. Für Anna Grigorjewna war der Verlust der Einrichtung schmerzlich, für Dostojewskij der Verlust seiner prächtigen Bibliothek, die manche Rarität enthalten und nach der er sich im Ausland gesehnt hatte: der Stiefsohn Pascha hatte sich erdreistet, während seiner Abwesenheit die Bücherei zu verkaufen.

Im Sommer 1872 siedelte Dostojewskij nach Staraja Russa über, um für seine Arbeit die nötige Zurückgezogenheit zu haben. In einem Brief an seine Frau schreibt er: „Es ist unglaublich trübselig zu leben. Wäre nicht der kleine Fedja bei mir, würde ich vielleicht den Verstand verlieren. Welch ein Zigeunerleben, qualvoll, düster, niederdrückend, ohne jegliche Freude, immer wieder nur Qual und Qual . . .“ Der Roman „Dämonen“, vielleicht sein genialstes Werk, jedenfalls eines der eigenartigsten in der ganzen Weltliteratur, hatte keinen Erfolg. Die konservative Presse wußte nicht, was sie mit dem Werk anfangen sollte, die fortschrittliche Kritik warf ihm Rückständigkeit in politischen Fragen vor und behauptete, der Verfasser der „Armen Leute“ hätte endgültig bankrottiert. Und dieser starke, gläubige Mensch war innerlich vom Urteil seiner Kritiker so sehr abhängig! Die negativen Äußerungen der Presse riefen bei ihm anhaltende Depressionen hervor. Daß er ein Werk hervorgebracht hatte, das seine Genialität für alle Zeit bezeugte, begriff weder er selbst noch seine Umgebung.

In dieser niedergedrückten Stimmung folgt er der Aufforderung des Fürsten Petrowitsch Meschtscherski, den er beim einflußreichen reaktionären Senator K. P. Pobedonoscew kennengelernt hatte, und übernimmt die Schriftleitung der konservativen Wochenzeitschrift

„Graschdanin". Er ist zweiundfünfzig Jahre alt. Seine Schaffenskraft hat die höchste Reife erreicht; trotzdem ist er gezwungen, Tagelöhnerarbeit zu verrichten. Neue Gestalten, neue Sujéts drängen sich in seinem Innern, wie ein Dieb stiehlt er sich die freien Augenblicke und notiert hastig seine Visionen. „Meine ganze Zeit ist von der Zeitschrift in Anspruch genommen, nichts kann ich mehr schreiben, mich plagen Reue und Verzweiflung."* Und dies acht Jahre vor seinem Tode!

Seine Beziehungen zum Fürsten Meschtscherski waren gespannt: die konservative Einstellung des Fürsten widersprach seiner Weltschau, die sich in keinen bestimmten Rahmen einfügen ließ. Wie Dante war er eine Partei für sich. Seine Stellung zwischen den Slawophilen und Westlern erinnert an Unamunos Stellung zwischen der Partei Francos und den Republikanern. Dostojewskij verachtete aus vollem Herzen die nihilistischen und terroristischen Revolutionäre, er war ein Anhänger des Zaren und der rechtgläubigen Kirche, und dies verband ihn mit der konservativen Partei der Slawophilen. Sein Genie aber erlaubte es ihm nicht, sich vom Westen abzuschließen und eine selbstgenügsame, hausbackene Kulturpolitik zu verfolgen; er verabscheute „aristokratische Sattheit", und dies entfremdete ihn den Konservativen. Seinem Geiste nach war und blieb er ein Revolutionär, auch als Anwalt der Orthodoxie und Monarchie; der Semjonowplatz und die Katorga ließen sich aus seinem Leben nicht streichen, und diese innerlichen Erschütterungen entfremdeten ihn den selbstherrlichen, wurzelfesten Slawophilen.

Ohne die Erlaubnis des Ministeriums eingeholt zu haben, bringt er in seiner Zeitschrift die Ansprache des Zaren an die kirgisischen Delegierten und wird dafür mit 25 Rubeln und 2 Tagen Arrest bestraft. Während dieser Haft in einer kleinen sauberen Zelle liest er „Les misérables" von Victor Hugo und freut sich über den Besuch Maikows.

Materiell war die Arbeit an der Zeitschrift recht günstig: er erhielt pro Jahr ein Gehalt von dreitausend Rubel und außerdem wurde jeder Artikel gesondert honoriert. Auch war es für ihn verlockend, in der Wochenschrift den Lesern seine Hoffnungen und Zweifel, alles was ihn bewegte, mitzuteilen. Er brauchte diesen Kontakt mit dem unbekannten Leser. Außer den politischen Beiträ-

* Brief vom 26. 2. 1873.

gen, zu denen er verpflichtet war, veröffentlichte er literarisch-philosophische Aufsätze unter der Überschrift „Tagebuch eines Schriftstellers", das er in späteren Jahren zu einer selbständigen Zeitschrift ausgestaltete. In diesem „Tagebuch" begründet er einen ganz neuen Stil: eine Mischung von Beichte, Tagebuch und philosophischem Feuilleton. In der ersten Nummer schreibt er: „Meine Lage ist eine äußerst unbestimmte. Ich werde wie zu mir selbst sprechen, zu meiner eigenen Freude, wie man das in einem Tagebuch tut, ganz gleich, was daraus entsteht. Worüber werde ich sprechen? Über alles, was mich beeindruckt und mich zwingt nachzudenken." So entstand eines der eigenartigsten Werke Dostojewskijs, das Stenogramm seiner Seele, die überaus empfindsam nicht nur auf alle kulturellen, sondern auch auf alle sozialpolitischen Ereignisse reagierte.

In der Rubrik „Tagebuch eines Schriftstellers" zeichnete er lebendige Skizzen seiner Zeitgenossen, darunter auch eine von Belinskij, den er als skrupellosen Enthusiasten hinstellte, mit einem Gewissen, das durch nichts in Aufruhr zu bringen war. Ohne Groll und Bitterkeit urteilt er über diesen für ihn so verhängnisvollen Menschen. Sein Talent hatte jenen Grad der Reife erreicht, wo auch der kleinste Splitter seines Lebensbaumes vom geheimen Goldglanz seines Geistes erhellt wurde. In seinem Aufsatz über die neuen russischen Gerichte setzt er sich für die Selbstverantwortung der Persönlichkeit ein. Man muß die Wahrheit sagen und das Böse anprangern. Nichts lag ihm ferner als Tolstojs „Non résistance"-Lehre. Von den belletristischen Arbeiten ist die grausig-phantastische Friedhofsskizze „Bobok" im Tagebuch von 1873 die bedeutendste.

Im Sommer 1874 fährt er nach Ems, um seine Lungen-Emphyseme einer Kur zu unterziehen; auch hofft er in der Abgeschiedenheit an dem geplanten Roman „Der Jüngling" ruhig arbeiten zu können. Aber die Phantasiegebilde fügen sich nicht seinem Willen, auch die Lektüre Puschkins — diese für ihn unversiegbare Reinigungsquelle — belebt nicht seine Gestaltungskraft. Der Überfluß seiner Phantasie macht ihn krank; in einem Brief an seine Frau heißt es: „Ein allzu überladener Plan, das ist der Hauptfehler. Als ich das Ganze überschaute, kam ich zur Einsicht, daß hier eigentlich vier Romane enthalten sind." Wer heute den „Jüngling" liest, hat den gleichen Eindruck: kostbare Einzelheiten, lebendige Gestalten, — der Jünglinig selbst, seine Mutter, Wersilow, Makar der Pilger — aber der Roman als Ganzes ähnelt einer überladenen Barke, die jeden Augenblick untergehen kann.

Aus Ems zurückgekehrt, lebt er mit seiner Familie in Staraja Russa, einem kleinen Badeort im Gouvernement Nowgorod, unweit des Ilmensees. In dieser friedlichen, verschlafenen Stadt führt er während des Sommers ein zurückgezogenes Leben und vertieft sich ganz in seine Arbeit. Er bewohnt ein kleines Landhaus, das dem Obersten Gribbe, einem in russischen Diensten stehenden Balten gehörte. Die niedrigen und engen Zimmer waren mit alten Empiremöbeln eingerichtet, aus den grünlichen Spiegeln starrten dem Betrachter verzerrte Gesichter entgegen. Eine kleine Veranda mit bunten Scheiben, ein Garten mit winzigen Blumenbeeten, ein großer gepflasterter Hof. 1874/75 hielt er sich auch im Winter in Staraja Russa auf. Das Haus des alten Karamasow erinnert an das Haus des Obersten Gribbe, und Aimée Dostojewskij behauptet, die verführerische Gruschenka sei eine junge Provinzlerin, die der Vater in Staraja Russa gekannt habe.

Er hatte sich in das Kloster seiner Arbeit eingeschlossen und maßlos, wie einst seine Spielerleidenschaft, war sein asketischer Wille zur Arbeit. Wie es seit jeher seine Gewohnheit war, schrieb er nachts, meist bis fünf Uhr morgens, rauchte ununterbrochen und stand erst nach elf Uhr auf. Er schlief in seinem Arbeitszimmer auf dem Diwan, über dem eine große Photographie der Sixtinischen Madonna hing. Gleich nach dem Aufstehen trieb er Gymnastik und wusch sich lange und sorgfältig. Er besaß eine Vorliebe für viel Wasser, Seife, Eau de Cologne und eine wahre Leidenschaft für Reinlichkeit. Niemals arbeitete er im Schlafrock oder in Pantoffeln; gleich am Morgen war er korrekt gekleidet, immer trug er einen blendend weißen gestärkten Kragen. Auch in der Zeit, als er noch arm war, ließ er seine Anzüge bei dem besten Schneider der Stadt arbeiten und schonte seine Kleider. Der kleinste Fleck ärgerte ihn. „Flecken stören mich", pflegte er zu sagen. „Ich kann nicht arbeiten, wenn sie da sind. Ich muß die ganze Zeit daran statt an die Arbeit denken." Hatte er seine Toilette beendet und sein Gebet gesprochen, ging er ins Speisezimmer, um Tee zu trinken. Morgens war er schweigsam und hatte es nicht gern, wenn man ihn, während er noch in der Macht der nächtlichen Traumgesichte war, ansprach.

Erst nach dem Frühstück schien er zu erwachen und die Außenwelt gewahr zu werden. Er trank zwei Glas starken Tees und nahm das dritte in sein Zimmer mit. Auf seinem Schreibtisch lagen alle Dinge in pedantischer Ordnung. Er war gereizt und schlechter Stimmung, sobald jemand etwas verschob oder nicht an die gleiche Stelle zurücklegte. Gleich nach dem Frühstück diktierte er seiner Frau die in der Nacht entworfenen Kapitel. Das Stenogramm schrieb Anna Grigorjewna ab, Dostojewskij korrigierte es und seine Frau schrieb es zum zweiten oder gar zum dritten Male. Diese Diktate, die ihr die Schaffenswelt ihres Mannes erschlossen, waren die glücklichsten Stunden ihres Lebens. Nach dem Diktat rief Dostojewskij die Kinder zu sich, verteilte an sie Süßigkeiten, die er immer selbst kaufte und für die er eine große Vorliebe besaß. Um vier Uhr machte er einen Spaziergang; er ging mit gesenktem Kopf, in Gedanken versunken, immer denselben Weg. Begegnete er Bekannten, so erkannte er sie häufig nicht, und wenn er sie erkannte, vergaß er sie zu grüßen. Den Bettlern, die sich am Wege aufstellten und ihn tagtäglich erwarteten, verteilte er Almosen, ohne darauf zu achten, wieviel er ihnen gab. Einmal erlaubte sich seine Frau den dummen Scherz, sich unter die Bettler zu stellen und die Hand nach dem Almosen auszustrecken. Als sie das Geldstück in der Hand hielt, schlug sie das über die Augen gezogene Kopftuch zurück und lachte ihren zerstreuten Mann an, der sie ärgerlich zurechtwies. Um sechs Uhr aß man Mittag, um neun trank man Tee. Er besucht Bilderausstellungen und ist besonders von den Gemälden des großen russischen Realisten Repin* beeindruckt. Der berühmte russische Maler W. G. Perow porträtiert ihn und das Bild wird ausgestellt. Den Abend widmet Dostojewskij der Lektüre und seiner sehr ausgedehnten Korrespondenz. Jeden Abend segnet er die Kinder und spricht mit ihnen ein kurzes Gebet. Der siebenjährigen Ljubow-Aimée liest er dieselben Werke vor, die ihn in seiner Kindheit begeistert hatten: Puschkins Poeme, Gogols Taras Bulba, die Erzählungen von Dickens und Walter Scott und vor allem sein Lieblingsbuch — Schillers Räuber. Für die kleine Aimée ist das eine zu hohe Lektüre und sie schläft bei den spannendsten Stellen ein. In der Gesellschaft seiner Kinder ist er immer sehr vergnügt. Er kauft eine kleine Drehorgel, bei deren Klängen er mit den Kindern abends Quadrille tanzt. Er ist ein überaus zärtlicher Vater. Als die Familie in Staraja Russa war, während er in Petersburg zurückblieb,

* Ilja Jefimowitsch Repin, Dostojewskijs jüngerer Zeitgenosse 1844—1930.

schrieb er seiner Frau, er habe solche Sehnsucht nach den Kindern, daß er von seinem Schreibtisch aufstehe und ins Nebenzimmer gehe, um wenigstens die leeren Bettchen der Kleinen mit den Augen zu liebkosen.

Am 10. August 1875 wurde in Staraja Russa Dostojewskijs viertes Kind, der kleine Alexej, genannt Aljoscha, geboren, für den der Vater eine ganz besondere Zärtlichkeit hegte und der ihn jederzeit, auch während der Arbeit, stören durfte. Aljoscha starb im Alter von zweieinhalb Jahren an plötzlich auftretenden Krämpfen, wohl an einer Art Epilepsie. Dostojewskijs Kummer wurde durch den Umstand verstärkt, daß der Junge an einer Krankheit starb, die er von ihm geerbt hatte. Nach außen hin war er sehr beherrscht und trug diesen Schicksalsschlag mit männlicher Fassung, aber seine innere Erschütterung war so tief, daß Anna Grigorjewna für seine Gesundheit fürchtete. Um ihn abzulenken, unterstützte sie seinen Plan, gemeinsam mit Solowjew das in ganz Rußland berühmte Kloster Optina Pustyn zu besuchen und sich dort einige Tage aufzuhalten. Anna Grigorjewnas Leid um den Tod des kleinen Aljoscha hat Dostojewskij in den „Brüdern Karamasow" geschildert; viele ihrer Zweifel, Gedanken und Aussprüche sind im Kapitel „Die gläubigen Weiber" wiedergegeben. Der Staretz Sossima, der eine tiefe Kenntnis des menschlichen Herzens besitzt, kann alle trösten, nur nicht die um ihr totes Kind trauernde Mutter. Er versucht ihre Seelenqual zu lindern, indem er ihr sagt, das Kind sei nun ein Engel in Gottes himmlischem Reich. Doch die Mutter weint noch bitterlicher, sie will nichts anderes, als ihr Kindchen noch ein einziges Mal wiedersehen, und sei es auch nur durch einen schmalen Türspalt.

Das ruhige, gleichmäßige Leben in der kleinen Provinzstadt tat ihm wohl, seine Nerven kräftigten sich, die epileptischen Anfälle traten seltener und mit geringerer Heftigkeit auf. Dieses von Arbeit bis an den Rand gefüllte, zurückgezogene Leben, das durch Fahrten nach Petersburg und durch wiederholte Kuren in Bad Ems unterbrochen wurde, war dank der Tüchtigkeit seiner Frau möglich. Sie kämpfte mit den Schulden wie Herakles mit der Hydra. Mit den persönlichen Schulden ihres Mannes, die ungefähr 2000 Rubel betrugen, wäre sie schnell fertig geworden, aber die Schulden des verstorbenen Bruders, die Dostojewskij in einem donquichottischen Edelmut auf sich genommen hatte, machten die Summe von fünfundzwanzigtausend Rubel aus. Man drohte dem eben heimgekehrten Dichter, der sich im Ausland vor Heimweh verzehrt hatte, mit dem Schuldgefängnis.

Das Gespenst des Geldes, das in Dostojewskijs Romanen eine zentrale Rolle spielt, verfolgt ihn sein Leben lang. Durchblättert man seine Briefe, erschrickt man vor den Zahlen, Rechnungen, Mahnungen von Gläubigern und Verlegern. Immer das gleiche Thema: wieviel er von diesem Verleger erhalten, wieviel er von jenem noch zu bekommen hat, was andere Schriftsteller, lebende und verstorbene, verdient haben und immer wieder der Aufschrei: wenn ich von dem und dem dann und dann kein Geld bekomme, muß ich mich aufhängen oder ins Wasser springen. Immer wieder der schrille Notruf: „Geld! Geld! Geld!" Wie sarkastisch klingt die Bemerkung: „Die Münzen kriechen wie Krebse nach allen Richtungen." Als Junge mußte er von seinem geizigen Vater jeden Groschen erbetteln, später flehte er im gleichen Ton seine Verleger um einen Vorschuß an. Trotz aller Demütigungen fühlte er aber — schon in seiner Jugend, und später immer deutlicher — daß er ein Recht hatte zu fordern; doch was nützte ihm dieses Gefühl? Sein Leben lang sehnte er sich danach, in Muße, ohne Hast arbeiten zu können. Als er noch Anfänger war, schrieb er seinem Bruder: „Ich habe mir geschworen, mich eher aufzuhängen als ein Buch auf Bestellung zu schreiben. Ein solcher Auftrag bedrückt und verdirbt alles. Ich aber will, daß jedes meiner Bücher gediegene Arbeit aufweist." Und in einem anderen Brief aus derselben Zeit: „Ein Buch im voraus verkaufen ist Selbstmord", und diesen Selbstmord beging er sein ganzes Leben. Nur seinen ersten Roman „Arme Leute" hatte er, ohne gehetzt zu werden, geschrieben. Oft kam es vor, daß der letzte Teil seines Romans noch nicht fertig war, während die ersten Kapitel bereits im Satz waren. Mit welch edlem Neid erwähnt er die Glücklichen, wie zum Beispiel Raffael, der jahrelang an einem Bild arbeiten konnte, und wie tief kränkte ihn, daß Turgenjews und Tolstojs Romane besser bezahlt wurden. Turgenjew erhielt damals pro Druckbogen vierhundert Rubel, Tolstoj fünfhundert Rubel und Dostojewskij anfangs hundert, für den „Idioten" und die „Dämonen" hundertfünfzig und nur für seinen letzten Roman dreihundert. Am Ende des 19. Jahrhunderts erschienen die Werke, auch die der populärsten russischen Schriftsteller, in kleinen Auflagen, höchstens in drei- bis viertausend Exemplaren, und es war ein hartes Dasein, wenn man nur auf Schriftsteller-Honorare angewiesen war.

Seine Arbeitsfreude wurde durch die Notwendigkeit getrübt, um Vorschuß bitten, den Arbeitslohn herauspressen zu müssen. Sätze wie: „Ich habe so viel gearbeitet, daß mein Kopf ganz verrückt ist und mir weh tut, als ob er zerspringen würde", sind das Leitmotiv seiner Briefe. Krank, elend und übermüdet schreibt er, bis ihn ein epileptischer Anfall heimsucht. Kaum daß der Anfall vorbei ist, setzt er sich wieder an den Tisch. Unglaubliche Selbstbeherrschung, Arbeitsdisziplin, die in diesem Maß zu einem ethischen Wert wird. Der Rat des Arztes, ein ruhiges Leben ohne jede Aufregung zu führen, klingt wie ein Hohn. In diesem ununterbrochenen Kampf gegen die Gläubiger war Anna Grigorjewna ein tapferer Soldat, der immer auf seinem Posten blieb. In ihren Erinnerungen heißt es: „Mein ganzes Leben war damals durch die ewige Sorge verdüstert, woher wir uns zu einem bestimmten Termin die erforderlichen Summen beschaffen könnten; wo und um welchen Betrag dieser oder jener Gegenstand zu verpfänden wäre; wie ich es anstellen sollte, um Fjodor Michailowitsch den Besuch eines Gläubigers oder die Verpflichtung zu verheimlichen. Dies verdarb mir meine Jugend, erschütterte meine Gesundheit und zerrüttete meine Nerven. Noch bitterer war mir das Bewußtsein, daß die Hälfte dieser Widerwärtigkeiten hätte vermieden werden können, wenn sich unter Dostojewskijs Freunden gute Menschen gefunden hätten, die bereit gewesen wären, den unerfahrenen F. M. mit Rat und Tat zu unterstützen. Mir blieb es immer unverständlich, und ich finde es sehr grausam, daß jene, die mein Mann für seine Freunde gehalten, und die seine geradezu kindliche Unerfahrenheit in praktischen Dingen, sein übermäßiges Vertrauen und seine Krankheit kannten, es zulassen konnten, daß dies alles bezahlt wurde, ohne daß die Forderungen nachgeprüft und das Beweismaterial für jede Forderung verlangt worden wäre!"

Die Gläubiger und Verleger nutzten Dostojewskijs nervös ungeduldige und unpraktische Natur aus: um eine Unterschrift von ihm zu erpressen, drohten sie mit der Verpfändung der Einrichtung oder auch mit dem Schuldgefängnis. Da nach solch aufregenden Gesprächen sich regelmäßig ein epileptischer Anfall einstellte, beschloß Anna Grigorjewna die Verhandlungen mit den Gläubigern auf sich zu nehmen und alle Geschäftsfragen selbständig zu entscheiden. Allmählich lernte sie vor Dostojewskij alles, was ihn erregen konnte, zu verheimlichen. Mit wahren Kunstgriffen rettete sie sich bisweilen aus den schwierigsten Situationen, lieh bei ihren Verwandten Geld, ließ sich von den Drohungen der Gläubiger nicht einschüchtern, verpfändete, wenn es nicht anders ging, eben gekaufte Gegenstände und verzichtete auf alltägliche Bequemlichkeiten. Aus Sparsamkeitsgründen nähte sie ihre Kleider selbst und hielt nur zwei Dienstboten, was in den Kreisen, zu denen Dostojewskij gehörte, etwas ganz Ungewöhnliches war: jeder russische Barin (Herr) war damals von einer Dienstbotenschar umgeben. Anna Grigorjewnas Verwandte, besonders ihre Mutter und ihr Bruder, besaßen für Dostojewskij Sympathie und Verehrung, aber der Stiefsohn Pascha und die Witwe des verstorbenen Bruders Michail waren die reinen Blutsauger, und nicht immer gelang es Anna Grigorjewna, den Dichter vor Überfällen seiner Verwandten zu schützen.

Um den Kampf mit der Hydra endgültig zu bestehen, entschloß sie sich 1873, die Werke ihres Mannes selbst herauszugeben. Das war ein großes Wagnis. Damals gab es kaum einen russischen Dichter, der seine Werke selbst verlegte. Dostojewskij selbst war viel zu unpraktisch und wirklichkeitsfremd, aber Anna Grigorjewna war auf diesem Gebiet eine mutige Bahnbrecherin. In späteren Jahren holte sich die Witwe des Grafen Tolstoj bei ihr in Verlagsfragen Ratschläge und auch die Schwester des Komponisten Glinka ließ sich von ihr beraten. „Idiot“ und „Dämonen“ erschienen 1873 in einem Band und bildeten den Grundstein zum ruhigen Leben der letzten Jahre. So hatte Anna Grigorjewna endlich Ordnung in das chaotische Leben Dostojewskijs gebracht, ihm jenen Frieden geschenkt, den er für die Verwirklichung seiner Werke am nötigsten brauchte. Ein Jahr vor seinem Tode lag für ihn in der Redaktion „Ruski Westnik“, wohl zum ersten Male in seinem Leben, überschüssiges Geld, ungefähr fünftausend Rubel. Kurz bevor er starb, hatte er alle seine Gläubiger befriedigt und die ganze Menschheit zu seinem Schuldner gemacht.

Als Schriftleiter des „Graschdanin“ betätigte sich Dostojewskij nur ein Jahr; schon am 19. März 1874 gab er aus eigenem Antrieb seine Stelle auf. Er büßte sein Fixum ein, aber er vermochte es nicht länger, sich den willkürlichen Befehlen des konservativ gesinnten und etwas beschränkten Fürsten Meschtscherski zu fügen.

Er fuhr nach Moskau, um seinen erst halbfertigen Roman, den „Jüngling“, dem „Ruski Westnik“ anzubieten. Er verlangte zweihundertundfünfzig Rubel pro Druckbogen, die ihm der Leiter der Zeitschrift, Katkow, verweigerte. Dostojewskij gab nicht nach und kehrte in tiefer Depression zurück, aus der ihn der Besuch Nekrassows, seines ehemaligen Jugendfreundes und späteren literarischen Gegners herausriß. Dostojewskij war in den letzten Jahren nie mehr mit seinem Jugendfreund zusammengekommen und wußte, daß Nekrassow, der eine radikale Vernichtung der gegenwärtigen russischen Gesellschaftsordnung forderte, ihm seine scharfe Kritik an der Revolution, seine in den „Dämonen" ausgesprochene Weltschau, sehr übelnahm. Daher setzte Nekrassows unerwarteter Besuch Dostojewskij in freudiges Erstaunen. Nekrassow lud Dostojewskij zur Mitarbeit an dem von ihm geleiteten Journal „Otetschestwennyja Sapiski" ein und versprach für den neuen Roman zweihundert Rubel pro Druckbogen. Die von Nekrassow geleitete Zeitschrift war links eingestellt und hatte seinerzeit Dostojewskijs „Wremja" heftig angegriffen. Dostojewskij nahm das Anerbieten an, obwohl er wußte, daß seine konservativen Freunde und Leser darüber entsetzt sein würden. Er aber war, wie gesagt, eine Partei für sich. Wenn er auch vorübergehend mit den Linken oder Rechten zusammenarbeitete, so entwuchs er schnell ihrem Rahmen, er kannte nur ein Gesetz — das des eigenen Gewissens.

„Der Jüngling" wurde 1875 in Nekrassows Zeitschrift gedruckt und Nekrassow war von diesem Werk begeistert. Er war der erste gewesen, der das Talent Dostojewskijs erkannt und zu seinem Erfolg beigetragen hatte. 1845 hatte er eine Nacht bei der Lektüre der „Armen Leute" durchwacht und nun, nach dreißig Jahren, durchwachte er wieder eine Nacht, über ein Manuskript Dostojewskijs gebeugt, trotz der heimtückischen Krankheit, die ihn bereits ergriffen hatte. Er rühmt die geistige Frische des Autors und meint, Dostojewskij sei der einzige unter den russischen Schriftstellern, der eine solche besäße, selbst Tolstoj finge an, sich zu wiederholen. Besonders entzückt war er von den ersten zwei Kapiteln, und den Gipfel der Vollkommenheit nannte er die Stelle, wo Dostojewskij die Psychologie einer halbwüchsigen Selbstmörderin schildert. Die politischen Zwistigkeiten, die die beiden Freunde in den sechziger Jahren getrennt hatten, wie auch das Pamphlet, das Nekrassow gemeinsam mit Turgenjew auf Dostojewskij verfaßt hatte, waren vergessen — wie Dostojewskij überhaupt nichts Böses nachtragen konnte. Es gibt Augenblicke, die ein Leuchten aufs Leben ausstrahlen, ganz gleich was nachher geschieht, und ein solcher Augenblick war Nekrassows Begeisterung für Dostojewskijs Erstlingswerk. Im Widerschein dieses Morgenrots fanden die Freunde im Alter den Weg zueinander.

Als Nekrassow krank darniederlag, besuchte ihn Dostojewskij häufig und lauschte aufmerksam, wenn der kranke Dichter aus seinen eigenen Werken vorlas. Eines von Nekrassows Gedichten „Die Unglücklichen" war von Dostojewskij inspiriert; es schildert die Pein der zur Zwangsarbeit Verurteilten. Der Tod Nekrassows im Dezember 1877 erschütterte Dostojewskij so tief, daß seine Frau einen epileptischen Anfall befürchtete und, da er nicht zum Schlafengehen zu bewegen war, die ganze Nacht bei ihm wachte. Er las laut die Gedichte des verstorbenen Dichters, diese ichbesessenen Wehklagen, und pries sie als Perlen russischer Lyrik. Am Grabe Nekrassows verlangte die Jugend, Dostojewskij möge einige Worte sprechen. Der Dichter hatte in seinem Kummer keine Abschiedsrede für den entschlafenen Freund vorbereitet; mit stockender, leiser Stimme sprach er einige Worte, denen man andächtig lauschte, und die er später zu einem Aufsatz in seinem Tagebuch ausarbeitete. Für ihn war Nekrassow der Dichter, der, ohne je sein eigenes Weh zu vergessen und seinem eigenen Ich zu entsteigen, das Elend des russischen Volkes der russischen Intelligenz nahezubringen versuchte. „Nekrassow müßte in einer Reihe mit jenen Dichtern stehen, die eine neue Idee verkündet haben, ihm gebührt ein Platz gleich nach Puschkin und Lermontow."

Da Dostojewskijs Dichterkollegen sich im allgemeinen ihm gegenüber wenn nicht feindlich, so doch meist ablehnend verhielten, ergriff ihn Nekrassows Verständnis für sein Werk so tief, daß er seiner Frau gegenüber den Wunsch äußerte, nicht auf dem Wolkowo-Friedhof beigesetzt zu werden, auf dem die Mehrzahl der russischen Schriftsteller ruht, sondern neben Nekrassow auf dem Nowodewitschje-Friedhof: selbst nach dem Tode wollte er in seiner Nähe jemanden wissen, der sein Werk verstanden und gewürdigt hatte.

Durch seinen letzten Roman hatte er seinen Jugendfreund Nekrassow wiedergewonnen, aber durch seine Mitarbeit an den „Otetschestwennyja Sapiski" büßte er zwei Freundschaften ein: die Maikows, der drei Jahrzehnte sein literarischer Beichtvater gewesen war, und die Strachows, der jahrelang zu seinen Hausfreunden gezählt hatte. Maikow, der im selben Jahr wie Dostojewskij geborene Lyriker, war seinem Temperament und Talent nach der größte Gegensatz Dostojewskijs: seine klaren harmonischen Gedichte sind in Dur komponiert, während alle Dostojewskij-Romane in einer Moll-Tonart geschrieben sind. Dostojewskijs Herzensergüsse, seine ellenlangen Briefe über literarische Pläne, künstlerisches Gelingen und Versagen nahm Maikow gelassen hin. Daß aber Dostojewskij seinen Roman in einer linksgesinnten Zeitschrift publizierte, konnte er ihm gleich Strachow nicht verzeihen: Beide konservativ und selbstherrlich, warfen sie Dostojewskij Renegatentum vor und lobten in seiner Gegenwart die einzigartigen Vorzüge Tolstojs. Maikow, ein Feind aller scharfen Auseinandersetzungen, zog sich still zurück. Der Freundschaftsbruch mit Strachow, dem besten Hausfreund, hatte ein häßliches Nachspiel.

Strachow, der Vertraute Tolstojs und Dostojewskijs, hatte sich jahrelang mit seinen berühmten Freunden wie mit unvergleichlichen Orden gebrüstet. 1875 wandte er sich von Dostojewskij ab, um ausschließlich der Adept Tolstojs zu werden. Nach Dostojewskijs Tod verbreitete er über seinen ehemaligen Freund „eine abscheuliche Verleumdung“, wie Anna Grigorjewna sich ausdrückt. Bei diesem bösen Leumund zu verweilen, läge kein Grund vor, wenn nicht Strachows leichtfertiges Wort seltsamerweise einen viel weiteren Widerhall gefunden hätte als die rühmenden Urteile der Zeitgenossen, z. B. das schlichte Wort Tolstojs: „Dostojewskij war ein edler Mensch, von echt christlichem Geiste beseelt.“

Wer war eigentlich dieser N. N. Strachow, der mit seinem Urteil über Dostojewskij soviel Unheil angerichtet hat? Ein nationalkonservativer Schriftsteller ohne Herzensglanz und schöpferische Kraft, den man als Übersetzer philosophischer Werke schätzte.* Vergebens versuchte er mit seinen anämischen Gedichten und philosophischen Abhandlungen Ruhm einzuheimsen. Er war Mitarbeiter an beiden Zeitschriften, die Dostojewskij nacheinander herausgab, und vorübergehend selbst verantwortlicher Schriftleiter einer Zeitschrift. In der russischen Literaturgeschichte kennt man ihn als Bekämpfer des Westlertums Turgenjews und als Freund und Trabanten Tolstojs, mit dem er das Geburtsjahr teilt. Aber die Natur hatte ihre Gaben

* Nikolai Nikolajewitsch Strachow (1828—1896), hat Kuno Fischer, Lange, D. Strauß, Renan und Taine ins Russische übersetzt. Nennenswert ist sein Briefwechsel mit Tolstoj (1870—94) und seine Abhandlung über „Krieg und Frieden“.

so verschwenderisch dem ersteren in die Wiege gelegt, daß für den armen Strachow nichts übriggeblieben war. Monatelang war dieser adlige Schmarotzer Gast im Hause Tolstojs, Feths, Leskows und anderer russischer Dichter, die weder ihre Gäste, noch die Tage, an denen Gastfreundschaft beansprucht wurde, zählten. Hielt Strachow sich in Petersburg auf, war er allsonntäglicher Mittagsgast bei Dostojewskij. Als Schriftsteller konnte er kaum jemandes Interesse beanspruchen, neugierig aber lauschte man ihm, wenn er „etwas Neues von Tolstoj" erzählte.

Bald nach Dostojewskijs Tod schrieb er im Einverständnis mit Anna Grigorjewna die Biographie des Dichters. An den Grafen Leo Tolstoj richtete er am 28. November 1883 einen Brief, in dem er gesteht, er habe die Biographie Dostojewskijs mit Abscheu und Ekel geschrieben; was ihn aber dazu gezwungen hatte, die ihm widerwärtige Arbeit zu leisten, verschweigt er. Aus seinen Briefen spricht ein literarisch gebildeter, aber kriecherischer, selbstgerechter, heuchlerischer Mensch. Auf verschiedene Weise versucht er bei Tolstoj — übrigens vergebens — ein negatives Urteil über Dostojewskij zu provozieren. Seinerseits behauptet er, Dostojewskij sei ein böser, neidischer, ausschweifender Charakter, der sein ganzes Leben in ehrgeiziger Aufregung verbracht habe, er sei ein erbärmlicher und lächerlicher Mann, der seine Bosheit gescheit zuzudecken verstehe. „Er hielt sich ebenso wie Rousseau für den besten und glücklichsten Menschen." Und vor allem jener Satz, der so verhängnisvoll geworden ist: „Wiskowatow hat mir erzählt, Dostojewskij habe sich ihm gegenüber gerühmt, im Dampfbad ein kleines Mädchen, das ihm dessen Gouvernante zugeführt hatte, vergewaltigt zu haben." Anna Grigorjewna hat mit der ihr eigenen Sachlichkeit die Aussagen dieses Briefes in ihrer „Antwort an Strachow" als Lügen und gemeine Verleumdung widerlegt.

Wer aber nur einige Tatsachen aus Dostojewskijs Leben kennt — seine Fähigkeit, immer wieder zu verzeihen, niemandem Böses nachzutragen, seine Fürsorge für seine erste schwindsüchtige Frau auch nach der Trennung, und für die egoistische Familie seines verstorbenen Bruders, sein zärtliches Verständnis für die Welt der Kinder, seine großzügige Huldigung für Tolstoj und Nekrassow — wird ohne andere Beweise zu kennen einsehen, daß Strachow wohl viele Details aus dem Leben Dostojewskijs kannte, aber vollkommen blind seiner Herzkraft gegenüber war. Er schreibt Stawrogins moralische Schändlichkeiten Dostojewskij selbst zu, aber auf diese Weise könnte man den Verfasser ja auch des Verbrechens Raskolnikows bezichtigen. Dostojewskij pflegte von seinen Romangestalten im Gespräch und im Brief wie von persönlichen Bekannten zu erzählen, mitunter identifizierte er sich sogar mit ihnen. Strachow beruft sich auf das unkontrollierbare Geschwätz eines Wiskowatow, der mit Dostojewskij nur flüchtig bekannt und ihm nicht wohlgesinnt war. Dostojewskijs gestaltende Phantasie war so überwältigend, daß er während des Erzählens und Schreibens das Tatsächliche vom Erdachten kaum zu unterscheiden vermochte. Außerdem wäre es nicht möglich gewesen, das von Strachow erwähnte moralische Verbrechen vor der neugierig lüsternen Öffentlichkeit vollkommen zu verbergen; nun aber „kennt“ diese Untat niemand von den Zeitgenossen außer Strachow. Aus seinem Brief, der leider erst nach Tolstojs Tod veröffentlicht wurde, ist seine Aussage erstaunlich schnell in die westlichen Biographien hineingesickert; skrupellos ist sie von Schriftstellern übernommen worden, die mehr auf Verderbtheit erpicht waren und mehr Sinn für Schauergeschichten als für eine Überprüfung der Tatsachen hatten und denen es an psychologischem Feingefühl und ethischer Intuition mangelte. So ist es zu erklären, daß in Westeuropa immer wieder vom „Verbrechertum“ und den Perversitäten Dostojewskijs gesprochen wird. Seltsamerweise erwähnt selbst ein Forscher von Format wie Sigmund Freud bei der Charakteristik Dostojewskijs „den sexuellen Mißbrauch eines unreifen Mädchens“.* Aus dem pedantischen Tagebuch und den Erinnerungen seiner nüchternen, wahrheitsgetreuen Frau, durch die minutiösen Archiv-Forschungen Großmanns, durch Ljaskowskis Dokumenten-Publikationen aus der Katorga-Zeit und durch die Parallelen, die Motschulskij, dieser tiefreligiöse Emigrant, zwischen Dostojewskijs Werken, seinen Notizbüchern und seinem Leben zog, also durch vollständig voneinander unabhängige Quellen, die in den letzten Jahrzehnten das Dostojewskij-Problem erhellt haben, weiß man heute zuverlässig, daß Behauptungen wie die Strachows und Sigmund Freuds von leichtfertiger Verantwortungslosigkeit sind.

* Er beruft sich dabei auf den belletristisch gelungenen, aber ohne Tatsachen- und ohne Quellenkenntnis verfaßten Essay von Stefan Zweig, der von Dostojewskij gesagt hat, er mache nicht halt vor den Zäunen der bürgerlichen Moral und niemand wisse genau zu sagen, wie weit er in seinem Leben die juristische Grenze überschritten habe, wieviel von den verbrecherischen Instinkten seiner Helden in ihm selbst zur Tat geworden sei.

Warum hatte Strachow diesen Brief, der bald in die westeuropäischen Sprachen übersetzt wurde, geschrieben? Welche Veranlassung hatte er dazu? War es „jalousie de métier", Neid des im Geiste Minderbemittelten? Trug Strachow in seiner Seele das Gift, mit dem Salieri Mozart töten wollte? Wandte er sich ja von Dostojewskij gerade in jener Zeit ab, als der Ruhm des Dichters zur Aureole wurde. Es gibt Personen, die ihren Mitmenschen leichter ein Verbrechen als empfangene Huldigungen verzeihen. Vielleicht aber war er eine Judas-Natur. Nicht um der dreißig Silberlinge verriet Judas seinen Meister, — diese konnte er wohl auf einem gefahrloseren Wege verdienen — ebenso wie Strachow nicht um des Honorars willen die Biographie schrieb. Der Kern der Judas-Natur liegt im Unvermögen, ethische Größe in unmittelbarer Nähe zu ertragen. Oder war Strachow ein Herostrat kleinen Stils? Es gibt viele Wege, auf denen der Mensch seinen Zerstörungssinn, seine Verunreinigungssucht, seine Kellerloch-Triebe befriedigen kann.

1876 siedelte Dostojewskij mit seiner Familie aus Staraja Russa wieder nach Petersburg über, um die Zeitschrift, das „Tagebuch eines Schriftstellers", in der er nur seine eigenen Aufsätze publizierte, herauszugeben, und so die im „Graschdanin" begonnene, unmittelbare Zwiesprache mit den Lesern, auf deren Unzahl von Briefen er nicht mehr persönlich antworten konnte, fortzusetzen. Mit zäher Energie setzt er sich gegen Ungerechtigkeiten aller Art ein, jede Grausamkeit, auch die allergewöhnlichste, empört ihn; so schreibt er z. B. über einen Metzger, der ein an allen vieren gefesseltes Kalb im Wagen zum Schlachthaus führt und auf dem Tier „so bequem wie auf einem Polsterstuhl" sitzt. Er schreibt über Kinderbettelei, gerechte und verfehlte Gerichtsurteile, über Krieg und Frieden, die Judenfrage, über die kulturelle Aufgabe der Frau und immer wieder über sein Lieblingsthema: die Mission des russischen Volkes.

Das „Tagebuch" ist ein Kunstwerk sui generis, das man vielleicht mit Romain Rollands „Über dem Getümmel" vergleichen kann; denn wie der Russe, so ist auch der Franzose in allen seinen Werken im Namen der Menschlichkeit Rufer und Streiter im Tageskampf. Und wie in jedem Kampf geht das Gefühl für Maß leicht verloren. In den Briefen und im „Tagebuch" öffnet uns Dostojewskij die Tür zu seiner Werkstatt. Wir erfahren, wie er die Bausteine zur Kathedrale seines Lebens, den „Brüdern Karamasow“ zusammenträgt. Er verrät uns die tragende Idee seiner Werke, die Methodik seines Arbeitens, den äußeren technischen, wie auch den inneren Vorgang. Wie kaum ein anderer Dichter hat er selbst den Kommentar zu seinen Büchern geschrieben, vor allem in seinen Briefen und in den erst unlängst veröffentlichten Notizbüchern, und auch das „Tagebuch“ liefert einige Fingerzeige. Sein Leben war mit seinem Schaffen untrennbar verbunden, und eines wurde durch das andere ergänzt und vertieft. 1877 hatte das „Tagebuch“ bereits siebentausend Abonnenten, eine für damalige Verhältnisse ungeheuerliche Zahl. Er hatte das Gewissen der Nation und vor allem das der Jugend wachgerüttelt. Hunderte von Briefen aus allen Schichten der Bevölkerung wurden an ihn gerichtet. 1878 wandten sich die Studenten Petersburgs an ihn mit der Frage, ob sie an dem gegenwärtigen moralischen Niedergang der Gesellschaft schuld seien. Dostojewskij antwortet mit einem persönlichen Brief*, in dem er sich auf die Seite der Jugend stellt: nie gab es eine Generation, die reineren Herzens gewesen wäre, die mehr nach Wahrheit und Gerechtigkeit gelechzt hätte und bereit gewesen wäre, sich für diese zu opfern. In einem schlichten brüderlichen Ton warnt er die Studenten vor Verachtung und legt ihnen nah, die Wahrheit im Volk und in der Erdnähe zu suchen. In diesem Brief steht der berühmte Satz: „Rußland ist an einem Endpunkt angelangt und wankt über einem Abgrund.“

Die Aureole des Ruhms umgab ihn. Jeden Tag empfing er zahlreiche Besucher und hörte geduldig alltägliche Sorgen und weltanschauliche Fragen an.

Trotz des guten finanziellen Erfolges bricht er das Erscheinen seiner Zeitschrift aus innerem Antrieb ab und entschuldigt sich bei seinen Lesern mit Krankheit; aber der entscheidende Grund war ein tieferer: in seinem Herzen war der neue Roman ausgetragen, und als die Stunde der Geburt sich näherte, warf er alle Fesseln von sich, um nur den Brüdern Karamasow zu gehören. In den Abschiedsworten an die Leser verspricht er, das Tagebuch nach einem Jahr zu erneuern. Er hielt sein Versprechen, allerdings mit einiger Verspätung: 1880 erschien nur eine Nummer, 1881 die letzte, bereits nach seinem Tode. Ein Gewinn des „Tagebuchs“ war, daß er unzählige

* 18. April 1878.

Menschen kennenlernte, mit denen er sonst nie in Berührung gekommen wäre. In einem Breif schreibt er: „Eine meiner wichtigsten Aufgaben ist es, die neue Generation kennenzulernen, die zeitgenössische russische Familie, die, ich spüre es deutlich, lange nicht so ist, wie sie vor zwanzig Jahren war."

Im „Jüngling" hatte er das Problem der „zufälligen Familie" gestreift, in den „Brüdern Karamasow" bilden die Beziehungen zwischen Vätern und Söhnen, Eltern und Kindern, das Hauptproblem, und die Vorstudien dazu liefert das Tagebuch. Das Vertrauen seiner Leser beglückte Dostojewskij, dessen Werke wie die kaum eines anderen Schriftstellers durch die lebendige Wechselwirkung mit dem Publikum entstanden sind. In einem Brief an einen seiner Freunde heißt es: „Sie werden mir nicht glauben, in welchem Maße mir die Zustimmung russischer Menschen in diesen zwei Jahren der Herausgabe meiner Zeitschrift zuteil geworden ist. Ich erhielt Hunderte von ermunternden Briefen und auch solche mit dem Ausdruck aufrichtiger Liebe. Seit Oktober, da ich die Einstellung des Tagebuchs ankündigte, erhielt ich täglich aus ganz Rußland und aus den verschiedensten Gesellschaftsschichten Briefe des Bedauerns, in denen man mich beschwor, das Werk nicht aufzugeben . . . und wenn Sie wüßten, wieviel ich in diesen zwei Jahren aus Hunderten von Briefen russischer Menschen gelernt habe! Das wichtigste für mich war die Erkenntnis, daß es sehr viele, echt russische Menschen, nicht von der pseudointellektuellen Petersburger Art, bei uns in Rußland gibt, unvergleichlich mehr, als ich noch vor zwei Jahren geahnt, viel mehr, als ich mir in meinen heißesten Wünschen und Phantasien hätte träumen lassen. Glauben Sie mir, es gibt in Rußland vieles, das bei weitem nicht so unerfreulich ist, wie es bei oberflächlicher Beobachtung scheint."

Mit welchen literarischen Plänen er sich in den letzten Jahren beschäftigte, kann man seinen nachgelassenen Notizen entnehmen.

Weihnachten 1877 schreibt er:

„Memento fürs ganze Leben

1. Den russischen Candide schreiben.
2. Ein Buch über Jesus Christus schreiben.
3. Meine Memoiren schreiben.
4. Ein Poem der Sorokovins schreiben.

Dies alles, außer dem letzten Roman, und die beabsichtigte Ausgabe des Tagebuches, erfordert minimum zehn Jahre Arbeit, ich aber bin jetzt sechsundfünfzig Jahre alt."

An Stelle der bescheiden beanspruchten zehn Jahre schenkte ihm das Schicksal nur noch vier, die vom Lichte der „Brüder Karamasow" überstrahlt sind.

2. *Im Abendsonnenlicht*

„Aus sechs Trübsalen wird er dich erretten und in der siebenten wird dich kein Übel rühren."

Die vorherrschende Stimmung dieser Zeit, ihr innerlicher, still leuchtender Glanz spiegelt sich in den Worten des Staretz Sossima: „Allmählich verwandelt das Mysterium des Lebens allen Kummer gewesener Tage in ruhige Heiterkeit: an Stelle des jugendlich heißen Blutes tritt der Friede demütigen klaren Alters. Jeden Tag preise ich den Aufgang der Sonne, und mein Herz jubelt ihm wie früher zu. Aber noch mehr liebe ich jetzt ihren Untergang — ihre langen schrägen Strahlen, die stille, sanfte, versöhnende Erinnerungen wachrufen, lichte Bilder aus meinem langen gesegneten Leben, und über all dem die Gerechtigkeit Gottes, die alles besänftigt, versöhnt und verzeiht. Mein Leben geht zu Ende, ich weiß und fühle es. Doch mit jedem sich neigenden Tag spüre ich auch, wie mein irdisches Leben übergeht in ein neues, unendliches, unbekanntes, zukünftiges Leben, dessen Vorgefühl meine Seele vor Entzükken erzittern läßt, meinen Geist erleuchtet, mein Herz vor Freude weinen macht."

Hinter ihm lagen sieben Trübsale: Kerker, Tod, Zwangsarbeit, die Hölle der Sinnlichkeit, die Hölle des Hasardspieles, die der Krankheit und der materiellen Not. Die epileptischen Anfälle wurden nun seltener, die Geldangelegenheiten kamen mit jedem Jahr immer mehr in Ordnung. 1877 kaufte er in Staraja Russa das kleine Haus für 1150 Rubel, d. h. für ein Honorar von etwa acht Druckbogen. Als er 1877 das „Tagebuch eines Schriftstellers" abschloß, begann er mit der ihm eigenen Intensität die Arbeit an den „Brüdern Karamasow", die drei Jahre dauerte. Während dieser Zeit spielte die bedeutendste Rolle in seinem Leben Wladimir Solowjew und auch Nikolaj Fjodorow, der Verfasser des wenig bekannten, aber beachtenswerten Werkes „Die Philosophie der Gemeinsamkeit". Solowjew war damals Dozent an der Moskauer Universität; seine Vorlesungen, seine Aufsätze und Gedichte ergriffen Dostojewskij zutiefst. Im Gespräch mit dem zweiunddreißig Jahre jüngeren Philosophen setzt sich Dostojewskij über die Grundideen der „Brüder Karamasow" auseinander. Die Freundschaft zwischen dem Staretz Sossima und Aljoscha spiegelt die Beziehungen Dostojewskijs und Solowjews.*

Die „Brüder Karamasow" wurden, noch ehe sie abgeschlossen waren, im „Russki Westnik" gedruckt und hatten einen riesigen Erfolg. Die Kaiserliche Akademie der Wissenschaften ernannte ihn — allerdings etwas spät — zu ihrem Mitglied, und der Zarenhof — welche Ironie des Schicksals! — wandte ihm seine Gunst zu. Alexander II. sprach durch einen Abgesandten bei Dostojewskij vor und äußerte den Wunsch, daß seine Söhne ihn kennenlernen sollten; er hegte die Hoffnung, daß Gespräche mit dem großen Dichter die Entwicklung der Großfürsten günstig beeinflussen würden. Es war zu der Zeit, als Dostojewskij mit seinem Hauptwerk stark beschäftigt war und neue Bekanntschaften ablehnte. Doch der Wunsch des Zar-Befreiers, der den Traum seiner Jugend, die Aufhebung der Leibeigenschaft, verwirklicht hatte, jenen Traum, für den er so grausam hatte büßen müssen, war ihm Befehl. Er wurde im großfürstlichen Hause ein willkommener Gast und die Freundschaft mit den Prinzen währte bis zu seinem Tode. Er las den Mitgliedern der Kaiserlichen Familie aus seinen neuen Werken vor. Dem Kronprinzen Alexander Alexandrowitsch, der später als Alexander III. den Thron bestieg, überreichte er als Geschenk die „Dämonen" und das „Tagebuch eines Schriftstellers". Es gibt Dostojewskij-Forscher, unter ihnen Motschulski, die behaupten, die humanen Prinzipien der Regierung Alexanders II. seien in großem Maße von Dostojewskij beeinflußt.

Die Aureole des Ruhms wuchs, und gar bald empfand er sie nicht mehr als Genugtuung, sondern als Last. Die zahlreichen Besuche, die nur schwer abzuweisen waren, ermüdeten ihn, und seine Frau ersann manche List, um aufdringliche Verehrer fernzuhalten und die Arbeitsruhe ihres Mannes zu schützen.

In den Jahren 1879/80 nahm Dostojewskij öfter an literarischen

* Wladimir Sergejewitsch Solowjew, geb. 1853 in Moskau, gest. 1900 in Uskoje.

Abenden teil, deren Erlös Wohlfahrtseinrichtungen zufiel. Seine Frau begleitete ihn stets zu diesen Veranstaltungen. Das öffentliche Auftreten und das Vorlesen mit lauter Stimme schadeten seiner brüchigen Gesundheit; trotzdem leistete er den Aufforderungen Folge, und zwar nicht nur, um Kinderasyle, bedürftige Studenten und arme junge Literaten zu unterstützen, je und je mußte er den unmittelbaren Kontakt mit „seinen Untertanen", die ihm mit verhaltenem Atem lauschten, erleben. Auch ihn trieb es gleich Nietzsche stets von neuem zum Menschen. Instinktiv spürte er, daß es nicht die Kritiker und „Stützen der Gesellschaft" sind, die den Ewigkeitswert eines Dichters festigen, sondern der unbekannte Leser. Er las aus den „Toten Seelen", aus Puschkin, doch am häufigsten aus seinen eigenen Werken vor. Studieren wir heute die Aufzeichnungen von Zeitgenossen, so werden wir von einem tiefen, zweifachen Staunen ergriffen: wir wundern uns über die Macht, die Dostojewskij über seine Zuhörer hatte, aber auch über die Zuhörer selbst, die sich einer rein geistigen sublimen Macht so rückhaltlos hingaben. Anna Grigorjewna berichtet, als Dostojewskij den Traum Raskolnikows vom gejagten Pferd vorlas, sei der Eindruck so überwältigend gewesen, daß die Leute vor Schreck erblaßt wären und viele geweint hätten. Den tiefsten Eindruck aber hat wohl jener Abend hinterlassen, an dem er aus den Karamasows das Kapitel über das Sterben des kleinen Iljuscha vorlas. Auch seine Frau, die das Fragment so viele Male abgeschrieben hatte, daß sie es fast auswendig konnte, weinte gleich den anderen Zuhörern herzzerreißend. Einer seiner Zeitgenossen, der ehrenwerte Professor Wengerow berichtet: „Ich hatte das große Glück, Dostojewskij bei einer Abendvorlesung zu hören ... einen „Vortragenden" kann man Dostojewskij nur nennen, weil wir keinen anderen Ausdruck für einen Menschen haben, der im schwarzen Gehrock auf der Estrade erscheint und sein Werk vorliest. Am selben Abend habe ich auch Turgenjew, Saltykow-Schtschedrin, Grigorowitsch und andere gehört. Außer Saltykow lasen alle gut, aber sie lasen eben nur vor. Dostojewskij dagegen wirkte im vollen Sinne des Wortes wie ein Prophet. Mit leiser, aber vollkommen deutlicher und unsagbar ergreifender Stimme trug er eines der bedeutendsten Kapitel aus den Brüdern Karamasow vor ... Noch nie habe ich eine so tiefe seelische Ergriffenheit einer tausendköpfigen Menge durch die Worte eines einzelnen Menschen erlebt. Beim Lesen der anderen vergaßen die Zuhörer nicht ihr eigenes Ich ... selbst Turgenjew versetzte sie nicht in einen Zustand der Entrückung, löste nicht die höchsten Gefühle aus; bei der Lesung Dostojewskijs aber vergaß der Hörer sein eigenes Ich restlos, um sich ganz der Macht dieses äußerlich gebrechlichen, unscheinbaren alten Mannes hinzugeben, dessen bohrender Blick, dem Übersinnlichen zugewandt, in einem mystischen Feuer loderte."

Nahm Dostojewskij an einem literarischen Abend teil, mußte der Abend regelmäßig mit dem gleichen Programm wiederholt werden. Ganz Petersburg sprach von diesen Veranstaltungen. Hier seien einige Kapitelüberschriften genannt, die er besonders gern und mit besonderem Erfolg vorlas: aus „Schuld und Sühne" Raskolnikows Gespräch mit Marmeladow, Raskolnikows Traum vom totgehetzten Pferd; aus den „Brüdern Karamasow" — den Großinquisitor und Iljuschas Tod und Beerdigung.

Der Saal war immer überfüllt und der Beifallssturm des Publikums, der sich bei seinem Erscheinen erhob, ließ ihn erst nach einer geraumen Weile zu Worte kommen. Nach Beendigung der Lesung wurde er unter brausendem Jubel wiederholt herausgerufen. Trotz der abfälligen Kritik über die „Dämonen" war er seit der Mitte der siebziger Jahre der Wegweiser und Prophet der Jugend.

In den aristokratischen Salons war er nun ein begehrter Gast. Die Gräfin Sophie Tolstoj, die Witwe des Dichters Alexej Tolstoj, war ihm besonders zugetan. Immer schwarz gekleidet, mit einem Witwenschleier über dem ergrauten Haar, bannte sie ihre Freunde durch ihren Scharfsinn. Dostojewskij pflegte zu sagen, ihr Geist sei einer Stahlklinge gleich. Sie ging wenig aus, empfing aber jeden Nachmittag um vier Uhr Gäste, denen sie außer einem geistreichen Gespräch nur ein Glas starken Tee vorsetzte. Sie sprach mehrere westeuropäische Sprachen, verfolgte die Neuerscheinungen in der Literatur, und Dostojewskij unterhielt sich mit ihr über die geistigen Strömungen der Zeit. In ihren Soiréen größeren Stils las er aus den „Brüdern Karamasow" vor.

Eine große Verehrung empfand für ihn auch die Gräfin Heiden, deren Mann Generalgouverneur in Finnland war, die aber selbst in Petersburg lebte, um das von ihr gegründete Armenhospital zu beaufsichtigen. Sie interessierte sich für die Werke des Dichters und lauschte aufmerksam seinen philosophischen Gedanken. Als Geburtstagsgeschenk erhielt er einmal von ihr eine schöne Kopie seines Lieblingsbildes der Sixtinischen Madonna. Obwohl Dostojewskij nichts von einem Don Juan an sich hatte — oder gerade deswegen — besaß er mehr weibliche als männliche Freunde. Er warb nicht um die Frauen, er umschmeichelte sie nicht, er sprach mit ihnen wie mit ernstzunehmenden, gleichgesinnten Freunden, die ihm den zur schöpferischen Arbeit notwendigen Widerhall schenkten.

In den letzten Jahren seines Lebens lernte er den in Petersburg tätigen französischen Diplomaten Melchior de Vogüé, der ihm einen umfangreichen Essay gewidmet hat, kennen. Vogüé erzählt, nach dem Erscheinen der „Brüder Karamasow" sei Dostojewskij freudestrahlend mit dem neuen Werk zu einem seiner Freunde gestürmt und hätte erklärt: Diese Bände wiegen fünf gute Bücher auf. Weil Dostojewskij nicht, wie damals fast alle anderen russischen Schriftsteller, Gutsbesitzer-Kreisen entstammte, sondern der erste „Schriftsteller-Proletarier" war, machte er auf den überzivilisierten Franzosen einen zwiefachen Eindruck, den eines russischen Muschik und den eines Ikonen-Heiligen. „Klein von Wuchs, schmächtig, verbraucht und gebeugt von den sechzig schlimmen Jahren, mehr verwelkt als gealtert, hatte er mit seinem langen Bart und seinen noch blonden Haaren das Aussehen eines Kranken von unbestimmbarem Alter; trotzdem war ihm die Zähigkeit einer Katze, wie er selbst zu sagen pflegte, eigen ... Seine kleinen Augen erstrahlten bald in einem düsteren, bald in einem sanften Feuer, seine hohe Stirn war voller Falten, die Schläfen wie vom Schlag eines Hammers eingedrückt, ein sehr schmerzensvoller Mund. Nie habe ich ein Gesicht gesehen, in dem so viel Leid angehäuft war."

In Gesellschaft sei Dostojewskij meist sehr schweigsam gewesen; fing er zu sprechen an, so tat er es mit leiser Stimme, ereiferte sich aber sehr bald und nahm dann auf niemanden Rücksicht. Seine Äußerungen über politische Fragen seien von großer Naivität gewesen und über den Untergang von Paris habe er gesprochen wie der Prophet Jonas über Ninive. Dieser düstere Dichter sei das Idol der russischen Jugend gewesen, jedes seiner Worte hätte sie begierig aufgegriffen und ihn zu ihrem geistigen Führer erwählt, was man von Tolstoj und Turgenjew nicht sagen könnte. Einmal habe Dostojewskij Vogüé gegenüber sich geäußert: „Wir Russen haben das Genie aller Völker: deswegen können wir Sie verstehen, aber Sie können uns nicht verstehen."*

* E. M. de Vogüé „Le roman russe", 1888.

Den Höhepunkt seines Ruhmes erreichte Dostojewskij bei der Puschkin-Feier in Moskau am 8. Juni 1880. Die Einweihung des Puschkin-Denkmals, dieses große Nationalfest, vereinigte alle politischen Parteien, die Slawophilen sowohl wie die Westler. Dostojewskij und Turgenjew wurden von der „Gesellschaft der Freunde der russischen Literatur" aufgefordert, am Festtag Reden zu Ehren Puschkins zu halten. Wie am Anfang seiner literarischen Tätigkeit, so kreuzt auch am Schluß Turgenjew seinen Weg. In einem Brief erwähnt er voller Erregung, daß er nun wieder einmal seinem „persönlichen Feinde Turgenjew" begegnen werde.

Dostojewskij unterbrach seine Arbeit an den „Brüdern Karamasow", um die Festrede vorzubereiten. Turgenjew kam eigens aus Paris und wurde von seinen Bewunderern sehr gefeiert, aber allmählich überstrahlte Dostojewskijs Ruhm das viele Tage dauernde Fest, das sich zu einem Triumph des Dichters der „Brüder Karamasow" gestaltete. Anna Grigorjewna begleitete ihn nicht nach Moskau, weil sie die Kinder nicht allein lassen wollte. Dostojewskij schrieb ihr täglich, manchmal sogar zweimal, und schilderte sehr ausführlich alles, was er erlebte. Er hatte die Festrede lange und sorgfältig vorbereitet. Da die zahlreichen Besucher in Petersburg ihn nicht zur Ruhe kommen ließen, ging er nach Staraja Russa und schloß sich dort ein, um sich einige Tage nur auf Puschkin zu konzentrieren. Die vielen noch erhaltenen Rohentwürfe zu dieser Rede bezeugen, wie intensiv er gearbeitet hat: sein Ureigenstes wollte er enthüllen, den Extrakt all seiner Gedanken zusammenfassen. Es ist, als hätte er geahnt, daß er zum letztenmal die Gelegenheit habe, unmittelbar zum russischen Menschen zu sprechen. Er sammelte alle zerstreuten Funken und ließ sie in einer einzigen großen Flamme auflodern.

Sein Lungenleiden hat sich in der letzten Zeit verschlimmert, der Arzt verschreibt Ruhe, trotzdem reist er in gehobener Stimmung nach Moskau, wo er von den Slawophilen sehr herzlich empfangen wird. Ein Festessen mit feierlichen Reden folgt dem anderen. Sein Triumph beginnt am 5. Juni während der feierlichen Versammlung im Adelssaal. Er liest den Monolog des Pimen aus Puschkins „Boris Godunoff". Dieses Begebnis schildert er seiner Frau lebhaft und offenherzig, mit allen Einzelheiten:

„Obwohl die Wahl des Themas ungünstig war (der Greis Pimen kann doch nicht über den ganzen Saal schreien!) und die Akustik in diesem Saal eine schlechte ist, sagte man mir, ich hätte wunderbar gelesen, wenn man auch nicht alles gehört hätte. Der Empfang war großartig; ich mußte eine gute Weile warten, ehe ich anfangen konnte zu lesen, so laut war der Beifallssturm; nach der Lesung wurde ich dreimal herausgerufen, aber Turgenjew, der sehr schlecht gelesen hatte, wurde noch öfter herausgerufen ... In der Pause kamen eine Menge Leute zu mir, Jugend und auch Greise, Damen und Herren, man rief mir zu: ‚Sie sind unser Prophet, Sie haben uns besser gemacht durch Ihre Brüder Karamasow! Mit einem Wort, ich habe mich überzeugt, daß die Brüder Karamasow eine kolossale Bedeutung haben ... Heute während des Diners wurden viele Reden gehalten. Ich wollte dieses Mal nicht sprechen, aber man zwang mich dazu. Ich erhob mich und sagte nur einige Worte, und ein Gebrüll des Enthusiasmus antwortete mir, ja, buchstäblich ein Gebrüll. Als ich fortging, begleiteten mich viele Zuhörer, ohne Mäntel und Hüte kamen sie bis zur Straße, bis zur Droschke mit. Und plötzlich küßten sie meine Hände, und das taten nicht nur einige, sondern Dutzende, nicht nur junge, sondern auch ganz alte; nein, Turgenjew wird nur von der Claque applaudiert, ich aber löse einen wirklichen Enthusiasmus aus."

Alle diese Ovationen verblassen vor den Geschehnissen des 8. Juni. Einer der Zuhörer, der selbst ein glänzender Redner war, berichtet in seinen Erinnerungen: „Wenn eine Mauer des Adelssaales in diesem Augenblick eingestürzt wäre, wenn ein riesiger Scheiterhaufen sich auf dem Platze erhoben und Dostojewskij auf diesen Scheiterhaufen weisend gesagt hätte: ‚Laßt uns jetzt im Feuer sterben, um Rußland zu retten!' wir wären ihm gefolgt wie ein Mann, glücklich, für das Vaterland sterben zu dürfen."

Außergewöhnliche Szenen spielten sich ab, als Dostojewskij seine Rede zum Ruhme Puschkins beendigt hatte. Dieser Tag hat in der ganzen russischen Kulturgeschichte nichts Ähnliches. Dostojewskij war kein virtuoser Redner, der durch eindrucksvolle Improvisationen und Schlaglichter blendete. Er sprach nicht frei, sondern las wie gewöhnlich auch bei dieser Feier mit ruhiger Stimme, in der eine starke verhaltene Erregung schwang, sein sorgsam ausgearbeitetes Manuskript vor. Jeder der Zuhörer hatte aber das Gefühl, daß er ihn persönlich ansprach, gerade ihn. Dieser hinfällige, brüchige Mann mit den hektisch geröteten Wangen, dem seltsam nach innen gerichteten Blick, den sensitiven nervösen Händen, der eingefallenen Brust und den zarten Schläfen, dem dünnen Haar und dem schütteren, wirren Bart, faszinierte seine Zuhörer; man ließ sich von dem inneren Feuer, das ihn verzehrte, ergreifen und hatte das Gefühl, daß man alles, wovon hier gesprochen wurde, selbst erfahren und erlitten hatte.

Von der Feier zurückgekehrt, schreibt er seiner Frau: „Heute habe ich meine Rede vorgelesen, der Saal war überfüllt. Nein, Anja, Du kannst Dir den Effekt, den meine Rede machte, nicht vorstellen. Ich las dieses Mal laut ... mit Feuer. Alles, was ich über Tatjana* sagte, wurde mit Enthusiasmus aufgenommen. Als ich aber von der Allvereinigung der Menschen sprach, entstand im Saal eine wahre Hysterie; als ich endete — ich vermag nicht, Dir die Wogen der Begeisterung zu beschreiben: im Publikum umarmten sich Unbekannte, man weinte, schluchzte und schwor einander, in Zukunft ein besserer Mensch zu sein, einander nicht mehr zu hassen, sondern zu lieben."

Die Begeisterung wuchs zur Trunkenheit. Rufe erschollen: „Sie sind unser Heiliger! Sie sind unser Prophet! Sie sind ein Genie! Mehr als ein Genie!" Eine gute halbe Stunde dauerten die Ovationen. Der Beifall schien nicht enden zu wollen. Selbst Turgenjew, der aristokratisch Zurückhaltende, umarmte Dostojewskij. Ein junger Mann, der auf die Tribüne eilte, um ihm zu danken, wurde vor Erregung ohnmächtig. Der nächste Sprecher, der Schriftsteller Aksakow, verzichtete darauf zu reden. Er verkündigte vom Podium, daß nach der Rede Dostojewskijs alle Worte überflüssig seien. Die festliche Versammlung wurde für eine Stunde unterbrochen. Man überreichte Dostojewskij einen riesigen Lorbeerkranz im Namen der russischen Frau. Am Abend desselben Tages las er, todmüde, mit kaum hörbarer Stimme, Puschkins Gedicht „Der Prophet" vor und wiederum umfingen ihn rauschende Ovationen: ganz Rußland huldigte seinem Propheten.

Spät in der Nacht, nach Beendigung der Feier, kehrt er, aufs äußerste erschöpft, in sein Hotelzimmer zurück. Er weiß nicht, daß diese Rede der letzte Akkord seiner Schaffenssymphonie ist. Wie an jenem Abend, an dem er sein erstes Werk vollendet hatte, so findet er auch an diesem keine Ruhe. Alle Saiten seiner Seele sind gespannt, seine Nerven beben. Er hat in der Rede alles zu sagen

* Tatjana — eine Frauengestalt Puschkins.

versucht, was Jahre hindurch sein Herz beschäftigt hat; dem Dichter, dem seit seiner frühen Jugend seine Begeisterung gehörte, hat er den Tribut seiner Verehrung gezollt und trotzdem fühlt er, daß noch etwas ungesagt geblieben ist. Er kann nicht einschlafen. Für die anderen hat die Feier ihren Abschluß im Festsaal gefunden, er muß sie noch auf seine Weise allein beschließen. Er steht auf, nimmt den schweren Lorbeerkranz und macht sich auf den Weg zum Puschkin-Denkmal. Die Sommernacht ist warm und klar, die Straßen ruhig, wie ausgestorben. Tief atmet er die erfrischende Nachtluft ein, die Stille tut ihm nach all dem Menschengewühl wohl. Beim Denkmal angekommen, nimmt er den Lorbeerkranz und legt ihn zu Füßen Puschkins, seines Meisters, nieder und verneigt sich vor ihm bis zur Erde.

Er sah in Puschkin die Vollendung dessen, was er selbst als Keim und Sehnsucht in sich trug — den Propheten des russischen Volkes, den weltumspannenden Genius. Lesen wir die Rede heute, so können wir ruhig an Stelle von Puschkin den Namen Dostojewskijs setzen, ohne dem einen oder dem anderen Unrecht zu tun. „Überall spüren wir bei Puschkin den Glauben an den russischen Charakter, den Glauben an seine geistige Macht, und wo Glauben ist, ist auch Hoffnung, eine große, auf den russischen Menschen gesetzte Hoffnung.“

In seiner Rede wollte er die Slawophilen mit den Westlern, die dünne Schicht der russischen Intelligenz mit der breiten Masse des russischen Volkes*, er wollte Rußland mit Europa versöhnen. Einen Augenblick schien es, als habe das Wunder sich vollzogen: zwei unversöhnliche Feinde, Turgenjew und Dostojewskij, umarmten einander. Sein erstes Werk hatte einen unvergleichlichen Jubel ausgelöst und auch sein letztes war von einem Triumphrausch umfangen. Als er seiner Frau davon berichtete, sprach er von Augenblicken höchsten Glücks. Und wie nach den „Armen Leuten“ ein tiefer Sturz ins nächtliche Dunkel folgte, so auch nach der Puschkin-Feier, allerdings ein weniger gefährlicher. Der Glanz des Festes hatte alle vereinigt, mit dem Alltag setzten Zwist, Parteihaß, Journalistenpolemiken ein. Der Mensch ist ein Wesen, das sich Bewunderung, ehrfürchtiger Huldigung nur in flüchtigen Augenblicken hingeben kann.

* Damals bestand die russische Intelligenz aus knapp 10 Millionen und die breite Masse des ungebildeten, zum großen Teil leseunkundigen Volkes aus 140 Millionen.

Dostojewskij kehrte in gehobener Stimmung aus Moskau zurück. Trotz der großen Anstrengungen hatte ihn während seines dreiwöchigen Aufenthaltes kein einziger epileptischer Anfall heimgesucht. Kaum aber waren einige Tage vergangen, da wälzte sich eine ganze Lawine von Beschuldigungen, Verleumdungen und sogar Beschimpfungen über ihn. Anna Grigorjewna schreibt in ihren Erinnerungen: „Es war, als hätten sich jene Vertreter der Literatur, die seiner Puschkin-Rede so begeistert gelauscht und dem Redner fanatisch applaudiert hatten, die sich an ihn herangedrängt hatten, um ihm die Hände zu drücken, als hätten sie alle sich plötzlich besonnen und wären nun aus ihrer Hypnose wieder zu sich gekommen; sie fingen an, die Rede zu bemängeln und den Autor zu beschimpfen! Empörung ergreift einen, wenn man die damaligen Kritiken über die Puschkin-Rede Dostojewskijs liest, so ungeniert und gemein war das Verhalten der Rezensenten Fjodor Michailowitsch gegenüber." Diese Schmähungen verletzten den äußerst sensiblen Dichter aufs empfindlichste und hatten zur Folge, daß seine Stimmung sich verdüsterte und die epileptischen Anfälle wieder auftraten. In einem Brief an Orest Miller vom 26. August 1880 heißt es: „Sehen Sie, wie fast Ihre ganze Presse wegen meiner Rede in Moskau über mich herfällt, als hätte ich einen Raub oder eine Banknotenfälschung begangen."

Die Presse fiel über ihn her und nannte ihn einen Reaktionär. In der demokratischen und liberalen Presse griffen ihn eine Reihe von Journalisten an, deren Namen heute vergessen sind, die aber damals die Macht zu verletzen besaßen. Einer von ihnen hatte die Geschmacklosigkeit zu schreiben: „Die Hasensprünge des Autors geben ihm die Möglichkeit, seine phantastischen Erzeugnisse in eine ordinäre Predigt der Stagnation zu verwandeln." Zwei Weltanschauungen prallten aufeinander: Personalismus und Kollektivismus. Die Frage, in die die gemäßigten, wie auch die frechen Artikel mündeten, lautete: Einzelpersönlichkeit oder Gemeinschaft? Dostojewskij antwortete nur seinem würdigsten Gegner, dem Petersburger Universitätsprofessor A. D. Gradowskij, der im „Golos" einen aggressiven Aufsatz gegen ihn veröffentlicht hatte. 1880 erschien nur ein einziges Heft vom „Tagebuch eines Schriftstellers", das die Puschkinrede und Dostojewskijs Antwort an seine Kritiker enthält und einen Riesenerfolg hatte: in kurzer Zeit waren sechstausend Exemplare vergriffen. Dostojewskij fühlte sich niedergedrückt, aber nicht besiegt, seine Antwort nannte er eine „profession de foi". Professor Gradowskij hatte ihm einen Mangel an sozialem Gefühl vorgeworfen und nachzuweisen versucht, daß er Puschkin mißverstanden hätte. Dostojewskij antwortete: Der Kern jeder Gemeinschaft, jeder Nationalität, wie auch der des Staates liegt in der persönlichen Vervollkommnung des Einzelnen. Ohne die Idee der persönlichen Vervollkommnung ist weder ein Volk noch ein Staat denkbar. Und jedes Ethos wurzelt in der Überzeugung vom Ewigkeitswert des Menschen, der im Zentrum der Weltprozesse steht. Jede Gemeinschaft wird durch die Religion organisiert. Gegen die Kirche erhebt sich der Ameisenbau des Staates; gegen Christus der Antichrist.

Und dann stürzt er sich wieder in sein großes Werk. Der letzte Teil der „Brüder Karamasow" mußte laut Vertrag in drei Monaten beendet werden. Er arbeitete „wie ein Sträfling im Zuchthaus". In einem Brief an Aksakow heißt es: „Ich arbeite ungeheuer angespannt, voller Qual und Sorge. Immer wenn ich so intensiv arbeite, werde ich physisch krank. Und jetzt ziehe ich den Schluß von all dem, was ich in drei Jahren durchdacht, zusammengestellt und aufnotiert habe ... Übrigens, obwohl ich schon drei Jahre alles notiert habe, verwerfe ich manches fertige Kapitel, schreibe es noch einmal und verwerfe es wieder. Nur die inspirierten Stellen gelingen mir gleich beim ersten Male, entstehen wie aus einem Guß, alles andere ist überaus schwere, harte Arbeit." In dreieinhalb Monaten schreibt er zwanzig Druckbogen für seinen Roman und außerdem noch drei für das „Tagebuch eines Schriftstellers".

In einem Brief heißt es: „Ich kann nichts aus dem Ärmel schütteln, ich kämpfe um künstlerische Gestaltung. Trage ich doch die Verantwortung vor Gott, vor der Dichtkunst, vor meinen bisher erschienenen Werken und buchstäblich vor dem ganzen lesenden Rußland, das auf die Beendigung meines Werkes wartet. Und darum sitze ich und schreibe Tag und Nacht ... Glauben Sie mir, ich habe nicht einmal Zeit, ein Buch oder die Zeitung zu lesen. Nicht einmal mit meinen Kindern kann ich mich beschäftigen ... Und meine Gesundheit ist so schlecht, wie Sie sich das gar nicht vorstellen können. Aus dem Katarrh der Atmungsorgane hat sich ein Emphysem gebildet — eine unheilbare Sache (große Atemnot), meine Tage sind gezählt. Von der anstrengenden Arbeit haben sich besonders heftige epileptische Anfälle eingestellt ... Ich habe alles vernachlässigt, alles und alle von mir gewiesen, von mir selbst spreche ich schon gar nicht. Jetzt ist es Nacht, oder richtiger gesagt, sechs Uhr morgens, die Stadt erwacht, und ich habe mich noch nicht hingelegt ... Wundern Sie sich nicht, daß ich Ihnen solche Dinge erzähle, ich bin todmüde und eine qualvolle Nervenzerrüttung peinigt mich. Buchstäblich die ganze Literatur ist mir gegenüber feindlich eingestellt, mich liebt bis zur Begeisterung nur das ganze lesende Rußland." (Ergreifend ist dieses „nur"!)

Im Dezember 1880 erscheinen die „Brüder Karamasow" in Buchform in einer Auflage von dreitausend Exemplaren; in wenigen Tagen ist die Hälfte verkauft und für Dostojewskij ist dieser Widerhall eine unermeßliche Freude. Auch sein letztes Werk überreicht er eigenhändig dem Kronprinzen, dem zukünftigen Zaren Alexander III. Zu seinen öffentlichen Dichterlesungen erscheinen Repräsentanten vom Hof, er wird ins Schloß eingeladen, die Zessarewna, Maria Fjodorowna, ist besonders huldvoll zu ihm. Dostojewskij ignoriert die Regeln der Etikette, wenn es ihm einfällt, beginnt er als erster ein Gespräch und unterbricht es, wenn es ihn langweilt. In den Empfangsräumen des Zarenschlosses verhält er sich nicht anders als im Gastzimmer seiner Freunde, und die Zarenfamilie ist darüber nicht aufgebracht.

Gleich nach dem Abschluß des Romans bereitet er ein neues Heft des Tagebuchs vor. Wieder spricht er über sein Lieblingsthema: Nicht im Kommunismus, nicht in den mechanischen Formen findet der Sozialismus des russischen Volkes seine Erfüllung, es kann sich nur retten durch eine allweltliche Vereinigung im Namen Christi: „Dies ist unser russischer Sozialismus." Das waren seine Abschiedsworte, die sich in grausig gegensätzlicher Weise erfüllt haben.

Das Jahr 1881 begann er in gehobener Stimmung. Er hatte vor, zwei Jahre das „Tagebuch" fortzusetzen und auf diese Weise die Vorarbeit zum geplanten zweiten Teil der „Brüder Karamasow" zu leisten. Alle früheren Helden sollten wieder auftreten, jedoch nach einem Zeitraum von zwanzig Jahren. Als Hauptgestalt, als Zentrum, war Aljoscha gedacht.

Die Wohnung, in der er die letzten zweieinhalb Jahre lebte, lag in der Kusnetzkaja und bestand aus sechs Zimmern.

Über seine letzten Tage und letzten Stunden hat Anna Grigorjewna Buch geführt, auch haben mehrere seiner Zeitgenossen darüber Bericht erstattet. Am 25. Januar war er guter Laune und sprach während des Mittagessens über den geliebten Dickens, erwähnte Einzelheiten aus dem Roman „Die Pickwickier". Gleich nach dem Essen ging er auf sein Zimmer, um Kaffee zu trinken, und schrieb einen Brief an den Verleger Katkow. Inständig bittet er ihn, wie er es unzählige Male in seinem Leben getan hatte, um einen Vorschuß. Er las seiner Frau den Brief vor und setzte, von plötzlichen düsteren Ahnungen umschattet hinzu, dies sei wohl seine letzte Bitte. Sie erwiderte lachend, er würde wohl noch andere „Brüder Karamasow" schreiben und noch manch andere Bittschrift verfassen. Am Abend arbeitet er wie gewöhnlich bis spät in die Nacht. Da fällt sein Federhalter zu Boden. Ungeduldig sucht er danach, schiebt sein schweres Büchergestell zur Seite. Bei dieser Anstrengung platzt eine Lungenarterie, ein Blutsturz ist die Folge.

Am 26. Januar speist seine Schwester Wera bei ihm zu Mittag; zwischen den Geschwistern kommt es zu einem heftigen Streit über Geldfragen. Verärgert rennt er in sein Zimmer und ein erneuter Blutsturz sucht ihn heim. Nachdem der Arzt gegangen ist, bittet er seine Frau, den Priester zu holen. Er beichtet und nimmt das Abendmahl. Leonid Großmann, der Dostojewskijs Leben bis ins kleinste erforscht und eine genaue Tabelle nicht nur aller Jahre, sondern auch der Tagesereignisse zusammengestellt hat, unterschlägt den Besuch des Priesters!

Nach der Beichte ruft Dostojewskij seine Kinder zu sich und bittet Anna Grigorjewna, aus der Bibel die Geschichte vom verlorenen Sohn vorzulesen. Er lauscht in Nachdenken versunken mit geschlossenen Augen und sagt, als Anna Grigorjewna geendet hat: „Meine Kinder, vergeßt niemals, was ihr eben gehört habt; habt unbedingtes Vertrauen auf Gott und zweifelt niemals an seiner Barmherzigkeit. Ich liebe euch sehr, aber meine Liebe ist nichts im Vergleich zu der unendlichen Liebe Gottes zu allen Menschen, die er geschaffen hat."

Der Arzt Dr. von Bretzel zieht noch zwei Kollegen hinzu. Man versucht den Zustand des Todkranken zu erleichtern.

Am 27. Januar bringt man ihm die Korrektur vom „Tagebuch eines Schriftstellers". Gäste, die in großer Zahl erscheinen, um den kranken Dichter zu besuchen, werden nicht mehr zugelassen. Dostojewskijs Stimmung ist labil. Bald spricht er vom Tode, fühlt ihn sich nähern, ist um die Zukunft der Familie besorgt. Dann wieder spricht er über neue Arbeiten und wie er seine Kinder zu erziehen gedenkt. Nur allmählich lösen sich seine Seelenwurzeln aus diesem Erdreich. Am Morgen des 28. Januar weckt er seine Frau um sieben Uhr mit den Worten, daß er heute wohl sterben werde: „Weißt du, Anja, ich schlafe schon seit drei Stunden nicht und denke fortwährend nach, aber erst jetzt ist es mir klar zum Bewußtsein gekommen, daß ich heute sterben werde. Zünde die Kerzen an und gib mir das Evangelium." Die Bibel hatte Dostojewskij auf dem Weg ins Zuchthaus von den Frauen russischer Revolutionäre, den Dekabristinnen, in Tobolsk zum Geschenk erhalten. Sie hatten ihn auf den neuen Weg gesegnet, bekreuzt und als Schirm und Schutz die Heilige Schrift mitgegeben. Dostojewskij hatte sich von diesem Buch während der vier Jahre der Katorga und auch in späteren Jahren nie getrennt. In die Freiheit zurückgekehrt, wollte er es immer auf seinem Schreibtisch haben und oft, wenn er über etwas im Zweifel war, schlug er es auf und las, was auf der zufällig aufgeschlagenen Seite stand. Auch an diesem Morgen tat er so, er schlug das Evangelium auf und bat seine Frau, ihm die Stelle (Matth. III, 14—15) vorzulesen. „Aber Johannes wehrte ihm und sprach: Ich bedarf wohl, daß ich von dir getauft werde, und du kommst zu mir? — Jesus aber antwortete und sprach zu ihm: Haltet mich nicht zurück! Denn es geziemt uns, das Wort des Herrn zu erfüllen."

„Hörst du, halte mich nicht zurück, folglich sterbe ich", sagte er zu seiner Frau und schloß das Buch.* Freunde und Verwandte kommen, um Abschied zu nehmen, auch Maikow vergißt die im Angesicht des Todes belanglosen Zwistigkeiten und will dem Freunde zum letztenmal die Hand drücken. Anna Grigorjewna verläßt ihn nicht einen Augenblick.

Um 18.30 Uhr Blutsturz, Bewußtlosigkeit, Anfang der Agonie. Er liegt in seinem düsteren Kabinett, angekleidet, auf dem Diwan, dessen zerschlissener Wachstuchüberzug ihn immer kränkte und den zu erneuern er sich mehrfach vornahm. Über seiner Schlafstätte — die Sixtinische Madonna. Sein Gesicht ist weiß wie ein Blatt Papier. Auf seinem Kinn vertrocknetes Blut. Die halbgeöffneten Lippen zittern, der Atem geht schwach und pfeifend, die Augenlider sind halb geschlossen. Er ist bewußtlos. Gott erlaubte ihm, der während

* In der alten Ausgabe des Neuen Testaments aus den zwanziger Jahren des vorigen Jahrhunderts steht: „Halte mich nicht zurück", in der neueren Ausgabe dagegen: „Laß es also sein."

seines ganzen Lebens so maßlos gelitten hatte, schmerzlos ins Jenseits hinüberzugleiten. Am 28. Januar um 20.30 Uhr hörte er auf zu atmen.

In ihren Erinnerungen gesteht Anna Grigorjewna, daß sie mit Schrecken an die zweieinhalb Tage zurückdenkt, da der Leichnam des Dichters noch im Hause lag. Ein Augenzeuge, der bereits erwähnte französische Diplomat Vogüé, schildert die gespenstische Totenfeier. Ganz Petersburg kam, um von dem Dahingegangenen Abschied zu nehmen. Weder bei Tag noch bei Nacht war die Wohnung von fremden Besuchern frei. Der berühmte Künstler Kramskoi malte den Verewigten in Lebensgröße. Es gab Leute, die nachts stundenlang ihre Gebete für sein Seelenheil sprachen. Die kleine Aimée teilte an die Verehrerinnen ihres Vaters aus den auf seiner Brust liegenden Kränzen Blumen aus. Im Arbeitszimmer mit den festverklebten Fenstern, wo der tote Dichter aufgebahrt war, herrschte eine so erdrückende, sauerstoffarme Luft, daß plötzlich die Lampen und die vielen tropfenden Kerzen um den Katafalk erloschen. Nur ein kleines Öllämpchen vor dem Heiligenbild erhellte das Arbeitszimmer des verstorbenen Dichters. In diesem Augenblick drängte eine neue Schar von Trauergästen in den Raum. Es war als sei die ganze Straße emporgestiegen. Durch die unerwartete Dunkelheit entstand Aufruhr und Gedränge. Die am Sarg zunächst Stehenden stürzten über den Katafalk. Die verzweifelte Anna Grigorjewna ergriff ihre beiden Kinder und warf sich über den Sarg, um ihren Mann auch noch im Tode vor der teils sensationslüsternen, teils ehrfürchtigen Menge zu schützen.

Auch der Schluß seines Lebensbuches mutet uns wie ein Abschnitt aus einem seiner Romane an: in schwarzer Dunkelheit leuchtet nur das Heiligenbild. Blinde Menschenwogen umbranden seinen Sarg, wollen von ihm Besitz ergreifen wie in späteren Jahrzehnten die ganze Menschheit.

Am Tage vor der Beerdigung war die tapfere Anna Grigorjewna so übermüdet, daß sie einen Nervenzusammenbruch erlitt. In der allgemeinen Überstürzung versuchte man ihr anstatt eines Beruhigungsmittels ein Gift einzuflößen. Es fehlte nicht viel und dieses Versehen hätte ihren Tod herbeigeführt.

Die Mönche des Alexandernewski-Klosters kamen und baten um die Erlaubnis, die irdischen Überreste des geliebten Dichters in der Umfriedung ihres Klosters beizusetzen. Am Grabe sprach als erster

A. T. Palm, der mit ihm zusammen auf dem Schafott gestanden hatte. Mit welch leuchtender Ruhe habe Dostojewskij den Urteilsspruch hingenommen; vor dem Tode habe er sich nicht gefürchtet, weil er etwas kannte, was stärker war als der Tod. Wladimir Solowjew sprach über Dostojewskijs zukunftweisendes Christentum. Die grandiose Beisetzung gestaltete sich zu einem historischen Ereignis. Auf Staatskosten hatte man ihn in die Hölle nach Sibirien gesandt, auf Staatskosten geleitete man ihn nun in den Himmel.

So endete das irdische Dasein Fjodor Michailowitsch Dostojewskijs, eines lebensbejahenden Märtyrers der Neuzeit.

II.

MENSCHENGESTALTER

Der Mensch als Mittelpunkt des Kosmos

„Der Mensch ist ein Geheimnis. Ich beschäftige mich mit diesem Geheimnis, denn ich will ein Mensch sein."

Man hat Dostojewskijs Werk durch literaturkritische, philosophische und geisteswissenschaftliche Methoden aller Art zu ergründen versucht. Er ist ein Schriftsteller, der besonders oft vom Standpunkt der Nutzanwendung in der Psychologie, Psychiatrie, in der Jurisprudenz, Medizin und Theologie betrachtet worden ist. Wir können uns heute keinen Juristen, Theologen, Mediziner und vor allem keinen Psychologen und Pädagogen großen Stils, ja überhaupt keinen Denker auf humanistischem Gebiet ohne eine gründliche Kenntnis der Werke Dostojewskijs vorstellen.

Seine Beschreibung der Epilepsie wird in medizinischen Lehrbüchern zitiert und seine Christus-Lehre von westlichen und östlichen Repräsentanten der Kirche erforscht. Seine geniale Intuition hat vorweggenommen, was die Wissenschaft ein halbes Jahrhundert durch langwieriges, mühsames Forschen, Beobachten und Experimentieren festgelegt hat. Ich will hier nur einige besonders eklatante Beispiele erwähnen:

August Forel* weist darauf hin, daß Dostojewskij bereits in seiner Erzählung „Das Dorf Stepantschikowo" (1859) jene Erkenntnisse gleichnishaft ausgesprochen hat, die Adler auf Grund seiner psychologischen Forschungen gefunden zu haben glaubt, nämlich,

* August Forel „Der Hypnotismus oder die Suggestion und die Psychotherapie", 1919.

daß der Wille zur Macht, ein unbefriedigter Geltungsdrang, die Hauptquelle innerer Konflikte und seelischer Verkrüppelungen sei. „Vieles wissen wir unbewußt", diesen Satz schrieb Dostojewskij, als das Unbewußte, das Unterbewußtsein, noch nicht zum Problem der Wissenschaft geworden war. Im „Tagebuch eines Schriftstellers" setzt er sich für die Schuldlosigkeit einer Frau in anderen Umständen ein, die ihre kleine Stieftochter zuerst betreut und dann durchs Fenster hinauswirft, ohne sich ihrer Tat bewußt zu sein. Von den Wissenschaftlern ist Forel wohl einer der ersten, der nachwies, daß Verbrechen aller Art, auch Mord und Selbstmord, in unbewußtem Zustand vollbracht werden können.

Auch Alfred Adler*, der im allgemeinen durchaus nicht mit Forel übereinstimmt, weist nach, daß wir keinen zuverlässigeren Führer auf dem Gebiete der Psychopathologie als Dostojewskij hätten, über dessen Kenntnisse man bis heute nicht hinausgelangt sei. Und in der Tat, welcher psychologisch und psychiatrisch gebildete Schriftsteller hat seelische Krankheiten mit größerer Genauigkeit und Anschaulichkeit als Dostojewskij geschildert? Was Spezialisten unserer Zeit mühselig zutage fördern, hat Dostojewskijs genialer Geist lange vorher, ohne sich selber dessen bewußt zu sein, entdeckt. Die Vertreter der modernen Psychiatrie und Individualpsychologie haben der Kunst Dostojewskijs neue Einsichten abgewonnen, die Psychoanalyse dagegen, und vor allem ihr tyrannischer Monarch Sigmund Freud, der Verächter souveräner geistiger Leistung, er und die Masse seiner ihm blindlings ergebenen Schüler, haben Dostojewskijs Kunst auf eine so grobe Art vergewaltigt, wie das nur noch die bolschewistische Prokrustes-Kritik getan hat. Als Dichter setzt Freud Dostojewskij gleich neben Shakespeare, die „Brüder Karamasow" zählt er zu den Höchstleistungen der Weltliteratur und nennt sie den großartigsten Roman, der je geschrieben wurde, aber Dostojewskijs gesamte Problematik reduziert er auf einen Ödipuskomplex. Dostojewskij habe es versäumt, ein Lehrer und Befreier der Menschen zu werden, er hätte sich durch seine politischen und vor allem seine religiösen Anschauungen zu den Kerkermeistern gesellt und die kulturelle Zukunft der Menschheit würde ihm wenig zu danken haben**.

* Alfred Adler, Individualpsychologe und Nervenarzt 1870—1937.
** Sigmund Freud: „Gesammelte Schriften" Bd. XII.

Für Dostojewskij ist der Mensch Mittelpunkt des Kosmos. Er ahnte seine Berufung voraus, als er im Alter von achtzehn Jahren seinem Bruder schrieb: „Der Mensch ist ein Geheimnis; bist Du Dein Leben lang bemüht, es zu enträtseln, dann sage nie, daß Du Dein Leben vergeudet hättest. Ich beschäftige mich mit diesem Geheimnis, denn ich will ein Mensch sein." Für ihn ist der Mensch nicht eine der zahllosen Spielarten der Natur, sondern das Zentrum aller Schöpfungen, die Sonne, um die alles kreist. Im Menschen liegen alle Rätsel des Universums beschlossen, und wer das Rätsel Mensch löst, löst gleichzeitig auch das Rätsel Gott. Der brennende Atem des Menschen hat die Wälder ausgebrannt, die Seen und die Flüsse ausgetrocknet, die lieblichen Felder und Matten versengt. Allein steht er in der brennenden Wüste und streckt die Arme nach Gott aus. „Die Menschen sind allein auf der Erde — das ist's, was so furchtbar ist! Gibt es hier überhaupt noch einen lebendigen Menschen? So rief der russische Bogatyr. Auch ich rufe so, obwohl ich kein Bogatyr bin und niemand antwortet mir. Man sagt, die Sonne belebt das All. Die Sonne geht auf, aber — schaut her — ist sie nicht eine Leiche? Alles ist tot, überall sind Tote. Nur Menschen — und rings um sie Schweigen — das ist die Erde!" Diese bangen Worte lesen wir in der kleinen genialen Erzählung „Die Sanftmütige", die Dostojewskij einige Jahre vor seinem Tode schrieb.

In seinen Romanen gibt es nur wenige Naturschilderungen. Er kennt keine lyrische Prosa, an der die Werke Turgenjews so reich sind. Die Natur ist für ihn nur ein Seelenreflex: die Landschaft veranschaulicht das unsichtbare Bild der Seele. So z. B. im Totenhaus die Beschreibung der Steppe: „Am jenseitigen Ufer erstreckte sich die Steppe endlos in die blaue Ferne; es war ein düster — trostloser Blick. Im Winter, besonders bei trübem Wetter, stimmte es einen schwermütig, wenn man über den Fluß nach dem anderen Ufer schaute. Es lag etwas Bitteres, Herzzerreißendes in dieser wilden verlassenen Landschaft. Aber noch weher wurde es einem zumute, wenn die Sonne hell auf die grenzenlose Schneewüste schien. Man sehnte sich, wegzufliegen, weit weg in diese endlose Ebene."

In seinen Erstlingswerken hört man noch den Donner grollen und spürt den Duft des blühenden Flieders. Aber in den Werken der späteren Periode tritt die Natur immer mehr zurück. Der „Idiot" ist ein Roman von über sechshundert Seiten und man findet darin nur zwei, drei kurze, auf Naturereignisse sich beziehende

Zeilen: „Im Frühsommer hat Petersburg einige wundervolle Tage — klare, heiße, windstille. Und zum Glück war dieser Tag einer jener seltenen.“ Und die zweite „Naturschilderung“: „Es war eine milde, warme, helle Nacht, eine Petersburger Nacht, Anfang Juni, aber in der dichten schattigen Allee, wo er saß, war es fast dunkel.“ In den „Dämonen“ wirkt die Schilderung der Frühjahrsnacht mit dem blühenden Faulbaum fast wie ein Mißverständnis; dagegen ist die Herbstnacht am Teich des alten Parks, wo der Wind in wild schwankenden Kiefernwipfeln heult, wie ein Symbol für das dunkle Walten der Dämonen. Im „Jüngling“ erzählt der kranke Makar von seinem Pilgerleben: „Wir übernachteten alle zusammen unter freiem Himmel, und ich erwachte frühmorgens, als alle noch schliefen, und sogar die Sonne noch nicht hinter dem Walde hervorsah. Ich hob den Kopf, ließ den Blick ringsum über die Erde schweifen und atmete auf: Eine Schönheit ringsum, die unaussprechlich ist... Und daß die Welt ein Geheimnis ist, das macht sie ja noch schöner.“ Nicht um die Naturschilderung ist es Dostojewskij hier zu tun, um den Sonnenaufgang oder den Frühlingsmorgen, sondern um die Welt als ein Geheimnis Gottes.

Die einzige, freilich unvergeßliche Naturbeschreibung in den „Brüdern Karamasow“ ist der Sternenhimmel über den weißen Klostermauern, jene klare Nacht, in der sich die geistige Wiedergeburt Aljoschas vollzieht. In der Meistererzählung „Die Sanftmütige“ gibt es überhaupt keine Kulissen. Als diese sanfte namenlose Frau, das seltsamste Geschöpf Dostojewskijs, Selbstmord beging, war es damals Frühling oder Winter — wer vermag das zu sagen? Wenn die Seele den letzten, schwersten Kampf kämpft, was haben dann Sonnenschein oder Regen zu bedeuten? In Dostojewskijs Romanen wird uns in der Regel gar nicht bewußt, in welcher Jahreszeit die Handlung spielt. Welkten oder grünten die Blätter, als die kleine Lisa dem keuschen Aljoscha ihre Liebe gesteht? Und wen geht es etwas an, ob es Winter oder Sommer war, als Nastassia Filippowna ihre Tausendrubelscheine in den brennenden Kamin warf?

Es gibt keine Jahreszeiten in der Seele seiner Menschen, es gibt in ihr kein erdverbundenes Blühen und Welken, sie zieht neue Kräfte nicht aus der Erde, sie ringt Sommer und Winter, Tag und Nacht verzweifelt mit Gott. Keine sonnenbeschienenen Pfade, keine schattigen Haine, kein Erdgeruch und keine erquickenden Regenschauer, nur Kalk- und Mörtelstaub, Vorstadtkneipen und dumpfe Pensionszimmer. Seine Menschen leben in Städten, und die Stadt ist die ureigenste Schöpfung des Menschen, sie ist ein Teil von ihm, ein besonderer Punkt in seiner tragischen Schicksalslinie. In gespenstischem Licht flackert Petersburg vor uns auf, „die abstrakteste und unwirklichste Stadt". Vergeblich werden wir nach einer realen Beschreibung von Straßen oder Bauten suchen. Nie hat er Kirchen und Plätze mit photographischer Treue beschrieben, wie etwa Zola oder Victor Hugo. Er zeichnete seine Stadt wie van Gogh, mit erschreckend visionärer Gewalt. Wir sehen in seinen Werken weder Brücken noch Denkmäler noch Kuppeln der Kirchen, wir fühlen nur den feuchten Schnee, naßkalte, neblige Luft, in der Wahnsinnsgedanken und Verbrechen keimen, oder die giftige Glut des Großstadtsommers, in dem Verzweiflung brennt und eine wilde Sehnsucht nach Heiligung geistert. „Es war eine düstere Geschichte, eines jener düsteren und qualvollen Dramen, welche sich so unausweichlich, nahezu mysteriös unter dem schweren Himmel von Petersburg abspielen, in den dunklen, versteckten Winkeln der Riesenstadt, inmitten des gärenden Strudels von stumpfem Egoismus, widerstreitenden Neigungen, dunklen Lastern und heimlichen Verbrechen. In dieser untersten Hölle eines sinnlosen Lebens."

Dostojewskij ist kein Landschaftsmaler, er ist Porträtist. Einzelfiguren und ganze Scharen drängen sich in seinen Romanen zusammen, wie im Jüngsten Gericht der alten Meister Menschen von unsichtbarer Hand zusammengeballt die ganze Fläche der Leinwand ausfüllen. Das ist vielleicht einer der Gründe, warum die Lektüre seiner Romane beschwerlich ist. In den „Dämonen" figurieren mehr als vierzig Personen, im „Idioten" neunzehn Hauptfiguren und fast ebensoviele Nebenpersonen: Bediente, Anstandsdamen, Besucher, und niemand ist Statist, alle haben ihre einmalige Physiognomie. Das was alle sehen, war ihm gleichgültig. Er wollte das innere Gesicht erfassen und war stets begierig, neue Gesichter kennenzulernen, aber detaillierte Porträts waren nicht seine Stärke. Er schilderte nicht, wie lang die Nase seines Helden, wie groß sein Mund war, wie das Tolstoj und Turgenjew so meisterhaft verstanden. Das Antlitz eines Menschen war für ihn, wie für die Expressionisten, lediglich ein Wahrzeichen der Seele. Die von ihm geschaffenen Menschen vergessen wir nie, obwohl wir nicht immer wissen, ob sie braun- oder schwarzäugig sind; wer vermag zu sagen, ob

Gruschenka oder Katharina Iwanowna blond oder brünett waren? Dagegen weiß jeder Leser, daß Turgenjews Lisa im „Adelsnest“ glattes schwarzes Haar hatte und eine Haut wie Elfenbein; auch an den dunklen Flaum auf der Oberlippe der Fürstin Bolkonski erinnert sich jeder, der Tolstojs „Krieg und Frieden“ gelesen hat. Dostojewskij sah den Menschen wie Fürst Myschkin in den ekstatischen Augenblicken, die der Epilepsie vorausgehen. Die Seele, ein Teil der Gottheit, ist für ihn ebenso leibhaftige Wirklichkeit wie die Landschaften bei Turgenjew. Beschreibt er äußere Kennzeichen, so nur als Ausdruck des Seelischen. Von Ragoschin zum Beispiel heißt es: „Er hatte fast ganz schwarzes, lockiges Haar und kleine, graue, feurige Augen ... eine breite, platte Nase und hervortretende Backenknochen. Seine dünnen Lippen verzogen sich beständig zu einem anmaßenden, spöttischen, ja boshaften Lächeln. Aber die hohe und wohlgeformte Stirn entschädigte für die unedlen Züge der unteren Partie seines Gesichtes.“

Hier spricht er allerdings von schwarzem Haar und grauen Augen, aber die platte Nase, das anmaßende Grinsen, die gemeine untere Gesichtshälfte, die zur hohen, wohlgeformten Stirn nicht paßt, prägen sich unserem Gedächtnis weit tiefer ein. Das, was bei ihm am meisten in die Augen fiel, war seine tödliche Blässe, die seinem jungen Gesicht einen angespannten und gequälten Ausdruck verlieh, der wiederum in seltsamem Gegensatz zu seinem zynischen Grinsen und seinem anmaßenden Blick stand.

Manchmal ist es irgendein Ding, ein konkreter Gegenstand, den Dostojewskij mit einem Scheinwerfer beleuchtet, um eine innerliche Eigenart seines Helden hervorzuheben. Fürst Myschkin sitzt in einem Abteil dritter Klasse und hält ein kleines Bündel in der Hand, „sein gesamtes Gepäck“. Im Verlauf der Erzählung stoßen wir bei sieben verschiedenen Gelegenheiten auf dieses unglückselige Bündel. Er macht die Bekanntschaft Ragoschins, der einen kostbaren Pelzmantel trägt, auf sein Bündel schaut und sarkastisch fragt: „Ist das Ihr Gepäck?“ Erstaunen und Herabsetzung liegen in dieser Frage, die erste Andeutung der späteren gegenseitigen Beziehungen. Die Bedürfnislosigkeit des Fürsten ist Ragoschin unbegreiflich, er ärgert sich über sie, er verhöhnt sie und bewundert sie unbewußt. Später besucht Myschkin den General Jepantschin. Als der Diener das elende Bündel sieht, ist er im Zweifel, ob er diesen Besucher überhaupt anmelden soll. In der Familie des Generals wird er durch sein Bündel zu einer komischen Figur. Dann will er ein Zimmer bei den Iwolgins mieten, und die Hausfrau fragt ihn: „Sie haben wohl einen Koffer?" — „Nein, nur ein Bündel." Die Iwolgins leben selbst in beschränkten Verhältnissen und ständiger Geldnot, aber solch offenherzige Dürftigkeit geht über alle Anstandsbegriffe, und das Bündel erdrückt den Fürsten, macht ihn zum Idioten. Das kleine, siebenmal auftauchende Bündel dient nicht nur zur Enthüllung seiner lauteren franziskanischen Seele, sondern entblößt auch alle von der Habgier Besessenen.

Jede Gestalt hat ihre eigene Sprache, ihren eigenen Wortschatz, jede Stimme ihre eigene Kadenz. Stawrogin streut Worte wie glatte, blanke Glasperlen. Er ist von glänzender Beredsamkeit, ganz gleich, ob er sich müde oder frisch fühlt, über jedes Thema kann er zu jeder Zeit fließend sprechen: seine Lippen formen abgerundete, eindrucksvolle Worte, bei denen sein Herz unbeteiligt bleibt. Oder der Erzteufel Werchowenski, dessen zynischer Wortschatz von seinem grenzenlosen Nihilismus zeugt.

Aglaja im „Idiot" ist ein kapriziöses Geschöpf. Daß sie ihrer Mutter aufs Haar gleicht, wird zwar nirgends ausdrücklich erwähnt, aber das geht aus ihrer Wortwahl, aus ihrer Art und Weise zu sprechen hervor. Aglajas Mutter sagt zum Fürsten Myschkin: „Ich will wissen, wie Sie eine Geschichte erzählen. Ich will mich selbst überzeugen, und wenn ich die alte Fürstin Bolkonski treffe, dann werde ich ihr alles von Ihnen erzählen. Ich will, daß auch die anderen Anteil an Ihnen nehmen. Kommen Sie, erzählen Sie mir etwas ... Ich will wissen, ob Sie erzählen können ..." Und ihre Tochter Aglaja sagt zum Fürsten Myschkin: „Ich will von zu Hause weglaufen, und Sie müssen mir dabei helfen ... Ich will mutig sein und mich vor nichts fürchten. Ich will all die blöden Bälle nicht mehr mitmachen. Ich will irgendwo nützlich sein ... Ich will Rom sehen. Ich will die gelehrten Kreise kennenlernen. Ich will in Paris studieren ... Ich will keine Generalstochter sein. Ich will von zu Hause weglaufen — ich will es."

Die Mutter will viermal, die Tochter ist jünger, vitaler, ungeduldiger, und will noch mehr — zehnmal wiederholt sie herrschsüchtig das gleiche Wort. Naiv, egozentrisch und verwöhnt, kann weder die Mutter noch die Tochter sich vorstellen, daß einer ihrer Wünsche unerfüllt bliebe: sie meinen, die ganze Welt sei nur dazu da, sich ihrem Willen zu fügen.

Auch die Kinder und Jugendlichen haben ihre eigene Sprache. Kolja Krasotkin flicht in seine kindlichen Sätze die von Erwachsenen oder aus klugen Büchern aufgeschnappten, halbverstandenen Wörter und Phrasen hinein. Und wenn man nicht wüßte, wie alt Netotschka, Nelly und Iljuscha sind, so könnte man aus der Art, wie sie sprechen, mit ziemlicher Genauigkeit auf ihr Alter schließen.

Dostojewskijs Menschen empfinden wir nicht als Helden eines Buches. Sie sind unsere Mitmenschen, sie sind wir selbst. Nicht alle sind uns sympathisch, viele sind uns unheimlich, erregen unseren Abscheu, aber wir können uns ihnen nicht entziehen; sie verfolgen uns bis in unsere Träume, wir fürchten uns, ihnen auf der Straße zu begegnen. Kaum ein anderer Schriftsteller der Weltliteratur hat den Menschen so inbrünstig geliebt, sich so tief vor seinem Leid und der seelischen Irrationalität gebeugt, hat die schwärzesten Abgründe im menschlichen Innern gekannt und sich trotzdem nicht von ihm abgewandt. Aus der Überfülle seines Herzens sind seine Werke entstanden, und das Herz des Menschen, um das Gott und Teufel kämpfen, das unbegreiflichste Ding der Welt, das sich im Laufe der Jahrtausende kaum geändert hat, war sein Reich.

Es mag andere Schriftsteller geben, deren Bücher ebenso reich an Ideen sind, aber es gibt keinen, dessen Ideen so lebendig sind. Seine Gestalten treten aus dem Nichtsein ins Sein, um gewisse philosophische, ethische und religiöse Begriffe praktisch zu erproben; denn was haben schließlich all die großen Ideen für einen Sinn, wenn sie nicht gelebt werden? Raskolnikow erprobt die Theorie vom Übermenschen, Kyrillow den unbedingten Diesseitsidealismus, Fürst Myschkin die Idee der christlichen Liebe. Die Neugestaltung des Lebens durch die im Herzen ausgetragenen Gedanken, durch den Einklang von Philosophie und Leben — diesem donquichottischen Traum, für den Dostojewskij bitter bezahlen mußte, blieb er bis zum letzten Atemzuge treu. Als einer der größten Anthropologen und Experimentalpsychologen, für den das ganze Leben zum Laboratorium geworden ist, entreißt er den Menschen seiner Alltagsumgebung, streift alle Hüllen von ihm ab und versetzt ihn in einen brennenden ekstatischen Zustand, um seelische Probleme in ihrer Zuspitzung zu erforschen und die geheimen Schriftzeichen des menschlichen Herzens zu entziffern.

Keine seiner Gestalten kämpft gegen oder für eine Gesellschaftsordnung, gegen oder für ein religiöses Dogma, keine wird bei der

Ausübung eines Berufes gezeigt. Die soziale Frage im modernen Sinn kennt dieser Dichter, der die tiefsten Anregungen zu sozialen Reformen gegeben hat, nicht. Er schildert das Leben in der höchsten Höhe und tiefsten Tiefe, das Reich der Mitte fehlt. Unwillkürlich fragt man sich, wie die Menschen, die seine Welt bevölkern, bei solchem „Müßiggang" existieren können.

Dostojewskijs Ich besaß eine unglaubliche Expansionskraft, und daher konnten Gottsucher wie Solowjew wie auch hyperbolische Ichmenschen wie Nietzsche ihn zum Wegweiser erwählen. Henker und Heilige hat er mit der gleichen Lebendigkeit, mit der gleichen Echtheit und Eindringlichkeit geschildert. Es gibt bei ihm dunkle Charaktere, die ihren Schatten auf die Lichtgestalten wie eine unbeantwortete Frage werfen: warum schuf Gott diese Wesen? „Man spricht manchmal von tierischer Grausamkeit, aber das ist ein großes Unrecht und eine Beleidigung, die man den Tieren zufügt, ein Tier kann nicht so grausam sein wie ein Mensch, so raffiniert grausam", sagt Dostojewskij in seinem letzten Werk. Das Wissen Dostojewskijs um die heimlichen, sündigen Triebe des Menschen, die rohen Begierden, die geistige Stumpfheit, den Sadismus, ist ebenso tief wie sein Wissen um den Adel der menschlichen Seele und seine geheiligte Schönheit. „Weit ist der Mensch, allzu weit, ich würde ihn ein wenig verengern." Die Bevölkerung seiner Welt könnte man in drei Gruppen einteilen, mit dem Vorbehalt, daß diese Klassifizierung in keinem Fall alle Gestalten umfaßt; auch gibt es viele Zwischenstufen, auf die näher einzugehen zu weit führen würde.

Da sind die finsteren Naturen, die Höllenmenschen, die dem menschlichen Auge als ein Schandfleck göttlicher Schöpfung erscheinen, vielleicht aber von einem höheren, uns nicht zugänglichen Standpunkt aus irgendwie gerechtfertigt sind. Da sind die Insassen der Hölle: die zur Reue unfähigen Verbrecher, Wollüstlinge, Zerstörer der Ordnungsgesetze aus reiner Zerstörungswut. Zu dieser Gruppe gehört der aalglatte Schurke und schamlose Egoist, Fürst Wolkowski in den „Erniedrigten und Beleidigten", eine Reihe der Verbrecher im „Totenhaus", der Lustmörder Gasin, der Arrestant Orlow — die Inkarnation des Bösen. Dazu gehört das spinnenartige Ungeziefer, das den Namen Swidrigailow trägt, wie auch der Lakai Smerdjakow, dessen Name allein schon übel riecht, und zwei der bösesten Dämonen: der junge Werchowenski und Schigaleff: für sie, die aus Satans Schule sind, gibt es keinen Weg zum Licht. Denkt man an das Gesicht des alten Karamasow, dieses Unflats, meint man, auch er sei dem Bösen rettungslos verfallen: „Große, fleischige Wülste unter den kleinen, immer unverschämt, argwöhnisch und spöttisch blickenden Augen. Neben der Unzahl von tiefen Falten, die sein kleines, feistes Gesicht furchten, hing der Adamsapfel unter seinem scharfen Kinn wie ein großer, fleischiger Kropf, der ihm ein abstoßendes, sinnliches Aussehen verlieh. Dazu ein großer, raubgieriger Mund mit dicken Lippen, hinter denen kleine, schwarze verfaulte Zahnstümpfe ragten." Weht der Geist Gottes auch über ihm? Während seine sanfte, gottesfürchtige Frau vor der Ikone betet, spuckt er im Vorübergehen das Heiligenbild an. Seine eigenen Kinder nennt er Ferkel und spürt nicht die geringste Verpflichtung ihnen gegenüber. Wie ein Notschrei klingt die bange Frage: „Warum lebt solch ein Mensch überhaupt auf der Welt?" Kennzeichnend aber ist es, daß man unter den Höllenmenschen keine einzige Frau und selbstverständlich keine Kinder antrifft.

Die zweite Gruppe ist die umfangreichste; sie bevölkert den Läuterungsberg. Hierher gehört Mitja Karamasow, dem jede Selbstbeherrschung fehlt und von dem die ihn liebende Gruschenka sagt: „Er ist ein wildes Tier und dennoch edel." Und er selbst kommt zu der Erkenntnis: „Nun habe ich erfahren, daß es nicht möglich ist, als Schuft zu leben, es ist auch nicht möglich, als Schuft zu sterben. Nein ... sterben muß man anständig!" Von den Frauengestalten bleiben einige am Fuße des Berges, andere wiederum sind dem Gipfel nah. Da ist die in ihrem Stolz maßlose Katharina Iwanowna, die leidenschaftliche Aglaja, die das Ziel ihrer Sehnsucht nicht kennt, und trotz ihrer überreichen Natur vom rechten Wege immer wieder abirrt. „Wolken ohne Wasser, von dem Winde angetrieben, kahle unfruchtbare Bäume, wilde Wellen des Meeres, die ihre eigene Schande ausschäumen." Die bacchantische Nastassia Filippowna, die verführerische Gruschenka, die Fleischlichen, die keinen Geist haben und nach den eigenen Lüsten wandeln. Die kleine perverse Lisa steht nah am Höllenrand, aber ihre Stirn ist von einem überirdischen Licht gestreift. Hierher gehören auch alle an der Hybris Erkrankten: die Rebellen gegen Gott: — Raskolnikow, Hippolyt, Kyrillow, Iwan — die der Wahlspruch vereint: wenn es Gott nicht gibt, ist alles erlaubt.

Zur dritten Gruppe gehören die, die das Wort der Geduld und Demut bewahrt haben, die Apostel Christi: der Fürst Myschkin, der Pilger Makar, Aljoscha und vor allem der Staretz Sossima. Und nicht nur die Helden großen Formats sind von einem jenseitigen Licht beschienen, hierher gehören auch Alej aus dem „Totenhaus", Wanja und Natascha aus den „Erniedrigten und Beleidigten", Sonja Marmeladowa, die Furchtlose, sie alle vereinigen sich unter der Fahne des Fürsten Myschkin: „Demut ist eine große Kraft."

In Dostojewskijs Reifewerken werden die Höllenmenschen immer seltener, aber die Dreiteilung bleibt auch in seinem letzten Roman: der alte Karamasow sitzt in der Hölle, zwei seiner Söhne, Iwan und Mitja, wandern auf verschlungenen Wegen des Läuterungsbergs, und sein jüngster Sohn, der fromme Knabe, betritt mit der Lehre Sossimas im Herzen den Vorhof des Paradieses. Doch wie verschieden seine Gestalten auch sind, eines ist ihnen allen gemeinsam: sie bilden nicht eine Porträtgalerie russischer Typen, worauf auch schon Fedor Stepun hingewiesen hat. „Er hat wohl Rußlands unsichtbares Antlitz, das heilige wie das dämonische, mit visionärer Kraft erschaut und geschildert, keineswegs aber die einfachen russischen Gesichter in Stadt und Land in ihren Berufen und bei ihrer Arbeit porträtiert."*

Und Dostojewskij selbst bekennt in den Notizen zum „Jüngling": „Untergrund! Untergrund! Der Dichter des Untergrunds! Die Feuilletonisten wiederholen das, als sei es eine Erniedrigung für mich. Toren! Das ist mein Ruhm, denn hier liegt die Wahrheit." Nicht die bewußten, offensichtlichen Taten schildert er, sondern die Geheimnisse des Unterbewußtseins, des Untergrunds, das unlösbare Rätsel Mensch.

* Fedor Stepun: „Dostojewskij, Weltschau und Weltanschauung", 1950.

Rebellen gegen Gott

„Der Mensch ist zum Empörer geboren, und können Empörer glücklich sein?"

1. Raskolnikow

„Schuld und Sühne" eröffnet die Reihe der Romantragödien, in denen die Helden kämpfen und untergehen, um Gottes Existenz zu leugnen oder zu beweisen. „Der Mensch ist zum Empörer geboren, und können Empörer glücklich sein?" In dieser Sentenz konzentriert sich das Wesen des gottlosen Humanisten Raskolnikow und das seiner „Brüder" Kyrillow, Hippolyt, Stawrogin, Iwan Karamasow.

Im Roman „Schuld und Sühne" setzt sich Dostojewskij mit den Ideen auseinander, die in den sechziger Jahren in der Luft hingen und die er aufmerksam verfolgte. In seinem Notizbuch heißt es, in diesem Werk wolle er alle Fragen bis auf den Grund umpflügen, vor allem die materialistischen und atheistischen Anschauungen, die moralische Brüchigkeit. Eines der viel gelesenen Bücher war damals das Werk Napoleons III. „Die Geschichte Julius Cäsars". Das Vorwort erschien gleichzeitig in französischer, deutscher, englischer und russischer Sprache und übte eine so tiefgreifende Wirkung aus, wie etwa nach dem ersten Weltkrieg Oswald Spenglers „Der Untergang des Abendlandes". Die russische Zeitung „Golos", die Dostojewskij täglich sehr aufmerksam las, brachte 1865 im März fast täglich Abschnitte und Auseinandersetzungen aus und mit dem genannten Werk, das sich an alle Völker und Nationen der ganzen Erde wandte. Die Grundgedanken der vielumstrittenen Einleitung waren: die Allmacht des Erfolges, die Vorherrschaft der Privilegierten, die Bedeutung der Helden und Heldenverehrung. Ferner: die Berechtigung von zweierlei Logik, zweierlei Recht, eines für die gewöhnlichen Menschen, ein anderes für die Helden, die genialen Köpfe. Napoleon III. hatte die Geschichte Julius Cäsars augenscheinlich geschrieben, um seine eigene Regierung zu rechtfertigen.

Der sowjetrussische Literat W. W. Danilow ist der erste, der 1933, die Komposition von „Schuld und Sühne" analysierend, auf den Zusammenhang zwischen der Einleitung des Julius-Cäsar-Buches und dem Roman Dostojewskijs, der in allen Einzelheiten die Psychologie eines ideellen Verbrechers schildert, hinweist. Gewiß kann von einer Beeinflussung die Rede sein, aber zu unterstreichen ist, daß ein schöpferischer Mensch nur von solchen Ideen sich beeinflussen läßt, die er keimhaft bereits in seinem Innern trägt. Fraglos hätte Dostojewskij auch ohne das Napoleonbuch „Schuld und Sühne" geschrieben. Lesen wir den Roman, ohne uns mit Dostojewskij-Forschung beschäftigt zu haben, gewinnen wir den Eindruck, hier einem Helden zu begegnen, der Nietzsches Philosophie vom Übermenschen im praktischen Leben ausprobieren will. Und Dostojewskij konnte Nietzsche nicht gelesen haben, denn die Hauptwerke des deutschen Philosophen erschienen erst nach dem Tode des russischen Dichters. Ob anderseits Nietzsche, der das „Totenhaus" überaus hoch schätzte, „Schuld und Sühne" gelesen hat, ist fraglich, aber die Verwandtschaft Zarathustras mit Raskolnikow ist so verblüffend, daß wir bei einigen gemeinsamen Erkenntnissen, die damals in der Luft lagen, verweilen wollen, um aufzuzeigen, daß auch in ganz voneinander abgetrennten Gärten zu gleicher Zeit gleiche Früchte reifen. Bei einem Vergleich von Nietzsches Übermenschen und Raskolnikow, dem Hauptheldeh in „Schuld und Sühne", dürfen wir keinesfalls diesen mit dem Verfasser selbst identifizieren. Raskolnikow ist ein Übergang zu den Gestalten aus Dostojewskijs Reifezeit, der Übermensch Nietzsches dagegen ist sein Lieblingskind, über das er nie hinausgewachsen ist. Wie der deutsche Philosoph, so hegte auch der russische Dichter eine unabweisbare Sehnsucht nach dem vollkommenen Menschen, den Nietzsche den Übermenschen nannte; dagegen war Raskolnikow für Dostojewskij ein dem Untergang Geweihter, den er — aus seinen Briefen und Notizbüchern ersehen wir das deutlich — als Sünder und abschrekkendes Beispiel empfand. Und trotzdem ist er zu einer der Lieblingsgestalten im Westen geworden, was allerdings weniger über den Schöpfer dieser Gestalt als über den Westen aussagt.

Im Westen wird Nietzsche hauptsächlich als Kulturphilosoph verherrlicht oder abgelehnt, eigentlich war er aber ein religiöser Denker, ein Anthropologe, sind doch seine Hauptprobleme die Beziehungen zwischen dem Menschlichen und Göttlichen, das Suchen nach einem ewigen Sinn in allem weltlichen Geschehen. Seine Sehnsucht nach einem vollkommenen Menschen hat am tiefsten der russische Metaphysiker Nikolaj Berdjajew gedeutet: „Zarathustra ist das Werk eines verlassenen, sich selbst überlassenen Menschen ... in letzter Auswirkung mußte die Krisis des Humanismus zur Idee des Übermenschen, zur Überwindung des Menschen und Menschlichen führen ... in Nietzsche wird der Humanismus nicht von oben her, durch Gnade, sondern von unten her, durch des Menschen eigene Kräfte überwunden, und darin besteht Nietzsches große Tat." Und ferner: „Durch Nietzsche geht die neue Menschheit vom gottlosen Humanismus zu einem neuen göttlichen Humanismus, zur christlichen Anthropologie über ... Nietzsches Qual müssen wir teilen, sie ist durch und durch religiös."*

In diesem Sinne fasse auch ich Nietzsches Übermenschen auf, und nur in diesem Sinne ist er ein, wenn auch unbekannter Verwandter Raskolnikows. Zarathustra beginnt seine Botschaft an die Menschen mit den Worten: „Ich lehre Euch den Übermenschen. Der Mensch ist etwas, was überwunden werden muß." Mit anderen Worten: es ist Pflicht der Menschheit, die vollkommene Persönlichkeit hervorzubringen, die wie ein Grenzpfeiler anzeigt, wie weit die Menschheit kommen kann. Die Weltgeschichte geht ungehindert über die Leichen der Schwachen hinweg. Ein Axiom der Geschichtsphilosophie Nietzsches ist, daß die Menschen niemals einen Gipfel ihrer jeweiligen Entwicklungsstufe erreichten, ohne grausam zu sein.

Nietzsche ging von der Voraussetzung aus, daß es eine Wertverschiedenheit von Mensch und Mensch gibt und kämpfte für eine neue Rangordnung. Er wollte die ganze Gesellschaft als Stufenfolge organisiert sehen: die der obersten, privilegierten Stufe Zugehörigen nennt er bald die Herren, bald die Minorität der Freien oder auch die Aristokraten, die Vornehmen, die wertschaffende Klasse, die höheren Menschen, die den Übermenschen, „den Besieger Gottes und des Nichts", in einer fernliegenden Zukunft hervorbringen werden. Von den um ihn seienden Menschen der Wirklichkeit befriedigte ihn keiner, er war „sehnsüchtig nach Fernerem, Höherem." „Ich sah noch keinen großen Menschen."

Der Minorität der Freien setzt er die Masse der Sklaven entgegen. „Das Wesentliche an einer guten und gesunden Aristokratie ist ...", daß sie mit gutem Gewissen das Opfer einer Unzahl Menschen hinnimmt, welche um ihretwillen zu unvollständigen Menschen, zu Sklaven, zu Werkzeugen herabgedrückt und vermindert werden müssen." Die physisch und geistig Stärkeren entwickeln

* „Der Sinn des Schaffens", J. C. B. Mohr, Tübingen 1930. Vergleiche dazu meinen Essay „Nietzsche, der einsame Mensch" in „Gestalten und Schicksale", Memmingen, zweite Auflage 1956.

sich auf Rechnung der Schwächeren, dazu haben sie ein Recht, wenn ihre durch Entbehrungen gehärtete Seele zur letzten Selbstentäußerung bereit ist. Der Wert des großen Menschen ruht in ihm selber, in der Rangdistanz: voller Verachtung blickt er auf die Herde der Sklaven herab, Pflichten hat er nur gegen seinesgleichen, gegen die anderen verhält er sich nach Gutdünken; ihm ist es bestimmt, „sich selber sein Gesetz zu geben". Aber eines muß er vor allem können: standhalten und die anderen sich unterordnen. Seine Haupttugenden sind: Kraft, Vornehmheit, Verwegenheit. Der Gegensatz des Übermenschen ist der Sklave, das Herdentier, das nicht wagen darf, die Scheidewand, die es von den Privilegierten trennt, niederzureißen. Die vier Tugenden des Sklaven sind: Demut, Keuschheit, Selbstlosigkeit, unbedingter Gehorsam. Der höhere Mensch, Nietzsches Lieblingslied, ist nicht das konsequente Resultat eines streng logischen, synthetischen Gedankengangs, er ist vielmehr ein dichterischer Traum von einem höheren Typus Mensch, — „Nie noch gab es einen Übermenschen" — voller Unklarheiten und Widersprüche, die zu Mißbrauch Anlaß gegeben haben; doch darauf näher einzugehen, ist hier nicht die rechte Stelle.*

Viel Verwandtes mit Nietzsches Lehre vom Übermenschen besitzt die Theorie Raskolnikows; zitieren wir sie mit einigen Kürzungen: „Nach dem Naturgesetz zerfallen die Menschen im allgemeinen in zwei Kategorien, in eine niedrigere, das sind die gewöhnlichen, sozusagen das Material, das einzig zur Vermehrung von seinesgleichen dient, und die eigentlichen Menschen, das heißt solche, welche die Gabe oder das Talent besitzen, ein neues Wort zu sagen ... Die erste Kategorie, das heißt das Material, lebt im Gehorsam und gehorcht gern. Ich meine, es ist ihre Pflicht zu gehorchen, weil sie dazu berufen ist ... Die Menschen der zweiten Kategorie übertreten das Gesetz; sie sind die Zerstörer oder neigen wenigstens zu Zerstörungen, je nach ihren Fähigkeiten ... sie fordern Vernichtung des Gegenwärtigen im Namen einer besseren Zukunft. Und wenn es sich als nötig erweist, zur Verwirklichung einer Idee über Leichen zu gehen oder Blut zu vergießen, so haben diese Menschen

* Nur ein Beispiel: Der absolute Staat machte sich Nietzsches Lehre zu eigen, mißbrauchte sie auf jedem Aushängeschild, rechtfertigte seine Scheußlichkeiten durch Zarathustra-Zitate, obwohl Nietzsche den Staat — den absoluten kannte er nicht einmal! — das kälteste aller kalten Ungeheuer genannt und aus vollem Herzen verachtet hat: „Staat nenne ich es, wo alle sich selber verlieren, Gute und Schlimme: Staat wo der langsame Selbstmord aller — ‚das Leben' heißt, also sprach Zarathustra."

meiner Meinung nach ein Recht dazu und finden in ihrem Innern, in ihrem Gewissen eine Rechtfertigung dafür — das hängt übrigens von der Größe ihrer Idee ab ... Die Menschen der erstgenannten Kategorie sind die Herren der Gegenwart, die der zweiten die Herren der Zukunft. Die ersten bewahren die Welt und vermehren sie quantitativ, die zweiten bewegen die Welt und führen sie zum Ziel ... Wessen Vernunft und Geist stark und mächtig sind, der wird unter ihnen zum Herrscher erkoren. Wer sich am meisten erkühnt, der hat recht."

Wesentlich ist, daß Raskolnikow gleich Nietzsche eine Rangordnung der Menschen anerkennt, sie in Gewöhnliche und Ungewöhnliche einteilt. Auch verficht er die individuelle innere Selbstherrschaft und behauptet, der große, starke, ungewöhnliche Mensch sei das letzte Wertmaß, das kein Kriterium über sich habe. Die Anbetung der Stärke und nicht der Güte ist für beide kennzeichnend, das Fehlen einer transzendenten Macht. Gleich Zarathustra predigt auch Raskolnikow nicht Gewissenlosigkeit, sondern zweierlei Gewissen, nicht aus Willkür vergießt der ungewöhnliche Mensch Blut, nein, in bestimmten Fällen gebietet es ihm „sein Gewissen".

Sowohl Raskolnikow als auch Nietzsche kennen den Taumel des bedingungslosen Individuums und sind Bewunderer Napoleons. Für Raskolnikow ist er das Muster eines Herrschers, dem alles erlaubt ist, für Nietzsche die Verkörperung des höchsten göttlichen Prinzips, die Synthese des Übermenschen und Unmenschen.

Wem es beliebt, der kann Raskolnikows Theorien fast vollständig mit Nietzsche-Zitaten ausdrücken. Greift man ein paar Gedankensplitter aus dem Zusammenhang heraus, so ist es selbst für den Nietzsche- und Dostojewskij-Kenner schwer zu sagen, von wem der Ausspruch stammt: „Eine Handlung an sich ist vollkommen leer an Wert: es kommt alles darauf an, wer sie tut. Ein und dasselbe Verbrechen kann in einem Fall das höchste Vorrecht, im anderen ein Brandmal sein." Könnte das nicht Raskolnikow gesagt haben? Und doch sagt das Nietzsche.* „Ich habe nicht ein Gewissen mit Euch", also sprach Zarathustra und also dachte Raskolnikow. Oder auch: „Was ist Glück? Das Gefühl davon, daß die Macht wächst — daß ein Widerstand überwunden wird."** Klingt dieser Satz nicht wie ein Widerhall von Raskolnikows Bekenntnis:

* Wille zur Macht, § 292. ** Antichrist, § 2.

„Freiheit und Macht, aber vor allem Macht! Macht über all die zitternden Kreaturen, über den ganzen Ameisenhaufen!“

Nicht nur für Raskolnikow, auch für Dostojewskij und Nietzsche ist die Kraft, welche den Menschen zum Gipfel der Vollendung trägt, das Leid. Die Tiefe des Lebensgefühls hängt vom Maß des Leidenkönnens ab. Dostojewskij ist in den weitesten Schichten des lesenden Publikums als der Sinndeuter des Schmerzes bekannt, aber von Nietzsche spricht man allzu häufig ausschließlich als vom Preissänger des schönen, sieghaften, erquicklichen Leibes und der ungetrübten Lust. Man verzerrt ihn aber, wenn man vergißt, daß für ihn Vornehmheit mit dem Ertragen von Armut, Dürftigkeit und Krankheit verbunden war und daß er Menschen, die ihn etwas angehen, Leiden, Verlassenheit, Krankheit, Mißhandlung, Entwürdigung wünscht als Prüfstein für den Wert ihrer Persönlichkeit. Dostojewskijs wie auch Nietzsches physische Hülle war äußerst brüchig und sie wußten aus eigener Erfahrung, daß prophetisches Schaffen in körperlicher und seelischer Hinsicht Kreuztragung bedeutet. „Ihr habt kein Gefühl dafür, daß prophetische Menschen sehr leidende Menschen sind“, heißt es bei Nietzsche, und bei Dostojewskij — Raskolnikow: „Leiden und Schmerzen sind für einen weiten Geist und ein tiefes Herz unumgänglich. Die wahrhaft großen Menschen müssen in der Welt eine tiefe Schwermut empfinden.“ Nietzsche hebt das Leid aus dem Alltag in eine religiös-metaphysische Ebene empor, er spricht vom Willen zum Leiden. Wem ein Schmerz in die Seele dringt, dessen Seele wird „reif gleich goldenem Herbste und Nachmittage.“ Die Bejahung des Schmerzes kann man von der „Geburt der Tragödie“ bis zu „Ecce homo“ verfolgen. Wenn Dostojewskij auch in keinem Fall als Nietzsches geistiger Ahne zu bezeichnen ist, so sollte man doch dessen eingedenk sein, daß Nietzsche in seinem letzten Schaffensjahr, als er die Quintessenz all seiner Gedanken zusammenpreßte, sich einen tragischen Philosophen nannte und die tragische Kunst als die höchste pries; einer der größten Tragödien-Dichter des 19. Jahrhunderts aber ist Dostojewskij.

Nach westeuropäischen Begriffen könnte man Raskolnikow einen Nietzscheaner nennen, der für das Reich des Willens und der Macht jenseits von Gut und Böse kämpft. Er will, um wiederum einen Ausdruck Nietzsches zu gebrauchen, selber ein Experiment sein, sein Leben ist „ein Experiment des Erkennenden“.

Sein unmäßiger Stolz leidet unter den Entbehrungen und Entehrungen der Armut: niedrige Decken und enge Zimmer drücken auf Seele und Geist. Auch grämt ihn die Not seiner Mutter und Schwester. Aber all diese Umstände sind nicht der entscheidende Anlaß zu seinem Verbrechen. Er tötet die alte Wucherin, um eine theoretische Idee in der Praxis auszuprobieren: wird es ihm gelingen, seinen Willen über sich selbst hinaus zum Gebot zu erhöhen und ein Leben jenseits von Furcht, Schuld und Gesetz zu führen? Ist er ein wagender Täter, der die vorgeschriebene Grenze überschreiten darf? Er will unbedingt feststellen, ob er „ein Mensch ist oder eine Laus wie alle anderen". Er weiß: „Nur der gewinnt Macht, der es wagt, sich danach zu bücken und sie aufzuheben." Bis in seine Fieberphantasien hinein peinigt ihn die Frage, ob er nur eine zitternde Kreatur ist oder ein Recht hat, sich das zu nehmen, was er unbedingt braucht.

Mit der inbrünstigen Leidenschaftlichkeit, die nur Dostojewskijs Gestalten eigen ist, erwägt er in langen schlaflosen Nächten unzählige Male den Gedanken: auf der einen Seite ein wertloses, abscheuliches, böses, ja sogar im höchsten Maße schädliches altes Weib; auf der anderen Seite: junge aufkeimende Kraft, Träume von unendlicher Schönheit, die alle in der unerträglichen Dürftigkeit verkümmern müssen. Durch den Mord an diesem kaum noch lebenden Geldschwamm kann er mit einem Male das ihn verkrüppelnde Joch der Armut abschütteln. Und ist es denn nicht möglich, durch tausend gute selbstlose Taten dieses eine einzige Verbrechen auszulöschen? „Für ein Leben, bezahlt mit tausend Leben, die man der Fäulnis und Zersetzung entreißt, — das ist doch die reine Arithmetik." Theoretisch genommen läßt sich diese Aufgabe ohne besondere Schwierigkeiten lösen. Spricht nur die Vernunft, gibt es kein Hindernis; ein solches entsteht aber durch das irrationale Gefühl, das ihn in den Tiefen seiner Seele mit dem unbekannten Gott verbindet. Ein einfaches Rechenexempel, vorausgesetzt, daß die Menschen Zahlen sind. Aber sie sind es nicht. Raskolnikow ermordet die alte Wucherin, aber ein neues Gesetz schafft er nicht. Das geraubte Geld gebraucht er nicht zu den beabsichtigten, edlen, selbstlosen Taten: voller Ekel wirft er es von sich. Ein Grauen vor der eigenen Tat ergreift ihn. Ein Untertan seines Herzens, kämpft er gegen unnennbare Gefühle und erschrickt vor ihrer Irrationalität, „ein Ungestilltes, Unstillbares" ist in ihm, und wenn Romantik eine Steigerung, eine Überspannung des Gefühls bedeutet, war er ein Romantiker. Versonnen lauscht er dem Leierkasten auf der Straße an kalten, dunklen, feuchten Herbstabenden, wenn alle Vorübergehenden fahlgrüne, kranke Gesichter haben, und mehr noch wenn nasser Schnee langsam auf die Erde niederrieselt.

Daß Raskolnikow kein eisgekühlter Intellektualist, sondern eine zwischen heißem Herzen und kalter Vernunft gespaltene Natur ist, zeigt sein Verhältnis zur Mutter und ganz besonders zur geliebten Schwester, die er vor einer der Prostitution gleichzusetzenden Geldheirat bewahren will, und schließlich seine zärtliche Zuneigung Kindern gegenüber. Der Anblick der Schwachen, Arg- und Schutzlosen erweckt in ihm ein Gefühl brennender Scham. Als junger Bursche liebte er ein armes kränkelndes Mädchen, bar jeder Schönheit, und wenn es lahm gewesen und einen Buckel gehabt hätte, würde er es noch mehr geliebt haben. Die Zartheit seiner leicht verletzbaren Seele bricht im Traum vom zu Tode gehetzten Pferde hervor. Hier spüren wir nicht nur Raskolnikows, sondern auch Dostojewskijs mystisches Grauen vor jeglicher Gewalttat, sein Erschrecken vor dem Urbösen, zu dem unter allen Wesen der Natur nur der Mensch fähig ist.

In der unbewußten Schicht seines Seins ist Raskolnikow Christ, in der bewußten — gottloser Humanist, der an Stelle der christlichen Ethik die antichristliche setzt: nicht Liebe und Güte ist der höchste Wert, sondern Wille und Macht; Duldsamkeit und Opfer der Anfang zum Untergang. Er erinnert sich, wie er auf dem Schoß seiner Mutter die Gebetsworte gestammelt hat, wenn er aber jetzt in der brennenden Wüste seiner Absonderung zu beten versucht, lacht er sich selbst aus. Er glaubt an Gott und zweifelt an ihm. Den Abgrund, vor dem er steht, hat die quälendste aller Fragen ausgehöhlt: und wenn es Gott nicht gibt?

Nach dem verübten Verbrechen wird er schwer krank, wie sein Verbrechen überhaupt — dies hebt Dostojewskij mehrfach hervor — etwas Pathologisches ist, er hört nicht mehr Gottes Stimme und verliert die Verbundenheit mit seinen Mitmenschen. Nachdem Raskolnikow die alte Wucherin erschlagen hat, fühlt er sich unerträglich allein, abgesondert, „wie mit der Schere von allem und allen abgeschnitten." Selbst seine Mutter und die inniggeliebte Schwester empfindet er als Feinde: wüßten sie von seiner Tat, müßten sie sich von ihm abwenden. Er ist in einen leeren Raum eingeschlossen. Er ist so allein, wie der Mensch nur durch zwei Dinge wird: durch Verbrechertum und Genialität. Trotzdem bereut er sein Verbrechen nicht, er spürt keine Gewissensqual, nur „Grauen und Verlassenheit". Am Kreuzweg kniet er nieder und küßt die Erde, weil er das bohrende Gefühl der Ungewißheit und die endlosen Verhöre nicht mehr ertragen kann. Er lechzt nach einem neuen Erlebnis, ganz gleich welcher Art. Er fühlt, daß „die zitternde Kreatur" in ihm über den unabhängigen Willensmenschen gesiegt hat und daß er nicht Napoleon, sondern „eine ästhetische Laus, eine widerwärtige, zerquetschte Laus" ist.

Am Anfang des Romans sagt Raskolnikow: „Alles ist in den Händen des Menschen und nur aus Feigheit läßt er sich's wegschnappen — dies ist ein Axiom." Er meint, alles zwar in Händen gehabt, aber aus Feigheit nicht standgehalten zu haben. „Ich bin beim ersten Schritt zurückgeschreckt, weil ich ein elender Waschlappen bin." Nicht darunter leidet er, daß er die alte Wucherin und ihre Schwester umgebracht hat, sondern daß er so töricht war, seine Kraft falsch einzuschätzen: er hätte vorher wissen müssen, ob er zu diesem Wagnis fähig ist. Er denkt voller Neid an Mahomed und Napoleon und an alle sogenannten Wohltäter der Menschheit, die ein neues Gesetz aufstellten und das alte, jahrhundertelang heilig bewahrte zerbrachen. Sie waren harten Willens und führten ihr Vorhaben konsequent durch.

Die Strafe in der Katorga vollzieht in ihm keine Wandlung. Er war verbittert und böse, nicht sein Verbrechen bereute er, sondern das Mißlingen. Da er seinen Plan nicht durchgeführt hatte, hatte er kein Recht zu diesem Schritt. Die Szene, die sich unserem Gedächtnis besonders scharf einprägt, ist folgende: die Sträflinge überfallen Raskolnikow, sind im Begriff, ihn zu erwürgen: „Du glaubst nicht an Gott! Ein Gottloser bist du, erschlagen muß man dich." Sonja ist ihm freiwillig nach Sibirien gefolgt, nur für kurze Augenblicke darf sie ihn sehen und selbst in diesen stößt er sie von sich. Der Schluß des Romans machte Dostojewskij großes Kopfzerbrechen. Seiner Auffassung nach ist jeder Mörder ein blinder Selbstmörder. In seinen Notizbüchern finden wir mehrere Schlußvariationen, die Möglichkeit der Reue wird bald gestrichen, weil sie dem Dichter mit dem Charakter seines Helden unvereinbar scheint. Längere Zeit hegt er den Gedanken, Raskolnikows Leben mit einem Selbstmord zu beenden, dann wird auch diese Variation verworfen und im

Notizbuch findet sich die Eintragung: „Sonja und die Liebe zerbrachen ihn." Von einer schweren Krankheit genesen, reicht er Sonja, der hartnäckig Demütigen, zum erstenmal die Hand, die er ihr bisher immer entzogen hatte. „An die Stelle der Dialektik trat nun das Leben." Er greift nach dem Evangelium, das Sonja ihm geschenkt und das er bisher verschmäht hat. Als Sonja das nächste Mal zu ihm kommt, „erschrickt sie vor Glück". Sieben Jahre, nur noch sieben Jahre mußten sie warten.

„Der befriedigende Schluß" des Romans ist ein Zugeständnis an den Herausgeber und die Leser der sechziger Jahre. Aus den Briefen ersehen wir, daß Dostojewskij der dringenden Bitte seines Verlegers nur ungern nachgegeben hat.

2. Hippolyt

Ein „Nietzscheaner" ist auch Hippolyt (im „Idiot"), ein Verkünder und Opfer des selbstherrlichen Willens, eine tragische Gestalt, ein Bruder des Untergrundmenschen, „ein Durch- und Gegeneinander von Gott, Teufel, Schaf und Wurm", um einen Ausdruck Nietzsches auf ihn zu beziehen. Gleich Raskolnikow ist er ein Individualist, der keinen höheren Willen über sich anerkennt und Willkür für Freiheit hält.

Seine Mutter, eine arme Witwe mit einem stark geschminkten Gesicht, ist mit der Schar verwahrloster Kinder nie fertig geworden. Losgelöst von der Familie, ohne Verbindung mit dem Göttlichen, ohne Bindung an einen geliebten Mitmenschen, durch eine unheilbare Krankheit, die Schwindsucht gezeichnet, rebelliert er gegen die Fesseln, „in die das blinde Schicksal ihn geschlagen hat". Dank der Diagnose des Arztes weiß er, daß es für ihn keine Rettung gibt. Grimm und Entrüstung erfüllen ihn. Er findet keinen logischen Grund, warum ihm, gerade ihm diese Bürde auferlegt worden ist. Wie ist es möglich, sein Leben in normaler Weise fortzusetzen, zu tun, als sei alles in bester Ordnung, wenn man genau weiß, daß man zum Tode verurteilt ist? Und dies weiß jeder denkende Mensch, nur ist den meisten die Länge der Galgenfrist unbekannt. Das, was alle unbewußt wissen, bringt die Diagnose einer unheilbaren Krankheit unbarmherzig klar zum Bewußtsein. Wie eine Fliege wird ihn, der noch gar nicht gelebt hat, ein unsichtbares Ungeheuer zerquetschen, und er fühlt „nichts als Wut". Auf einem Fest beim Fürsten Myschkin, wo Champagner getrunken wird und Frohsinn herrscht, richtet er an alle Gäste die uralte Frage: warum wird ein Mensch, dem zu leben nicht beschieden ist, ins Leben gerufen?

In einer Nacht hat er einen qualvollen Traum: ein großes, schleimiges Reptil, halb Eidechse, halb Salamander, will ihn verschlingen. Irgend jemand mit einer Kerze in der Hand führt ihn in ein großes dunkles Zimmer, um ihm das Ungeheuer zu zeigen und ihn zu überzeugen, daß dieses stumme glitschige Reptil der Allmächtige sei, der Herr über Leben und Tod. Gequält von Alpträumen und der Angst vor dem Tode hat er seine Beichte niedergeschrieben und liest sie nun den Gästen des Fürsten Myschkin vor, die fast alle betrunken sind. „Ich will reden in der Angst meines Herzens, und will klagen in der Betrübnis meiner Seele."

Er muß sich mitteilen, weil er das Abgesondertsein nicht länger ertragen kann. Er hat beschlossen, sein Leben nicht weiterzuführen, da es eine so entstellende und beleidigende Form, an der er persönlich nichts ändern kann, angenommen hat. Um seine Lage zu erleichtern, hat ihn Fürst Myschkin in seine Villa eingeladen, die von Bäumen umstanden und voller Licht ist. Aber Hippolyt ist untröstbar: „Was hilft mir Ihre Natur, Ihr Park, Ihre Sonnenauf- und untergänge, Ihr blauer Himmel und Ihre allzufriedenen Gesichter, wenn dieses endlose Fest damit begonnen hat, daß ich davon ausgeschlossen wurde? Was ist mir Schönheit, wenn ich in jeder Minute, jeder Sekunde genötigt bin und gezwungen werde zu erkennen, daß selbst die winzige Fliege, die neben mir im Sonnenlicht summt, teilhat an diesem Festmahl, an diesem Festchor und ihren Platz darin kennt, liebt und glücklich ist, und ich allein ein Ausgestoßener bin? Nur meine Feigheit hat mich gehindert, das früher einzusehen."

Hätte man Hippolyt das ihm bestimmte Leben gezeigt, ehe er noch geboren war, nie hätte er es freiwillig auf sich genommen. Hätte er selbst entscheiden dürfen, so würde er das Nichtsein dieser sinn- und würdelosen Pein vorgezogen haben. Da er ohne seinen Willen geboren worden ist und es ihm nicht vergönnt war, auch nur einen einzigen seiner Wünsche zu erfüllen, so will er wenigstens seinem eigenen Willen gemäß sterben. Wie bei Raskolnikow ist hier der eigene Wille das Höchste und der bitterste

Schmerz — die Unmöglichkeit, ihn zu verwirklichen. Er will, aber er kann nicht an Gott glauben, und wer nicht an Gott glaubt, der glaubt an den Tod, die einzige Lösung des Welträtsels, den Befreier aus aller Qual. Hippolyt kennt das naturalistische Bild Holbeins, das Christus nach der Kreuzabnahme, seinen der Verwesung anheimgegebenen Leib darstellt. „Wenn der Tod so grausig ist und seine Gesetze so stark sind, wie ist es dann möglich sie zu überwinden? Wie kann man sie überwinden, wenn sie nicht einmal *der* überwunden hat, der die Naturgesetze während seines Lebens überwand?" Beim Betrachten dieses Bildes hat er das Gefühl, die Natur sei ein riesiges, unbarmherziges, stummes Tier, oder auch: eine gewaltige Maschine neuester Konstruktion, die auch das größte, über allen Wert erhabene Wesen erfaßt, zermalmt und verschlungen hat, „dieses Wesen, das die ganze Natur und alle ihre Gesetze wert war, die ganze Erde aufwog, die vielleicht nur geschaffen war, um dieses eine Wesen hervorzubringen". Er glaubt nicht an die Auferstehung und spürt voller Schrecken die Gewalt des stummen, reißenden Untiers, das dem einen ein paar Wochen, dem anderen ein paar Jahre zu leben vergönnt. Ist der Tod das unabwendbare Naturgesetz, dann ist jede gute Tat sinnlos und alles gleichgültig, auch das Verbrechen. „Wie wäre es, wenn es mir jetzt plötzlich einfiele, jemanden, ganz gleich wen ... zu erschlagen? In welch peinliche Situation versetzte ich dadurch das Gericht!" Hippolyt zieht es vor, sich selbst zu töten, der Selbstmörder ist der geistige Bruder des Mörders Raskolnikow. Zwischen beiden ist kein wesentlicher Unterschied, beide sind die Beute der Gottesverleugnung.

Nachdem Hippolyt seine Beichte vorgelesen hat, die niemand außer dem Fürsten Myschkin versteht, ja, auf die man kaum hingehört hat, schleicht er sich heimlich in die dämmrige Sommernacht hinaus, setzt den Revolver an die Schläfe und drückt ab; aber nichts geschieht: er hatte nämlich vergessen, den Revolver zu laden! Diese Schmach glaubt er nicht ertragen zu können, und er fragt Myschkin, was er nun tun soll. Er möchte etwas Großes, Gutes, allgemein Nützliches vollbringen. Der Fürst hat sich gerade mit Aglaja verlobt, der lichte Schimmer einer Glücksmöglichkeit breitet sich über sein Leben, und er verlangt von Hippolyt das Schwerste, für diesen lebenshungrigen egoistischen Jüngling kaum Erfüllbare, möglich nur für Wesen, die sich aus dem harten engen Kerker ihres Ich befreit haben. „Geh an uns vorbei und vergib uns unser Glück", lautet die Forderung des Fürsten, die der Gegensatz zu Zarathustras Lehre ist, an der Hippolyt scheinbar festhält: „Manchem mißrät das Leben, ein Giftwurm frißt sich ans Herz. So möge er zusehen, daß ihm das Sterben um so mehr gerate. Mancher wird nie süß, er fault im Sommer schon. Feigheit ist es, die ihn an einem Aste festhält."

Hippolyt glaubt, durch seinen freiwilligen Tod seinen freien Willen und seine Unabhängigkeit dem „unbekannten Ungeheuer" gegenüber zu beweisen, aber er irrt sich, wie Raskolnikow sich geirrt hat. Wahrhaft frei wäre er, wenn er die schwere Forderung des Fürsten Myschkin erfüllen könnte.

Der Freitod ist eines der Probleme, zu dem Dostojewskij wiederholt zurückkehrt. Wie es mit den meisten seiner Probleme, diesen „verdammten Fragen" geht, so auch mit der des menschlichen Rechts auf Selbstmord: rein intellektuell ist dies ein einfaches Rechenexempel, doch die rein intellektuellen Antworten befriedigen in menschlicher Hinsicht nicht. Zum Martyrium wird diese Frage für Kyrillow: er führt Hippolyts Empörung furchtlos, mit eiserner Entschlossenheit zu ihrem logischen Ende. Er vollendet, was Hippolyt beginnt. Worüber Hippolyt nur verzweifelte Betrachtungen anstellt, das verwirklicht er: „Meinen freien Tod lobe ich Euch, den freien Tod, der mir kommt, weil ich will", also sprach Zarathustra. Also handelte Kyrillow.

3. *Kyrillow*

Der dritte „Nietzscheaner" Dostojewskijs ist Kyrillow im Roman „Dämonen". Ganz abgesehen von den Gedanken, denen dieser wirklichkeitsblinde, abstrakte Asket nachhängt und die uns mit tiefer Erregung erfüllen, hat er rein menschlich etwas so Ergreifendes und ist künstlerisch eine so vollendet durchgestaltete Figur, daß man an ihn wie an einen persönlichen Bekannten denkt.

Gleich seinem Schöpfer geht er in banger Unerbittlichkeit, in der Leidenschaft des Denkwillens und in der Neigung, alle Grenzen zu übertreten, seinen Weg zu Ende. Durch sein Nach-innen-Gekehrtsein wirkt er wie ein Porträt Dostojewskijs. Die großen Meister haben nämlich viele, voneinander sehr unterschiedliche Selbstporträts gemalt. In seiner Radikalität ist Kyrillow ein Geistesbruder Pascals, dessen Schriften Dostojewskij überaus hochschätzte. Wie für Pascal ist auch für Kyrillow der schönste Schmuck des Menschen der Gedanke und die Fähigkeit der Erkenntnis — sein unterschiedliches Kennzeichen. Aber unheimlicherweise erinnern Kyrillows Bekenntnisse auch an den Materialisten Feuerbach, der trotz seiner atheistischen Einstellung ein Buch über das Christentum geschrieben hat, das Dostojewskij kannte.

Die diabolische, chaotische Revolutions-Orgiastik der „Dämonen" wird von der Lauterkeit Kyrillows wie eine schwarze Winternacht von einem Nordlicht erhellt. Die reine Luft schneebedeckter Berggipfel umweht diesen Aristokraten des Geistes, diesen ehrfurchtgebietenden Einzelgänger, vor dem selbst der hartgesottene Verbrecher Fedjka scheue Achtung empfindet. Seine absolute Isolierung vertieft noch seine Reinheit. Sonjas, Aljoschas und des Fürsten Myschkin Keuschheit ist in ihrer Seele begründet, die Kyrillows in seiner übersteigerten Geistigkeit, die sein Leben und seinen Tod bestimmt. Im ganzen langen, aufregenden Roman begegnen wir ihm nur fünfmal, aber jedesmal sind wir von seiner Lauterkeit geblendet. Von seinem äußeren Leben berichtet uns Dostojewskij nur das Allernotwendigste. Daß er Straßen- und Brückeningenieur ist und eine Zeitlang in Amerika gelebt hat, vergessen wir gar bald. Daß er 27 Jahre zählt, ist belanglos; gleich Pascal gehört er zu jenen Menschen, die nie richtig jung sind und auch nie alt werden, weil sie nicht in der sinnlichen, sondern in der geistigen Welt leben. Der Chronist berichtet von ihm: „Er war anständig gekleidet, gut gewachsen und mager, brünett mit blassem Gesicht von gleichsam ein wenig erdig brauner Hautfarbe, mit schwarzen glanzlosen Augen. Er schien nachdenklich und zerstreut zu sein, sprach seltsam abgebrochen und grammatisch geradezu falsch, seine Wortfolge war ungewöhnlich, bei längeren Sätzen gerieten seine Worte durcheinander." Ein oberflächliches Gespräch verstimmt ihn, über seine Ideen spricht er selten, geschieht es aber, daß er zu erzählen anfängt, dann flammen seine schwarzen Augen auf und sein ganzes Wesen scheint zu glühen. Sehr charakteristisch ist es, daß er, gleich Pascal, keinen Sinn für Humor hat. Von Pascal wird uns berichtet, daß er nie gelächelt habe; auch Kyrillow lächelt sehr selten, aber in diesen seltenen Augenblicken nimmt sein Gesicht einen kindlichen Ausdruck an, der seine ernsten Züge verschönt.

Für Dostojewskij ist Liebe zu Kindern ein Zeichen ausgesprochener Güte, und Kyrillow beschäftigt sich mit der kleinen Tochter seiner Wirtin in rührender Weise. Er besitzt ein besonders feines Gehör für fremde Not und hilft, wo er kann, vergißt aber schon im nächsten Augenblick die Menschen und ihr Schicksal. Sein Mitgefühl veranlaßt ihn, dem verhungerten, aus dem Gefängnis entflohenen Fedjka ein Abendessen zu bereiten, er schützt die geistesgestörte Marfa Timofejewna vor ihrem Bruder, dem Trunkenbold. Zu seinen Mitmenschen ist er rücksichtsvoll und zartfühlend; um seine Wirtin nicht zu kränken, zündet der Ungläubige das Öllämpchen vor dem Heiligenbild an.

Die Außenwelt interessiert ihn nicht; einer seiner Besucher hat recht, wenn er sagt: „Nicht du hast eine Idee verschlungen, sondern diese Idee hat dich verschlungen.“ Trotz seiner theoretischen Einstellung zum Leben ist in ihm keine Spur von Eitelkeit, Ehrgeiz oder Überheblichkeit. Sein dürftig möbliertes Zimmer ist von einer peinlichen Sauberkeit. Unbedingte Reinheit beherrscht seine Gedankenwelt wie auch seine äußere Existenz. Er führt ein vollkommen abgesondertes Dasein, er hat weder Zeit noch Sinn für geselliges Zusammensein. Vorfahren und Verwandte scheint er nicht zu haben. Von Menschen ist er unabhängig, spürt aber intuitiv ihren Wert oder ihre Hohlheit und Bosheit. Ganze Tage und Nächte sitzt er auf einem alten, zerschlissenen Sofa und denkt über den Mensch-Gott nach, über jenes Zukunftswesen, das Nietzsche später den Übermenschen nannte. Er muß für diesen Gedanken die endgültige und klare Form finden, und insofern ist er ein typischer Theoretiker; aber er will seine Idee auch im Leben durchführen, er will an sich selbst beweisen, daß es möglich ist, diese Idee nicht nur zu erkennen, sondern auch zu leben. Und diese Leidenschaft prägt ihn zu einer typisch Dostojewskijschen Figur. Wie Raskolnikow macht auch er sein Leben zum Experiment. Er will seine Idee keinem aufdrängen, geschweige denn popularisieren, er möchte nur sich selbst von ihrer Wahrheit überzeugen, er haßt Worte und Phrasen: „Ich verachte Geschwätz ... ich kann Dispute nicht ausstehen.“ Ein Grund, warum er die Menschen meidet, ist ihre Gedankendürftigkeit und Verlogenheit. Keine Spur von Rhetorik ist in den an die Grundfragen des menschlichen Daseins greifenden drei Gesprächen, in denen Dostojewskij uns die Philosophie Kyrillows vorführt.

„Jeder denkt an seine Sache und dann gleich wieder an eine

andere, aber ich kann an nichts anderes denken, als mein ganzes Leben lang nur an das eine." In seiner asketischen Absonderung wird Kyrillow, eine unschmiedbare Natur, von Gott heimgesucht, wie Mitja Karamasow in seinem sinnlich-schwülen Gewitterleben. Er will nicht nur die Ursache des menschlichen Leids entdecken, er muß Ausweg und Befreiung finden. Die Menschen sind unglücklich, weil sie unfrei sind und Angst ihr Leben entstellt, sie müßten endlich ihren Fehler einsehen und dieser Fehler besteht darin, daß sie an Gott glauben, den es nicht gibt. Gott ist ein Betrug, von dem man sich befreien muß. „Der Mensch hat nichts anderes getan, als immer nur einen Gott ausgedacht, damit er lebe und sich nicht selbst morde. Der Mensch fürchtet sich vor dem Tode und vor dem Jenseits und gab dieser Furcht den Namen Gott. Diese Furcht muß man besiegen und ein neues Leben beginnen." In diesen Worten liegt der Kern seiner Philosophie. Er leugnet Gott, weil er ihn nicht finden kann, obwohl sein ganzes Wesen nach Gott schreit.

Der Mensch, der selbst Gott sein wird, wird kommen und alle Hoffnungen der Welt erfüllen. „Es wird ein neuer Mensch sein, ein glücklicher und stolzer. Wem es einerlei sein wird, ob er lebt oder nicht lebt, der wird der neue Mensch sein. Wer den Schmerz und die Angst besiegen wird, der wird selbst Gott sein. Und jenen Gott wird es nicht mehr geben ... ein neues Leben, ein neuer Mensch, alles neu ... der Mensch wird Gott sein und sich physisch verwandeln. Und die Welt wird sich verwandeln und alle Dinge werden sich verwandeln, alle Gedanken und alle Gefühle."

Hier muß man an Feuerbach denken, der den Glauben an Gott als die Ausgeburt der menschlichen Schwäche und des Elends auffaßte. Ein starker und gesunder Mensch brauche Gott nicht. Die Hauptkennzeichen des von Kyrillow erträumten neuen Menschen sind: Freiheit und Verwegenheit. Und Verwegenheit gehörte ja auch nach Nietzsche, unabhängig von Dostojewskij, zum Grundwesen des vornehmen Menschen. So verweben sich in der Gestalt Kyrillows mannigfaltige, für jene Epoche charakteristische Gedankenfäden.

Kyrillow folgert: so mancher weiß, was recht ist und wie er handeln müßte, aber es fehlt ihm an Mut, seine Erkenntnisse ins Leben umzusetzen. Angst, das ist der Fluch der Menschheit. Die Gottheit kennt keine Angst, deshalb ist sie frei, deshalb ist sie glücklich, denn es gibt kein höheres Glück als Freiheit. In vielen qualvollen Nächten hat er sich seine innere Erleuchtung erkämpft, den Augenblick höchster Erkenntnis, in dem sich ihm die Wahrheit offenbart, diesen Augenblick der Seligkeit, der ein Vorgeschmack der himmlischen ist. Seine geistige Verzückung ist der Ekstase Myschkins verwandt. Einer seiner Besucher, dem er von seiner Verzückung erzählt, spricht die Befürchtung aus, ihn könne die Epilepsie heimsuchen, denn ehe die „heilige Krankheit" eintrete, gebe es Sekunden von kaum ertragbarer Seligkeit.

Mit ungewöhnlicher Heiterkeit gesteht er seinem einstigen Meister Stawrogin, von dem er sich ganz gelöst hat, daß er sehr glücklich sei, und als Stawrogin ihm Inkonsequenz vorwirft und meint, eben sei er, der sich jetzt glücklich nennt, noch unglücklich gewesen, erwidert er unbeirrt: „Hm! Aber jetzt nicht. Damals wußte ich noch nicht, daß ich glücklich war. Haben Sie ein Blatt gesehen? Ein Blatt vom Baum?"

„Freilich."

„Ich sah vor kurzem ein gelbes, etwas grün noch, an den Rändern angefault. Es kam mit dem Winde. Als ich zehn Jahre alt war, schloß ich im Winter die Augen und stellte mir ein Blatt vor, ein grünes, glänzendes mit Äderchen. Und die Sonne leuchtete. Ich schlug die Augen auf und glaubte es nicht, es war zu schön, und ich schloß die Augen wieder."

Stawrogin, der eisige Intellektualist, versteht diese Vision nicht und fragt, ob es eine Allegorie sei. Aber für Kyrillow ist es keine Allegorie, es ist nur das Erlebnis eines Blattes, das, nachdem er die Angst vor dem Tode überwunden hat, zur Offenbarung der Schönheit wird. Nun liebt er alles: die Kinder, das vergilbte Blatt und selbst die Spinne in der Ecke seines Zimmers, alles betet er an. Der Mensch ist unglücklich, weil er nicht weiß, daß er glücklich ist, und nur deswegen ist er schlecht, weil er nicht weiß, daß er gut ist.

„Und wer ein kleines Mädchen kränkt und vergewaltigt, ist auch der gut?" Schrill erklingt die Frage Stawrogins.

„Er ist nicht gut, weil er nicht weiß, daß er gut ist. Wenn er das wissen wird, wird er das kleine Mädchen nicht vergewaltigen", erwidert Kyrillow überzeugt. „Wer kommen wird, um zu lehren, daß alle gut sind, der wird die Welt vollenden."

Alle seine Gedanken kreisen um Gott, an den er nicht glaubt, und von dem er sich befreien will. Man muß alle Verantwortung auf sich nehmen und sich zu einem absoluten Diesseitsleben bekehren. „Gibt es Gott, so ist alles sein Wille und ich kann seinem Willen nicht entrinnen. Gibt es ihn nicht, dann ist aller Wille mein und ich bin verpflichtet, den Eigenwillen zu verkünden." Und diesen Eigenwillen kann man am deutlichsten manifestieren, indem man selbst über den eigenen Tod, die wichtigste Frage im Menschenleben, entscheidet. Viele Menschen gehen freiwillig in den Tod, aber immer aus einem bestimmten Grunde, aus Lebensüberdruß, unglücklicher Liebe oder Wahnsinn. In solchen Fällen ist der Freitod eher ein Zeichen der Schwäche und Feigheit als Verkündung des Eigenwillens und der Freiheit. „Die ganze Freiheit wird dann sein, wenn es uns einerlei sein wird, ob wir leben oder nicht. Das ist das Endziel. Ein jeder, der absolute Freiheit will, muß sich selbst zu töten wagen." Und der Schlußgedanke, in den alles mündet: „Wenn es Gott nicht gibt, bin ich Gott." Die gleichen Gedanken dachte Nietzsche: „Wenn es Götter gäbe, wie hielte ich's aus, kein Gott zu sein", also sprach Zarathustra. Der verhänigsvolle Satz, daß Gott tot sei, wird von Nietzsche in vielfachen Variationen wiederholt und die Schlußfolgerung: wenn Gott tot ist, muß sich der Mensch Gottes Attribute, Verantwortung und Macht, aneignen. Noch vor Sonnenaufgang ist Zarathustra entschlossen, Gottes leeren Thron zu besteigen.

Existiert Gott wirklich nicht? Diese Frage hat Kyrillow sein Leben lang gemartert: „Gott hat mich das ganze Leben gequält." In der letzten Nacht seines Lebens flackert diese Erkenntnis mit erschreckender Heftigkeit noch einmal auf. „Gott ist unentbehrlich, darum muß er sein", dies sagt sein Herz, dagegen seine Vernunft: „Aber ich weiß, daß es Gott nicht gibt, und daß es ihn nicht geben kann." Woher weiß Kyrillow das? Sein Unglaube hat die gleiche Wurzel wie der Hippolyts: Christi Kreuzigung. „Es war auf der Erde ein Tag, und in der Mitte der Erde standen drei Kreuze. Einer am Kreuze glaubte so stark, daß er dem anderen sagte: Wahrlich, ich sage dir, heute noch wirst du mit mir im Paradiese sein. — Der Tag verging, beide starben, gingen hin und fanden weder Paradies noch Auferstehung ... Dieser Mensch war der höchste auf der ganzen Welt, war das, weswegen sie lebt ... Dieser ganze Planet mit allem, was auf ihm ist, ist ohne diesen Menschen nur ein Wahnsinn ... Wenn die Naturgesetze selbst ihn nicht verschont, selbst auf das Wunder keine Rücksicht genommen haben, und auch ihn zwangen, mitten in Lüge zu leben und für Lüge zu sterben, dann ist der ganze Planet Lüge und beruht nur auf Lüge und blöder Narretei. Und folglich sind die Gesetze des Planeten selbst Lüge und Teufelsschwank. Wozu dann leben, antworte, wenn du ein Mensch bist?"

Diese Worte des Mystikers Kyrillow, die auch Hippolyt sagen könnte, bezeugen seine tiefe, geheime Verbundenheit mit Christus. Er lebt, um die Wahrheit zu erkennen und die Erkenntnis in die Tat umzusetzen. Seinen Eigenwillen, seine Nichtunterwürfigkeit Gott gegenüber will er durch den Freitod beweisen. Einer muß den Anfang machen und durch sein Beispiel zeigen, daß es einerlei ist, ob man stirbt oder lebt und daß man jederzeit den Mut hat, die Tür ins Nichts zu öffnen: „Ich habe drei Jahre das Attribut meiner Gottheit gesucht und schließlich gefunden: das Attribut meiner Gottheit ist — Eigenwille! Das ist alles, womit ich im Hauptpunkt meine Nichtunterwürfigkeit beweisen kann und meine furchtbare Freiheit!"

Nietzsche und Dostojewskij, beide vom Geist der Apokalypse erfüllt, schrieben für ein kommendes Jahrhundert. Sie lebten im Zeitalter des Atheismus, als die Naturwissenschaften ihren Triumphzug feierten und der gemeinsame Zeitgeist, wie auch ihre radikale Natur, hat die Ähnlichkeit ihrer Schöpfungen bedingt. Am Ende des 19. Jahrhunderts begann die Feuersäule der Gottlosigkeit, die heute Europa vernichtet, sich über die Welt zu wälzen: Marx, ein Sproß Hegels, Feuerbach, Stirner, Nietzsche, sie waren es, die mit manch anderen dem Hitlerismus und Stalinismus den Weg ebneten. Die Stunde der Versuchung war über den ganzen Weltkreis gekommen. Furchtlos bis ans Ende Denkende konnten der Einsicht nicht entgehen: Gibt es Gott nicht, ist alles Gute relativ. Gibt es keine göttlichen Gesetze, kann der Mensch selbst willkürlich Gesetze aufstellen; kommt aus der Metaphysik keine Rechtfertigung der Welt, muß sie das Individuum geben. Dostojewskij hatte geweissagt, daß, wo Gott vom Thron gestürzt wird und an seine Stelle der Mensch tritt, die Herrschaft des Antichrist beginnt. Wer sich für die bloße Endlichkeit und absolute Eigenmächtigkeit einsetzt, will sich die Souveränität Gottes über Leben und Tod zu entscheiden, aneignen. „Furchtbar ist das Alleinsein mit dem Richter und Rächer des eigenen Gesetzes. Also wird ein Stern hinausgeworfen in den öden Raum und in den eisigen Atem des Alleinseins." Es ist schwer zu sagen, bei wem die Isolation des Individuums grausiger ist, bei

Dostojewskij oder bei Nietzsche. Wie in einer Zange wird Kyrillow vom zwiespältigen Gedanken zerquetscht: Gott oder das Nichts. Sein Leben lang hat er gegen die Angst gekämpft und im letzten Augenblick überfällt sie ihn wie ein Ungeheuer und zermalmt ihn.

Nah verwandt ist ihm Iwan Karamasow, der die Menschen nicht fertiggewordene Probewesen nennt und dessen Erkenntnisse eine Überspitzung oder eine Parodie der Philosophie Kyrillows sind: „Man muß im Menschen nur die Gottesidee zerstören ... Wenn die Menschheit sich von Gott lossagt, dann fällt von selbst die ganze frühere Sittlichkeit. Die Menschen werden sich vereinigen, um vom Leben alles zu nehmen, was es geben kann, aber unbedingt nur für das Glück und die Freude in der irdischen Welt. Der Mensch wird durch den Geist des göttlichen, titanischen Stolzes erhöht, und der Mensch-Gott wird erscheinen."

4. Stawrogin

Die heiße Sünde, die die Menschen verbrennt, ist in Mitja Karamasow verkörpert, der aus der Asche neu entsteht. Der ausgekältete Sünder, für den es keine Wiedergeburt gibt, ist Stawrogin, den Thomas Mann die „unheimlich anziehendste Figur in der Weltliteratur" nennt. Er ist der härteste und kälteste Mensch, den Dostojewskij geschaffen hat, und auch ihn schuf er ohne zu karikieren.

Unwillkürlich denkt man an Dantes Luzifer, der, in der engsten Öffnung des Höllentrichters eingefroren, keine Verwandlungsmöglichkeiten besitzt. Aus einem nachdenklichen, begabten, stillen Jungen entwickelte sich ein Grandseigneur, für den Ausschweifung zur Lebensform wurde, ein ästhetischer Nihilist in letzter Konsequenz. „Der allerverfeinertste Gentleman, dem ich je begegnete, außergewöhnlich gut gekleidet, von einer Haltung, wie sie nur jenen Herren eigen ist, die an eine raffinierte Lebensart gewöhnt sind", berichtet der Chronist.

Sein Äußeres entspricht seiner inneren Leblosigkeit: „Das Haar war fast zu schwarz, die hellen Augen zu ruhig und klar, die Gesichtsfarbe zu zart und weiß, die Wangenröte ebenfalls zu grell und zu rein, die Zähne wie Perlen, die Lippen wie Korallen — man sollte meinen, ein bildschöner Mann, doch hatte diese Schönheit etwas Abstoßendes. Manche sagten, sein Gesicht erinnere an eine Maske." Seine Schönheit, seine Körper- und Geisteskraft erwecken nicht Bewunderung, sondern ein peinliches, beklemmendes Gefühl, weil sie auf keinen absoluten Wert gerichtet sind. Die überschüssige Vernunft hatte er an seine Schüler verströmt, als sie aber seine Ideen ernst nahmen und sie im Leben zu verwirklichen trachteten, wandte er sich von ihnen nicht nur mit Ekel und Hohn ab, sondern sanktionierte sogar ihren Mord. Die kleinen und großen Teufel im Roman „Dämonen", diese von ihren Ideen besessenen Menschen sind Flüsse, die aus ihren Ufern getreten, gefährliche Verheerungen anrichten, und fast alle entspringen der gleichen Quelle, deren Name Stawrogin ist. Aus Langeweile, die Schopenhauer und so manch anderer Philosoph als einen gefährlichen Feind der Menschheit erkannt hat, aus einem Gefühl der Sinnlosigkeit alles Seienden, begeht er eine Reihe blöder Abenteuer und grausiger Schandtaten: er beißt ins Ohr des Gouverneurs, er küßt die Frau eines sittsamen Beamten in Gegenwart aller schamlos auf die Lippen. Diese und andere Extravaganzen vollzieht er ohne innere Erregung, ohne Aufruhr, nur aus Langeweile.* Im Sinne Stawrogins leidet auch der Teufel in den Brüdern Karamasow an der Öde des Daseins und nennt alles Weltgeschehen die „unanständigste Langeweile".

Weder Gefahr noch ein Angriff auf seine Ehre wirkt auf ihn belebend. Er begeht Gemeinheiten und weiß, daß es Gemeinheiten sind. Er stiehlt einem kleinen Beamten das ganze Monatsgehalt, „nur zum Spaß". Er merkt, daß der Bestohlene Verdacht auf ihn hat, meidet ihn aber nicht, bis ihm schließlich dieses Spiel langweilig wird. Kaum erträglich ist die Schilderung der an der kleinen Matrjoscha vollzogenen Schandtat: wie er mit einer gewissen Neugierde den Verdacht hervorruft, das Kind habe gestohlen, um am Strafvollzug der Mutter Lust zu empfinden, wie er durch Zärtlichkeiten das Mädchen erotisch erregt und zuläßt, daß es sich in seiner hilflosen Verzweiflung erhängt. Nach dem Tode erscheint ihm die Kleine im Traum, droht ihrem Peiniger mit dem Fäustchen, und wollüstig erinnert er sich dieses Bildes. Eine andere Perversität ist seine Heirat mit der blöden Marja Timofejewna Lebjatkina, „wel-

* Hier muß bemerkt werden, daß das russische Wort „skuka" eine Tiefenperspektive besitzt, die dem deutschen Wort fehlt; es birgt eine gute Portion Melancholie und Weltverachtung in sich.

che in den Ecken herumkroch und damals noch nicht verrückt, sondern nur eine einfache Idiotin war". Die Spinne, die in der Welt Dostojewskijs bald sichtbar, bald unsichtbar riesengroß herumkriecht, hat sich in Stawrogins Gestalt mehr als in allen anderen personifiziert.

Nach Sokrates ist die Tugend lehrbar und besteht im Wissen vom richtigen Handeln, aber Sokrates dachte allzu idealistisch vom Menschen, die Auswüchse dieser Fauna waren ihm unbekannt. Wissen um ethische Werte allein genügt nicht, um sie zu verwirklichen. Stawrogin kennt das Gute, aber nur intellektuell, nicht gefühlsmäßig. Da sein Herz tot ist, gibt es für ihn keinen zwingenden Grund, das Böse zu meiden. Seine Schändlichkeiten vollzieht er in hellwachem Bewußtsein, in der neugierigen Selbstbeobachtung eines Experimentators. In seiner Beichte heißt es: „Ich bin überzeugt, daß ich mein ganzes Leben als Mönch hätte verbringen können, obwohl mir eine tierische Sinnlichkeit angeboren ist, welche ich immer wieder aufpeitsche. Wenn ich will, bin ich stets Herr meiner selbst. So sei festgestellt, daß ich weder durch meine Umgebung noch durch meine Krankheit zu entschuldigen bin und die Verantwortung meiner Verbrechen voll und ganz auf mich nehme." Für ihn gibt es keinen Unterschied zwischen einer tierischen, wollüstigen Tat und einer edlen Handlung. Er geht nicht am Rande des Abgrundes, er stürzt sich mit dem Kopf voran in die dunkle Tiefe.

Willenskraft, Selbstdisziplin, eine der wertvollsten Fähigkeiten des Menschen, wirkt bei ihm abstoßend, weil sie ihn entmenscht hat: Mord, Lästerung, Schmähung begeht er mit der gleichen kühlen Lässigkeit wie die Taten eines Gentleman. Im wachen Zustand macht er den Eindruck eines Mondsüchtigen, im Schlaf bewahrt er eine gemessene Haltung, seine Gesichtszüge entspannen sich nicht, nie sind sie schlaff oder verschwommen. Sehr treffend sagt der Mönch Tichon, nachdem er die Beichte Stawrogins gelesen hat: „Mich hat die große überschüssige Kraft, die größtenteils in Gemeinheit aufgeht, entsetzt." Stawrogin fordert ein Duell heraus und ist ärgerlich, daß er heil davonkommt. Seine starken Schultern suchen eine ihnen entsprechende Bürde und finden diese nicht. Er weiß nicht, was er mit seiner Kraft, seinen ungewöhnlichen Geistesgaben anfangen soll, und darin ist er der Urahne der Halbstarken, die sich von ihm allerdings wie Zwerge vom Giganten unterscheiden oder auch wie verzeichnete Kopien vom Original. Wie mit sich selbst, so experimentiert Stawrogin auch mit seinen Mitmenschen, er erprobt, wieviel freche Bosheit diese ertragen können, an welches Maß von Selbstlosigkeit sie zu glauben fähig sind. In ihm wohnen Sehnsucht nach Vollendung und schändlicher Verrat unmittelbar nebeneinander. Daß von allen Grausamkeiten die sachliche am schaurigsten ist, erfahren wir an Stawrogin.

Raskolnikow übertritt die moralischen Gesetze mit einem festen Ziel, er verübt das Verbrechen, um sich von Fesseln zu befreien, um eine Möglichkeit zum Vollzug sinnvoller Taten zu haben. Stawrogin, die konsequente Weiterentwicklung Raskolnikows, hat kein Ziel, er kennt weder immanente noch transzendente Werte. Wer an Gott nicht glaubt, ist letzten Endes immer ohne Ziel, und von der normenlosen Freiheit bis zum Sadismus ist nur ein Schritt. Er weiß um seine eigene Kälte und Erstarrung, vermag aber sein Inneres durch nichts in Bewegung zu bringen. Er gehört zu jenen Menschen, die wir uns weinend unmöglich vorstellen können. Und für Dostojewskij — wie übrigens auch für Boris Pasternak — war das Tränen-Naß ein Zeichen von Ergriffenheit, zu der unter allen Wesen der Natur nur der Mensch fähig ist. Einen seiner Freunde, dessen inneren Wert er ergründen wollte, fragte Dostojewskij: „Können Sie weinen, so wie die Klageweiber, herzzerreißend?" Nun, was Stawrogin betrifft, so unterstreicht Dostojewskij, daß er weder herzzerreißend noch leise und verhalten schluchzen konnte. Nur im Traum erlaubte er sich diesen Gefühlserguß. Um zu zeigen, daß Stawrogin nicht bis in die letzte Faser verderbt war, berichtet er uns einen Traum seines Helden. Er träumt von einer kleinen Bucht im griechischen Archipel. Liebliche Inseln, blühende Ufer, zauberische Fernsicht, von den Strahlen der untergehenden Sonne beschienen, alles ein Gegenteil des Taglebens. Die Bewohner dieser Insel sind von Liebe und Freude erfüllt. „Was mir eigentlich träumte, weiß ich nicht, aber die Felsen, das Meer, die schrägen Strahlen der untergehenden Sonne, all das lebte in mir und als ich erwachte, waren meine Augen zum erstenmal in meinem Leben naß von strömenden Tränen. Die Empfindung eines ungeahnten Glücks erfüllte mein Herz bis zum Schmerzgefühl."

Stawrogin erlebt die Tragik der Spaltung der Persönlichkeit bis zur Doppelgängerschaft, diese seelische Pein, die Dostojewskij mit der Genauigkeit eines klinischen Protokolls mehrfach beschrieben hat: verworren und weitschweifig im „Doppelgänger", meisterhaft in den „Brüdern Karamasow", und Stawrogins Beichte ist gewissermaßen die Skizze dazu.* Der Teufel erscheint ihm in der Gestalt eines Kammerdieners, stumpf, widerwärtig, selbstzufrieden. Stawrogin weiß, daß dieser Idiot von Teufel keine Realität, sondern eine krankhafte Doppelgänger-Vorstellung ist, aber diese Einsicht erleichtert nicht die Qualen, im Gegenteil.

„Kann man an den Teufel glauben, wenn man an Gott nicht glaubt?" fragt er sich. Und durch die Lauterkeit des Mönches Tichon zur Aufrichtigkeit gezwungen, bekennt er: „In allem Ernst und ganz schamlos will ich Ihnen sagen: ich glaube an den Teufel, ich glaube an ihn kanonisch, ich glaube an den persönlichen Teufel und nicht an irgendeine Allegorie". Dieser starke und stolze Mensch ist von Gott abtrünnig geworden und hat sich in seine Selbstheit wie in einen Giftkäfig eingesperrt. „Wenn es Gott nicht gibt, bin ich Gott", sagt Kyrillow. Bei Stawrogin wird dieser hypothetische Satz zu einem apodiktischen. Er kreist in einem leeren Raum und ist in dieser Hinsicht der Gegensatz vom Fürsten Myschkin, der um Gott kreist.

Dem Unglauben Stawrogins steht der Glaube Tichons gegenüber. Seelisch und körperlich sind sie die schärfsten Gegensätze. Tichon ist kränklich, nervös, schwach und trotzdem ist er Stawrogin unendlich überlegen. Einen Augenblick lang unterwirft sich Stawrogin der geistig zwingenden Macht des Mönchs und vertraut ihm seine Beichte an, in der er von der Schandtat an einem kleinen Mädchen und dessen Selbstmord berichtet. „Ich kenne und spüre weder Gut noch Böse und habe nicht nur jegliches Empfinden dafür verloren, sondern für mich gibt es weder Gut noch Böse (und dieses Bewußtsein ist mir angenehm); alles beruht auf Vorurteilen, mir wäre es möglich, mich von allen Vorurteilen zu befreien, wenn ich aber so weit sein werde, dann bin ich verloren."

Stawrogin beabsichtigt, die Beichte zu veröffentlichen, nicht als Sühne, sondern wegen des Genusses der schamlosen Selbstentblößung. Den Mönch Tichon, den demütigen Christen, widert die Beichte des entseelten Menschen durch ihre Häßlichkeit an, er nennt sie nicht nur böse, sondern vor allem unschön, abstoßend bis zur Komik,

* Stawrogins Begegnung mit dem Teufel, wie das ganze Kapitel „Bei Tichon", wurde vom Herausgeber als unmoralisch gestrichen. Erst 1923 wurde es wieder in den Roman aufgenommen und zwar gibt es zwei verschiedene Varianten, eine Petersburger und eine Moskauer.

und er rät Stawrogin, den Text zu redigieren, der zynische Ton sei für den Leser unerträglich, auch durchschaut Tichon die Pose Stawrogins: „Nein, nicht nach dem öffentlichen Bekenntnis, noch vorher, einen Tag, eine Stunde vor dem gewaltigen Schritt, wirst du dich in ein neues Verbrechen stürzen, darin den Ausweg suchen, und du wirst das tun, um der Veröffentlichung, auf der du jetzt bestehst, zu entfliehen."

„Verrückter Psycholog!" ruft Stawrogin entsetzt aus und flieht aus dem Kloster. Der Mönch hatte recht. Vom Teufel gebrandmarkt, kann Stawrogin sein eigenes Ich nicht länger ertragen und erhängt sich. Die Quintessenz seiner Lebenshaltung ist die Erkenntnis: „Ich habe nichts verabscheuen können."

„Aber einst wird dich die Einsamkeit müde machen, einst wird dein Stolz sich krümmen und dein Mut knirschen. Schreien wirst du einst: ‚Ich bin allein'. Einst wirst du dein Hohes nicht mehr sehen und dein Niedriges allzunahe; dein Erhabenes selbst wird dich fürchten machen wie ein Gespenst. Schreien wirst du einst ‚alles ist falsch'." Also sprach Zarathustra. Die gleiche Stimme wie im Westen so im Osten!

Stawrogins hinterlassener Brief wirft ein grelles Licht auf seine rätselhafte Gestalt: „Ich habe überall meine Kraft versucht, sie zur Schau gestellt und sie allein für mich geprüft, und immer hat sie sich als unendlich erwiesen. Doch wo ich diese Kraft anwenden, wie ich sie verwenden soll, das habe ich weder früher gewußt, noch weiß ich es jetzt. Ich kann jetzt, sobald ich es will, eine gute Tat vollbringen und dadurch Genugtuung empfinden, aber ich kann genauso eine böse Tat vollbringen und dadurch Genugtuung empfinden . . . Ich bin die Negation . . ."

Sein Gewissen ist gestorben, wie es zur Zeit des zweiten Weltkrieges und im Pseudofrieden in Tausenden und Abertausenden aller Nationen gestorben ist, und nach dem Kriege bei Siegern und Besiegten. Hellsichtig sah Dostojewskij den Abgrund, der sich im Menschen und vor allem in dem von der Natur mit außergewöhnlichen Gaben ausgestatteten, öffnet, sobald die Gottbezogenheit verlorengeht. Stawrogin, dessen Leben ein Todeskampf war, gehört zu den gespenstischen Gestalten, die Dostojewskij, dieser „verrückte Psychologe", kurz vor seinem Tode in der großartigen Skizze „Bobok" noch einmal und grellfarbiger als je zeichnete: es sind die bereits während ihres Erdenwandels verwesten Seelen. Der absolute Diesseitsmensch Stawrogin ist ein Vorläufer des Antichrist, eine Vision des Amoralismus, der unseren Planeten nach dem zweiten Weltkrieg verseucht hat.

Nicht Waldesrauschen wie am Anfang des 19. Jahrhunderts erfüllt unsere Welt, nicht das Rasseln der Maschinen wie am Anfang des 20. Jahrhunderts (je moderner eine Maschine, desto geräuschloser), in Europa ist auch das Geknatter der Kriegswaffen verstummt, lauscht man aber dem Weltpuls, hört man ein Gähnen der Langeweile, und daß dieses Gähnen der Langeweile, die innere Verödung die Ursache der meisten Verbrechen ist, hat Dostojewskij im Stawrogin aufgezeigt.

Apostel Christi

„Ich habe zum erstenmal einen Menschen gesehen."

I. Der Idiot

Wenn wir uns vorstellen, daß Dostojewskijs Menschen eine hohe, zum Licht führende Leiter emporsteigen, dann steht auf der untersten Stufe, vom Licht unberührt, der Tatar Gasin, und auf der höchsten — der Fürst Myschkin und Aljoscha, die vom Staretz Sossima gesegnet werden. Im Fürsten Myschkin vereinigen sich drei Aspekte: er ist in gewisser Hinsicht der russische Don Quichotte, er ist ein Apostel Christi im gottlosen 19. Jahrhundert und er ist das Selbstporträt Dostojewskijs.

Cervantes war Dostojewskijs Weggenosse, und während er am „Idioten" arbeitete, schwebte ihm die Gestalt des Ritters, der sich für alle Erniedrigten und Beleidigten einsetzt und dafür den Hohn der Welt erntet, als Muster vor. Sein Lieblingsgedanke, der ihn die letzten fünfzehn Jahre seines Lebens unentwegt beschäftigte, war „einen vollendet schönen Menschen" zu schaffen, eine Gestalt, die alle göttlich-menschlichen Eigenschaften vereinigt, und dennoch lebendig, künstlerisch überzeugend wirkt.

Seine Notizbücher und Briefe berichten uns von der Entstehung des Idioten, von den unendlichen Qualen, unter denen er geboren wurde, wie auch von der Idee, die der Verfasser dieser Gestalt einverleiben wollte. Am 1. Januar 1868 schreibt er in einem Brief:

„Die Hauptidee des Romans ist im vollendet schönen Menschen beschlossen. Etwas Schwereres gibt es nicht auf der ganzen Welt und besonders heute nicht. Alle Schriftsteller, nicht nur unsere, sondern auch die europäischen, haben bei dieser Aufgabe versagt." Er fühlt sich zu dieser schweren Aufgabe, die ihn lockt und zu gleicher Zeit schreckt, nicht genügend vorbereitet und kehrt im Gespräch und in Briefen zu Don Quichotte als zu der schönsten Gestalt in der christlichen Literatur zurück. In einem Brief an seine Nichte Iwanowa sagt er, die Idee des Idioten sei eine ausgesprochen religiöse, und fügt hinzu: „Ich will nur noch sagen, daß von allen schönen Menschen der christlichen Literatur der vollendetste Don Quichotte ist, aber er ist schön, weil er zu gleicher Zeit komisch ist." Der Leser empfinde nämlich für zweierlei Buchgestalten Sympathie: für solche, über die man lachen und für solche, die man bemitleiden müsse, denn dem Leser tue es wohl, sich überlegen zu fühlen. Neben Don Quichotte nennt er als Muster auch Dickens' Pickwick, „eine viel blassere Gestalt als Don Quichotte, aber trotzdem etwas Großartiges". Auch Pickwick habe beim Publikum viel Beifall, weil er komisch sei. „Im Leser entsteht Mitleid mit dem Verlachten, der sich seines Wertes selbst nicht bewußt ist." Im gleichen Brief heißt es zum Schluß: „Das Schöne ist ein Ideal, und weder bei uns noch in Westeuropa ist dieses Ideal endgültig ausgearbeitet. In der ganzen Weltgeschichte gibt es nur ein vollendet schönes Antlitz, das ist Christus, und die Wiedergabe dieser unendlich schönen Gestalt wäre ein unendliches Wunder."

In seinem Notizbuch steht in behutsamen kalligraphischen Buchstaben — schon die Schreibweise zeigt, wie wichtig für ihn die Eintragung war — die folgende Notiz: „Der Fürst — Christus. Wie aber soll man Christi Antlitz im Fürsten offenbaren?" Und ferner: „Mitleiden, das ist das ganze Christentum." „Christliche Liebe — das ist der Fürst. Sich nichtiger und niedriger fühlen als alle anderen. Die Gedanken der Mitmenschen durchschauen — Immer bereit sein, sich selbst zu beschuldigen." Und schließlich die allerwichtigste Notiz, die uns den tiefsten Einblick in das Innere des Fürsten gewährt: „Demut, das ist die allerschrecklichste Kraft, die es auf der Welt gibt."

Ursprünglich beabsichtigte er, einen Roman über Christus zu schreiben, und setzte sich mit Problemen religiöser Kunst auseinander, kam aber zur Erkenntnis, daß menschliche Kräfte allzu beschränkt sind, um Christus selbst in Wort und Gestalt zu fassen. Den Erlöser, der für ihn einmalig und unwiderholbar war, wollte er aus den engverschnürten Dogmen und Mauern der Kirche in die Unendlichkeit des Lebens, ganz nahe zu den Menschen hinführen. Die Großartigkeit der Aufgabe begeisterte und schreckte ihn. Mehrfach vernichtete er ganze Kapitel. In der endgültigen Fassung verschwindet die Göttlichkeit des Fürsten, seine Makellosigkeit wird durch menschliche Schwächen verdeckt, seine Göttlichkeit durch die schaurige Krankheit, die ihn mit Dostojewskij selbst verbindet. In einem Brief heißt es, sein Held sei nicht komisch wie der von ihm geliebte Don Quichotte — Dostojewskij selbst empfand Myschkin nie als komisch! — aber er besitze eine andere sympathieerweckende Eigenschaft, er sei keusch und rein wie ein Kind und glaube an das Reich Gottes auf Erden. Anfangs beabsichtigte er den Roman mit einer Beichte zu schließen, aber im Grunde genommen ist der ganze Roman eine Beichte.

An Maikow schreibt er: „Was den Idioten betrifft, so habe ich Angst, solche Angst, wie Sie es sich gar nicht vorstellen können. Eine unnatürliche Bangigkeit. Noch nie ist es so gewesen." Der Idiot ist und bleibt sein Lieblingskind und das vergessen die Oberflächlichen, die Dostojewskij einen zersetzenden Dichter nennen. Sein Verhältnis zum Fürsten Myschkin ist gewissermaßen das Verhältnis von Vater und Sohn: er hat ihn erzeugt, er liebt ihn, er ist ein Teil seines eigenen Ich, aber auch mehr als das eigene Ich: Myschkins Schicksal ist unabwendbar. „Gelingt es mir, den Roman zu retten, bin ich selbst gerettet, gelingt es mir nicht, muß ich zugrunde gehen." Seine Lieblingsgedanken, seine leidenschaftlichsten Wünsche legt er in den Mund des Fürsten Myschkin. Wer den Idioten kennt, kennt Dostojewskij, wer den Idioten mißversteht, wird nie den Weg zu Dostojewskij finden.

Er schrieb den Idioten im Ausland, als ihn der Atheismus Westeuropas bis ins innerste Mark erschreckte und er den Gedanken hegte, durch die russische Christusauffassung der verdorrten, intellektualisierten westeuropäischen Kultur einen neuen Lebensstrom zuzuführen.

Rein biographisch hat Fürst Myschkin mit Dostojewskij wesentliche Züge gemeinsam: ein Bild, von dem Dostojewskij nicht frei kam, war, wie bereits gesagt, Holbeins Christus, und für den Fürsten besitzt dieses Gemälde eine Kraft, die den Gottesglauben bedroht. Gleich Dostojewskij verbringt Fürst Myschkin vier Jahre im Ausland, er sehnt sich nach dem russischen Menschen, sieht ihn mit ungewöhnlicher Klarheit, fühlt sich aber, in sein Vaterland zurückgekehrt, fremd, abgesondert und allein. Als Fürst Myschkin aus der Schweiz nach Rußland zurückkehrt; bildet ein ärmliches Bündel sein ganzes Gepäck. Und als Dostojewskij nach vierjähriger Abwesenheit nach Petersburg zurückkehrte, erwartete ihn dort niemand als seine Gläubiger. Aber das stärkste Band zwischen Fürst Myschkin und seinem Schöpfer bildet die unheimliche Krankheit und die Christusliebe. Myschkin, der Letzte eines alten russischen Fürstengeschlechts, hat von Kindheit auf an Epilepsie gelitten; er hat in der Schweiz eine Kur durchgemacht, die ihn aus der Gewalt der Finsternis zu Menschen und Natur wieder zurückführt, fast geheilt kehrt er in die Heimat zurück, aber am Schluß des Romans bricht das Dunkel für immer herein. Im Epilog finden wir ihn in einer Schweizer Anstalt unheilbar krank.

Wie Dostojewskij sich immer wieder mit seiner Krankheit auseinandersetzt, so spricht auch der Fürst zu Ragoschin ausführlich über die Sekunden der Verzückung, über das Gefühl der Lebensverdichtung, über diese von leuchtender Erfüllung berstenden Sekunden, in denen sich ihm überirdische Wahrheiten offenbaren, und denen dann unmittelbar das schreckliche Dunkel folgt, das den Kranken in einen tierischen Zustand versetzt. Gleich Dostojewskij kommt der Fürst aus dem Grauen der Epilepsie, aus einem Reich, das für die Tüchtiggesunden, die Bravzufriedenen, für die in der Diesseitigkeit Beschränkten unzugänglich ist.

Selbst das Äußere des Fürsten Myschkin hat Ähnlichkeit mit Dostojewskij: „Er war etwas über mittelgroß, mit auffallend hellblondem dichtem Haar, einem schmalen Gesicht, eingefallenen Wangen und einem kleinen, fast weißblonden Spitzbart. Seine Augen waren groß und blau, und er hatte eine seltsame Art, seinen Gesprächspartner unverwandt anzusehen. Es lag eine eigentümliche Stille, gleichzeitig aber auch eine Schwere in diesem Blick. Er war erfüllt von jenem eigenartigen Ausdruck, an dem manche Leute sofort den Epileptiker erkennen."

Durch dieses menschliche Gesicht hindurch schimmert ein anderes, sehr entferntes, dessen mildes Licht in jedem Wort und jeder Tat des Fürsten Myschkin sich spiegelt, obwohl er von Ihm, dessen Jünger er ist, kaum spricht. In diesem religiösen Buch, einem der menschlichsten aller Bücher, ist direkt von Gott selten die Rede. Und das ist vielleicht das Schönste am Fürsten Myschkin, daß er über Christus nicht spricht, über Dogmen nicht streitet, daß er niemanden bekehren und belehren will, er lebt in Ihm und durch Ihn, mehr unbewußt als bewußt.

Vor den Erwachsenen spürt der kindhafte Fürst Myschkin eine gewisse Scheu. Als er aus der Abgeschlossenheit des Sanatoriums ins Leben zurückkehrt, sagt er: „Ich werde es vielleicht schwer haben unter den Menschen und werde mich einsam fühlen. Ich will aber ... gegen alle ehrlich und offen sein." Die Kinder sind seine Freunde: „Einem Kinde sollte man nichts verheimlichen ... Die Erwachsenen wissen nicht, daß ein Kind sogar in der schwierigsten Angelegenheit einen äußerst guten Rat zu geben vermag. Wenn ein Kind mit seinen hellen Augen wie ein kleiner Vogel einen treuherzig und glücklich ansieht, da muß man sich doch schämen, es zu belügen ... " „Lasset die Kindlein zu mir kommen und wehret ihnen nicht, denn ihrer ist das Reich Gottes."

Er errötet, wenn man ihn fragt, ob er verheiratet ist, um aber der armen Maria, dem verhöhnten, todgeweihten Mädchen ohne Worte zu sagen, daß sie seine Schwester sei, küßt er sie; und zu Nastassia Filippowna, die sich selbst eine Dirne nennt, sagt er: „Ich liebe Sie, Nastassia Filippowna, ich liebe Sie. Ich würde für Sie sterben, Nastassia Filippowna. Ich dulde es nicht, daß jemand schlecht über Sie spricht." Diese Worte sind ein zarter Widerschein der ewigen Sonne: „Ihr sind viele Sünden vergeben, denn sie hat viel geliebt." Er steht jenseits der Sinnlichkeit, übt aber einen merkwürdigen Zauber auf alle weiblichen Wesen aus. Sie beichten ihm, sie spüren instinktiv, daß er, der Weltfremde und Verhöhnte, etwas besitzt, was ihn hoch über alle anderen emporhebt ... „Maria, die da Magdalena heißt, von welcher waren sieben Teufel ausgefahren, und Johanna, das Weib Chusas, des Pflegers des Herodes, und Susanna und viele andere" gehörten zu den ersten, die an die frohe Botschaft glaubten.

„Darum sage ich euch: sorget nicht für euer Leben, was ihr essen und trinken werdet, auch nicht für euren Leib, was ihr anziehen werdet ..." Am Anfang des Romans ist der Fürst sehr arm, später ist er reich, er hat aber kein Verhältnis zum Besitz, weder leugnet, noch schmäht er ihn, dem Besitz gegenüber ist er taubstumm. Er schämt sich nicht seiner Dürftigkeit und prahlt nicht mit seinem

Reichtum, als ihm eine Erbschaft zufällt. Im „Idioten“ wie auch in anderen Romanen Dostojewskijs ist die Habsucht, die schon Dante mit einer reißenden Wölfin verglichen hat, eines der grausigsten Laster. Für Dostojewskij ist der Mensch, der da meint, alles sei käuflich, bereits entmenscht. Einer der Helden im Roman sagt: „Sobald ich Geld haben werde, werde ich ein äußerst origineller Mensch sein. Das ist das Gemeine und Niederträchtige am Gelde, daß man dadurch sogar ein Talent erreichen kann“, und wenn die anderen Gestalten des Romans nicht Ähnliches sagen, so handeln sie nach diesem Prinzip. Alle sind der reißenden Wölfin untertan, die Seele ist durch die Macht und Gewalt des Geldes ermordet. Und zu ihrer bald schmutzigen, bald wilden Geldgier bildet die Reinheit des Fürsten einen erlösenden Gegensatz. Wie Jesus vom Satan versucht wird, so Fürst Myschkin von Ragoschin. Er führt den Fürsten in sein düsteres Haus, er zeigt ihm eine Kopie von Hans Holbeins Gemälde, das den Namen tragen könnte: „Die Macht der Verwesung“, und stellt an ihn eine langvorbereitete Frage: „Glaubst du an Gott?“

Myschkin grübelt nicht über die Existenz Gottes, sein Wesen besteht nicht so sehr im Glauben an Gott wie in der Ausstrahlung göttlicher Wahrheiten. Wir wissen nicht, ob Fürst Myschkin in die Kirche geht und betet, aber wir wissen, daß er sein ganzes Leben zum Gebet erhöht hat. Er gehört zu jenen, von denen geschrieben steht, daß sie „das Wort hören und behalten in einem feinen, guten Herzen und Frucht bringen in Geduld.“

Duldsamkeit und Stille sind seine Kerneigenschaften. Mit keinem Wort klagt er über seine schauerliche Krankheit und seine Verlassenheit, gegen sein Joch lehnt er sich nicht auf. „Demut ist eine große Kraft“. Die schamlosesten Fragen beantwortet er in kindhafter Offenherzigkeit. Als Aglaja ihn vor der ganzen Familie herausfordernd fragt, ob er denn wirklich die Absicht hätte, sie zu heiraten, antwortet er mit einem treuherzigen „ja“. Und als sie, um ihn lächerlich zu machen, zu wissen verlangt, wieviel Geld er habe, gibt er ihr einfältig genaue Auskunft. Er begreift nicht, daß es Dinge gibt, über die man sprechen kann, und wieder solche, die man „in guter Gesellschaft“ verschweigen, verschleiern, beschönigen muß. Der primitive Ragoschin sagt voll spöttischer Bewunderung: „Sie, Fürst, sind die heilige Einfalt, aber Gott liebt solche Menschen wie Sie.“

Fürst Myschkin liebt tatsächlich seinen Nächsten wie sich selbst, und darin besteht vor allem in den Augen der Gesellschaft seine Abnormität. Die Teufelskrankheit, die Epidemie des Egoismus, hat so weit um sich gegriffen, daß der Gottgeöffnete von den Verseuchten als Idiot geschmäht wird. In seiner Macht mitzuleiden beruht seine Schönheit. Nach Solowjew, den Dostojewskij wie keinen anderen Philosophen liebte, ist die Fähigkeit mitzuleiden das Kennzeichen, das den Menschen vom Tier unterscheidet. Ein Bruder greift seine Schwester an, erniedrigt sie in Gegenwart fremder Menschen und ist im Begriff, sie zu schlagen. „Ganja holte besinnungslos zu einem Schlage aus, der die Schwester mitten ins Gesicht getroffen hätte. Doch da wurde seine Hand von einer anderen Hand aufgehalten: zwischen ihm und der Schwester stand der Fürst. Er zitterte am ganzen Körper. Da holte Ganja in rasender Wut aus und schlug den Fürsten ins Gesicht. Der Fürst erbleichte. Ein seltsames Lächeln, das gar nicht zur Situation paßte, zitterte auf seinen Lippen. Dann wandte er sich plötzlich ab, bedeckte das Gesicht mit den Händen, zog sich in eine Ecke zurück und flüsterte kaum hörbar: ‚Oh, wie werden Sie das bereuen!‘ Die Menschen um ihn sahen ihn entgeistert an. So kann sich nur ein Idiot betragen"!

Myschkin besitzt die wunderbare Gabe der Intuition, die ihn zu einem Verstehenden macht. Wie es Menschen mit einem ausgesprochenen Gehör für Musik gibt, so auch solche — nur unvergleichlich seltener — mit einem ausgesprochenen Gehör für Menschen, für ihren Wert und Unwert, für das Echte und Unechte. Myschkin sieht die Seele hüllenlos, als sei der Körper transparent. Von seiner ungewöhnlichen Einfühlungsgabe zeugen seine graphologischen Fähigkeiten: er kann die Handschriften verschiedener Zeitalter und Persönlichkeiten nachahmen. Er errät Nastassia Filippownas Charakter und ihr Schicksal beim Anschauen ihres Bildes, er kennt ihre Tragik, noch ehe er sie persönlich gesehen. Als er gefragt wird, ob Ragoschin diese Frau heiraten wird, antwortet er hellsichtig: „Er wird sie wahrscheinlich heiraten und eine Woche später ermorden."

Fürst Myschkin spricht mit dem Diener des Generals im selben Tonfall wie mit der Generalin selbst und macht sich dadurch in diesem Hause lächerlich. Jedem Menschen traut er etwas Gutes zu und erweckt dadurch das Edelste in ihm, holt innere Eigenschaften ans Tageslicht, die tief verschüttet sonst nie zum Vorschein kämen. Handelt einer böse und gemein, so spricht er mit ihm, als ob er gut wäre. Nastassia Filippowna betritt in ihrer arroganten Art das bescheidene Heim ihres Verlobten, macht sich über alle und alles lustig und ermutigt den alten kindischen Vater, seine abgeschmackten Lügengeschichten aufzutischen. Fürst Myschkin hört zu, es ist ihm, als verstehe er nichts, dann sagt er sanft: „Schämen Sie sich denn nicht! Sie sind ja gar nicht so, wie Sie sich geben. Das ist ja gar nicht möglich!“ Nastassia Filippowna belächelt anfangs seine Worte, steht aber dann plötzlich auf, küßt der noch eben verhöhnten Mutter ihres Verlobten die Hand und verläßt eilig das Haus.

„Wer ist meine Mutter, wer meine Brüder?“ — Wie ein Verbannter und Verpönter lebt Fürst Myschkin in seiner Heimat. Wir wissen kaum etwas über seine Eltern, er hat weder Geschwister noch Angehörige, er steht außerhalb jeder Gesellschaft. Von der Magie der Wahrheit beherrscht, gibt es für ihn keine Scheidewand zwischen Erkennen und Tat, zwischen Gedanken und Leben, zwischen Seele und Leib, und darum ist er auf eine tragische, man möchte fast sagen: metaphysische Weise allein. Kaum aus dem Ausland zurückgekehrt, wird er sofort in die diabolischen Streitigkeiten der Familie Jepantschin verwickelt, noch schlimmer geht es bei den Ivolgins zu, und die von Spannungen geladenen Verwirrungen erreichen ihren Höhepunkt noch in derselben Nacht in der unheimlichen Szene am Kamin, als Nastassia Filippowna das Geld ihrer Anbeter ins Feuer schleudert. Immer sind Menschen um ihn, und immer solche, die von unsauberen Geistern umgetrieben werden.

Als Lichtmeer, in das alle versumpften Flüsse münden, steht er im Zeichen aller Geschehnisse, auf eine geheimnisvolle Weise mit allen verbunden, enthüllt er den Sinn und die Sinnlosigkeit aller Gestalten und Handlungen. Erst dadurch, wie sich die Menschen zu ihm verhalten, wird uns ihr Edelsinn oder ihre Gemeinheit klar. Trotz seiner metaphysischen Einsamkeit können wir ihn uns abgesondert von Menschen, in einer Eremiten-Zelle, nicht vorstellen. Sein Licht leuchtet erst in der Finsternis, die durch die Lasterhaftigkeit seiner Mitmenschen entsteht. Nach einem schweren epileptischen Anfall liegt er noch ganz erschöpft auf der Veranda seiner Villa. Eine Bande marktschreierischer Revolutionäre besucht ihn und gleichzeitig kommt auch die Familie des Generals Jepantschin. Auf der einen Seite fanatische, terroristische Jugend, auf der anderen die Pfeiler des Konservatismus, und sie alle brauchen ihn; obwohl sie ihn verlachen, spüren sie die geheime Geisteskraft, die von ihm ausgeht. Von fremden Menschen umringt, fast erdrückt, ruht er auf seinem Lager, es ist als schwebe er, der sich an alle verschenkt, in einem unendlichen, leeren Raum.

Der gute Fremde wird durch die Heimsuchung der Krankheit menschlich, allzu menschlich. Er handelt unzulänglich, durch seine Verlegenheit und Ungeschicktheit wirkt er komisch und wir verstehen sehr wohl, warum die schöne, anspruchsvolle, spottlustige Aglaja ihn Don Quichotte nennt. Er kennt die Angst und kämpft gegen sie: „Ein Feigling ist der, welcher sich fürchtet und davonläuft, doch wer sich fürchtet und nicht davonläuft, der ist kein Feigling", sagt er in rührender Aufrichtigkeit und Selbstkritik, um sich zum Ausharren anzuspornen.

Langmut und Sanftmut, das dem westlichen Menschen unbekannte rückhaltlose Sichhingeben an das Du, ist in ihm ebenso stark wie in den Gottesempörern der titanische Hochmut, die Selbstvergottung. Trotz seiner Demut weiß er aber, daß seine Mitmenschen gut täten, ihm zu folgen, vielleicht nicht so sehr ihm, wie dem Licht, das er erschaut und für das die anderen noch blind sind. „Alle Dinge sind mir übergeben vom Vater ..." Nastassia, die am tiefsten in die Sünde Versunkene, fühlt am tiefsten das ihm entströmende überirdische Licht. Als sie ihn verläßt, wohl wissend, daß sie sich an einen Mann wie ihn nicht binden kann, sagt sie: „Leb wohl, Fürst, ich habe zum erstenmal einen Menschen gesehen." Zum Schluß wenden sich alle von ihm ab. Sie lassen ihn in seiner Krankheit und Hilflosigkeit allein, ihn, den makellos Reinen, Keuschen, sich an alle Verschenkenden. „Selig seid ihr, so euch die Menschen hassen und euch absondern und schelten."

Ob Nietzsche den „Idioten" gelesen hat, weiß ich nicht, aber er hätte an diesen Roman denken können, indem er den Satz niederschrieb: im Evangelium gehe es wie in einem russischen Roman zu.

Es ist süß und schmerzlich zugleich, dieses menschlichste aller Bücher zu lesen. Fürst Myschkin ist uns brüderlich nah, sein liebevoller Blick folgt uns noch lange, nachdem wir das Buch schon geschlossen haben. Wir messen unsere Worte und Taten an seinem Tun und fühlen unsere Erbärmlichkeit und Kleinheit beim Gedanken an diesen zarten, nachdenklich lächelnden, hellblonden Mann, mit dem dünnen Bärtchen und dem schweren sinnenden Blick in den blauen Augen. Seine demütig fragende Stimme klingt noch in unseren Ohren, wenn wir wieder in dem Wirbel des Lebens untergetaucht sind, wo es nicht um seelische Werte, sondern nur um Preis und Leistung geht. Obwohl Fürst Myschkin selbst im Dunkeln versinkt, leuchtet sein Licht uns wie eine freundliche Lampe auf unseren finsteren Weg. Aber der Gedanke an seine Nähe hat nicht nur etwas Tröstendes, er erfüllt uns auch mit einer unaussprechlichen Trauer: wenn heute ein ganz reiner Mensch käme und unter uns lebte, man würde ihn ans Kreuz der Einsamkeit schlagen. Aber sagt nicht Solowjew in seiner Dostojewskij geweihten Gedenkrede: „Das Leben wird geschaffen von den Glaubensmenschen. Man nennt sie Träumer, Utopisten und Narren, aber sie sind die Propheten, die wahrhaft besten unter den Menschen und die Führer der Menschheit."

2. *Aljoscha Karamasow*

Trotz seiner Liebe zum Menschen sah Dostojewskij die Fähigkeit zum Bösen grausam deutlich und aus dieser zwiefachen Einstellung entsprang seine Sehnsucht nach der Erschaffung eines vollendet schönen Menschen. Der „Idiot" befriedigte ihn nicht, obwohl er seinen „mißlungenen Gedanken" über alles liebte. Fürst Myschkin ist krank und nur zu gut kannte Dostojewskij die verwüstende Kraft der Fallsucht, die ihn nach den kurzen Augenblicken der Verzückung mit furchtbaren Depressionen heimsuchte und in einen Zustand der seelischen Verelendung und geistigen Zerrüttung versetzte.

Aljoscha Karamasow ist die weitere Entwicklung des Idioten: in den Entwürfen zum Roman heißt er einfach: „der Idiot" und diese Tatsache allein würde genügen, um die enge Zusammengehörigkeit beider Gestalten aufzuweisen. Aljoscha ist in manchem eine Wiederholung des Fürsten Myschkin, aber in einer Hinsicht ist er sein strikter Gegensatz: er ist durch und durch gesund, breitschultrig, rotwangig, von körperlicher Wohlbeschaffenheit. Nach Dostojewskij ist Krankheit keine notwendige Voraussetzung zu Keuschheit und Selbstlosigkeit, ein Gesunder kann diese edlen Eigenschaften in viel größerem Maß besitzen, und physisch Kranke sind bisweilen auch seelisch krank, wie zum Beispiel die kleine perverse Lisa.

Dostojewskij glaubte so tief an den Menschen, daß er es für

möglich hielt, eine vollendet schöne, lebensnahe Gestalt zu schaffen, die mit den zartesten Tugenden ausgezeichnet ist, die das Fühlen der Mitmenschen vertieft, das Wissen von der menschlichen Seele erweitert, ohne von einer unheilbaren Krankheit gekreuzigt zu sein. Durch die Gestalt Aljoschas wollte er sich von der Dämonie seiner eigenen Krankheit befreien. „Alle Menschen liebten diesen Jüngling. Überall brachte man ihm, wo er auch erschien, schon von Kindheit an sofort Liebe entgegen“, heißt es in seiner Charakteristik. Aljoscha besaß keine besonderen Talente, aber die köstliche Fähigkeit, in allen seinen Mitmenschen Liebe zu erwecken. Schon in der Schule war es so. Obwohl er zu jenen Kindern gehörte, die durch ihr scheues Wesen den Spott der Kameraden hervorrufen, liebte man ihn. Man lachte wohl über seine Scham, man nannte ihn scherzweise „die Jungfrau“, aber man hatte ihn gern und ließ ihn in Ruhe.

Aljoscha Karamasow ist der Lieblingsschüler des weisen Sossima. Ehrfürchtige Verehrung, Emporblicken ist für ihn innere Notwendigkeit. Diese Gestalt ist unter dem Einfluß der Freundschaft Solowjews entstanden, der in seiner Philosophie das Gefühl der Ehrfurcht, das Vermögen, sich vor etwas Höherem zu beugen, als eines der unterscheidendsten Kennzeichen des Menschen vom Tiere nennt. Begierig durchdringt Aljoscha die Weisheiten seines heißgeliebten Meisters; er ist es, der ihn ans Kloster fesselt und nicht die Askese, die Abgewandtheit vom Leben. Der Meister seinerseits erkennt früh die außergewöhnliche seelische Kraft seines Jüngers und schickt ihn ins Leben, in die Welt. „Du bist dort nötiger. Dort herrscht kein Friede, du wirst dich nützlich machen können. Wenn die Dämonen sich erheben, so sprich ein Gebet ... Wenn es Gott gefallen wird, mich in die Ewigkeit abzuberufen, so gehe fort aus dem Kloster ... Ich segne dich zu deiner großen Aufgabe in der Welt. Lang ist noch deine Wanderschaft, mein Sohn. Und auch heiraten wirst du müssen, mein Junge, du mußt es. Alles wirst du ertragen müssen, bis du wieder da anlangst, von wo du ausgegangen bist ... An dir zweifle ich nicht, und darum schicke ich dich. Christus ist mit dir. Bewahre du Ihn, so wird Er auch dich bewahren. Großes Leid wirst du erfahren, und in diesem Leid wirst du glücklich sein. Und hier hast du mein Vermächtnis: Suche im Leid das Glück. Arbeite, arbeite unermüdlich.“

In diesen Worten des Staretz Sossima ist gewissermaßen die Zukunft Aljoschas vorgezeichnet, die den Inhalt des zweiten Teils des Romans bilden sollte; wir aber lernen ihn nur in einer kurzen Spanne Zeit, während seines zwanzigsten Lebensjahres kennen. Gleich dem Fürsten Myschkin gehört er zu jenen seltsamen Wesen, die ohne Geld und Gut nicht den Eindruck der Bedürftigkeit erwecken. Sein Vater sagt bezeichnend zu ihm: „Du gibst das Geld aus wie ein Kanarienvogel, zwei Körner in der Woche." Und einer seiner Bekannten bemerkt voll verachtender Bewunderung: „Es ist vielleicht der einzige Mensch auf der Welt, der, wenn man ihn plötzlich allein und ohne Geld auf dem Platze einer ihm unbekannten Millionenstadt ließe, weder verloren gehen noch vor Kälte oder Hunger sterben würde, denn immer würde sich sofort jemand finden, der ihm zu essen gibt und ihm alles Notwendige verschafft."

Sein ganzes Wesen und Leben ist auf dem Fundament innerer Freiheit aufgebaut, er fühlt sich in einer höheren Welt beheimatet und hat den festen Glauben, daß ihm auf dieser Welt niemand ein Leid antun, niemand ihn verletzen könne oder auch nur wolle. Erstaunlich diese Unversehrbarkeit der Seele! Gleich Dostojewskij selbst trug er nie Beleidigungen nach; ja es kam vor, daß er nach einer Stunde mit dem Beleidiger ein heiteres und zutrauliches Gespräch begann, als ob niemals etwas zwischen ihnen vorgefallen wäre. Er suchte Heimat nicht bei den Menschen, durch den Staretz Sossima hatte er sie in Gott gefunden, und diese Gewißheit durchstrahlt ihn mit stiller, schlichter, starker Freude. Durch die Berührung mit seinen Mitmenschen, durch die Wechselwirkung, die zwischen ihm und seiner Umgebung entsteht, erkennen wir ihn. Wie den Fürsten Myschkin, können wir uns auch ihn nicht allein in einer Zelle, von den Menschen abgetrennt, vorstellen. Mitlebend und mitfühlend teilt er die Schmerzen seiner Brüder, des kalten Frevlers Iwan und des heißen Sünders Mitja. Die Tiefe seiner christlichen Liebe offenbart sich erst durch den Zusammenstoß mit der unbarmherzigen Vernunft Iwans, zu dem er einmal sagt, man müsse das Leben mehr lieben als den Sinn des Lebens: „Vor der Logik muß man das Leben liebgewinnen ... unbedingt muß es vor der Logik geschehen, nur dann wird man auch den Sinn des Lebens begreifen." Er liebt nicht nur die großen, sondern auch all die kleinen Dinge, die zum menschlichen Leben gehören; wie rührend ist z. B. seine Vorliebe für süß eingemachte Kirschen!

In alten Zeiten wäre Aljoscha ein idealer Beichtvater, in unserer modernen Zeit ein idealer Individualpsychologe und Psychotherapeut gewesen. Er liebt Gott, indem er dem Menschen dient. Wohl im Leben eines jeden Menschen gibt es Augenblicke, da er nichts so leidenschaftlich begehrt — und in unserer modernen entseelten Zeit nichts so selten findet — wie Verständnis. Daher haben alle Aljoscha nötig, erwarten ihn sehnlichst, und das, was er ihnen bringt, hat nichts mit Amt und Würden, mit Hab und Gut zu tun: den Kranken und Verzweifelten flößt er Freude und Zuversicht ein, er schenkt ihnen sich selbst.

Er ist der einzige, dem der argwöhnische, verkommene Vater, dieser alte Wucherer und Wollüstling, traut. Und durch die Liebe zum „frommen Knaben", wie er seinen jüngsten Sohn nennt, erhält der Alte einen Schimmer von Menschlichkeit. Iwan, der eiskalte Zweifler, nennt seinen jüngeren Bruder mit sanfter Ironie Pater Seraphicus, und Mitja, der im Inferno seiner Sinnlichkeit brennt, gibt ihm den Namen Cherub. Die infernale Gruschenka sagt zu ihm: „Du bist mein Gewissen." Das ist das Seltsame an den Gestalten Dostojewskijs, daß auch die im stickigen Morast versinkenden Nachtmenschen, wie der alte Karamasow, Gruschenka und andere, ein Gehör für Reinheit und Lauterkeit besitzen. Aljoscha ist das Gewissen seiner Umwelt, ganz ohne Vorbedacht, ohne Lehrhaftigkeit, Schulmeisterei oder Philistertum, er ist es kraft seiner seelischen Reinheit. Er spricht wenig, auf lange Reden antwortet er mit einer stillen Bemerkung, aber diese behält man im Gedächtnis wie einen kostbaren Schatz. Er tadelt nicht die Menschen, er verurteilt sie auch nicht, aber seine bloße Gegenwart hindert sie, den ausgetretenen, bequemen verlogenen Weg fortzusetzen. Vom utilitaristischen, menschenentwürdigenden Standpunkt unserer Zeit ist Aljoscha ein Nichtstuer, ein Müßiggänger, von Dostojewskijs Warte aus gesehen erfüllt er die höchste Berufung des Menschen.

Verfolgen wir einmal seinen Tageslauf. Am Morgen besänftigt er den zynischen, wutentbrannten Vater, dann trennt er die ingrimmig gegeneinander geratenen Schulbuben auf der Straße, die einen kränklichen Kameraden quälen; später weist er der von sinnlichen Begierden geplagten Lisa den Weg zu ihrem eigenen Ich, er glättet ihre verbogene, verlogene Seele und flößt ihr weibliches Selbstbewußtsein ein. Er lockert die Spannungen im Liebesverhältnis seines stolzen und harten Bruders Iwan zu der noch stolzeren und härteren Katharina Iwanowna. Diese egozentrische Frau inspiriert er, dem auf schändliche Weise erniedrigten Vater des kleinen, kranken Iljuscha zu helfen. Er selbst bringt ihr Geldgeschenke in die elende, armselige Wohnung, um der Gabe den Beigeschmack eines Almosens zu nehmen. Am Abend in einer Kneipe steigt er gemeinsam mit Iwan in die Hölle des Zweifels hinab: er lauscht der Geschichte vom Großinquisitor. Und noch spät in der Nacht nimmt er die Lebensgeschichte des sterbenden Sossima in sich auf: so stark ist seine Herzenskraft. — Das ist nur ein Tag, und die anderen verlaufen ähnlich.

Die Menschen vertrauen ihm an, was sie einem anderen niemals gestehen würden. Mit ihm können sie ohne Scheu sprechen, denn nichts Menschliches ist ihm fremd. In Harmonie mit sich selbst, mit dem Leben und der Ewigkeit, lauscht er mit der gleichen ehrfürchtigen Aufmerksamkeit der hysterischen Lisa, der Königin des Lasters Gruschenka, dem Narren Snegirow und dem Staretz Sossima. Verstandesmäßiges Verstehen bringt keinen Trost, er aber öffnet sich liebevoll dem Schicksal des jeweils Erzählenden. Er ist der glücklichste und reichste Mensch unter allen Gestalten Dostojewskijs: er braucht von den Menschen nichts und hat immer etwas, womit er sie beschenken kann; er stärkt sie für den Kampf mit dem Widersacher des eigenen Ich, er flößt ihnen den Glauben ein, daß jeder, auch der schlechteste und verkommenste unter ihnen, gut sein kann.

Dostojewskij liebte die Menschen zu tief, als daß er sie verfälscht oder retuschiert hätte. Auch Aljoscha kennt in schwachen Stunden die Versuchung der Lüsternheit und des Unglaubens: „Das ist die karamasowsche Erdkraft ... die grimmige entfesselte, rohe, rasende Erdkraft ... und ich weiß nicht einmal, ob Gottes Geist über dieser Kraft schwebt, selbst das weiß ich nicht! Ich weiß nur, daß auch ich ein Karamasow bin ... Ein Mönch soll ich sein? ... Aber ich ... ich glaube ja vielleicht gar nicht an Gott.“

Als sein Meister gestorben ist, wartet er begierigen Herzens auf ein Wunder, aber statt dessen spürt er am Sarge des Entrückten einen vorzeitigen Verwesungsgeruch. Da ist wieder das Bild Holbeins, nur in anderer Gestalt. Dieser entsetzliche Prozeß des körperlichen Zerfalls! Wo ist die Besiegung der Natur durch den Geist? Am Sarge seines Meisters begreift Aljoscha Iwans Abtrünnigkeit. Seine Trauer, seine Empörung, sein Entsetzen über die Tatsache der Verwesung endet aber nicht wie bei Iwan mit einer Negation, sondern mit einer mystischen Vision. Ehe er aber den Gipfel des Lichtberges erreicht, muß er in den Sumpf des Zweifels hinabsteigen. Er trifft den Nihilisten Rakitin, Mephisto den Kleinen, der ihn zu Gruschenka führt. In ihm erwacht für Augenblicke die karamasowsche Wollust. In den Kreis des Lichtes zurückgekehrt, nennt er Gruschenka seine Schwester und sie ist über dieses schlichte, menschliche Wort so erschüttert, daß sie vor ihm auf die Knie sinkt; es ist ihr, als hätte ihr jemand „das Herz umgekehrt". „Ich habe das ganze Leben auf einen wie dich gewartet, ich ahnte, einer wird kommen und mir verzeihen. Ich glaubte, daß auch mich einer einmal lieben wird, mich, die Schändliche, und nicht meine Schande."

Danach kehrt er zum Sarge des Staretz Sossima zurück, betet inbrünstig und erlebt die Vision der Hochzeit zu Kana. Die Größe der Welt ahnend, verläßt er das Kloster. Wie beim jungen Dostojewskij weitet sich seine Seele, um die Herrlichkeit der Welt zu umfangen. In der gestirnten Nacht sinkt er in die Knie und küßt die Erde. Er weint und schämt sich nicht seiner Tränen. Diese Tränen spülen allen Zweifel, allen Unglauben, alle Kleinheit fort. Wie Christus uns menschlich nahekommt durch seine Tränen, die er um Jerusalem oder Lazarus weint, so wird Aljoschas Gestalt durch seine Tränen ins Göttliche emporgeläutert. „Lacrimæ rerum sunt." Ihn ergreift jene kosmische Harmonie, die Fürst Myschkin in den Augenblicken vor dem entsetzlichen Anfall erlebt: dieses berauschende Hochgefühl innerlicher Erleuchtung, unvergleichlichen Entzückens, das so tief ist, daß man für diese Sekunden ein ganzes Leben hingeben könnte — die unio mystica, in der die menschliche Person aus dem Kerker ihres Ich tritt und im Ewigen aufgeht. Der Abstand zwischen der Seele als Kind Gottes und Gott selbst ist aufgehoben.

Diese Freude treibt ihn in die Welt, zu denen, die der Liebe am meisten bedürfen — zu den Kindern. Er befreundet sich mit der Knabenschar, stiftet Frieden unter den Bösartigen, Ehrgeizigen und Verschüchterten, versöhnt sie mit ihrem sterbenden Kameraden, dem kleinen Märtyrer Iljuscha, er weiht sie in das Geheimnis der Liebe ein, welches das Geheimnis des Lebens und des Todes ist. Am Grabe Iljuschas legt er den Grundstein zur allmenschlichen Brüderlichkeit, er bildet eine Zelle, nicht den Anfang zu einem Ameisenhaufen, sondern zu einer Gemeinde der Liebe, in der jeder einzelne einmalig ist: „Laßt uns vor allem gütig sein und ehrlich, und laßt uns nie einander vergessen. Dieses will ich unterstreichen. Ich verspreche euch, meine Jungen, daß ich keinen von euch vergessen werde; an jedes Gesicht, das mich jetzt anschaut, werde ich mich erinnern und sei es dreißig Jahre später."

Der kleine Iljuscha ist nicht gestorben, in der Liebe der Freunde, die er untereinander vereint, lebt er ewig fort.

In der Welt Dostojewskijs ist Aljoscha der normale Mensch und der Glaube an die Unsterblichkeit schafft — wie Dostojewskij kurz vor seinem Tode im Tagebuch schreibt — den normalen, das heißt den dem Menschen angemessenen Zustand. Nach der Beerdigung dringt der frühreife Krasotkin in Aljoscha mit der Frage über die Auferstehung und dieser antwortet strahlend: „Gewiß werden wir auferstehen, gewiß werden wir uns wiedersehen und einander fröhlich alles erzählen, was geschehen ist."

Die Aufgabe der Frau

„Alle unsere Hoffnung setzten wir auf sie, die ungeheure Beispiele der Selbstaufopferung gegeben hat."

Die innere Seite, den heimlichen Kern eines Menschen und Volkes, lernen wir durch die Einstellung des Dichters zur Frau kennen; ist doch der Dichter der gesteigerte Mensch und lebt ein Volk durch seine Dichter, die wie unzerstörbare Pyramiden im Wüstensand der dahinflutenden Jahre sich erheben.

In seiner Einstellung zur Frau war Dostojewskij der Gegensatz Tolstojs, der Kaiser Wilhelms 3 K-Formel — Kinder, Küche, Kirche — als gültig anerkannte.

Dostojewskij vertrat den klassischen russischen Standpunkt: Puschkins Tatjana war seine Lieblingsgestalt. Von den Frauen, die in seinem persönlichen Leben eine Rolle spielten, hätte keine sagen können:

„Beschämt nur steh' ich vor ihm da
Und sag zu allen Sachen ja."

Seine Freundinnen kämpften für die Selbständigkeit der Frau und waren bestrebt, ihr Ich nicht im Mann, sondern in einem absoluten Wert zu verankern. Sie alle wiesen den Lebensstil der im

Biologischen Verhafteten von sich, die durch Nietzsches Ausspruch gekennzeichnet ist: „Das Glück des Mannes heißt: ich will. Das Glück des Weibes: er will.“ Seine ewige Geliebte, Apollinaria Suslowa, eröffnete eine Schule, Anna Wassiljewna kämpfte mit dem Einsatz ihres Lebens für Gleichheit, Freiheit, Brüderlichkeit. Anna Grigorjewna erlernte die Stenographie, um sich einen selbständigen Beruf zu sichern, Sonja Kowalewska erzählt in ihren Memoiren, wie die Freundschaft mit Dostojewskij ihren Glauben an ihre eigene Begabung und ihre Berufung als Wissenschaftlerin gestärkt habe.

Sehr nah stand seinem Herzen die Schwester der ewigen Geliebten, Nadezjda Prokofjewna Suslowa, die in Zürich zum Dr. med. promovierte. Nur ein Brief (19. April 1865) an sie hat sich erhalten, aber aus ihm ersehen wir, wie tief und anhaltend seine Freundschaft zu dieser geistig hervorragenden Frau, zu diesem schwesterlichen Menschen war: „In jedem schweren Augenblick meines Lebens fuhr ich zu Ihnen, um meine Seele zu entspannen und in der letzten Zeit konnte ich nur bei Ihnen Zuflucht finden, wenn mein Herz allzu schwer war. Sie haben mich in den aufrichtigsten Augenblikken meines Lebens gesehen ...“ Und weiter: „Ich verehre Sie sehr, Sie gehören zu den seltenen Wesen, die mir auf meinem Lebensweg begegnet sind. Vergeuden Sie nicht Ihr Leben, bewahren Sie Ihre Seele und glauben Sie an die Wahrheit ... Aber Sie haben ein Herz und werden nicht leicht auf Abwege geraten. Sie sind mir teuer wie die Jugend, wie das Neue, ganz abgesehen davon, daß ich Sie liebe wie die am meisten geliebte Schwester.“ Dostojewskij glaubte an die Leistungsfähigkeit der Frau auf geistigem Gebiet, aber er legte ihr nahe, nie die Stimme des Herzens zu überhören.

Er stand in enger Berührung mit der Frauenbewegung in ihren ersten Anfängen und bewunderte die Mutigen, die mit noch unerfahrener Hand die Tür des Hauses öffneten, um in die Welt zu treten. Er ermunterte Gründerinnen von Schulen und Krankenhäusern wie auch zaghafte Studentinnen. Er teilte nicht die Meinung seines Meisters Balzac, der behauptet hat: „Die Frau emanzipieren heißt — sie unglücklich machen. Ihre einzige Aufgabe ist, das Herz des Mannes höher schlagen zu lassen.“ Er war eines Sinnes mit George Sand — allerdings nicht mit jener, die Musset den „Typus der gebildeten Amsel“ nannte, Nietzsche voller Verachtung „die Schreibkuh“, und in unserer Zeit Egon Friedel „eine gräßliche Literatursuffragette“ — sondern mit jener mutigen Frau, die es wagte, ihren eigenen Weg zu gehen und für alle Menschen — Frauen, Männer, Fabrikarbeiter und Bauern — Menschenrechte zu fordern und die noch als weißhaarige Großmutter ihrer Überzeugung treu blieb: „Ich glaube nicht an das Böse, es ist alles nur Unwissenheit."

„Das Tagebuch eines Schriftstellers" brachte ihn mit Frauen aller Kreise in Berührung. Er erhielt viele Briefe von russischen Frauen mit der Frage: Was sollen wir tun? Welchen Weg sollen wir gehen? Eine Mutter, deren Name unbekannt geblieben ist, dringt in ihn mit der Frage, wie sie ihr dreijähriges Kind erziehen soll. Trotz Krankheit und Überarbeitung antwortet er ihr mit einem mehrere Seiten langen Brief (27. März 1878): „Sie stellen Fragen, die nicht durch Briefe, sondern durch Traktate zu beantworten wären, aber die wahre Antwort gibt nur das Leben selbst . . .

Seien Sie gütig und möge Ihr Kind spüren, daß Sie gütig sind, behält es Ihre Güte in seinem Herzen, dann, glauben Sie mir, haben Sie Ihre Pflicht vor Ihrem Kinde erfüllt, denn Sie haben ihm unmittelbar gezeigt, was gut ist." Als Hauptgrundlage der Erziehung nennt er das Evangelium, ohne die Frohe Botschaft kann man niemanden zu einem guten Menschen erziehen, ohne Christi Lehre werde ein Kind zu einem gequälten Menschen oder auch zu einem Fettwanst. „Etwas Besseres als Christus läßt sich nicht ausdenken, glauben Sie daran." Er warnt die Mutter vor übertriebener Fürsorge. „Wer sich übermäßig und krankhaft um seine Kinder kümmert, wird ihnen lästig und zersägt ihre Nerven." Das Wichtigste in der Erziehung sei ein Gefühl des Maßes. Zum Schluß rät er ihr, das Kind von klein auf an die Überwindung von Schwierigkeiten zu gewöhnen.

Eine Freundin, die ihm ihr Leid klagt, ihr Geliebter sei ihr untreu geworden, bittet er, dem treulosen Mann immer wieder zu verzeihen, dadurch würde sie ihn früher oder später zu sich zurückzwingen. Jungen Schriftstellerinnen oder Frauen, die sich für solche halten, erteilt er stilistische Ratschläge. Er besaß die Fähigkeit, im Verkehr mit Frauen Eros aus dem Spiel zu lassen, wenn es nicht gerade eine der Auserkorenen war. Mit einigen von ihnen setzt er sich über die tragenden Ideen in den „Brüdern Karamasow" auseinander, andere wieder tröstet er in ihrer Melancholie und gibt ihnen gesundheitliche Ratschläge. Am höchsten wertet er — besonders bei der Frau — die Weisheit des Herzens.

Im Juniheft 1876 erzählt er vom wiederholten Besuch einer achtzehnjährigen Studentin, die ihn in ihrer Bescheidenheit nie mehr als zehn Minuten aufgehalten hätte. Sie kam zu ihm, um sich beim Dichter Mut zu holen, denn in den siebziger Jahren war eine studierende Frau etwas so ungewöhnliches wie heute eine Frau im Pastorentalar. Als es im russisch-türkischen Krieg an barmherzigen Schwestern mangelte, beschloß die junge Studentin ihr Studium aufzugeben und auf den Kriegsschauplatz zu gehen. Vor ihrer Abfahrt kommt sie zu Dostojewskij, um sich seinen Segen für ihren neuen Weg zu holen. Ihre Entschlossenheit erschüttert ihn und er sagt zum Abschied: „Gott segne Sie! Sobald Sie aber Ihre Arbeit getan haben, kommen Sie so schnell wie möglich zurück." Und sie antwortet strahlend: „Selbstverständlich, ich muß doch mein Examen machen." — Diese junge Studentin wird für Dostojewskij zum Symbol der neuen Zeit: „Ihr Verlangen nach Selbstaufopferung und Tat, ihre Überzeugung, daß sie als erste ohne jegliche Ausflüchte all das Gute beginnen und verwirklichen muß, das man von andern erwartet. Und die Hauptsache: kein Schimmer von Ehrgeiz, nicht die kleinste Zweifelssucht oder auch Verherrlichung der eigenen Opfertat."

Im selben Jahre schreibt er im Tagebuch: „Die russische Frau ist keusch über alle Hindernisse und allen Spott hinweggeschritten. Sie ist fest entschlossen, im Gemeinwesen mitzuarbeiten und hat auf diesem Gebiet nicht nur uneigennützig, sondern mit Selbstverleugnung gewirkt. In den letzten Jahrzehnten hat der russische Mann in erschreckender Weise dem Laster der Habgier, des Materialismus und Zynismus gefrönt, aber die russische Frau ist der reinen Idee und dem Dienst an ihr treu geblieben, in ihrem Verlangen nach höherer Bildung hat sie Ernst, Ausdauer und höchsten Mut bewiesen." Er kommt zu dem Schluß, daß nur die Wissenschaft genügend Macht und Anziehungskraft besitze, um den unter den Frauen ausgebrochenen Aufruhr in richtige Bahnen zu leiten. Im Jahre 1877, also wenige Jahre vor seinem Tode, als er die Quintessenz seines ganzen Lebens zusammenfaßt, manchem jugendlichen Irrtum entsagt und darauf bedacht ist, das Kerngehäuse seiner Weltschau möglichst klar auszugestalten, schreibt er: „Die Hauptarbeit bei der Erneuerung der russischen Gesellschaft fällt zweifellos der russischen Frau zu. Nach dem letzten Kriege, in dem sich ihr Wesen so hehr und licht, so heilig offenbart hat, können wir nicht mehr daran zweifeln, welch hohe Aufgabe ihr beschieden ist. Endlich werden die alten Vorurteile niederstürzen, und das ‚barbarische Rußland' wird der Welt zeigen, welche Stelle es der Mutter und Schwester des russischen Soldaten, der Verleugnerin ihres eigenen Ich, der Märtyrerin für den russischen Menschen, anzuweisen versteht." Und weiter heißt es, daß es unzulässig sei, der Frau das Recht auf höhere Bildung und einen selbständigen Beruf zu verweigern, denn „all unsere Hoffnung setzen wir auf sie, die ungeheure Beispiele der Selbstaufopferung gegeben hat, von ihr wird die geistige Erneuerung und die moralische Erhebung unserer Gesellschaft ausgehen ... die russische Frau hat selbst den ihr gebührenden Platz eingenommen, sie hat die ihr enggezogenen Grenzen überschritten. Sie hat bewiesen, welche Höhe sie zu erklimmen und was sie zu vollenden vermag."

Für Frauen, die trotz ihrer Selbständigkeit ihre Weiblichkeit bewahrten, empfand Dostojewskij tiefe Ehrfurcht: seine Lebensgefährtin Anna Grigorjewna gehörte zu ihnen, aber seltsamerweise hat nicht er, sondern sein großer Rivale Turgenjew diesen Typ der russischen Frau in der Literatur verewigt. Dostojewskij porträtierte mit Vorliebe die dienenden Frauen, die Friedfertigen, wie Sonja Marmeladowa, die Mutter des Jünglings, die Mutter Aljoschas, und die sieghaft Schönen, die Stolzen, die verzweifelt Tragischen, innerlich Zerrissenen, die Wirklichkeit Verachtenden: Katharina Iwanowna, Lisa in den „Dämonen" und auch die kleine Lisa in den Karamasows, und endlich jene Frauen, von denen Baudelaire sagt, daß sie „mit ihrem Körper herrliche Geschenke machen": Gruschenka und Nastassia Filippowna.

In seinen publizistischen Aufsätzen vertrat Dostojewskij eine fortschrittliche, revolutionäre Ansicht, die erst nach Jahrzehnten und auch dann nur zum Teil Wirklichkeit geworden ist. Die Frau war für ihn nicht nur ein selbständiger Kulturfaktor, Sehnsuchterweckerin, der Quell aller Illusionen, nicht nur der schwesterliche Mensch, die größte moralische Kraft einer Gesellschaft, eines Volkes und Staates, sondern magische Potenz, das Licht, durch das alle Dinge Gestalt, Farbe und Form gewinnen, wie ein halbes Jahrhundert später für den spanischen Philosophen José Ortega y Gasset, den großen Dostojewskijverehrer, und für Konstantin Raudive, der in der Epoche nach dem zweiten Weltkrieg der metaphysischen Schönheit der Frau gehuldigt hat.

Hier ringen Gott und Teufel

„Die Liebe ist eine große Meisterin, man muß verstehen, sie zu erringen."

Dostojewskij ist der Dichter der vulkanartigen Gefühlserlebnisse und darin der krasseste Gegensatz zu den westlichen Meistern der neuzeitlichen gefühlsdürren Prosa: zum vornehm-weltmüden Gobelinweber Proust, dessen Kunst im Wichtignehmen von Nichtigkeiten besteht, und der wissenschaftlich auspräparierten, virtuosenhaft ausgefeilten, aberwitzigen und überwitzigen Weisheit Thomas Manns, dieses „Anwalts des Nichts". Dostojewskijs Romane entwickeln sich in einer glühenden Atmosphäre gespannter Leidenschaften. In der Liebe kennen seine Menschen weder Gesetze noch Konventionen, von ihrem Gefühl besessen, begehen sie schaurige Verbrechen und leuchtende Opfertaten.

Die Liebe von Tristan und Isolde, diesen in Gold gefaßten Edelstein, hat Dostojewskij nicht gefunden; auch Dantes Anbetung für Beatrice ist ihm fremd: die Geliebte als ein gottgleiches, sonnenweit entferntes Wesen. Desgleichen könnte er die Tragödie von Romeo und Julia nie gedichtet haben. Wollen wir Dostojewskijs Eros verstehen, müsen wir dessen eingedenk sein, daß die russische Kulturgeschichte weder Ritter noch Minnesänger kennt. In seinem Liebeserlebnis leuchtet ein sinistres Licht. 1856 schrieb er in einem Brief die aufschlußreichen Worte: „Rette mich, o Gott, aus diesem Zustand: Die Liebe hat starke Freuden, aber ihre Qual ist so entsetzlich, daß es besser wäre, nicht zu lieben." Und an anderer Stelle: „Liebe und Qual sind ein und dasselbe."

Die intimen Probleme in seinen Romanen ergeben sich aus der Liebe zwischen drei Menschen, entweder zwischen einer Frau und zwei Männern, oder zwischen zwei Frauen und einem Mann. Nastassia Filippowna liebt Myschkin und Ragoschin, Katharina Iwanowna liebt Mitja und Iwan; und Wersilow wiederum liebt seine Frau und die Mutter des Jünglings. Selbst der keusche Myschkin liebt zwei Frauen, und beide sind mitternachtverwandt: Aglaja und Nastassia Filippowna. Eine Eigentümlichkeit in den Romanen Dostojewskijs ist das Fehlen von Eifersuchtsszenen. Als sich Mitja für Gruschenka entschieden hat, besucht die stolze Katharina Iwanowna die Verlobten; mit Mitja allein geblieben, drückt sie einen

Kuß auf seine Hand. Als ihre Rivalin Gruschenka eintritt, flüstert sie, der früheren Haßszenen eingedenk, mit bebenden Lippen: „Verzeihen Sie mir!“ Die Rivalinnen, Aglaja und Nastassia Filippowna, versuchen zueinander den Weg zu finden. Auch zwischen den Männern kommt es nicht zu Eifersuchtsszenen im westeuropäischen Sinne. Ragoschin und Fürst Myschkin lieben beide Nastassia Filippowna und fühlen, daß diese Liebe mit schicksalhaften Banden sie aneinander kettet. Ragoschin hat sich wohl im Gedanken an den Fürsten ein Messer zugelegt, aber gar bald wirft er es von sich, tauscht das Kreuz mit Myschkin und sagt in bezug auf Nastassia Filippowna: „Nimm sie! So will es das Schicksal! Sie ist dein! Ich trete zurück. Vergiß nicht Ragoschin!“

In drei Hauptformen erscheint bei Dostojewskij die Liebe: als Leidenschaft, die auf der niedrigsten Stufe zur Wollust wird, als unerfüllbare Sehnsucht nach einer Erlösung des Ich im Du, und endlich als glühendes Mitleiden. Das Eheproblem, das in den Romanen Tolstojs eine so große Rolle spielt, wird bei ihm kaum behandelt, (eigentlich nur in der öden Erzählung „Der ewige Gatte“). Das Kind als Ergebnis der ersehnten Verschmelzung, als Symbol der Einswerdung von Mann und Weib, kennt er nicht. Ist Treue das Kennzeichen des germanischen Liebeserlebnisses, so Urgewalt das der Liebe Dostojewskijs, ganz gleich in welcher der drei genannten Formen sie uns entgegentritt.

1. Leidenschaft und Wollust

Die drei genannten Erscheinungsformen der Liebe hat Dostojewskij mit einem scharfen Seziermesser zerlegt, sie psychologisch und philosophisch begründet und in lebenden Personen verkörpert.

Leidenschaft als starke, stürmische Sinnlichkeit, leicht erregbare, schwer stillbare Sinnenlust als dämonischer Zwang, als Rausch ist vernunftswidrig und dieser Affekt hat mit der echten Liebe ebensowenig Gemeinsames wie mit dem Haß. Die von sinnlicher, ungezügelter Begierde hypnotisierten Gestalten Dostojewskijs fragen in Bestürzung: liebe oder hasse ich? Mitja Karamasow, der Sklave seiner Sinne, weiß, daß man sich in den Körper einer Frau verlieben und um ihretwillen seine eigenen Kinder verlassen, Vater, Mutter und Vaterland verleugnen kann. „Verliebt sein bedeutet nicht lieben. Man haßt bisweilen den Menschen, in den man verliebt ist."

Mitja trägt das Erbe seines Vaters in sich: „die grimmige, entfesselte, rohe, rasende Erdkraft". Mit der dem Russen eigenen rückhaltlosen und rücksichtslosen Aufrichtigkeit bekennt er: „Ich liebe die Lasterhaftigkeit, die Schmach des Lasters. Ich liebe die Grausamkeit. Bin ich nicht eine Wanze, ein böses Insekt? Wie gesagt, ein Karamasow!" Bei ihm wechselt Sünde mit reuiger Besinnung. Er erkennt seine Niedrigkeit und spürt ein heftiges Verlangen, seiner „Erdkraft" zu entrinnen. Voller Ergriffenheit deklamiert er: „Wollust ist dem Wurm gegeben, doch der Cherub steht vor Gott." Er weiß daß er in den Spuren des Teufels wandelt, aber er weiß auch, daß er Gottes Kind ist und will den Saum des Gotteskleides küssen. In seinen Sünden spürt man. die latente Möglichkeit einer Wiedergeburt. Trotz aller Glut und Schamlosigkeit ist seine Sinnlichkeit nicht lasterhaft, hätte er sonst jenes unvergeßliche Gespräch mit dem Droschkenkutscher führen können? „Man darf niemanden überfahren. Man darf das Leben eines Menschen nicht verderben, und hast du es getan, dann mußt du sühnen ... Hast du ein Leben zugrunde gerichtet, einen Menschen niedergetreten — richte dich selbst und gehe von hinnen." Er kann seine karamasowschen Triebe nicht bändigen, aber sein heißes Herz vermag zu lieben, und wer das vermag, ist in der Welt Dostojewskijs gerettet. Sein Traum vom kleinen, verhungerten Kindlein zeugt von seiner Mitleidskraft. Er hat den alten Karamasow nicht getötet, aber er nimmt das Fehlurteil der Richter demütig hin, als Sühne für seine Zügellosigkeit.

Sein weibliches Gegenstück ist Gruschenka, und auch sie ist eigentlich nicht moralisch verkommen. Primitiv, berauscht von dem Gefühl ihrer Macht, hält sie den alten Karamasow und alle Männer, die ihrem Reiz verfallen, zum Narren. Aber ihre katzenhafte Natur streift sie von sich wie ein glitzerndes Kleid: im Augenblick, da sie für Mitja wahrhafte Liebe empfindet, ist sie bereit, ihr faules, lüsternes Leben aufzugeben, und ihn in die Katorga nach Sibirien zu begleiten, gemeinsam mit ihm den Gang der Sühne auf sich zu nehmen.

Leidenschaft, ein alles vernichtender Feuersturm, ergreift Rogoschin für Nastassia Filippowna und macht ihn blind für alle Normen und Vernunftsregeln. Er begehrt sie ganz und ungeteilt für sich, er will sie wie einen kostbaren Ring besitzen; aber er fühlt, daß diese stolze, eigenwillige Frau sich ihm zwar hingeben, aber ihm nie angehören wird, daß sie überhaupt niemandem anzugehören vermag. Dieser Gedanke macht ihn, den Machtmenschen, wild; er tötet sie und ist von der qualvollen Angst, sie zu verlieren, befreit. Neben ihrer Leiche sitzend, verfällt er in unheilbaren Wahnsinn und kehrt nie mehr ins Leben zurück. Das ist der Gefühlskomplex, von dem der junge Dostojewskij in einem Briefe schrieb: „Liebe in dieser Form ist Krankheit".

Auf dem Scheiterhaufen der Sinnlichkeit brennen auch Katharina Iwanowna und Wersilow. Der Spieler im gleichnamigen Roman sagt Worte, die alle hier erwähnten Gestalten unterschreiben könnten: „Es gab Augenblicke, da hätte ich mein Leben dafür gegeben, Polina zu erwürgen. Ich schwöre, wenn es möglich gewesen wäre, ihr auf der Stelle ein scharfes Messer langsam in die Brust zu bohren, ich hätte es mit Wonne getan, und trotzdem schwöre ich bei allem, was mir heilig ist, wenn sie mir befohlen hätte, mich von der höchsten Felsenklippe hinunterzustürzen, so hätte ich auch das mit Wonne getan."

Dostojewskij kannte die Stufen und Arten der Sinnlichkeit wie nur noch Dante. Man könnte seine Sünder der Fleischeslust in den einzelnen Höllenringen Dantes unterbringen. Er ist kein bußhemdiger Leibesverächter, er ist auch nicht ein Dichter des Lasters und der sich brüstenden Schamlosigkeit wie seine zwerghaften Epigonen, sondern ein Dichter der Sünde, und das macht ihn, gleich Baudelaire, zu einem christlichen Dichter. Nicht Sinnlichkeit an sich ist das Böse, sondern Ausschweifung. Und Lasterhaftigkeit ist für Dostojewskij mehr eine psychische als eine physische Erscheinung. Wenn Liebe Hingabe an das Du ist, dann ist der lasterhaft Sinnliche einer Liebe überhaupt nicht fähig, denn der Fluch des vom Triebe Besessenen ist das Eingekerkertsein in das eigene, nimmersatte gierige Ich, das sich seinem Partner nicht hingibt, sondern ihn aussaugt. Wollust wurzelt in der Vergötzung des eigenen Ich, und nach Dostojewskij birgt jeder Egoismus eine latente Möglichkeit des Lasters in sich. Wollust hängt unausweichlich mit eisiger Kälte des absoluten Alleinseins zusammen, wie wir das an Stawrogin gesehen haben.

Ein typischer Wollüstling ist Fürst Wolkowski.* Er ist eine

* „Die Erniedrigten und Beleidigten".

Skizze zu den späteren Porträts, die da heißen: Stawrogin, Swidrigailow, der alte Karamasow. Er bekennt: „Aus Langeweile schloß ich Bekanntschaft mit allen hübschen Mädchen. Ich liebe Würde, Ansehen, ein vornehmes Hotel, einen hohen Einsatz beim Kartenspiel (Karten liebe ich ganz schrecklich), aber vor allem Frauen, Frauen jeder Art. Ich liebe das heimliche, dunkle Laster, das seltene und originelle, meinethalben sogar mit einem Schimmer von Schmutz zur Abwechslung." Dieser Wollüstling wird mit einer Spinne, einem in Dostojewskijs Welt sehr verbreiteten Ungeziefer verglichen. Schamlos verkündet er: „Gewissensbisse habe ich nie gekannt..." „Wenn es möglich wäre, daß jeder von uns bis ins kleinste sein Leben beschreiben, wenn jeder erzählen würde, nicht nur was er seinen besten Freunden verschweigt, sondern auch das, was er sich selber verschweigt, dann entstünde auf der Welt ein solcher Gestank, daß wir ersticken müßten. Sie bezichtigen mich des Lasters der Wollust, der Amoralität, aber ich bin vielleicht nur soweit schuldig, als ich aufrichtiger bin als die anderen, das ist alles."

Dostojewskij, der furchtlose Enthüller, der große Wahr-Sager, zerreißt alle heuchlerischen Schleier, wie es auch Nietzsche tat, der seine Geißel über das verderbte, heuchlerische Europa schwingt.

Der Lasterhafteste von allen ist der alte Karamasow, der „beim Gläschen Cognac" sein wurmstichiges Inneres in selbstgefälliger Schamlosigkeit vor seinen Söhnen bloßstellt: „In meinem ganzen Leben hat es für mich keine abstoßenden Frauen gegeben, dies ist meine Regel! Könnt Ihr mich verstehen? ... Nach meiner Überzeugung kann man in jeder Frau etwas Außergewöhnliches finden, hol's der Teufel, irgend etwas Pikantes, das man bei einer anderen nicht findet; nur muß man es zu finden verstehen, das ist der ganze Spaß! Und Talent hat man dazu nötig!" Dieser alberne Narr und Lüstling, dieser alte Geizhals, dessen Inneres aus Schlamm und Brunst besteht, empfindet Lust an seinem eigenen Laster, wollüstig kostet er seine eigene Schande aus. Er verschmäht keine Frau, selbst nicht Elisabeth die Stinkende, und aus dieser Verbindung entsteht der Kammerdiener der Seele, die Ausgeburt Smerdjakow, zu deutsch der Stinkende. Und es liegt ein tiefer Sinn darin, daß gerade dieses Kriechtier den alten Karamasow, seinen Erzeuger, mordet: „Ein Reptil verschlingt das andere." Dostojewskij gab dem alten Karamasow, diesem Faun und Zyniker, durch die Selbsterkenntnis einige menschliche Züge. Er weiß, daß er der niedrigste von allen Menschen ist und daß, wenn es eine Hölle gibt, ihn die schlimmste Marter erwartet. Seine letzte Hoffnung ist, daß der „fromme Knabe“ für ihn beten wird.

2. *Unerfüllte Sehnsucht*

Weder das Feuer der Wollust noch der Stahl des Willens zerbricht die Mensch und Mensch und ganz besonders Mann und Weib voneinander trennende Glaswand. Zweimal hat Dostojewskij diese Qual der Unmöglichkeit des Einswerdens geschildert, zweimal greift er das ihm unbekannte Nietzsche-Motiv auf: „Und wer begriff es ganz, wie fremd sich Mann und Weib sind!“ Weder auf intellektuellem Weg noch durch den Rausch der Sinnlichkeit ist diese Fremdheit auszulöschen.

In der Meistererzählung, die den unübersetzbaren Titel „Krotkaja“ trägt, hat ein in den Ruhestand getretener Offizier, der in den letzten Jahren das Geschäft eines Wucherers betrieb, seine Frau in den Selbstmord getrieben. Er betrachtet ihre Leiche und begreift nicht das Geschehene. Die ganze Erzählung besteht aus einem Selbstgespräch, aus einem inneren Monolog, in dem der Erzähler mit sich selbst und dem Geschehenen in reine zu kommen versucht: „Wir alle sind ein Dreck und vertragen nicht die Wahrheit ... Wir sind verflucht, das Leben des Menschen überhaupt ist verflucht“. Und der schlimmste Fluch, daß der Mensch dem Menschen undurchdringlich ist: „Schon so lange sind wir einander fremd“. Der Erzähler hat ein junges Mädchen geheiratet, ein scheues, zartes Ding, das zu ihm gekommen war, einmal um ein Heiligenbild zu versetzen, das andere Mal einen schäbigen Hasenpelz, das Allerletzte, was es besaß. Die stolze Keuschheit fesselt den verbitterten, in sich verkrampften Wucherer; er will sie als sein Eigentum gewinnen. Er ist nicht gerade reich, aber doch wohlhabend, sie dagegen arm und eine Waise. Sie hat niemanden, der sie beschützt. Schon monatelang sucht sie vergebens als Hauslehrerin irgendwo unterzukommen, um sich von der Tyrannei der bösen alten Tanten zu befreien.

Wir kennen nicht den Namen dieser Frau, die ihr Mann, der Erzähler, Krotkaja — die Sanftmütige, die Langmütige, die Duldsame — nennt. Wir wissen wenig von ihr, aber wir spüren ihre stolze Scheu, ihre leicht verletzbare Seele. In jugendlicher, fast kindlicher Hingabe schenkt sie sich dem fremden Mann. Aber ihre kindliche Art befriedigt ihn nicht, sie ärgert ihn eher. Er will sie zwingen, daß sie ihn anbete; er will, daß es auf der Welt wenigstens ein Wesen gibt, das ihn vergöttert. Er ist in seiner Jugend erniedrigt worden und wälzt seine Rache, ganz unbewußt, auf alle Menschen, vor allem auf seine Frau. Verletzt zieht sich Krotkaja in sich selbst zurück, die Tür ihres Herzens fällt zu, und die Ehe besteht nur noch aus hartem, schmerzlichem Schweigen. Sie erkrankt, ihr Mann zittert um ihr Leben — ist sie doch das einzige Wesen, von dem er glaubt, daß es ihm gehört, über das er Macht zu haben meint. Kaum ist sie genesen, sinkt er vor ihr in die Knie, gesteht ihr stürmisch seine Liebe; jetzt wäre er mit jedem Brocken ihrer Zuneigung zufrieden, aber sie vermag ihn nicht mehr zu lieben. Sie weiß, daß es ihre Pflicht ist und will sich dazu zwingen, ihrem Mann eine gute Frau zu sein, aber einmal getötete Liebe erlebt keine Auferstehung. Er küßt ihre Füße, sie sieht ihn erschreckt und verängstigt an, da sie seine Gefühle nicht erwidern kann. Er besitzt — wie auch Raskolnikow und Stawrogin — einen stahlharten Willen, der ihm aus seiner Armut herausgeholfen und ein kleines Kapital zusammengescharrt hat, und nun glaubt er, durch seinen Willen auch ihre Liebe erzwingen zu können, jetzt nicht mehr durch Strenge, sondern durch Langmut und Verwöhnen. Er will mit ihr ins Ausland, in einen Badeort reisen, sie soll gesund und froh werden und ihm dankbar sein. Als er das Haus auf kurze Zeit verläßt, um die Auslandpässe zu besorgen, drückt Krotkaja die Ikone an ihre Brust und springt aus dem Fenster.

Warum tat sie das? Verurteilte sie ihre eigene Schwäche, tat sie es, weil sie es für unwürdig fand, Liebe zu heucheln, oder war er ihr so widerwärtig, daß sie seine Nähe nicht mehr ertragen konnte? Eine Frage nach der anderen bohrt sich in sein Inneres und er findet keine Antwort. In einer eisigen Wüste, von allem und allen getrennt, schon hier auf Erden zur Hölle verdammt, bleibt er allein. „Alles ist tot, überall nur Leichen. Nur Menschen und um sie Schweigen — das ist die Erde! Liebet einander — wer hat das gesagt? Wessen Gebot war das? Die Uhr tickt gefühllos, ekelhaft. Es ist zwei Uhr nachts. Ihre Stiefelchen stehen unter ihrem Bett, als würden sie auf etwas warten . . . Nein, im Ernst, wenn man sie morgen forttragen wird, was werde ich dann anfangen?“

Das zweitemal setzt sich Dostojewskij mit dem Problem der tötenden gegenseitigen Fremdheit in den „Dämonen" auseinander. Lisa und Stawrogin sind durch ihren stolzen Eigenwillen einander verwandt. Ihre Eigengesetzlichkeit macht sie zu verselbständigten abendländischen Menschen unserer Zeit. Nie und nimmer können sie, auch nur für einen Augenblick, sich selbst vergessen; während der stärksten Gefühlssteigerung, im sinnlichen Rausch, beobachten sie sich selbst und registrieren jede Regung. Von Stawrogin wissen wir bereits, daß er zu jenen Männern gehört, die eine Dirne von einer Heiligen nicht unterscheiden. Lisa ist klug, gebildet und schön, aber unausgeglichen und von einer ungeheuren Nervengereiztheit: das Reich der Mitte fehlt. Indem Dostojewskij ihr Äußeres schildert, schildert er zugleich ihre Seele: sie war bleich und mager, in ihrer Gestalt und ihrem Gang war etwas Sieghaftes, in ihren dunklen Augen loderte eine stolze Unabhängigkeit. Im Laufe des ganzen Romans begegnen sich Lisa und Stawrogin nur fünf-, sechsmal, und jede Begegnung ist in das Helldunkel Rembrandts getaucht, jedesmal erlischt Lisas feurige Seele unter der Einwirkung der kristallenen Eiseskälte Stawrogins, von der sie sich unausweichlich angezogen fühlt. In beiden wohnt die Sehnsucht der Einswerdung, aber der ich-besessene, du-blinde Mensch bleibt im engen Kerker eingeschlossen.

Vergegenwärtigen wir uns ihr letztes Zusammentreffen. Es gibt kein Weiß und kein Blau in diesem gewaltig eindrucksvollen Gemälde. Auf dem schwarzen Hintergrund der Nacht zeichnen sich gelbe und grüne Steifen ab, inmitten züngelnder Flammen wälzen sich graue Massen. Der Aufstand ist in vollem Gange, die Revolutionäre haben die Fabrik angesteckt, und vom Fenster des Stawroginschen Gutshauses kann man das Feuer deutlich sehen. Morgendämmerung im Spätherbst. Lisa steht in dem großen Ballsaal im fahlen Zwielicht und beobachtet die verlöschende Feuersbrunst, den Widerschein der zusammensinkenden Flammen in ihrem Innern. Das elegante Ballkleid — grüne Seide mit Spitzen — ist zerdrückt und eilig und unordentlich übergestreift. Ihr Gesicht ist blaß und traurig, ihre Augen glühen unter den gerunzelten Brauen. Sie preßt die heiße Stirn gegen die kühlen Scheiben. In der Nacht hat sie das Fest plötzlich verlassen und ist zu Stawrogin geeilt, um endlich allem Zweifel, allem Alleinsein ein Ende zu machen und sich ihm hinzugeben. Aber diese Nacht hat ihr gezeigt, wie fremd sie einander sind, und daß eine Nähe, ein Sichauflösen im Du für sie niemals möglich sein wird. Stawrogins Leidenschaft ist nur Maske, hinter der er seine innere Ungestalt und Kälte verbirgt. Er tritt in den Saal, wagt aber nicht, sich ihr zu nähern. Sie tauschen unzusammenhängende, abgerissene Phrasen, sie stellen fest, daß es nach der Uhrzeit eigentlich schon hell sein müßte, während es doch kaum zu dämmern beginnt. Sie sagen einander Trivialitäten, wie es Menschen tun, die zur Erkenntnis gelangt sind, daß das Wesentlichste unsagbar ist. Lisa hat sich nun endgültig überzeugt, daß Stawrogin ihrer unwürdig ist; trotzdem peinigt sie die Frage, ob sie denn überhaupt das Recht habe, das Große und Außerordentliche, nach dem sie sich ihr ganzes Leben gesehnt, für sich zu beanspruchen. Sie ist ja nur eine verwöhnte junge Dame, ihr bisheriges Leben bestand darin, Besuche zu machen und Gäste zu empfangen. Bitter gesteht sie Stawrogin: „Ich bin eine kleine Weltdame, mein Herz ist mit Operneindrücken übersättigt worden, damit fingen diese Träume an, und das erklärt alles". Aber trotz dieser schonungslosen Selbsterkenntnis wartet sie auf ein Wort von ihm, das bewiese, daß er nicht nur ein Blender sei, daß sich hinter der Maske sein eigenes Gesicht verberge und daß er mehr als nur bunte, glitzernde Glassplitter zu verschenken habe. Nachdem sie eine Weile vergebens gewartet hat, überhäuft sie nicht ihn, sondern sich selbst mit Vorwürfen: „Es fing mit einem schönen Augenblick an, aber ich ertrug ihn nicht ... Ich wußte von Anfang an, daß meine Kräfte nur für einen Augenblick ausreichen, darum tat ich diesen Schritt. Nun, das ist auch alles, genug, bitte keine weiteren Erklärungen ... Der Traum-Kahn aus der Oper hat mich verlockt, ich bin eine kleine Weltdame ... Nun, genug, genug, zu nichts Großem bin ich fähig und auch Sie sind nicht dazu fähig".

Ein doppelter Mord wird in dieser Schreckensnacht verübt. Stawrogin läßt es zu, daß seine Frau, die arme, blöde Marfa Timofejewna, erschlagen wird, und er selbst tötet Lisas Seele. Vergleicht man diese beiden Morde, so fühlt man unausweichlich: der Mord an einer Seele ist weit entsetzlicher als der körperliche Tod. Lisa wartet noch ein paar Augenblicke auf das erlösende Wort Stawrogins, aber er schweigt starr und unbeweglich, wie ein Mannequin. Da ergreift Lisa die Flucht, sie flieht aus seinem Hause, flieht aus dem Leben, in ihrem Ballkleid rennt sie über die nasse, schmutzige Landstraße. Sie trifft einen ihrer früheren Anbeter, der sie aufzuhalten versucht und ihr etwas von dem unzerstörbaren Adel ihrer Schönheit vorstottert, sie reißt sich von ihm los mit den Worten: „Entschuldigen Sie mich nicht, ich bin ehrlos! ... Ohrfeigen Sie mich, schlagen Sie mich wie einen Hund!“ Unversehens kommt sie unter die aufgeregten Volksmassen, die sie, die Geliebte des verhaßten Gutsherrn, erschlagen. Dieser Mord erschüttert uns weit weniger als die Szene im Saal des Gutshauses; es ist ihr Körper, der jetzt getötet wird, ihr Herz, ihre Seele wurde im feudalen Schloß Stawrogins gemordet.

3. Mitleid und Mitleiden

Dostojewskij kannte die sinnliche Begierde als Krankheit und Hörigkeit, er kannte die verzweifelte Fremdheit zwischen Mann und Weib, aber er kannte auch das Ewigkeitslicht, das mitleidender Liebe entströmt.

Weder der nach Macht und Besitz verlangende Wille noch die Feuersbrunst der Sinne hebt den Fluch der feindlichen Fremdheit der Geschlechter, die Haßliebe auf. Nur die wahre, erlösende, ich-du-verschmelzende Liebe offenbart sich im Mysterium des Mitleidens, das den Menschen transparent macht.

Die drei Kardinalauffassungen der Liebe sind für den abendländischen Menschen durch Dante, Stendhal und Dostojewskij festgelegt worden. Für Dante liegt das Wesen der Liebe in Bewunderung und Anbetung, für Stendhal ist sie eine Quelle differenzierten Genusses, für Dostojewskij — das gemeinsame Tragen des Kreuzes. Die Auffassungen der anderen Schriftsteller in Gegenwart und Vergangenheit sind auf diese drei Grundformen zurückzuführen.

Mitleid wird gewöhnlich mit Samaritertum gleichgesetzt, das kein persönliches Erlebnis ist, sondern Pflicht allen sympathischen wie auch antipathischen Menschen gegenüber, ein edles, nüchternes, unpersönliches Gebot. Bei Dostojewskij dagegen ist das Mitleiden in der Gestalt von platonischer und aphroditischer Liebe ein den innersten Kern der Persönlichkeit ergreifendes Erlebnis, das Wandlung und Verzückung kennt, bald vom Charme einer leisen Zärtlichkeit umhaucht, bald zur Leidenschaft sich steigert. Diese höchste Liebe gleicht der sinnlichen in ihrer Unbedingtheit, in ihrem Drang zur Vermählung.

Mitleid als unpersönliche Nächstenliebe ist von christlichen Schriftstellern wie von Bekämpfern des sozialen Elends zum Leitmotiv erhoben worden. Dostojewskij aber ist nicht immer eines Sinnes mit ihnen. Das unterschiedliche Kennzeichen seiner Auffassung besteht darin, daß Mitleiden für ihn ein Affekt ist, eine seltene Form des Eros, der den Liebenden dazu befähigt, das fremde Dasein so schmerzlich intensiv und beseligend wie das eigene zu erleben. Kierkegaards Versuch, christliche und aphroditische Liebe zu verbinden, scheiterte. Dostojewskij ist der einzige Dichter der Weltliteratur, für den das Erlebnis der erlösenden Liebe über zwei gleich tiefen Abgründen schwebt: über dem der Sinnlichkeit und dem des Mitleidens. Wie es bei ihm Gestalten gibt, die Sklaven der Sinnlichkeit sind, so auch solche, die diesem gefährlichen Tyrannen gegenüber ihre Souveränität bewahren, ohne Puritaner oder Leibesverächter zu sein. Eines seiner stärksten, seltsamsten Leitmotive lautet: „Demut, das ist die allerschrecklichste Kraft, die es auf Erden gibt." Wohl nur Dostojewskij hat den Begriff Demut mit dem Attribut „schrecklich" verbunden, denn er wußte aus eigener Erfahrung, daß der stärkste, allesbesiegende Mut die Demut ist: wer sich erkühnt, das Leben seines Mitmenschen zu teilen — und Leben ist ein Synonym für Leiden — zerschlägt die Glaswand, die weder der Wille zu zertrümmern noch die Vernunft abzubauen noch die Wollust zu schmelzen vermag. Der Kernpunkt des Mitleidens ist in der Frage beschlossen: bin ich würdig den Schmerz meines Mitmenschen zu teilen? Gott hat jeder Kreatur eine einmalige Seele verliehen, und nur die Kraft der Einfühlung sprengt die undurchdringliche Schale. „Wie tief ein Mensch leidet, kann der andere nie erfahren", heißt es in den „Brüdern Karamasow". Verstandesmäßig kann man das nie ergründen, mitleidend erahnt man es.

Eigentlich müßte man Mitleiden von Mitleid unterscheiden: Wir bemitleiden einen Bettler, aber wir leiden mit einem Märtyrer. Im Mitleid lassen wir den Leidenden seine Hilflosigkeit fühlen und sind, vielleicht unbewußt, stolz darauf, vom Schicksal bevorzugt zu sein; leiden wir aber mit einem Menschen, so bewundern wir seine lastentragende Kraft. Wesentlich ist, daß wir im Mitleid, das Passivität zuläßt, auf unseren Mitmenschen herabblicken, im Mitleiden dagegen zu ihm emporschauen und uns für das zu tragende Kreuz mitverantwortlich fühlen. Im Deutschen verwischen sich beide Ausdrücke, in anderen Sprachen, im Russischen, Französischen, Englischen, auch im Lettischen, hat jedes dieser Gefühlserlebnisse eine eigene Bezeichnung.*

In Dostojewskijs Kosmos sind es hauptsächlich Männer, die der Mut mitzuleiden auszeichnet. Dieses Gehör des Herzens zwingt Myschkin, der als Nachkomme eines alten Fürstengeschlechtes distinguierte Manieren besitzt, alle Konventionen zu übertreten und sich selbst Gesetz zu sein: mitten in der Nacht geht er in ein fremdes Haus, zu Nastassia Filippowna, weil er fühlt, daß sie in ihrer Bedrängnis einen Verstehenden braucht. Sein Ich erlebt eine Steigerung durch das Versinken ins Du, es vervielfacht sich: im Mitleiden wird das Du ins Ich einbezogen und umgekehrt — das Ich ins Du. Im dienenden Verstehen spürt er andächtig die Inbrunst des Lebens. Bei Aljoscha, der „nicht das Seine sucht", ist die Fähigkeit mitzuleiden mit Heiterkeit und einem ausgesprochenen Wirklichkeitssinn verbunden.

Tief beeindruckt uns die Fähigkeit mitzuleiden, dieses Gefühl als Passion zu erleben, beim titanenhaften Raskolnikow. Seine Begegnung mit Sonja Marmeladowa, dem von allen verhöhnten, bis zu einer Sache erniedrigten Mädchen, von dessen Entehrung die verelendete Familie lebt, gehört zu den schönsten Seiten der Weltliteratur.** Sein scharfer Intellekt sieht die Sinnlosigkeit ihres Opfers, sein Herz erschrickt vor der Last, die sie freiwillig auf sich genommen hat und bewundert den Mut dieses zarten Wesens. Sonja, die trotz äußerer Unzucht durch ihre Ehrfurcht vor dem Unerforschlichen ein christliches Leben führt, steht in ihrem vielgeduldigen Leid völlig rein vor ihm da. In einer plötzlichen Ergriffenheit beugt er sich vor ihr nieder und küßt ihren Fuß, wobei er jene Worte sagt, in denen sich die Essenz der ganzen Weltschau Dostojewskijs konzentriert: „Nicht vor dir habe ich mich verneigt, sondern vor dem Leid der ganzen Menschheit." Zu seiner Schwester sagt er einmal, es sei eine Ehre für sie, neben Sonja sitzen zu dürfen, und später, als er mit Sonja allein ist: „Nicht wegen deiner Unzucht und Sünde habe ich es von dir gesagt, sondern wegen deines großen Leidens."

Der westliche Mensch macht Raskolnikow vielleicht den Vorwurf, daß er an Sonjas Schicksal nichts ändert, aber der Akzent

* Im Französischen: pitié und compassion; im Englischen: pity und compassion; im Russischen: zalostj und sostranije; im Lettischen: iezėla und lidzcietiba.

** Dieses Kapitel mußte bei der Zensur hart erkämpft werden: das Evangelium liest man nicht mit einer Hure!

liegt hier nicht in der sozialen Hilfe, obwohl die Kraft des Mitleidens auch Hilfsbereitschaft und Selbstlosigkeit voraussetzt; es war nicht Dostojewskijs Absicht, hier eine Szene der Philanthropie zu schildern, sondern eine der Seelenhellsichtigkeit. Das Große an der berühmten Szene ist, daß Raskolnikow diesem abgehetzten, wehrlosen Mädchen ganz selbstverständlich die gleichen Menschenrechte zuspricht wie sich selbst. Hier offenbart sich die ungeheure Gabe seines Herzens, das fremde Schicksal wie das eigene zu erleben. Er fühlt, daß Sonja zugrunde gehen wird, sinnlos, hoffnungslos, niemand wird sie, ebenso wie ihn selbst, erretten. Ihre tragische Schutzlosigkeit, ihre stille Seelenschönheit erschüttert ihn bis ins Innerste, wie den Fürsten Myschkin die in ihrem Stolz maßlose und dennoch wehrlose Schönheit der Nastassia Filippowna.

Er fühlt, daß die sanfte, friedfertige Sonja, die sich nicht wehrt, vom Ungestüm des Lebens verschlungen wird, und grausam schrill erklingt die unbeantwortete Frage: warum läßt Gott so etwas zu? Wo ist er, und wer ist er, der dieses Opfer schweigend hinnimmt?

Vielleicht noch ergreifender als das Mitleiden Raskolnikows mit Sonja ist ihr Gefühl für ihn, der Gottmensch sein will und alle Gesetze und Normen übertritt. Raskolnikow hat ihr sein Verbrechen gestanden. Sie hat still zugehört, dann sprang sie plötzlich auf, rang die Hände, ging bis zur Mitte des Zimmers, als wollte sie vor ihm fliehen, wandte sich aber schnell um, setzte sich neben ihn hin, so daß ihre Schultern sich fast berührten. Plötzlich fuhr sie wie durchbohrt zusammen, schrie auf und stürzte, ohne zu wissen, was sie tat, vor ihm auf die Knie hin.

„Was haben Sie, was haben Sie sich angetan!" sagte sie voller Verzweiflung, sprang auf und warf sich ihm an den Hals, umarmte ihn und preßte ihn stark an sich. Raskolnikow wich zurück und blickte sie mit einem traurigen Lächeln an:

„Wie sonderbar du bist, Sonja, du umarmst und küßt mich, nachdem ich dir d i e s e s gesagt habe. Bist du dir bewußt, was du tust?"

„Doch, es gibt jetzt niemand in der ganzen Welt, der unglücklicher ist als du!" rief sie verzweifelt und dann weinte sie laut und schmerzlich.

Ein ihm seit langem unbekanntes Gefühl überflutete seine Seele — Tränen stürzten aus seinen Augen.

Durch den Mut des Mitleidens wird Sonja aus dem kleinen, verängstigten, vom Leben verprügelten Mädchen zur starken, liebenden Frau, die sich dem Geliebten gleich fühlt, die sein Du in ihr Ich aufnimmt. Nicht daß er die alten Frauen erschlagen hat, ist für sie, die in einem so engen Kreis von Vorurteilen aufgewachsen ist, das Schrecklichste, sondern daß er seine eigene Seele geschändet, daß er das getan hat, was kein Mensch tun darf: der Mörder wird in ihren Augen zum Selbstmörder. Sie spricht Dostojewskijs tiefste Überzeugung aus: „Sie haben Gott verlassen, und Gott hat Sie gestraft, hat Sie dem Teufel überliefert."

Fast in allen Werken Dostojewskijs leuchtet die Flamme der Liebe und immer ist der Mitleidende nicht nur der Gebende, sondern in einem viel größeren Maße der Empfangende: dadurch, daß er das fremde Leben in sein eigenes aufnimmt, erweitert sich sein Ich zur Welt, er streift die Tierheit ab und nähert sich Gott. Wanja in den „Erniedrigten und Beleidigten" besitzt diese Gabe, und Kyrillow, der widergöttliche Mensch, wie auch Mitja und sogar Iwan Karamasow. Wem sie fehlt, der ist ein Untertan des Satans.

Von einer alles überwältigenden Kraft ist das Mitleiden im „Traum eines komischen Menschen". An einem regnerischen düsteren Abend hat der Komische Mensch seinen schon monatelang geführten Gedanken zu Ende gedacht: er hat sich einen Revolver gekauft, um sich selbst zu töten. Er ist zur Erkenntnis gekommen, daß es vollkommen einerlei ist, ob er existiert oder nicht existiert, und folglich ist es auch einerlei, ob die Welt existiert oder nicht existiert; einen absolut festen Punkt, an dem man sich in allen Lebenslagen halten kann, gibt es nicht und hat es nie gegeben, daher hat es auch keinen Sinn, über die letzten verwickelten Fragen nachzugrübeln. Ehe er in seine armselige Mansarde hinaufsteigt, um seinen Entschluß auszuführen, greift ein kleines zerlumptes Mädchen nach seiner Hand und wimmert: „Mutti, Mutti!" Er ahnt, warum das Kind ihn ruft: die Mutter der Kleinen stirbt wohl, und das Kind ist in seiner Angst auf die Straße hinausgelaufen. Er spürt einen heftigen Schmerz in seiner Seele und ärgert sich über dieses Gefühl, wie man sich über einen plötzlich auftretenden physischen Schmerz ärgert, der einen an der Ausführung eines wohlbedachten Planes hindert. Er gibt dem Kinde einen Fußtritt, daß es erschreckt auf die andere Seite der Straße flieht. In sein bettelarmes Zimmer zurückgekehrt, zündet er eine Kerze an und sinkt todmüde in seinen alten Lehnstuhl, in dem er grübelnd manche Nacht verbracht hat. Der Revolver liegt vor ihm auf dem Tisch, plötzlich aber kann er nicht mehr an die geplante Tat denken: vor seinem inneren Auge steht, alle anderen Bilder verdrängend, das kleine Mädchen, dem er wehgetan hat, und er schämt sich seiner Tat. Gut, er wird sich erschießen, um sich von diesem würdelosen Dasein zu befreien; er wird sich in Nichts verwandeln, aber wird dadurch auch seine Gemeinheit ausgelöscht, das Unrecht, das er einem Kinde zugefügt hat? Die Vernunft sagt ihm, daß alles wertlos und gleichgültig ist, aber das Herz spricht eine andere Sprache. Auch das fremde Kind existiert, dieses kleine Wesen, das er von sich gestoßen hat, und nichts vermag seinen Fehltritt auszulöschen. Übermüdet schläft er ein und träumt einen Traum von der All-Liebe der Menschheit, von einem Paradies auf Erden. Erwacht kehrt er ins Leben zurück und nimmt sich vor, das fremde Kind aufzusuchen. Nur einer Gestalt Dostojewskijs kann ähnliches geschehen, nur sie kann Mitleiden mit einem fremden Kinde vom Tode zum Leben führen. Man muß in der Welt Dostojewskijs, in der die entscheidenden Kräfte einem zartschwingenden Gewissen entspringen, zu Hause sein, um daran zu glauben, daß ähnliche Dinge auch Menschen, die nicht komisch sind, in Wirklichkeit erleben.

Beim weltfrommen Sossima, dem Mittler Gottes und der Liebe, wird die Kraft des Mitleidens zur Genialität, durch sie sammelt er alle jene Menschen um sich, die ihm ihre Seelen rückhaltlos übergeben; er liest in ihren Gesichtern wie in einem Buch. Er hat an seiner eigenen Unvollkommenheit und an der der anderen so viel gelitten, daß er das Innere der Menschen so deutlich erschaut wie der Durchschnitt das Äußere. Hier wird Psychologie zur Prophetie. Wie Sossima die Herzen der Menschen von Angst befreit, ihre Zweifel zerstreut, sie zu ihrem eigenen Innern und Gott zurückführt, und den am schwersten Heimgesuchten Kraft gibt, untröstbares Leid zu tragen, so lebte Dostojewskij in den siebziger Jahren in den Herzen seiner Leser, so lebt er noch heute unter uns.

„Die Liebe ist eine große Meisterin, man muß verstehen, sie zu erringen, das aber ist sehr schwer, man muß sie teuer erkaufen, durch lange, andauernde Arbeit, denn nicht zufällig und für Augenblicke soll man lieben, sondern dauernd und ewig“, lehrt der alte Sossima. Diese demütige Liebe hat der heutige Mensch verlernt, aber nur sie kann zur Heilung der kranken Seele führen.

Die wehrlosen Kinder

„Es hat mich oft stutzig gemacht, wie schlecht Erwachsene Kinder verstehen, selbst Väter und Mütter ihre eignen Kinder.“

Im Kosmos Dostojewskijs, der bald im verklärten Licht, bald im Höllendunkel kreist, ist das Kind das unbedingte Ja zum Leben. In seinen Roman-Tragödien spielt das mit einem magischen Wissen begabte, dem Erwachsenen nicht immer verständliche Kind eine selbständige Rolle, und das ist nicht nur für Dostojewskij, sondern für die russische Literatur überhaupt bezeichnend. Die französische Literatur mit ihrer Neigung für das Ausgereifte und in sich Geschlossene hat dem Problem des Kindes wenig Beachtung geschenkt. Für Balzac sind Kinder lediglich die Ursache zu Konflikten zwischen den Eltern, bei Zola unschuldige Kreaturen, die für die Sünden der Eltern büßen müssen, beim Engländer Dickens ein Opfer sozialer Mißstände. Dostojewskij selbst war sehr kinderliebend und Iwan Karamasow spricht die tiefste Überzeugung seines Schöpfers aus, wenn er sagt: „Alle Kinder verdienen unsere Liebe, auch die schlechten und häßlichen, aber eigentlich sind Kinder niemals häßlich.“ Als Dostojewskij sich auf den Weg nach Sibirien machte, als man ihm die Handschellen anlegte, als er von Bruder und Freunden Abschied nahm, war er ruhig und gefaßt, fast heiter; als er aber an dem Hause vorbeikam, wo er die Kinder seiner Freunde um den Christbaum versammelt wußte, brach er in Tränen aus. Der Tod seiner kleinen Tochter und seines Sohnes versetzte ihn in eine viel größere Verzweiflung als seine Verschickung in die Katorga. Aber nicht nur für seine eigenen Kinder empfand er zärtliche Liebe. Während der Auslandsreise mit Apollinaria Suslowa, als er von seiner Leidenschaft für diese Frau und vom Hasardspiel besessen war, konnten ihn die unschuldig fragenden Augen eines fremden Kindes aus dem Chaos seiner Gefühle reißen und zu sich selbst zurückführen. Und in London erschütterte ihn nichts so tief wie ein unter den Prostituierten umherirrendes Kind.

An eine seiner verheirateten Freundinnen schreibt er, wie gut das sei, daß sie selbst Kinder habe, denn Kinder vermenschlichen unser Dasein im höchsten Sinne. Und in der ihm eigenen paradoxen emphatischen Weise: „Kinder sind eine Qual, aber eine notwendige, ohne sie kein Sinn des Lebens ... Ich kenne großartige Menschen, verheiratete, aber ohne Kinder, und irgend etwas fehlt ihnen (bei Gott das ist wahr), in den höchsten Aufgaben und Lebensfragen hinken sie nach.“ Und einer seiner Leserinnen macht er den Vorwurf, wie könne sie ihr Leben sinnlos nennen, da sie doch ein Kind zu erziehen habe.

Grimmig setzt er sich gegen die körperliche Züchtigung ein. Wer das „Tagebuch eines Schriftstellers“ von 1876 wachen Herzens gelesen hat, vermag nicht mehr ruhigen Sinnes an die Prügelstrafe eines kleinen Kindes zu denken, geschweige denn selbst ein Kind zu schlagen. Es ist, als hätte Dostojewskij jeden einzelnen Schlag, der gegen ein Kind geführt wird, in hundertfacher Verstärkung am eigenen Körper, nein, im eigenen Antlitz verspürt. „Haben Sie einmal gesehen, wie ein Kind sich in einen Winkel verkriecht, wie es sich versteckt, damit niemand es sieht, und wie es dort weint, seine Händchen ringt, (ja es ringt seine Händchen, ich habe es selber gesehen) und mit seinen winzigen Fäustchen sich an die Brust schlägt, ohne sich dessen bewußt zu sein, was es tut, ohne seine Schuld recht zu verstehen, und warum man es peinigt; nur eines fühlt es ganz genau, daß man es nicht liebt“ — mit diesen Worten wandte sich Dostojewskij an einen Richter, der an der grausamen Züchtigung eines siebenjährigen Mädchens nichts Strafbares fand.

Mehrere seiner Werke haben die Erlebnisse der kindlichen Seele, das Verhältnis des Erwachsenen zum Kinde als Thema: Netotschka Neswanowa, Ein kleiner Held, Der himmlische Christbaum, Der Idiot. Das „Tagebuch eines Schriftstellers“ von 1873 enthält eine Reihe von Petersburger Impressionen, deren Hauptmotiv das Schicksal verwahrloster Kinder ist, und die er später in sein Hauptwerk hineingeflochten hat. „Mein Gott, so ein kleines Kind ist wie eine Blüte, wie ein Blättchen, das sich im Frühling am Baum noch nicht entfaltet hat: es braucht Licht, Luft, Freiheit, gute Nahrung und ist dazu verdammt, in einem muffigen Keller, wo es nach Kwaß und Sauerkraut riecht, zu leben, wo nachts ein unerträglicher Gestank den engen Raum erfüllt. Die Nahrung ist ungesund, dazu Flöhe und Ungeziefer aller Art, Feuchtigkeit, das Wasser fließt von den Wänden, und draußen auf dem Hof: Staub, Ziegelsteine, Kalk.“ Die kränklichen, vom Schicksal benachteiligten Kinder traten alle zusammen, verdichteten und vertieften einander, um die Gestalt des kleinen Märtyrers Iljuscha zu schaffen, wohl die vollendetste Kindergestalt in der Weltliteratur, weil sie so ganz ohne Sentimentalität gezeichnet ist. Dostojewskij scheute sich nicht, auch das Böse in diesem kleinen Knaben bloßzustellen, seine Angst vor der Welt, seinen machtlosen Haß gegen die Übeltäter, und trotzdem einen Heiligenschein um den Kopf des Kindes zu weben.

In den „Brüdern Karamasow" handeln sieben Kapitel fast ausschließlich von Kindern, wie überhaupt in diesem Werk eines der Hauptthemen Kinder sind. In den drei Jahren, während er an seinem Hauptwerk arbeitete, beschäftigte er sich systematisch mit der Psychologie des Kindes. Im Frühjahr 1878 schreibt er dem bekannten Pädagogen Michailow: „In Ihren Briefen interessiert mich ganz besonders Ihr Geständnis, daß Sie Kinder lieben, daß Sie mit Kindern zusammengelebt haben und noch leben. Nun habe ich eine Bitte an Sie, teurer Wladimir Wassiljewitsch: ich plane und werde bald einen großen Roman anfangen zu schreiben, in dem Kinder im Alter von sieben bis fünfzehn Jahren eine große Rolle spielen. Es werden dort viele Kinder figurieren. Ich habe sie nämlich mein ganzes Leben zu erforschen versucht, und versuche sie auch jetzt noch zu erforschen, ich liebe sie sehr und habe selbst welche. Aber Beobachtungen von einem Menschen wie Sie sind für mich ungeheuer wertvoll. Also schreiben Sie mir alles von Kindern, was Sie selbst wissen ... einzelne Fälle, Geschehnisse, Angewohnheiten, Glauben, Bösartigkeiten und Unschuld, ferner über die Natur der Kinder, ihre Lehrer, Latein usw. usw., mit einem Wort alles, was Sie wissen."

In dieser Zeit las er Pestalozzi, Fröbel und Leo Tolstojs pädagogische Aufsätze. Er spricht Kinder auf der Straße an, unterhält sich mit ihnen, fragt sie über ihre Lebensverhältnisse aus. Er besucht Kinderfeste, Kinderasyle, Kolonien minderjähriger Verbrecher und notiert seine eigenen Gedanken zu diesen Fragen und vor allem zum Problem der gegenseitigen Beziehungen zwischen Eltern und Kindern. In einem Brief an seine Frau bittet er sie, in ein Notizbuch alle Ausrufe und Ausdrücke der Kleinen, ihre drolligen und ungezogenen Bemerkungen, die von ihnen gesungenen Lieder zu notieren. Im „Tagebuch eines Schriftstellers" von 1876 berichtet er, er wolle einen Roman über die zufällige Familie schreiben — so nannte er jene Familie, deren Glieder nicht durch innere Bande der Zusammengehörigkeit, durch Liebe und gegenseitiges Verständnis verbunden sind, sondern nur durch Äußerlichkeiten und Zufall. Im „Jüngling" gibt er, wie er selbst sich ausdrückt, die erste Probe dieses Gedankens, in den „Brüdern Karamasow" die endgültige Ausgestaltung. Diese Romane sind ein bewußter und gewollter Gegensatz zu den Romanen Tolstojs und Turgenjews, die patriarchale russische Familien, diese kleinen Fürstentümer, schildern: die weitverzweigte Familie und die große Dienerschaft hängt eng miteinander zusammen, bildet ein geschlossenes, wohlgeformtes, wenn auch erstarrtes Ganzes. Die von Dostojewskij geschilderten Familien dagegen sind durch Zwietracht, Zweifel und blinden Zufall tragisch gezeichnet. Man spürt seine Auseinandersetzung mit Tolstoj und Turgenjew; es ist, als wolle er sagen: eure Schilderungen sind schön, aber verlogen, seht ihr denn nicht, wie der von euch errichtete Bau durch Totengräber bereits unterhöhlt und im Begriff ist, zusammenzustürzen und euch und alle eure heuchlerischen und vermodert patriarchalen Sitten und Gebräuche zu begraben?

Er macht die Eltern und besonders die Väter für das Unglück und die Verbrechen der Kinder verantwortlich. Das grausame Los der zufälligen Kinder, die in die Welt gesetzt werden, ohne daß sich jemand auf sie freut, ohne daß jemand bereit ist, sie zu schützen, zu leiten, zu pflegen, sich ihretwillen aufzuopfern, erregt ihn tief. Er gibt dem Sohne recht, der bei dem Gedanken an seinen verworfenen Vater aus der Bitterkeit seines Herzens aufbegehrt: „Hat er mir um meinetwillen das Leben gegeben? Er hat nicht an mich gedacht, als er mich im Augenblick der Wollust, vom Trunk berauscht, zeugte." Und an einer anderen Stelle seines Hauptwerkes heißt es: „Liebe zum Vater, deren der Vater nicht würdig ist, ist ein Unsinn, eine Unmöglichkeit. Man kann Liebe nicht aus dem Nichts hervorzaubern, aus dem Nichts kann nur Gott schaffen."

Dostojewskijs Verantwortungsgefühl vor dem ungeborenen Kinde erinnert an Nietzsches Wort: „Du bist jung und wünschest dir Kind und Ehe? Aber ich frage dich: bist du ein Mensch, der ein Kind sich wünschen darf? Oder redet aus deinem Wunsche das Tier und die Notdurft?"

Alle heliozentrischen Gestalten seines Kosmos lieben Kinder: der titanenhafte Raskolnikow, der den Menschgott suchende Kyrillow, der Frevler Iwan, aber am allerinnigsten seine Apostelgestalten: Myschkin, Aljoscha, der Staretz Sossima. Je edler ein Charakter, desto liebevoller seine Beziehung zu Kindern. Die moralisch Verkommenen, vom Laster Zerfressenen wie der alte Karamasow haben keinen Sinn für Kinder. Die Kinder in Dostojewskijs Kosmos sind eng mit der Stadt verbundene Wesen: blaß, nervös, geistig aufgeweckt, frühreif schauen sie mit vorwurfsvollen Augen in die Welt. Zwischen Tieren und Pflanzen aufwachsende Bauernkinder, in deren Augen sich die stillen Waldseen und in deren Seelen sich die weißen Wolken am hohen Himmel spiegeln, treffen wir nicht. Die kleine Netotschka Neswanowa ist hysterisch, die hübsche Nelly leidet an Epilepsie und weiß, zu welch elendem Zweck ihre Wohltäterin sie mit schönen Bändern herausputzt.

Dem Pubertätserlebnis widmete Dostojewskij seine besondere Aufmerksamkeit zu einer Zeit, als dieser Zweig der Psychologie noch ganz unbekannt war. Netotschka wird von allen wie ein kleines Mädchen behandelt, aber die Frau ist in ihr bereits erwacht, und sie leidet darunter, daß sie ihrem Wohltäter nur auf kindliche Art dankbar sein kann. Die reiche, verwöhnte Lisa gesteht zuerst Aljoscha und dann Iwan ihre Liebe, nur um sich selbst und dann die andern zu überzeugen, daß sie, obwohl krank, dennoch der Liebe fähig, dennoch eine Frau ist. Die erste Berührung des Kindes mit dem Leben ist schmerzlich. Iljuscha will vor der Grausamkeit der Menschen davonlaufen, nicht nur fort aus der heimatlichen Stadt, nein, fort aus dem Leben, dessen Übermacht er nicht gewachsen ist. Freudehungrig will er allem Kummer, allen Tränen und allen Erniedrigungen entfliehen. Diese Sehnsucht kennt auch Netotschka. Verzweifelt fleht sie: „Laß uns weglaufen aus diesem Zimmer, aus diesem Haus, aus dieser Stadt." Jedes Kind ist eine ausgesprochene Individualität, eine Welt für sich, eine kleine Persönlichkeit. Man spürt, daß Lisa ein an Leid reiches Leben haben und fähig sein wird, sich restlos aufzuopfern und tödlich zu hassen. Und Kolja Krassotkin, der Junge mit dem starken Ehrgeiz, der selbständig denkt und urteilt, ist eine Prometheusnatur, der jüngere Bruder Kyrillows.

Es ist merkwürdig, daß diejenigen, die Kinder lieben und das größte Verständnis für sie aufbringen, Männer und nicht Frauen sind. Die kleine, arme Nelly wird vom Dichter Wanja betreut, zu Bett gebracht, gefüttert und liebkost. Und es ist etwas ungemein Rührendes und Ergreifendes in dieser Freundschaft zwischen dem verhungerten Dichter und dem schwarzäugigen, temperamentvollen Bettelkind. Katharina Iwanowna schickt Geld, um die Armut des kleinen Iljuscha zu lindern, aber es ist Aljoscha, der am Bett des kranken Knaben sitzt und die Pein dieser aufrührerischen Seele beschwichtigt. „Wenn du böse, mit einem harten Wort und haßerfüllter Seele, an einem Kinde vorbeigehst, das du vielleicht gar nicht beachtet hast, und es sieht dein häßliches, verzerrtes Gesicht, so prägt sich dies in sein unschuldiges Herzchen ein" — diese vom Weisheitslicht des Alters erleuchteten Worte hinterläßt uns der Staretz Sossima.

Im „Tagebuch eines Schriftstellers" erörtert Dostojewskij psychologische, pädagogische und soziale Fragen in einer Weise, wie das in den siebziger Jahren durchaus noch nicht üblich war; er spricht revolutionäre Gedanken aus, und nimmt manche Erkenntnis der Differentialpsychologie und Soziologie vorweg, die damals als wissenschaftliche Disziplin noch gar nicht existierten. Er schreibt über Besserungsanstalten, jugendliche Verbrecher und Kinderbettelei, er geht von einzelnen konkreten Beispielen aus, sucht aber immer den allgemeinen Grund, die Ursache des Unwesens, der widernatürlichen, die Menschenwürde erniedrigenden Erscheinungen; er forscht nach Mitteln, um die Mißgestaltungen im menschlichen Leben an der Wurzel auszurotten. Er weist darauf hin, wie wichtig es sei, die Phantasie des Kindes zu entwickeln, für geistiges Brot, gute Lektüre — Puschkin, Schiller, Dickens — zu sorgen, und ihnen das Erlebnis des Schönen zu vermitteln: „Ja, gerade das Schöne ist in der Kindheit notwendig." Düstere Kindheitseindrücke können die noch zarte Seele zerstören und sich schädlich im späteren Leben auswirken, der Grund zu ernstlichen Vergehen, ja sogar zu Verbrechen sein. Er kennt aber auch die Gefahr der Verzärtelung: gute Erziehung bedeute nicht ein Erleichtern aller Dinge, ein Hinwegräumen der Hindernisse; nur wer in geduldiger, selbstlos aufmerksamer Liebe sich dem Kinde zuneigt, finde das richtige Gleichgewicht zwischen Strenge und Milde. Er schreckt nicht davor zurück, den sittlichen Verbrechen der Kinder und Jugendlichen nachzugehen, obwohl der Direktor einer Besserungsanstalt die Frage nach schmählichen Angewohnheiten der Zöglinge entsetzt zurückweist.

Das Kind weiß um das tödliche Gefühl der Verlassenheit. Dostojewskij kennt Wesen, die Vater und Mutter haben und trotzdem im seelischen Bezirk verwaist sind. Fürst Myschkin, der Dostojewskijs geheimste Gedanken ausspricht, sagt: „Es hat mich oft stutzig gemacht, wie schlecht Erwachsene Kinder verstehen, selbst Väter und Mütter ihre eigenen Kinder."

Ein Aufsatz im „Tagebuch eines Schriftstellers" von 1876 trägt den Titel „Jugendliche, die sich stoßen". Er beschreibt ein Wohltätigkeitsfest, in dem alles gut gelungen wäre, wenn nicht das schlechte Betragen der Jugend — wir würden heute sagen: der Halbstarken —, die von ihren Ellenbogen Gebrauch machte und den Erwachsenen gar keinen Respekt erwies, den ganzen Abend verdorben hätte. Bekümmert fragt er, ob diese schlecht erzogenen Jugendlichen sich zu ehrlosen Menschen entwickeln werden. Er, der lange im Ausland gelebt hatte und besonders gut die Haltung der Deutschen und Franzosen kannte, stellt betrübt fest, daß die russische Jugend selten die Möglichkeit habe, in der Atmosphäre wahrer Kultur sich zu bewegen und es ihr daher an europäischen Manieren fehle.

Naturhafte, biologische Prozesse fesselten ihn nicht. Wie es in seinen umfangreichen Romanen keine Landschaftsmalerei gibt, so auch keine instinktbestimmte Elternliebe. Der Trieb der Fortpflanzung und Arterhaltung, die Liebe als Egoismus, als Erweiterung und Wiederholung des eigenen Ich, der animalische Trieb, der eine so große Rolle in den Romanen Tolstojs spielt, daß Mereschkowskij sich zu dem Satz verleiten ließ: die ewige Fahne in der Welt Tolstojs sei die Kinderwindel, dieser die Brutstätte schirmende und schützende Trieb war ihm vollkommen fremd. Wie Tolstoj die letzten Geheimnisse des biologischen Lebens kennt, so Dostojewskij die des seelischen und geistigen. Sein Lieblingsthema ist die rein seelische Liebe zum Kinde. Schützend breitet Aljoscha seine Hand über die zarten Knospen, um sie vor dem Frost des Lebens zu bewahren, ohne daran zu denken, ob es ihm bestimmt sein wird, die Früchte des Baumes, den er umhegt, zu pflücken. Das tiefste Verständnis für Kinder, den größten Einfluß auf die Entwicklung der Jugend haben in der Welt Dostojewskijs nicht die Eltern, sondern Freunde.

Der alte Karamasow, der das Leben seiner Söhne vergiftet, ist seinen Kindern mehr als fremd, er ist ihnen widerwärtig. Aljoschas Wahlvater, sein geistiger Vater ist der Staretz Sossima, der ihn aus dem Pfuhl der Karamasows zur Gemeinde der Liebe leitet. Wie eine Ranke schlingt Aljoscha seine Seele um den greisen, wetterfesten Stamm und hegt und pflegt seinerseits alle, die schwächer und unreifer sind als er: den zartnervigen Iljuscha, die feurige Lisa, Kolja Krassotkin. Die ganze Kinderschar der Stadt ergibt sich seiner gütigen Vatermacht. Die Bande des Geistes sind stärker als die des Blutes. Durch den Umgang mit Kindern gesundet Fürst Myschkin.

„Kinder vermenschlichen unsere Seele durch ihre bloße Gegenwart. Darum müssen wir sie achten und voller Hochachtung ihrem Engelsantlitz uns nähern (auch wenn wir sie zu belehren beabsichtigen), ihre Unschuld, selbst wenn sie eine schmähliche Angewohnheit hätten, ihre Unfähigkeit sich selbst zu verantworten und ihre rührende Wehrlosigkeit zwingt uns dazu“, heißt es im „Tagebuch eines Schriftstellers“.

Wie er in den „Dämonen“ die Herrschaft des russischen Atheismus und Terrors vorausgesagt hat, so zitterte sein Herz auch vor dem Schicksal des einer gottlosen Welt preisgegebenen Kindes. Er sah eine Zeit des Atheismus kommen, da der Mensch selbst vor der Vernichtung des Kindes nicht zurückschrecken werde. In den siebziger Jahren schildert er seiner Frau Alpträume, die von Kinderpeinigung und Kinderangst handeln und Träume waren für ihn Wahrsager der Zukunft, gesteigerte Wirklichkeit.

Die sinnlose Pein der wehrlosen Kinder war die Klippe, an der sein Gottesglaube zu zerschellen drohte.

III.

GOTTSUCHER

Formerlebnis und Weltanschauung

Die Stufenleiter seines Schaffens

Dostojewskij gehört zu jenen Dichtern, deren Werke eine Stufenleiter bilden. Sein noch etwas sentimentaler Erstlingsroman, der unter dem Einfluß Dickens' und Gogols steht, „Die armen Leute", wie auch seine weitschweifigen Erzählungen, von denen „Netotschka Neswanowa" und der „Doppelgänger" dank ihrer psychologischen Tiefe die bedeutendsten sind, also seine Werke bis zu seiner Verhaftung 1845—49, bilden den Auftakt, gewissermaßen das Portal seiner Kathedrale. Wäre er damals auf dem Semjonow-Platz erschossen worden, hätte man ihn nie zu den großen russischen Klassikern gezählt, nie in einem Atemzug mit den ewigen Dichtern der Weltliteratur, mit Tolstoj, Dante, Shakespeare, Cervantes und Goethe genannt.

Den zehn Jahren von 1849—1859, in denen er lebendig begraben war, folgt ein langsames schweres Erwachen, ein mühsames Sichhinein-Tasten ins Leben. Wie weit er von seinem Ich fortgerissen war, zeigt die öde Erzählung „Onkelchens Traum". Das „Dorf Stepantschikowo" dagegen birgt einige unverlöschbare Funken. Die Mauern der Kathedrale wachsen empor. Ein gewaltiger Denkstein des Überganges ist das einzigartige „Totenhaus"; hier hat er sein eigenes Selbst gefunden und betritt die Vorstufe zu den Reifewerken.

Diese zweite Phase seines Schaffens währt von 1860—1864. Die Kartorga hatte ihn schrecklich ernüchtert, unbarmherzig rechnet er mit seinem „Schillertum", wie er seine sozialistisch utopistischen Phantastereien nennt, ab. Außer dem „Totenhaus" gehören zu den unsterblichen Werken dieser Entwicklungsstufe „Die Memoiren aus dem Untergrund"*, die Psychologie eines typischen Untergrundmenschen, dessen Gefühle, Gedanken und Erkenntnisse sich nicht ans Tageslicht wagen. In diesem Werk zerschlägt er alle Götzen seiner Jugend. Nun weiß er, daß der Mensch „ein ungesittetes, ein phänomenal undankbares Wesen ist"; dieses Werk wie auch die „Aufzeichnungen aus einem Totenhaus" sind seine ersten genialen Schöpfungen: niemand vor ihm, niemand nach ihm hat ähnliches hervorgebracht. Er hat seinen eigenen Ton gefunden. Alles Unechte, Sentimentale, Entliehene, Unfertige hat er abgestreift. Diese beiden Werke sind die ersten, die ihn zu einem Dichter der Weltliteratur machen, aber auch diese sind nur Stufe. Der Untergrundmensch verhöhnt die Träume der Sozialisten, für die Dostojewskij selber einst so heiß gekämpft hatte; den Kristallpalast, den Ameisenbau der Zivilisation, die großen Mietskasernen, in denen jedem eine Wohnung für tausend Jahre und ein Zahnarzt zugesichert wird. Wird das Paradies dadurch erkauft, daß die Menschen in zufriedene Haustiere verwandelt werden, dann hole der Teufel alle Wohlfahrtseinrichtungen! Mit einer Radikalität, die an Nietzsche erinnert, kämpft er gegen die Hinterweltler, reißt alle beschönigenden Schleier der Heuchelei, alle halben Wahrheiten nieder. Wie in Turgenjews Werken, ganz gleich worüber er schreibt, über Bauern oder Adelige, über Sterbende oder Liebende, uns immer das Erlebnis des Schönen zuteil wird, so in Dostojewskijs Werken das der Verzweiflung und Wahrheit.

Wenn Stil Persönlichkeit und Weltanschauung ist, dann hat Dostojewskij zum erstenmal seinen Stil der schonungslosen psychologischen Wahrheit in den „Memoiren aus dem Untergrund" gefunden. Damals war er dreiundvierzig Jahre alt. Nur noch siebzehn Jahre blieben ihm zu leben übrig; diese dritte und letzte Phase, 1864—1881, umfaßt seine Reifezeit, in der die fünf großen Romane, von denen jeder zwei Bände und der letzte drei Bände umfaßt, erscheinen: Schuld und Sühne, Idiot, Dämonen, der Jüngling, die Brüder Karamasow, außerdem die kleineren Werke: Der Spieler, Der ewige Gatte, und zwei Bände des Tagebuchs, das die kleinen Meisterstücke enthält: Bobok, Die Sanftmütige, Der Traum eines komischen Menschen, die Puschkinrede, im ganzen also vier-

* Der deutsche Titel — Memoiren aus einem Kellerloch — entspricht nicht dem Sinn des Werkes.

zehn Bände. Die Karamasows — die letzte Erfüllung seiner Kunst — streben als höchster Turm der Kathedrale empor. Es gab für den Gejagten kein Entweichen und keine Rast. Sein Stil ist wie ein klippenreiches, aufregendes Leben: eruptiv, die Überhöhung einer zum Gipfel geführten Tragik.

Stil ist die Außenseite einer Weltanschauung, der unabwendbare Ausfluß derselben. Stil ist Antlitz, sichtbare Eigenart unsichtbarer Geistes- und Seelenkonstruktion, vom Innersten im Menschen bestimmt und daher untrennbar mit der Einmaligkeit einer Persönlichkeit verbunden. Wo es an schöpferischer Originalität fehlt, fehlt es auch an Stil, der dann durch Technik, Virtuosität oder Manierismus ersetzt wird.

1. Formlosigkeit als neue Form

„Der Gedanke allein ohne ein künstlerisches Element langweilt."

Aus der Literatur- und Kulturgeschichte ist zu ersehen, daß man an einem einmal ausgesprochenen Fehlurteil Jahrzehnte, ja Jahrhunderte festhält, denn der Mensch ist ein träges Wesen, das lieber die Unzulänglichkeiten seiner Mitmenschen wiederholt, als sich zu einem selbständigen Urteil aufschwingt. Bis in die dreißiger Jahre unseres Jahrhunderts hielt man eisern an der Behauptung fest, Dostojewskij sei ein formloser Dichter, sein Stil sei nonchalant, chaotisch. So schreibt Nötzel, der der russischen Sprache mächtig war und Dostojewskijs Werke im Original lesen konnte, daß die russische Erzählung keinen äußeren architektonischen Aufbau kenne, und von Dostojewskij heißt es, daß er jederzeit, wenn er sich an die Arbeit setzte, über das schreiben konnte, wonach ihm gerade Stimmung und Sinn stand. „So konnte es ihm eigentlich nie begegnen, daß ihm die Begeisterung für den gerade in Arbeit befindlichen Teil fehlte." Weiterhin behauptet Nötzel: „Tatsächlich sind Dostojewskijs große Romane — wenigstens seine Meisterwerke — lose aneinandergereihte Skizzenbündel."*

Der ehrenwerte Karl Nötzel sei nur als ein Beispiel von vielen

* Karl Nötzel, „Der russische und der deutsche Geist" Berlin 1920.

erwähnt. Wem es beliebt, kann eine lange Reihe ähnlicher unbegründeter Urteile zusammenstellen. George Brandes, der wahrhaftig nicht an ästhetischer Taubheit litt, findet, Dostojewskij sei wohl ein großer Dichter, aber nur in geringem Maß ein Künstler. „Er dachte nicht daran, seine Gedanken durchzuarbeiten und eine möglichst große Vollkommenheit in einer zusammengedrängten Form zu erreichen. Dadurch wurde er durchgehend zu weitläufig. Er hat nicht, wie Turgenjew, den Franzosen ihre Erzählungskunst abgelauscht, sondern was er sich von ihnen aneignete, war ihre ideale Menschlichkeit." Heute wirkt dieses Urteil fast komisch, so altmodisch und unbegründet ist es; einmal schon durch die Voraussetzung, die als Axiom hingenommen wird, daß Turgenjew höher stehe als Dostojewskij, und dann — als ob ein Dostojewskij es nötig gehabt hätte, den Franzosen, die heute bereits veraltet sind, etwas abzulauschen!

Man nannte ihn formlos, weil seine Form so ungewohnt und einmalig neu war wie etwa die während seines Lebens nicht anerkannte Ausdrucksweise van Goghs im Vergleich mit Renoir.

Dostojewskijs „Formlosigkeit" ist heute schon allein durch die Tatsache seiner weltumspannenden Wirkung widerlegt. Es ist nie dagewesen und undenkbar, daß ein chaotischer, formloser Schriftsteller führende Geister aller europäischen Länder in immer steigender Zahl in seinen Bann zieht, denn nur in feste Form geprägte Kunst überdauert die Zeiten. Gewiß, Dostojewskij ist kein sprachverliebter Wortanbeter und seine Werke besitzen nicht jene raffinierte Feinheit der Instrumentierung, jene rationelle Durchorganisation, jene „astronomische Gesetzmäßigkeit und Richtigkeit", sie sind nicht „gebunden durch selbstbereiteten Ordnungszwang" wie die Romane Thomas Manns; aber seine Ausdrucksweise ist so originell, daß keiner seiner Anhänger oder Schüler fähig gewesen ist, diese zu wiederholen. In der gesamten Weltliteratur gibt es wohl niemand, von dem man sagen könnte, sein Stil sei dem Dostojewskijs zum verwechseln ähnlich. Wie kompliziert seine Aussageweise ist, wie schwer sich diese ohne Vereinfachung übertragen läßt, weiß jeder, der sich an das Übersetzen von Dostojewskijs Werken herangewagt hat. Jede Seite des gigantischen Dichtwerkes trägt unnachahmbare Zeichen seines Feuergeistes. Ein kleines Ereignis in den Flüchtlingstagen von 1945 brachte mir dies ganz besonders deutlich zum Bewußtsein. Als ich nach dem Dresdner Luftangriff auf einer Landstraße Deutschlands meines Weges zog, trug mir der

Wind einen rauchgeschwärzten, zur Hälfte verbrannten Papierfetzen zu; mechanisch las ich die abgerissenen Zeilen und erkannte sofort am ekstatischen Ton, an der gespenstischen, existentiellen Intensität meinen ewigen Begleiter, der die Teufeleien, die mich mit Millionen anderer Menschen heimsuchten, vorausgesagt hatte. Eintragungen im Notizbuch 1876 sagen uns sehr deutlich, wie ernst er die künstlerische Ausgestaltung nahm: „Die rein künstlerische Seite vernachlässigen nur ungebildete und stumpfe Menschen, das Künstlerische ist ungeheuer wichtig, es hebt den Gedanken und die Bilder hervor; der Gedanke allein ohne ein künstlerisches Element langweilt, veranlaßt den Leser zur Oberflächlichkeit, weckt je und je Mißtrauen dem Autor gegenüber: man hält ihn für einen Papiermann."

Es gibt eine ganze Reihe von Wortverbindungen, die nur Dostojewskij gebraucht, die durch ihn eine eigene Färbung, einen ganz bestimmten Sinn, eine Tiefenperspektive erhalten haben: der Untergrundmensch, die Sanftmütige, die verdammten Fragen (gemeint sind damit die unlösbaren metaphysischen Probleme), die Sich-selbst-Hinrichtenden, die schrägen Strahlen der untergehenden Sonne, der nasse Schnee, die wilde Schwermut, — um nur einige Beispiele zu erwähnen.

Die Entwürfe seiner Romane, die Notizbücher und Briefe eröffnen uns einen tiefen Blick in die Eigenart seines schöpferischen Prozesses. Wir lernen die Schöpfungsgeschichte seiner Romane kennen und erfahren, wie bitter er um Vollendung gerungen und wie hart er gearbeitet hat, um die Grundpfeiler seiner Weltschau zu festigen. „Und wenn ich auch betteln gehen muß, nicht um einen Deut werde ich nachgeben." Seine Brouillons erinnern an flüssiges Metall, an Feuerwirbel. Ungeduldig entwirft er eine Reihe von Plänen, denen allmählich der endgültige Plan entsteigt.

Bereits in den „Winterlichen Bemerkungen" schreibt er, daß sich in Westeuropa eine Form „für alle Ewigkeit" festgesetzt habe: die tote Bewegungslosigkeit des gesicherten Bürgertums; seine Berufung aber sei es, diese Lethargie zu sprengen. Mit vierundzwanzig Jahren, während er an seinem ersten Roman arbeitet, erklärt er: „Ich will, daß ein jedes meiner Werke vortrefflich sei." „Die armen Leute" sind im November 1844 fertig, aber im Dezember unterzieht er sie einer Überarbeitung, und als er im Februar 1845 das Werk überliest, ist er wieder unzufrieden; er streicht vieles, fügt neues hinzu, glättet und feilt, und erst im März glaubt er, eine zufriedenstellende Fassung gefunden zu haben. Doch auch diese ist nicht die endgültige, nach anderthalb Monaten arbeitet er das Manuskript zum dritten und letzten Male um. Diese Tatsache ist für seine Art zu arbeiten bezeichnend; sie wiederholt sich bei der Entstehung aller seiner Werke und überzeugt uns, wie unbegründet Nötzels Behauptung ist, daß Dostojewskij nie daran gedacht habe, seine Gedanken durchzuarbeiten. Die Kritiker haben ihn nicht geschont, aber er selbst war sein schärfster Kritiker. Als junger Dichter nimmt er Chateaubriand zum Vorbild, der seine Atala siebzehnmal umgeschrieben habe. In der Art zu arbeiten ist ferner Gogol sein Vorbild, der nicht eine Zeile ohne Überlegung schrieb und an den „Toten Seelen" acht Jahre gearbeitet hat; so lang hat Dostojewskij allerdings an keinem seiner Romane geschrieben. Ein so geruhsames Arbeiten war ihm nie vergönnt, wie sehr er sich auch danach sehnte. Immer mußte er sein Werk zu einem bestimmten Termin abliefern, und während die ersten Teile in einer Zeitschrift gedruckt wurden, arbeitete er noch an der Fortsetzung. „Erbärmlich ist das Los eines armen Schriftstellers", schreibt er seinem Bruder Michail aus Semipalatinsk, und diese Erbärmlichkeit hat ihn bis an sein Lebensende verfolgt. Aber nicht nur die in verzehrender Ungeduld erwarteten Honorare zwangen ihn zu gesteigerter intensiver Arbeit; im gleichen Maße tat es sein dynamisches Temperament, das nur ein Presto-Tempo ertrug, und die Entelechie seines Werkes, die die Gespanntheit der seelischen Atmosphäre bestimmte.

Er gehört zu den Feuergeistern wie van Gogh, der mit dreiunddreißig Jahren sein erstes großes Gemälde schuf und bereits fünf Jahre später starb. Er ist dem Maler der geballten, expressiven Form verwandt, der die visionäre Fähigkeit besaß, die Seele der Dinge zu enthüllen und dessen Bilder wir uns sehr wohl als Illustrationen zu Dostojewskijs Werken vorstellen könnten. Was van Gogh vom Zeichnen sagte, könnte Dostojewskij von seiner Wortkunst gesagt haben: „Es ist ein Sichdurcharbeiten durch eine unsichtbare eiserne Wand, die zwischen dem, was man fühlt, und dem, was man kann, zu stehen scheint." Van Gogh malte als Hintergrund seiner Porträts nicht eine banale Wand, sondern die Unendlichkeit. Seine wie auch Dostojewskijs mystischen Porträts kreisen wie Sterne im Äther.

Die Entstehungsgeschichte des „Idioten" ist uns heute in allen Einzelheiten bekannt. Wie bewußt Dostojewskij trotz seiner Eruptivität arbeitete, davon zeugt sein Ausspruch, daß der ganze „Idiot" nur um der letzten Szene willen geschrieben sei. Im August 1867 teilt er seinem Freund Maikow mit, er habe einen Roman im Kopf fertig, aber schwarz auf weiß sei noch nichts zu sehen. Im Oktober berichtet er: „Mit einem Hurra stürze ich mich in den Roman, ich setze alles auf eine Karte, komme was da wolle!" Über vier Monate arbeitet er an der ersten Fassung, um alles Aufgeschriebene im Dezember zu vernichten. Nur die Notizen zu dieser ersten Fassung haben sich aufbewahrt. Seinem damals ihm noch treu ergebenen Freunde berichtet er weiter: „Ich versichere Ihnen, ein mittelmäßiger Roman wäre daraus entstanden, aber er war mir bis zum Ekel widerwärtig, gerade dadurch, weil er mittelmäßig und nicht einwandfrei genug war. Und nur danach trage ich Verlangen." Am 12. Januar 1868 erzählte er mit der gleichen Inbrunst von der weiteren Entwicklung des Romans: „Vom 4. bis 18. Dezember habe ich nichts anderes getan als nachgedacht und gegrübelt. Durchschnittlich entstanden jeden Tag ungefähr sechs Pläne (oder auch mehr). Mein Kopf drehte sich wie eine Windmühle. Ich wundere mich, daß ich nicht verrückt geworden bin. Am 18. Dezember setzte ich mich hin, um den neuen Roman zu schreiben, und am 5. Januar konnte ich an die Redaktion bereits fünf Kapitel (ungefähr fünf Druckbogen) mit der Versicherung absenden, daß ich am 10. Januar die zwei letzten Kapitel des ersten Teils liefern werde."

1956, im Zusammenhang mit seinem 75. Todestag, wurde wertvolles neues Material über ihn publiziert, so u. a. ein bisher unbekannter Entwurf zu „Schuld und Sühne", der uns zeigt, wie hartnäckig Dostojewskij an den Plänen seiner Romane arbeitete. Am meisten Notizen haben sich zum Roman „Der Jüngling" erhalten. In Sowjetrußland gibt es Literaturwissenschaftler, die sich speziell mit der Entstehungsgeschichte dieses Romans beschäftigen und solche, die sich den „Brüdern Karamasow" widmen.

Die Gnade des Einfalls empfängt er wie ein beglückendes Geschenk, begrüßt sie mit einem kindlich frohen Herzen, aber die Verwirklichung ist nicht leicht, der erste Bau befriedigt ihn nicht; weil er nicht „einwandfrei gut" ist, muß er niedergerissen werden. Als aber nach ungeheurer, intensiver innerlicher Arbeit alle Gestalten, Bilder und Ereignisse zur Reife gekommen sind, lösen sich die Früchte vom Schaffensbaum in drängender Eile: in fünfzehn Tagen liefert er fünf Druckbogen, also achtzig Seiten, die gleich zum Druck geschickt werden, und an denen dann allerdings nichts mehr geändert werden kann. Im Laufe eines Jahres ist der Roman fertig.

„Um einen Roman zu schreiben, muß man zuallererst einzelne starke Eindrücke, die der Verfasser im eigenen Herzen tatsächlich erlebt hat, niederschreiben. Daraus entwickelt sich dann das Thema, der Plan, das in sich geschlossene Ganze. Darauf beginnt die Arbeit des Künstlers, obwohl Künstler und Dichter immer einander helfen", lesen wir in den Entwürfen zum „Jüngling".

Sehr fein unterscheidet er den irrationalen Anfang, die Eingebung des Dichters, die die notwendige Voraussetzung eines neuen Werkes ist und dieses in seiner Ganzheit bestimmt, von der langen, mühsamen und bewußten Arbeit des Künstlers. Und welche Ironie des Schicksals, daß man gerade ihm immer wieder die Fähigkeit des gestaltenden Künstlers abgesprochen hat! Er war sich bewußt, welche Personen im Zentrum stehen würden, was jeder einzelne aussagen müsse, um die Idee des Ganzen klarzustellen. Und die Idee eines Romans war für ihn das Wichtigste. In den Notizen zum Jüngling schreibt er: „Die Hauptsache: in allem die Idee der Zersetzung. Jeder zerrt auf seine Seite, auch die Kinder untereinander . . . die Gesellschaft zersetzt sich chemisch und bringt diese Hauptsache zum Ausdruck."

Er hielt sich an große Vorbilder. Wie bei der Arbeit am „Idioten" Cervantes sein Vorbild war, so Puschkin beim „Jüngling". Während er an diesem Werk in Bad Ems arbeitet, liest er jeden Morgen einige Seiten Puschkin. Die Gestalt des „Geizigen Ritters" war das Vorbild des Jünglings, der sich danach sehnte, Rothschild zu werden, ein erster Mensch, ein Zar über alle und jeden, fähig, an allen, die ihn gekränkt haben, sich zu rächen und andererseits viel Gutes zu tun. In den Notizen zum Jüngling stoßen wir mehrfach auf Zitate aus Puschkin, sie sind für ihn förmlich der Pilgerstab auf der Wallfahrt zum eigenen Ich. Entwürfe zum Werk werden von Randbemerkungen unterbrochen: „Sich an Puschkins Folgerichtigkeit bei der Entwicklung der Handlung halten, sich an seine sparsame Wortkunst und an seine Zurückhaltung bei der Ausarbeitung des Sujets halten." Oder auch: „Alles der Reihe nach erzählen, kürzer, à la Puschkin.“ Oder: „Ganz schnell erzählen, im Stile Puschkins.“

Im gleichen Maße wie Puschkin für ihn als absolutes Vorbild galt, — obwohl es keinen größeren Gegensatz als den klassischen Stil Puschkins und den tragisch-gespannten Dostojewskijs gibt, — galt ihm von seinen Zeitgenossen nur Tolstoj der ernsten Bewunderung wert, nicht aber, um ihm nachzueifern, sondern um durch dessen Eigenart sich der eigenen bewußt zu werden. Anna Karenina wurde zur gleichen Zeit gedruckt wie der „Jüngling“. Dostojewskij wußte, daß er eine andere Welt als Tolstoj schildere, aber diese andere sollte ebenso vollkommen sein wie die des Meisters aus Jasnaja Poljana. Sein Bereich war das Dynamische, wie das Tolstojs das Statische. Immer wieder unterstreicht er in seinen Notizen: die Zerrissenheit, der Untergrund sei sein Gebiet, und seine innerlich gespaltenen Menschen müssen natürlich ganz anders sprechen und handeln, als die mit der Erde verbundenen Helden Tolstojs. An Tolstoj dachte er, um sich das Recht auf eigene Ausdrucksformen zu sichern. Prophetisch sah er, daß die russischen Gutsbesitzer und Fürsten ihre Rolle ausgespielt haben, daß Tolstoj der letzte Repräsentant dieser Sphäre ist: „Bei Tolstoj ist alles großartig, aber es ist das letzte Wort der Gutsbesitzer-Literatur.“

André Gide behauptet, die Entwürfe zu den „Brüdern Karamasow“ seien noch interessanter als das Werk selbst. Diese Ansicht ist nicht so unbegründet, wie es im ersten Augenblick scheint. An diesem riesigen Roman, der fast tausend Seiten enthält und einen Reichtum an Problemen und geistigen Fragen, der Bände füllen könnte, arbeitet er nur drei Jahre. Skizzen dazu hatte er bereits viele Jahre früher entworfen und sorgsam gesammelt. Als die vier ersten Kapitel des Buches „Pro und contra“ fertig waren, schreibt er im Mai 1879 an Ljubimow: „Das fünfte Buch ist der Kulminationspunkt und muß ganz besonders sorgfältig ausgearbeitet werden . . . das Wichtigste ist hier, daß nicht Gott geleugnet wird, sondern der Sinn seiner Schöpfung . . . Alle Anekdoten, die ich hier von Kindern erzähle, sind wirklich geschehen; einen Teil davon habe ich Zeitungen entnommen, und ich kann nachweisen, aus welchen. Nichts ist von mir erklügelt. Der General, der ein Kind von Hunden zu Tode hetzen ließ, existierte tatsächlich, dieses Geschehen wurde im Winter, ich glaube im „Archiv“ publiziert, und von vielen Zeitungen nachgedruckt. Die Gotteslästerung meines Helden wird im nächsten Buch großartig zunichte gemacht werden, ich arbeite gerade an diesem Kapitel, voller Angst, Beben und Ehrfurcht; meine Aufgabe (Niederkämpfung des Anarchismus) sehe ich als eine moralische Heldentat an."

Im Gespräch zwischen dem Großinquisitor und seinem geheimnisvollen Gast hat er jedes Wort ausgewogen. Die Gotteslästerung Iwans hatte anfangs eine schärfere, brüskere Form. In den Entwürfen ist Iwan ein Zyniker, im Roman — ein Abtrünniger. Es lag Dostojewskij augenscheinlich daran, seinen Helden dem Leser sympathisch zu machen. Auch weisen die Notizen darauf hin, daß Iwan ein Geistesbruder Kyrillows ist.

Die Brouillons enthalten eine Reihe starker Aphorismen, die in den Roman nicht aufgenommen sind, so sagt zum Beispiel Iwan: „Ich wünsche die Idee Gottes vollkommen auszumerzen." Und der Großinquisitor: „Gott ist ein Kaufmann."

Das Kapitel „Der russische Mönch" entrang er sich nur mühsam. Er war damals sehr leidend, seine Kinder waren krank, trotzdem arbeitete er die ganze Nacht hindurch. Der Abschnitt vom Staretz Sossima sollte ja den Anarchismus niederkämpfen, sein Glaube das Gegengewicht zu Iwans Abtrünnigkeit bilden. Aus Ems schreibt er in dem bereits erwähnten Brief vom 24. 8. 1879: „In den Lehren des Staretz Sossima gibt es einige Stellen, die alle Leser in Empörung versetzen werden. Man wird mir sagen, das sei absurd, denn sie seien allzu begeistert; gewiß sind sie absurd im alltäglichen Sinn, aber in einem höheren Sinn, rein innerlich genommen, glaube ich, sind sie begründet."

Die Angriffe der liberalen Kritik betrübten ihn und noch mehr die Ablehnung der Mönche von Optina Pustyn, die die Modelle abgegeben hatten, Sossima als Ideal eines Staretz nicht anerkannten und ihm Vorwürfe machten. Er hatte dieses Kapitel als Theodizee geschrieben, und nicht scholastische Beweise stellt er den logischen atheistischen Argumenten Iwans gegenüber, sondern die mystische Erfahrung seines eigenen leidgeprüften Herzens.

Die Romane seiner Reifezeit (mit Ausnahme des „Jünglings") sind — wie das Gefüge seines Lebens selbst — von großer Einheit und Geschlossenheit. Sein letzter von Solowjew beeinflußter Roman ist nach einem besonders strengen Plan komponiert. Im Zentrum steht Dmitri Karamasow, genannt Mitja. In seiner Leidenschaft für Gruschenka rivalisiert er mit dem Vater. Das Verbrechen, dessen er bezichtigt wird, der Mord am alten Karamasow, die Strafe dafür, die Verschickung nach Sibirien, bilden den Inhalt. Mitja ist von den Gestalten seiner beiden Brüder eingerahmt, die ihn ergänzen und vertiefen; hinter ihnen spukt die Chimäre Smerdjakow, der eines Ursprungs mit ihnen ist. Vier Brüder, vier Urgewalten: Mitja — zügellose Leidenschaft; Iwan — eiskalter Intellekt; Aljoscha — das Herz, die Seele; Smerdjakow — geile Gier. Vier Charaktere, vier Schicksale, die zusammenstoßen. Vier Kinder, die sich gegen ihren Vater empören. Dieser Kampf ist tragisch wie überhaupt alles in diesem Roman. Jedem der Brüder ist eine Frau zugesellt, damit der Kosmos sich runde. Iwans Schicksal ist mit dem Katharina Iwanownas verbunden, Aljoschas weibliche Partnerin ist die krankhaft sinnliche Lisa. Zu Dmitri gehört Gruschenka, zu Smerdjakow — Marja Kondratjewna. Jeder der Brüder lebt in seiner eigenen Welt, jeder ist von einer eigenen Atmosphäre umgeben. Am weitesten ist die Welt Aljoschas, er lebt das überpersönliche Leben intensiver als das persönliche. Sein Wahlvater ist der weise Sossima, der durch seine Selbstbekenntnisse und religiös-philosophischen Meditationen den Strom der Erzählung unterbricht. Wenn es sich um das Gegengewicht zum Atheismus handelt, vergißt Dostojewskij das Gesetz des Maßhaltens.

Die Spannung entsteht nicht nur durch den Kampf der Söhne gegen den Vater, sondern auch durch den Kampf der Brüder untereinander. Gestalten und Geschehnisse sind durch ein Leitmotiv verbunden: hier kämpft Satan mit Gott, und das Schlachtfeld ist das Herz des Menschen. Beim Glas Cognac fragt der Vater Iwan: „Gibt es Gott?“ Und der Sohn antwortet: „Nein!“ Darauf wendet er sich an Aljoscha und fragt das gleiche, und der fromme Knabe antwortet: „Es gibt Gott.“ Durch den Zusammenstoß dieser Anschauungen werden alle Ereignisse auf eine metaphysische Ebene erhoben, der Titel des Romans könnte lauten: Gott und Teufel. Der Mensch ist bald Gottes, bald Satans Untertan, und die Geschehnisse verdichten sich zum Symbol in der Legende vom Großinquisitor.

Solange Dostojewskij an einem Werk arbeitet, besonders in der ersten Phase seines Schaffens, erscheint es ihm als Chef d'oeuvre; hat er es beendet, befriedigt es ihn nie. Immer verkrampft er sich in die Arbeit: Findet mein Roman keinen Anklang, erhänge ich mich; gelingt mir der Roman, bin ich gerettet — das sind die sich wiederholenden Motive in seinen Briefen. Während er schreibt, lebt er ausschließlich in der imaginären Welt. Er ist wie besessen, er verwandelt sich in die Gestalten seiner Helden. Sein eigenes Ich erlischt, die Personen seiner Romane sind für ihn wirklicher als die ihn umgebenden Menschen, und so ist es auch zu erklären, daß seine oberflächlichen Biographen die Untaten seiner Helden ihm selbst zugeschrieben haben. Bald kopiert er seinen Helden, bald scheint er ihn zu verhöhnen.

In jedem seiner Romane steht im Zentrum eine Persönlichkeit, an deren Charakteristik er wie ein Skulptor am Marmorblock arbeitet. Der Charakter des Helden enthüllt sich erst allmählich im Laufe der Handlung, und etwas Geheimnisvolles umgibt ihn oft bis zum Schluß. Die Urgestalten in den Entwürfen haben mit den Personen des fertigen Romans wenig Gemeinsames: der Idiot war anfangs eine Variante Raskolnikows, aus der sich nur allmählich der christliche Narr herausschälte. Nastassia Filippowna hieß in ihrer Urgestalt Mignon und war anfangs als ein Pendant zu Goethes Heldin gedacht!

Die Namen seiner Personen sind nicht Zufälligkeiten, er wechselt sie bisweilen mehrfach, bis er den entsprechenden findet; oft ist er von symbolischer Bedeutung, eine Anspielung auf kennzeichnende Eigenarten. Der Held in „Schuld und Sühne“ heißt Raskolnikow, das heißt einer, der mit der Kirche bricht, die alten Traditionen spaltet und zerspaltet. Der einem Kriechtier ähnliche Kammerdiener heißt Smerdjakow, der Stinkende. Den jüngsten der Brüder Karamasow, für den der Verfasser eine besondere Sympathie hegte, tauft er auf den Namen seines heißgeliebten, frühverstorbenen Sohnes — Aljoscha. Auch gibt es Werke, wo die zentrale Gestalt gar keinen Namen hat oder einen, den man bald vergißt, dafür aber wird eine der hervorstechendsten Eigenschaften zum Eigennamen: Krotkaja — die Sanftmütige, der Komische Mensch, der Untergrundmensch.

Die Sprache der handelnden Personen ist bis ins kleinste individualisiert; wie Philologen einen Dialekt studieren, so hat er die Sprechweise der Mönche, der Nihilisten, der scheuen Frauen, der Verbrecher, Juristen, der Kinder und senilen Greise erforscht. Im Notizbuch, das er immer bei sich trug, vermerkte er charakteristische Ausdrücke, Redewendungen; trotzdem war er nicht ein Dichter der Beobachtung wie Turgenjew und Tolstoj, sondern ein Dichter der inneren Schau. „Das Leben an sich ist lächerlich, großartig ist es nur in seinem inneren Sinn", schreibt er aus Ems an Pobedonoscef (24. 8. 1879). Dieser Satz ist ungeheuer wichtig zum Verständnis seiner Kunst: nicht das äußere Leben wollte er schildern, die komischen Zufälle, sondern den inneren Sinn desselben. Er erzählt nicht das Leben seiner Helden von der Wiege bis zum Grabe, meist greift er nur einen Lebensabschnitt heraus. Tolstojs Romane sind ein breit fließender Strom, den wir von der Quelle bis zur Mündung in den Ozean verfolgen, Dostojewskijs Romane sind ein Wasserfall, und gewiß ist es gefahrloser, einen Strom zu befahren, als sich in einen Wasserfall zu stürzen; doch die gestaute, in Licht verwandelte Energie erhellt die Behausung von Millionen. So auch das Dichtwerk des wortmächtigen Dostojewskij.

Die Beichte, die schüchterne wie auch die erschütternde und die schamlose, ist seine Lieblingsform. Der erste Entwurf zu „Schuld und Sühne" ist in Ichform geschrieben, erst in der letzten Fassung entsagt er dieser Erzählungsart. Die Beichte des Hippolyt ist wohl die traurigste und die des Fürsten Wolkowski in den „Erniedrigten und Beleidigten" die schmählichste. Die Memoiren aus dem Untergrund sind ein Monolog vor dem Spiegel. In der gespenstischen Skizze Bobok ruft eine der halbverwesten Leichen: „Entkleiden wir uns, seien wir ganz nackt!" Diese Neigung sich zu enthüllen, die Seele in ihrer Nacktheit darzubieten, kennen Dostojewskijs Licht- und Nachtmenschen. Der alte lasterhafte Karamasow beichtet seinen Söhnen alle Schandtaten und auch der gottgefällige Sossima enthüllt kurz vor seinem Tode sein ganzes Leben, wobei er bedacht ist, vor allem Schuld und Vergehen zu gestehen. Mitja und Iwan beichten ihrem frommen Bruder, der eine seine sinnlichen Ausschweifungen, der andere seine Empörung gegen Gott. Seelenentblößung in diesem Maße ist ein Kennzeichen des östlichen, vor allem des russischen Menschen, und kaum ein anderer Dichter ist in der Ausgestaltung der Beichte so genialisch wie Dostojewskij. Den germanischen Menschen hindert an der schonungslosen Beichte — die Würde (einer der deutschesten Begriffe von Kant bis Heidegger), den romanischen hindert daran die Eitelkeit (vanité ist eines der französischsten Wörter), dem slawischen Menschen ermöglicht die Demut, deren krankhafter Auswuchs die Selbsterniedrigung ist, alle Seelenschleusen zu öffnen.

Hatte Dostojewskij einen neuen Roman im Kopf oder richtiger

gesagt im Herzen fertig, war der Ton des Werkes für ihn ein schwerwiegendes Problem. Der Tonfall, die Kadenz eines Gesprächs kann entscheidender sein als der Inhalt. In der Unterredung Iwans mit dem Teufel entsteht das Unheimliche nicht so sehr durch das, was der Teufel sagt, sondern wie er es sagt: unerträglich ist seine nonchalante, zynische, schnoddrig-familiäre Art und Weise, in der sich seine Verachtung allem Geschaffenen gegenüber äußert.

Um eines einzigen Wortes willen konnte Dostojewskij lange Auseinandersetzungen mit der Zensur führen. Als er sein Hauptwerk in die Redaktion des „Ruski Westnik" absendet, fleht er den Redakteur Ljubimow an, am „hysterischen Gekreisch der Cherubime" keinen Anstoß zu nehmen. Wenn die Zensur darauf bestehe, diesen Ausdruck durch „die freudigen Schreie der Cherubime" zu ersetzen, wäre der Ton der Teufelssprache gefälscht.*

2. *Der Weltstädter*

„Der verfaulte, feuchte, neblige Morgen."

Nicht nur durch Geburt, auch der inneren Struktur und dem ästhetischen Gefühl nach ist Dostojewskij Weltstädter. Vor ihm spielten Stadt und städtisches Leben kaum eine Rolle in der russischen Literatur. Puschkin und Gogol hatten wohl auch die Stadt in ihre Kunst einbezogen, aber ihre eigenste Melodie wird vom Rauschen der Wälder und Felder getragen. Auch aus dem geruhsam dahinfließenden Stil Tolstojs und Turgenjews weht uns die Luft der großen Landgüter, Dörfer und endlosen Steppen entgegen. Dostojewskij ist der erste russische typische Stadtdichter, der sensitive, nervöse, unbefriedigte und gehetzte Mensch, der, auf der Jagd nach neuen Eindrücken, in einem Dauerzustand der Erregung lebt.

Gleich Baudelaire, dem als satanisch verurteilten und als christlich gepriesenen Dichter, kannte er die Großstadtchimäre, wo Gespenster am Tage den Wanderer überfallen, die Luft von Phantomen schwanger ist, der Nebel die Häuser in die Luft emporsaugt

* Die Sprache des Teufels klingt in der deutschen Übersetzung um vieles milder. In der mir bekannten Übersetzung wird nicht vom hysterischen Gekreisch, sondern vom Freudejauchzen der Cherubime gesprochen.

und sich vervielfachende Bettler durch Schnee und Kot wallen. „Der verfaulte, feuchte, neblige Morgen“, der im „Jüngling“ emporsteigt, die giftigen Ausdünstungen, das Fieber der Großstadt, das uns in „Schuld und Sühne“ umfängt, all diese Bilder sind in die gleiche katakombische Beleuchtung getaucht wie „Die Blumen des Bösen“. Dostojewskij und Baudelaire, die im gleichen Jahre geborenen Visionäre, die nichts voneinander wußten, alle bürgerlichen Grenzen überschritten und an der Unheimlichkeit des Lebens litten, waren der Großstadt verhaftet. Wie die Seele von Paris untrennbar mit Baudelaire verbunden ist, so die Seele Dostojewskijs mit Petersburg.

Die wenigen Naturschilderungen sind in seiner ureigenen, unverkennbaren, den Sinnen enthobenen Sprache geschrieben. Als Dostojewskij in der Peter-Pauls-Festung eingekerkert saß und weder Sonne noch Freude ihn zu grüßen kamen, schuf er aus dem Licht seines Inneren einen hellen Sommertag: „Die Sonne stieg hoch empor, in all ihrer Pracht schwamm sie am blauen, tiefen Himmel; es schien als löse sie sich in ihrem eigenen Feuer auf. Die Schnitter waren weit im Felde, hinter ihnen lag frisch gemähtes Gras und ein kaum spürbarer Windhauch brachte hin und wieder bis zu uns das betörende Aroma. Rings um uns konzertierten die, die weder säen noch ernten und frei wie die Luft sich auf ihren Schwingen immer höher erheben.“

Kommt man als Fremdling in seine Welt, glaubt man in einem Irrenhaus zu sein: überall drängende, atemlose Bewegung; die Menschen rennen und jagen durcheinander, voller Hast sind sie auf der Straße oder in einem überfüllten Raum, weinen hysterisch, schreien, beichten und beten. Beim aufmerksamen Hinschauen aber erkennen wir, daß dieses Irrenhaus unser eigenes Inneres ist. Im „Idioten“ hat Dostojewskij seine Art der Menschenschilderung, das Verhältnis von Roman und Leben, von Kunst und Wirklichkeit charakterisiert: Menschen in Büchern seien nicht genau so wie im Leben, aber sie seien noch wirklicher als die Wirklichkeit; in der Wirklichkeit lernen wir das Wesen der Menschen in verdünnter Form kennen, in der Kunst als Extrakt.

Selbst in seiner Syntax spürt man den Städter. Seine Epitheta und Metaphern entstammen der unwirtlichen Atmosphäre der Vorstädte und Mansarden. Die Laternen brennen düster wie Fackeln zu einer Beerdigung. „Die Uhr röchelt, als würge sie jemand.“ Die enge Kammer mit ihrer klammen Luft gemahnt an einen Schrank, einen Koffer oder Sarg. Der Wind „winselt wie ein lästiger Bettler, der aufdringlich ein Almosen heischt."

Die kleinen Dinge des Alltags, die Nichtigkeiten des Gesellschaftslebens interessieren ihn nicht. Tolstoj beschreibt die grünlichen und gelben Flecken auf einer Kinderwindel, Proust den Hut einer Weltdame oder das braungelbgoldene Farbenspiel eines gebratenen Huhns, Dostojewskij bohrt sich in die Frage hinein: wo bleiben die Tränen eines zu Tode gemarterten Kindes? Und wenn er einen Sommertag beschreibt, so nicht einen äußerlich beobachteten, mit allen Sinnen genossenen, sondern einen innerlich erschauten: seine wenigen Landschaften erinnern an die kreisenden Sonnen van Goghs. Wie das äußere Auge Tolstojs die kleinsten Unterschiede festhielt, so das innere Auge Dostojewskijs die verborgensten Seelenregungen, die heiligen ebenso wie die sündhaften. Er besaß ein geheimnisvolles Tiefseelot, das seine Ausdrucksweise bestimmte. Dieser Stil, das hastende Tempo seiner Erzählung, die Dynamik der Geschehnisse war so neu, so ungewöhnlich, so beängstigend, die Einheit seiner Romane so ganz anders begründet als die seiner einheimischen und ausländischen Zeitgenossen, daß alle, für die die Form ein willkürlich anzulegendes und abzuwerfendes Gewand ist, ihm Formlosigkeit vorwarfen.

3. Die Phantasie — sein sechster Sinn

> „Ich habe meine eigene Ansicht über die Wirklichkeit in der Kunst."

Er war ein Schwelger der Phantasie, ein Meister der Stofferfindung und darin ein Gegensatz zu Dichtern der Ratio wie Thomas Mann, die schon einmal Gesagtes in verfeinerter Form wiederholen, Kulturwerte sammeln, aufbewahren und pflegen und ihre Wortkunstwerke nicht mit Stoff-Funden, sondern von mythisierter Geschichte und intellektualisiertem Mythos nähren. Dostojewskijs Romane dagegen sind stoffliche Neuschöpfungen. Ganz gleich, ob ein Sujet in seiner orgiastischen Phantasie entstand, oder ob er es dem alltäglichen Leben, den Zeitungsberichten entlehnte, seine Erlebniskraft war so stark, daß er jeden Stoff durchgeistigte, ihn zum Kunstwerk erhob. Seine Phantasie, die den Genius bald als Wundertäterin umgaukelt, bald als Peinigerin ihn verfolgt, verließ ihn nie, selbst nicht auf dem Schafott: hastig erzählt er seinem Nebenmann eine jüngst erfundene Geschichte! Seine Fabulierkunst war so unbezwingbar, daß er, wenn er im Auftrage von Zeitschriften Feuilletons und Berichte schreiben mußte, Erzählungen lieferte: Der himmlische Christbaum, die Sanftmütige, der Traum eines komischen Menschen u. a. sind so entstanden. Die Phantasie war sein sechster Sinn. Aber er war empört, wenn man ihn einen Phantasten nannte; er wollte als Realist gelten und hatte seine eigene Vorstellung vom Realismus, den man einen hellseherischen, visionären nennen könnte: mit eindringlicher Klarheit erschaute er Gegenwart und Zukunft. Während „Schuld und Sühne" gedruckt wurde, geschah ein Verbrechen, das seinem Wesen nach eine Kopie des noch nicht erschienenen Romans war. Dostojewskijs Realismus ist der Gegensatz zu dem eines Emile Zola oder Gerhart Hauptmann, die mit peinlicher Sorgfalt die Wirklichkeit photographierten. Er war entsetzt über die Annahme, daß er persönlich alles Geschilderte selbst erlebt habe, dann müßte man ihn ja als Mörder einsperren. Die Phantasie war für ihn ebenso wichtig wie die Realität; und die Neigung, die Wirklichkeit bis zur Phantastik zu übersteigern, verbindet ihn mit Künstlern wie Baudelaire und van Gogh.

„Ich habe meine eigene Ansicht über die Wirklichkeit in der Kunst. Was für die meisten phantastisch und außerhalb der Wirklichkeit ist, bildet für mich den Wesenskern derselben. Die alltäglichen Erscheinungen sind doch kein Realismus, im Gegenteil ... Ist denn mein phantastischer Idiot nicht Wirklichkeit und noch dazu die allerüberzeugendste?"* Wie können alle seine Romane nicht phantastisch sein, meint er ferner, da doch die ganze Wirklichkeit und Rußland selbst so phantastisch ist. Für ihn gab es nämlich nichts Phantastischeres als die Wirklichkeit. Demütige Bescheidenheit mit einem unbestechlichen Gefühl für das Entscheidende in seiner Kunst verbindend, nennt er in einem Brief seinen Realismus mit vollem Recht tiefer als den Gontscharows oder Turgenjews. Nichts war ihm fremder als Beschönigung und Verschleierung der Tatsachen. Im Notizbuch 1876 lesen wir: „Sobald der Künstler sich von der Wirklichkeit abwendet, wird er sofort geschmacklos und

* Brief an Strachow 1869.

büßt auf der Stelle sein ganzes Talent ein." Trotzdem war er nicht ein Wirklichkeitskünstler wie seine illustren Zeitgenossen. Nicht Beobachtung wie bei Tolstoj, dessen Sinne ein phänomenales Gedächtnis besaßen, ist der Hauptschöpfer seiner Werke, sondern Introspektion und Einfühlung. Seine Weltmöglichkeiten, sein Polipersonalismus sind unendlich, weil seine Phantasie es ist. Die Bilder der Imagination formten sich bei ihm ohne Willensanstrengung, er litt unter ihrer Fülle wie unter einer Last, aber die Revision der Phantasiegebilde durch den Verstand und der Vollzug des Werkes sind peinvolle Arbeit.

Die Einbildungskraft ließ ihn das erleben, was andere nur im Traum sehen. Seine Wirklichkeitsschilderungen muten uns wie Fieberphantasien an. Der Traum spielt als Warnung, Vorahnung, Wegweiser und Seelenenthüller eine große Rolle wie in seinem Leben, so in seinem Werk. Ein Traum hatte ihm den Weg zu seiner Frau gewiesen. Im Traum hatte er beim Wühlen in einem Kasten unter seinen Papieren einen funkelnden Brillanten gefunden. Indem er diesen Traum seiner Sekretärin Anna Grigorjewna erzählt, weiß er wie in einer plötzlichen Erleuchtung: sie ist der Diamant, den er fürs ganze Leben behalten will. Hier wurde sein Traum zum Leben, wie anderseits sein Leben ein Traum vom vollendet schönen Menschen war.

Der Traum läßt die Dinge größer, schrecklicher, grauenerregender oder auch durchsichtiger und beseligender erscheinen, als sie sich uns am hellen Tage darstellen. In „Schuld und Sühne" ruft Raskolnikows Traum vom zu Tode gequälten Pferde ein weit stärkeres Grauen hervor als die Ermordung der alten Wucherin. Hippolyts Traum im „Idioten" von dem scheußlichen behaarten Reptil symbolisiert seine unaussprechliche, in Worten unfaßbare Angst vor dem Tode, seine Auflehnung gegen das unabwendbare Naturgesetz. Aljoschas Traum ist eine zukunftweisende Vision: er ist Gast der ewigen Hochzeit, die aus dem Evangelium von der Hochzeit zu Kana aufsteigt. Und Stawrogins Traum in den „Dämonen" bezeugt, daß auch dieser Mannequin menschliche Regungen besaß. Bisweilen ist es unmöglich, die Grenzen zwischen Traum und Wirklichkeit zu ziehen: träumt Iwan Karamasow vom Teufel, oder erscheint er ihm in Wirklichkeit, ist er eine Halluzination seines überreizten Gehirns, eine Verdoppelung seines Ich? Traumgestaltungen sind bei Dostojewskij nicht Zufall, nicht Stimmungs- oder Inspirationslaune, sondern Gesetze innerer Form. Eines seiner ersten Werke trug den Titel „Onkelchens Traum“ eines seiner letzten „Der Traum eines komischen Menschen“.

Die haargenaue Kenntnis der zu schildernden Tatsachen war für ihn Selbstverständlichkeit, doch in seinem Kosmos sind die Umrisse schärfer, die Farben greller, als wir sie in unserer Umwelt kennen. Gleich seinem ihm unbekannten Zeitgenossen van Gogh entwirklicht er die Wirklichkeit, entrückt sie dem Alltag, Visionen züngeln durch die Phantasiegebilde: sein Realismus wird zum Expressionismus.

4. *Tragiker und Expressionist*

„In diesem Gesicht ist nichts verfälscht.“

Dostojewskij war im gleichen Maße Dramatiker wie Tolstoj Epiker. Seine Romane sind wie Dramen oder richtiger gesagt, wie Tragödien aufgebaut. In der Einleitung macht er uns mit den Charakteren der handelnden Personen und ihren Zielen bekannt. Berghoch türmen sich die Hindernisse auf und hemmen den Helden, ans Endziel zu gelangen. Im letzten Kapitel wissen wir oft noch nicht, wer siegen, wer unterliegen wird. Dostojewskij war der Ansicht, ein Roman müsse vor allem spannend sein, die Neugier des Lesers dürfe bis zum Schluß nicht erschlaffen; um die Schürzung und Auflösung des Knotens war er immer sehr besorgt. Obwohl er nichts für die Bühne geschrieben hat, ist er, der Shakespeare so liebte, der größte Tragödiendichter der Neuzeit. Die äußeren und inneren Kennzeichen seiner Weltschau sind ja die Kennzeichen wahrhaft tragischer Kunst: das Aufeinanderprallen von Gegensätzen, das Sichauflehnen gegen das ausweglose Leid, überwölbt vom unerforschlichen Geheimnis — Gott. Er selbst war sich dessen bewußt, daß seine Kunst tragisch ist. In den Notizen zum „Jüngling“ heißt es: „Ich bin stolz darauf, daß ich als erster die Verunstaltung und Tragik des russischen Menschen enthüllt habe . . . Tragik besteht im Bewußtsein des Untergangs. Nur ich habe die Tragik des Untergrunds geschildert, die im Leid, in der Selbstqual, in der Sehnsucht nach einer besseren Zukunft und in der Unmöglichkeit, sie zu erreichen, ihren Ausdruck findet.“

Seine atemberaubenden Romane sind als Dramen aufgeführt worden, man braucht nur die bald kurzen, bald weitschweifigen Schilderungen und philosophischen Traktate zu streichen. Es gibt kaum eine russische Theatergruppe, die nicht die größten Erfolge mit den Stücken Dostojewskijs erzielt hätte. Einige seiner Romane sind als Opernlibrettos verwendet worden. Der tschechische Komponist Jeremias hat die „Brüder Karamasow" zur Oper umgearbeitet, und ein anderer tschechischer Musiker, Leo Janacek — das „Totenhaus". Heinrich Sutermeisters gewaltige Oper heißt — „Raskolnikow".

Der Dialog, ein von einem unsichtbaren Richter geleitetes Verhör, nimmt eine zentrale Stellung ein. In Rede und Gegenrede der handelnden Personen vollzieht sich die Auseinandersetzung zwischen Ich und Welt. Wenn seine großen Romane eigentlich Tragödien sind, worauf schon die bedeutenden Dostojewskij-Forscher Motschulski, Jevdokimoff, Fedor Stepun u. a. hingewiesen haben, so ist das „Dorf Stepantschikowo" nach allen Regeln der kleinen Komödie aufgebaut: die verwickelte Intrige führt zu einer effektvollen Katastrophe und einem glücklichen Ende, das allerdings viel zu lang und zu breit ist. Aber Dostojewskij hatte recht, wenn er sagt: Sind in einem Buch fünfzig wirklich gute Seiten, hat es eine Existenzberechtigung.

Als Tragiker hat er eine ausgesprochene Neigung für Kontraste. Die entgegengesetzten Charaktere seiner Helden bedingen heftige Zusammenstöße. Das Schicksal des sanften Fürsten Myschkin ist an den grobsinnlichen, düsteren Ragoschin gekettet — Christus und Judas. Gleich am Anfang des Romans sitzen sie sich im Abteil dritter Klasse gegenüber und am Schluß — bei der Leiche Nastassia Filippownas. Der gewaltsame, selbstherrliche Raskolnikow fühlt sich zur frommen, demütigen Sonja hingezogen. Aljoschas Persönlichkeit kristallisiert sich erst in der Auseinandersetzung mit seinen Brüdern. Aber nicht nur durch die gegensätzlichen Charaktere entstehen dramatische Spannungen, auch die Personen selbst sind Walstatt streitender Mächte: Gott und Teufel kämpfen in ihrem Herzen. Der Hintergrund der einzelnen Szenen — man ist fast versucht zu sagen: die Kulissen — bilden einen Kontrast zu der gleichlaufenden Handlung: über die heiligsten Dinge — Gott und Unsterblichkeit — wird in der Kneipe gesprochen. In der Zelle des gottnahen heiteren Staretz Sossima entwickelt Iwan seine pessimistisch-atheistischen Theorien. Auch in der Folge der einzelnen Szenen sind rein shakespearische Kontraste: auf die religiöse Legende vom Großinquisitor folgt Iwans Begegnung mit dem verkommenen Kammerdiener Smerdjakow; auf Sossimas Tod im Kloster Aljoschas Besuch bei Gruschenka, der „Königin des Lasters".

Zehn Jahre hatte die Verschickung aus dem Leben Dostojewskijs gestrichen und eine Unmenge von Tagnächten verschlang der Rachen der Krankheit, der Pfeil des Todes hatte ihn gekennzeichnet. Er ahnte, daß ihm nicht ein Patriarchenalter wie seinem Zeitgenossen Tolstoj beschieden sein würde. Er hastete und drängte. Er läßt an einem Tage Dinge geschehen, die man auf Jahre ausdehnen könnte: der erste Tag des „Idioten" füllt nahezu 180 Seiten aus. Er preßt die verschiedensten Ereignisse in wenige Stunden oder Tage. Die verwickelte Tragödie der Brüder Karamasow spielt sich in vier Tagen ab. Die Lösung, auf die man schon im ersten Kapitel wartet, wird immer wieder hinausgeschoben. Bei der Verhaftung Mitjas weiß der Leser noch nicht, wer der wirkliche Mörder des alten Karamasow ist. Der Verfasser beeilt sich keineswegs, dem Leser das endgültige Urteil des Richters zu verraten. Vorher muß er noch gemeinsam mit Mitja viele Höllenringe durchwandern. Auf jeder Seite scheint die Frage, ob Mitja schuldig oder unschuldig ist, eine andere Lösung zu haben. Man ist voller Spannung zu wissen, ob es zum Freispruch oder zur Verurteilung kommt. Der Autor schürt die Ungeduld des Lesers auf virtuose Art. Er ist der einzige Dichter in der Weltliteratur, der den Kolportageroman auf eine philosophische Ebene erhoben hat.

Das Gesetz seiner Kunst ist Spannung und Übersteigerung, daher ist es auch begreiflich, daß sein Ethos und Pathos den Expressionismus bestimmt hat. Verschwenderisch geht er mit Farben, Szenen und Ereignissen um. Das Ebenmaß, das uns in der Kunst Gogols und Turgenjews entzückt, ist ihm fremd. Er gehört zu den Sturm- und Feuerkünstlern wie Michelangelo und van Gogh. Viele seiner Szenen sind in ein Rembrandtsches Hell-Dunkel getaucht. Lichtflecke glänzen geisterhaft im Dunkeln auf, Garben von Licht zerteilen die Finsternis. In dieser gespenstischen Beleuchtung steigert sich die Lichtsehnsucht und der Schrecken der Finsternis.

Sonja, die sich auf der Straße verkauft, und Raskolnikow, der die alte Wucherin ermordet hat, lesen gemeinsam die Bibel. Das Zimmer ist dunkel bis auf ein Kerzenstümpfchen, das auf dem Tisch flackert. „Das ist alles über die Auferstehung des Lazarus", flüsterte Sonja abgerissen und streng und blieb unbeweglich, zur Seite gekehrt, stehen, als schäme sie sich, die Augen zu ihm zu erheben. Ihr fieberhaftes Frösteln dauerte an. Der Lichtstumpf begann in dem schiefen Leuchter auszugehen und beleuchtete trübe in diesem armseligen Zimmer den Mörder und die Hure, gebeugt über das ewige Buch. In dieser Szene entströmt das Licht nicht der verlöschenden Kerze, sondern dem ewigen Buch.

Der satanische Werchowenski wartet auf den Selbstmord Kyrillows, als plötzlich die einzige, das Zimmer erleuchtende Kerze aufflackert und verlischt. Oder der Geburtstagsabend Nastassia Filippownas: es geht auf Mitternacht, die ganze Gesellschaft hat sich um das hellbrennende Kaminfeuer geschart. Ruhelose Lichter zucken über bleiche, angespannte, gierige Gesichter, Flammen spiegeln sich in fiebrigen Augen. — Oder Ragoschin bei der Leiche der von ihm ermordeten Nastassia Filippowna: Dunkle Nacht, schwere Vorhänge verdecken das Fenster. Auf dem Bett in Spitzen und Seide gehüllt liegt Nastassia Filippowna. Durch einen winzigen Spalt zwischen den Vorhängen stiehlt sich ein schmaler, silberner Mondstrahl. — Rembrandts Hell-Dunkel beherrscht auch manche Szene in den Brüdern Karamasow. Im Licht einer Laterne auf dunkler Straße erschließt sich der teuflische Iwan dem frommen Knaben Aljoscha. Und das eindrucksvollste „Rembrandt-Bild" in der Legende vom Großinquisitor: schwarze südländische Nacht, der Großinquisitor, ein neunzigjähriger Greis, tritt mit einer Kerze in der Hand in die finstere Gefängniszelle seines geheimnisvollen Gastes, der ein unverlöschbares Licht in seinem Innern birgt.

Dostojewskij war ein Augenmensch, visionelle Eindrücke prägten sich ihm tiefer ein als akustische. Auf seinen Auslandsreisen zogen ihn Gemäldegalerien mehr an als Opern und Konzerte. Es geschah, daß er in der einen oder anderen Stadt ausstieg, oder seine Reiseroute änderte, um ein besonders geliebtes Bild zu sehen. Zur Musik hatte er keine innere Beziehung. Wagner war sein Zeitgenosse, aber im Tagebuch eines Schriftstellers, wo er bei bedeutenden Persönlichkeiten aller Länder verweilt, ist Wagner nicht einmal erwähnt. Die Brüder Karamasow und Tschaikowskijs Oper Eugen Onegin erschienen im selben Jahr, aber kein Anzeichen spricht dafür, daß Dostojewskij sich für den genialen russischen Komponisten interessierte. In seinen erst unlängst publizierten Notizbüchern sind interessante

Wenn ich nunmehr bei seinen Kardinalerkenntnissen auf ästhetischem, religiösem und ethischem Gebiet verweile, so liegt mir hauptsächlich daran, die Summe der von ihm geschaffenen geistigen Werte hervorzuheben, ohne sie in ein philosophisches System zu zwängen oder in das allgemeine Geistesleben abendländischer Kultur begriffsmäßig einzuordnen. In der Weltanschauung eines Dichters bleibt immer ein irrationaler Rest, und gerade dieser Rest birgt das einmalige Geistgeheimnis der Kunst.

I. Das Schöne

> „Daß die Welt ein Geheimnis ist, macht sie noch schöner."

Man könnte eine wunderbare Anthologie zusammenstellen, die Dostojewskijs Aussprüche über das Schöne und Gute, über Gott und Unsterblichkeit enthielte.

„Schönheit wird die Welt retten", verkündet Fürst Myschkin, und es ist eine seltsame Schönheit, die Dostojewskij der Welt geschenkt hat: Sie ist nicht harmonisch ausgeglichen und beruhigend, sie erlöst nicht durch Ordnungsgesetze, durch gesättigte Traditionen, sie ist ein Feuerwirbel, eine lodernde Flamme. Wahre Kunst „ruft zum Ideal, weckt Aufruhr und Unzufriedenheit, erregt die Gesellschaft und verursacht mitunter Leiden den Menschen, die zu erwachen begehren, um der stinkenden Grube zu entsteigen", schreibt Dostojewskij im Tagebuch 1877, also drei Jahre vor seinem Tode.

Das Problem des Schönen und die Kunst als Manifestation des Schönen hatte ihn von Jugend auf beschäftigt. Seiner tiefsten Überzeugung nach ist der Durst nach Schönheit dem Menschen eingeboren. Schon in den sechziger Jahren kämpft er in der Zeitschrift „Wremja" gegen den Utilitarismus und für die Autonomie der Kunst. Die Kunst läßt sich keine Ziele vorschreiben, sie lebt ihr eigenes, in sich abgeschlossenes, organisches Leben, und dieses entspricht dem im Menschen ursprünglichen Schönheitstrieb; „muß er auf das Schöne verzichten, ist er auch bereit, aufs Leben zu verzichten." Das Schöne war für Dostojewskij nicht Luxus, sondern Urnotwendigkeit. Je intensiver der Mensch lebt, desto intensiver sehnt er sich nach Schönheit. Wenn man will, kann man die Kunst nützlich nennen, denn sie steigert unsere Energie und vertieft unser Gefühlsleben. „Die Kunst ist immer zeitgemäß und wirklich, nie hat es eine andere Kunst gegeben, und nie wird es eine andere geben." Gesteht man dem Menschen nicht das Recht auf Schönheit zu, will man ihn im Netz der Nützlichkeit einfangen, so entwürdigt man ihn zum Haustier. „Der Mensch nimmt das Schöne ohne jegliche Bedingung in sich auf, nur darum, weil es schön ist; er beugt sich ehrfürchtig davor, ohne zu fragen, ob es nützlich ist und was man dafür kaufen kann."

Für seine Auffassung vom Schönen ist der Brief vom 7. Juni 1876, in dem er die ersten Skizzen zum Großinquisitor entwirft, ungeheuer wichtig. Der Teufel macht Christus zum Vorwurf, daß er von den Menschen, die er in Armut, Elend und Hunger gestürzt hat, Sündelosigkeit verlangt. Christus dagegen weiß, daß man den Menschen mit Brot allein nicht befriedigen kann, und Brot ist für Dostojewskij das Sinnbild der irdischen Dinge, des Materialismus schlechthin. „Gibt es kein geistiges Leben, keine ideale Schönheit, verfällt der Mensch in Schwermut, er begeht Selbstmord, oder er wird verrückt, er tötet sich oder wird zum Anhänger von heidnischen Phantastereien. Da Christus in sich und in seinem Wort das Ideal der Schönheit trug, beschloß er es in die Seelen der Menschen zu verpflanzen, überzeugt, daß die Menschen mit diesem Ideal in der Seele untereinander Brüder sein werden ... Gibt man ihnen nur Brot, so werden sie vor Langeweile die schlimmsten Feinde werden." Weiter heißt es in diesem bekenntnishaften Brief: „Gibt man ihnen aber Schönheit und Brot zu gleicher Zeit, so beraubt man sie der Tätigkeit, der Persönlichkeit; man nimmt ihnen die Möglichkeit, sich um des Nächsten willen zu opfern, mit einem Wort, man raubt ihnen das ganze Leben, das Ideal des Lebens. Und deswegen ist es besser, nur ein geistiges Ideal aufzurichten."

Dieser Brief sagt uns deutlich, daß Dostojewskij für die Vergeistigung und nicht für die Sozialisierung kämpfte und in der höchsten Vergeistigung die höchste Schönheit sah. In der Schöpfungsgeschichte sei das Wichtigste, daß Gott dem Menschen seinen Atem eingehaucht habe, und dieser Atem Gottes sei es, der die Welt retten könne.

Der ästhetische Begriff war für ihn vom ethischen und vom religiösen untrennbar. In einem Brief vom 10. Juni 1876 kehrt er im Zusammenhang mit dem Selbstmord einer Hebamme zum

Problem des Schönen zurück. Für die Tat dieser unglückseligen Frau macht er die von der Nützlichkeitssucht besessene Umwelt verantwortlich. Er meint, diese Frau hätte sich nach dem Schönen in der Welt und im Menschen gesehnt, sie hätte danach gedürstet, eine Edeltat zu vollbringen, aber man hätte sie zurechtgewiesen und ihr gesagt: „Edelmut gibt es nicht. Sie haben Ihre Pflicht als Hebamme zu erfüllen, nützlich zu sein und basta! Und da beschloß sie in ihrem Herzen: wenn es keine Großmut gibt, dann hat es auch keinen Sinn, nützlich zu sein." Sie ging in den Tod, und Dostojewskij folgert, wie nur er, der unerschütterlich an den göttlichen Ursprung im Menschen glaubte, folgern konnte: „Der Selbstmord dieser Hebamme ist ein Beweis für den geistigen Ursprung des Menschen. Nur vom Brot allein kann man nicht leben, ohne Schönheit kann man nicht existieren."

Der menschliche Körper ist einer Laterne gleich — schön durch inneres Licht, wie Makar der Pilger oder der gotterfüllte Sossima. „Schön ist es auf der Welt. Und daß die Welt ein Geheimnis ist, macht sie noch schöner. Furchtbar ist sie dem Herzen und wundervoll, und diese Furcht gereicht dem Menschenherzen zur Freude: alles ist in dir, Gott, und auch ich bin in dir, so nimm mich auf", sagt Makar der Pilger. Ist das Herz mit Gott geeint, dann ist die Welt von unendlicher Schönheit erfüllt.

Schönheit, das Atmen des Heiligen Geistes, enthüllte sich ihm nicht in der Natur oder in der Musik, sondern vor allem im Menschen. In der verderbten Welt ist sein Antlitz verschleiert und entstellt durch das Böse, dem Geiste und der Seele feindliche Kräfte. Mitja Karamasow hat das am deutlichsten ausgesprochen: „Die Schönheit ist ein furchtbares und schreckliches Ding! Furchtbar, weil sie unbestimmbar ist; und bestimmen kann man sie nicht, weil Gott uns nur Rätsel aufgegeben hat. Hier nähern sich die Ufer, hier leben alle Widersprüche beisammen . . . Zuviel Rätsel bedrücken den Menschen auf Erden . . . Ich kann es nicht ertragen, wenn jemand — bisweilen sind es Männer mit edlem Herzen und hohem Verstand — mit dem Ideal der Madonna beginnt und bei dem Weibe Sodoms endet. Noch furchtbarer aber ist es, wenn jemand mit dem Ideal Sodoms in der Seele das Ideal der Madonna nicht vereint, nach dem seine Seele lechzt und glüht . . . nein, weit ist der Mensch, allzu weit, ich würde ihn ein wenig verengern. Weiß der Teufel, was er eigentlich ist! Was dem Verstand als Schmach erscheint,

erscheint dem Herzen bisweilen als Schönheit. Wie ist es möglich, daß in Sodom Schönheit ist? Hier ringen Gott und Teufel, und der Kampfplatz ist das Herz des Menschen."

Schönheit besitzt über alle Menschen Dostojewskijs eine geheime Gewalt. Selbst der scheue Fürst Myschkin ist von der dämonischen Schönheit Nastassia Filippownas, die in ihrer frühen Jugend vergewaltigt und mißhandelt worden ist, tief erregt. Er betrachtet ihre Photographie und sagt: „Ein wunderbares Gesicht, ich bin überzeugt, daß ihr Schicksal kein gewöhnliches ist. Das Gesicht ist an sich fast heiter, aber sie muß unglaublich gelitten haben . . . es ist ein stolzes Gesicht, unglaublich stolz, nur weiß ich nicht, ob sie auch gut ist. Ach, wenn sie doch gut wäre! Dann wäre alles gerettet." Er kann von ihrem Gesicht nicht freikommen, tiefes Mitleiden erwacht in ihm. „Der Fürst konnte den Blick nicht losreißen vom Bilde. Plötzlich zuckte er zusammen, sah sich um, führte dann schnell das Bild an die Lippen und küßte es."

Seine Idee vom Schönen ist im Grunde die gleiche wie die Solowjews: Schönheit ohne Güte und Wahrheit ist ein Götze, ist Hohn. Gleich dem großen russischen Philosophen ist Dostojewskij unfähig, wahrhaft Schönes in seiner Vorstellung mit Bösem zu verbinden. Dostojewskij konnte stundenlang in einer Gemäldegalerie sitzen, vertieft in den Anblick seiner Lieblingsbilder; aber das Gesicht eines lebendigen Menschen zog ihn noch stärker an als die höchste Porträtkunst. Das menschliche Antlitz, der sichtbare Ausdruck der unsichtbaren Seele war für ihn das fesselndste Problem. Wer die Züge des menschlichen Antlitzes zu deuten versteht, für den ist jede Linie symbolisch.

Seine Romane sind wie die Bildwerke Michelangelos: eine Legion menschlicher Gestalten stürmt auf uns ein, ohne einen landschaftlichen Hintergrund. Anziehend sind für ihn nicht die ruhigen, ausgeglichenen Gesichter, sondern jene, in denen Gott und Teufel ringen und die gegensätzlichen Ufer sich berühren, Menschen, die sich in Sehnsucht nach dem Guten verzehren, selbst dann, wenn sie der Sünde anheimgefallen sind. Je heftiger die Sehnsucht ist, um so schöner das menschliche Antlitz. Nastassia Filippowna ist schön, weil sie unmittelbar und stärker als die übrigen das göttliche Licht im Fürsten Myschkin spürt. In ihrer Kompromißlosigkeit und furchtlosen Wahrhaftigkeit ist sie dem Fürsten ebenbürtig: er lebt in einem Zustand restloser Demut, sie im Zustand einer bis auf den Grund gehenden Verzweiflung. Der Fürst sagt einmal zu ihr: „Alles an Ihnen ist vollendet.“ Sie kann dieses Wort nicht vergessen und kehrt in einem schmerzlichen Augenblick der Selbstentblößung zu ihm zurück: „Ich bin vielleicht noch stolzer als ihr alle glaubt, und wenn ich auch tausendmal eine Verworfene bin! Du sagtest vorhin, an mir sei alles vollendet — eine schöne Vollendung, die einzig dazu taugt, daß ich eine Million und die Fürstenkrone unter die Füße trete und in die Spelunke gehe.“ Sie gehört zu den von Baudelaire besungenen Frauen, die eine rauhe Majestät, den Purpur der Versuchung besitzen und „durch trübe Drangsal, ungestilltes Dürsten in großen Herzen Liebe wie in Urnen tragen“.

Schön ist auch Katharina Iwanowna. Mitja Karamasow erzählt, wie dieses stolze junge Mädchen zu ihm, dem in der ganzen Stadt verrufenen Offizier kam, um ihren alten Vater aus einer ausweglosen Notlage zu retten: „Daß sie eine Schönheit ist, ist ja allgemein bekannt. Aber nicht dadurch war sie damals schön, sondern sie war in jenem Augenblick schön, weil sie so edel war und ich ein Schuft. Sie war großartig in ihrem Großmut und ihrer Opferhingabe für ihren Vater, und ich — eine Wanze.“ Das Geheimnis der unwiderstehlichen Schönheit liegt in einer unantastbaren Überlegenheit, im Königtum der Seele. Gruschenka ist nur halb den tierischen Instinkten entstiegen und darum heißt es von ihr, sie hätte einen prächtigen, üppigen Körper, eine katzenhafte Weichheit der Bewegungen, eine sich schnell verflüchtigende Schönheit besessen, die Jahre und Erlebnisse nicht vertiefen, sondern zerstören. Stawrogins Gesichtszüge sind wie in Marmor gemeißelt, vollendet regelmäßig, aber infolge seiner Losgelöstheit von Gott ist sein Innenleben erfroren und wirkt sein Gesicht abschreckend wie eine Maske. Der alte Karamasow ist ekelerregend häßlich, weil er schlechtweg nur der Verwesung anheimgegebenes Fleisch ist. Kinder sind in Dostojewskijs Welt niemals häßlich, weil sie sich Gott noch nicht entfremdet haben. Das Ideal der Schönheit ist Christus, alles andere ein Weg zu ihm oder Verirrung.

2. Das Gute

„Wie schön ist das Leben, wenn man etwas Gutes vollbracht hat."

Der Staretz Sossima, umfangen von den Strahlen der untergehenden Sonne, von güldener Heiterkeit, dem Weisheitslicht des Alters, in das sich der Vorgeschmack des Todes mischt, spricht das Glaubensbekenntnis Dostojewskijs aus. Er ist mehr als Dostojewskij selbst, er ist das ins Idealische erhöhte Ich seines Schöpfers. Und wenn Fürst Myschkin die erste, Aljoscha die zweite, dann ist der greise Sossima die dritte Stufe des vollendet schönen Menschen. In den Lebensaufzeichnungen des alten Sossima hat Dostojewskij uns ein tief christliches, weltverklärendes Brevier hinterlassen, und dieses ist die Überwindung des „Nietzscheaners" Raskolnikow mit einem Gewissen und einer Moral zweierlei Art.

Sossima, ein Hüter christlicher Liebe und göttlicher Weisheit, ein Kenner des menschlichen Herzens, ist mehr als ein Mönch, er ist ein Staretz; diesen Namen gab man in Rußland frommen, gottesfürchtigen Männern, die zwar im Kloster, aber außerhalb der klösterlichen Verfassung leben. Es sind Klostereinsiedler, die sich dem strengen Regime der klösterlichen Hierarchie nicht unterwerfen, ohne zu Ketzern zu werden und ohne in aggressive Auseinandersetzungen mit der Kirche zu geraten. Sossima, das Sinnbild der gestillten Unruhe, der Besinnung der Seele, ist ein unvergleichlicher Menschenkenner. Hinter ihm liegt ein Leben voller Leidenschaft und Sünde, voller Buße, Entsagung und Gebet. Als junger feuriger Offizier hat er in unbeherrschter Gereiztheit seinen Burschen geschlagen und zwar am Abend vor einem Duell, zu dem er seinen Nebenbuhler, durch Eifersucht gereizt, gefordert hatte. Am Morgen vor dem Duell wird ihm plötzlich bewußt, wie gemein er sich benommen hat. Er ist der typische Mensch Dostojewskijs, den nicht Ermahnungen, Belehrungen, Studien, Freunde oder geliebte Frauen zur wahren Erkenntnis geleiten, sondern das Gewissen, das plötzlich erwacht und laut und unabweisbar spricht. Eine kaum ertragbare Scham befällt ihn. Vierzig Jahre später erinnert er sich an diesen Morgen, denn seinem Schöpfer gleich vermag er nichts zu vergessen. „Die Sonne ging gerade auf, es war warm und wundervoll, die Vögel zwitscherten. Warum, dachte ich, finde ich in meiner Seele etwas Schmutziges, Niedriges? Etwa deshalb, weil ich im

Begriff war, Blut zu vergießen? Nein, denke ich, das ist es nicht. Vielleicht weil ich den Tod fürchte, oder fürchte erschossen zu werden? Nein, das ist es auch nicht, das ist es erst recht nicht ... und plötzlich wußte ich, um was es sich handelte: ich hatte gestern abend Affnassij geschlagen!" Plötzlich sieht er die ganze häßliche, rohe Szene vor sich, „und so weit kann sich ein Mensch vergessen, daß ein Mensch einen Menschen schlägt! ... „Wie mit spitzen Nadeln stach es in mein Herz. Mir schwindelte. Die Sonne aber leuchtete so hell, die Blättchen blitzten feucht vom Tau, und die Vögel, die Vögel lobten Gott."

Er bedeckt sein Gesicht mit beiden Händen und schluchzt laut auf. Zum ersten Male erwacht in ihm der Gedanke von der Gleichheit aller Menschen vor Gott. Im Duell wirft er nach dem ersten Schuß des Gegners seine Pistole weg. Er fürchtet sich nicht, in den Augen seiner Kameraden lächerlich zu erscheinen, denn er fühlt sich in eine höhere Einheit eingeschlossen und wird, nachdem er viele Irrwege durchwandert hat, Mönch und später Staretz. Er hat Gott gefunden und diese Welt, in der das Böse mit dem Guten so eng zusammenhängt, liebevoll erkannt. Es ist nichts Übernatürliches an ihm. „Er war ein mittelgroßer, gebeugter Mann mit sehr schwachen Füßen, erst fünfundsechzig Jahre alt. Doch erschien er infolge seiner Krankheit wenigstens um zehn Jahre älter. Sein mageres Gesicht war von kleinen, feinen Runzeln übersät, besonders um die Augen herum. Diese Augen waren nicht groß, aber hellglänzend wie zwei leuchtende Punkte. Nur an den Schläfen hatte er noch ein wenig graues Haar; das Bärtchen war spitz, klein und spärlich, die Lippen, die häufig lächelten, waren so schmal wie zwei dünne Striche. Die Nase war nicht gerade lang, aber spitz wie ein Vogelschnabel."

„Alles fließt und berührt sich", mit diesen Worten Heraklits spricht der Staretz Sossima eine Kardinalerkenntnis Dostojewskijs aus. „An einem Ende der Welt verursachst du eine Bewegung und am anderen hallt sie wider." In der Ethik Platons, die Dostojewskij gut kannte, ist das Gute das direkte Gegenteil des Bösen, die Idee des Guten kann das Böse niemals einschließen. Nicht so bei Dostojewskij. Sossima wandelt auf Gottes Pfaden, aber ein auf Abwege geratener Mensch, ein Verbrecher hat ihn auf diesen Weg geführt. In einer Stunde, da Zweifel seine Seele zernagen, geht Aljoscha zu Gruschenka, und diese sittenlockere Frau ist es, die ihm sein inneres Gleichgewicht wiedergibt. Beim Abschied bekennt er: „Du hast meine Seele aus der Tiefe emporgehoben." Und Gruschenka ihrerseits wird nie vergessen, daß Aljoscha sie Schwester genannt hat. Gut und Böse wohnen in banger Nähe beieinander, sind in beständiger Wechselwirkung, und im lebendigen Leben ist es nicht möglich, das Negative und Positive durch einen schwarzen Strich voneinander zu trennen.

Man ist versucht, die Unvollkommenheit der Welt Dostojewskijs durch die Begrenztheit der Macht Gottes und das Vorhandensein der Materie, des Satans, der sich Gott widersetzt, zu erklären. Das Böse seiner Welt ist so stark, daß man fast das Gefühl hat, ihr Urgrund sei wie in der persischen Zarathustra-Religion ein doppelter: Gott und Materie, Ormuzd und Ahriman.

Dostojewskijs Personen tun Gutes nicht aus Pflicht, nicht unter dem Zwang eines Dogmas, sondern von einem starken, tiefen Gefühl getrieben. Nicht aus Pflicht geht Fürst Myschkin in der Nacht zu Nastassia Filippowna, um ihr in ihrem schweren inneren Kampf beizustehen. Er geht, weil sein Herz es ihm gebietet, und wenn man ihn fragen würde, warum, wüßte er keine Antwort. Iwan entblößt sein von Zweifel gequältes Herz dem Bruder, seine Aufrichtigkeit kennt keine Grenzen. Ein Pflichtmensch, ein starrer Dogmatiker würde vor diesem Bekenntnis zurückschrecken und keine Antwort wissen. Aljoscha steht schweigend auf und küßt den Bruder. Dasselbe tut der geheimnisvolle Gast, nachdem der Großinquisitor ihn mit Vorwürfen wie mit giftigen Dornen gepeinigt hat. In Dostojewskijs Romanen gibt es viele Situationen, wo die Gebote der Pflicht unzulänglich sind. Schatow nimmt seine ungetreue Frau, die das Kind des mißachteten Stawrogin unter dem Herzen trägt, unter seinem Dache auf. Wäre sein Herz liebeleer gewesen, hätte er ihr nie die Tür geöffnet, und selbst wenn er sie geöffnet hätte, so wäre seine Frau nicht geblieben. Aus Pflicht verzeihen — ist Erniedrigung, aus Liebe vergeben — innere Aufrichtung, ein Schließen der Herzenswunde, die bisweilen den Beleidiger ebenso schmerzt wie den Beleidigten.

In Iwans Alptraum macht Dostojewskij den hölzernen dürren Pflichtbegriff vollkommen lächerlich. Der Teufel erzählt, daß ihn sein Beruf zu Tode langweile, aber er müsse auf seinem Posten ausharren und seine Teufeleien aus Pflicht fortsetzen. Gern würde er alles Böse, alle Titel und Ehren hingeben, um sich in eine sieben Pud schwere Kaufmannsfrau zu verwandeln, die in feister Zufriedenheit zu Ehren Gottes Kerzen anzündet. Vom Elend der Menschheit wendet er sich in teuflischer Selbstheit ab. „Nicht ich habe es geschaffen, folglich trage ich auch nicht die Verantwortung." Und teufelsfeige und teuflisch gewissenlos klingt das Bekenntnis: „Übrigens mische ich mich in diese ganze Sache nicht hinein, denn schließlich, was geht es mich an." Er verbeißt sich in sich selbst, dient „pflichttreu", damit es „Ereignisse gibt" und schafft auf Befehl Unsinniges. „Und so war ich denn einzig und allein aus Pflichtbewußtsein in meinem Dienst und infolge meiner sozialen Lage gezwungen, das Gute in mir zu ersticken und bei den Schweinereien zu bleiben." Dies ist fürwahr eine Teufelsethik! Auf Befehl und aus Pflicht erfüllen Henker und Gefängniswärter, Folterknechte und Söldner großen und kleinen Formats ihren Dienst, und heute ist ihr Name Legion.

Kants Wort: „Ein jedes Ding hat seinen Preis, der Preis allein hat seine Würde", könnte Dostojewskij geschrieben haben. Aber darüber hinaus gehen ihre ethischen Anschauungen weit auseinander. Kants Forderung, es sei besser, ein Mensch gehe zugrunde, als daß er sein moralisches Gewissen beflecke, zeugt vom abstrakten Idealismus des Königsberger Weisen. Vom wirklichen Leben weit entfernt, in die Zelle seiner Wissenschaft eingeschlossen, baute er am Schreibtisch seine widerspruchslose Ethik auf. Er kannte nicht jene Augenblicke, da man am Kranken- und Sterbebett eines lieben Menschen alle moralischen Maximen hingibt, um die Leiden des Wesens, das man mehr liebt als sich selbst, zu lindern. Dostojewskij kannte diese Augenblicke, und seine Weltschau ist nicht aus theoretischen Schlußfolgerungen konstruiert, sondern aus dem Leben selbst erwachsen. Gegen den theoretischen Idealismus, gegen die Weltfremdheit kämpfte er schon in seinen Jugendwerken. In den „Memoiren aus dem Untergrund" heißt es: „Wir alle haben uns dem Leben entfremdet . . . bisweilen in einem so großen Maß, daß wir dem Leben gegenüber einen Widerwillen empfinden. So weit ist es gekommen, daß wir das wirkliche, lebendige Leben als eine Arbeit, einen Dienst empfinden."

Auch Wersilow sehnt sich nach dem lebendigen Leben; denn „das ist etwas so schrecklich Einfaches, daß wir kaum glauben können, daß so etwas Einfaches und Natürliches möglich sei, etwas, daran wir viele tauend Jahre vorbeigegangen sind, ohne es zu bemerken."

Als Mitja zerrissen und zerquält den mildtätigen Aljoscha fragt, ob er ohne zu murren sein Kreuz auf sich nehmen und dem Fehlurteil der Richter sich fügen müsse, schüttelt Aljoscha den Kopf: nein, Mitja tauge nicht zum Märtyrer, aus ihm könne nie ein Heiliger werden, sondern bei einem Übermaß an Leid nur ein verbitterter Mensch. — Wer eine Regel für alle aufstellt, steckt die Menschen auf ein Prokrustesbett der Moral. In diesem Sinn ist der bekannte Satz Dostojewskijs zu deuten: „Dies ist ideal, also grausam."

Ein drittes Merkmal seiner Ethik ist die sie durchflutende Begeisterung. „Liebe die Erde und bedecke sie mit deinen Küssen, küsse die Erde unermüdlich, liebe unersättlich, liebe alle und liebe alles, suche die Begeisterung und die Ekstase der Liebe. Benetze die Erde mit den Tränen der Freude und liebe diese Tränen. Halte diese Begeisterung hoch, denn sie ist ein großes Geschenk Gottes, das nicht vielen verliehen wird, sondern nur den Auserwählten." Wie alle lebensfähige Ethik gehört auch die Dostojewskijs zum Gebiet des Gefühls und ist auf Gemütserregungen der Sympathie und des Mitleidens begründet. Wo das Gefühl verkümmert, verdorrt die Ethik, und der Mensch vermag gut und böse nicht zu unterscheiden. Menschlichkeit beruht auf Gefühl und nicht auf Verstand, man spricht ja auch von einem Rechtsgefühl und nicht Rechtsverstand. Kalte Sachlichkeit erzeugt die grausamsten Greueltaten. Im Gegensatz zu Sokrates sucht Dostojewskij die Wurzel des Bösen nicht in der Unkenntnis, sondern in der Gefühlsdegeneration. Raskolnikow hat entschieden etwas Genialisches, Wersilow, Iwan Karamasow sind, wie man so zu sagen pflegt, kluge Köpfe, aber ihre Vernunft vermag gegen das Böse keine Schranken zu errichten. Am deutlichsten tritt das bei Stawrogin zu Tage: „Das Böse in ihm war kalt und ruhig, wenn ich mich so ausdrücken darf, vernünftig — und somit das Widerlichste, das Furchtbarste, was es überhaupt geben kann", berichtet der Chronist.

Ein Sünder war Dostojewskij lieber als ein Homunkulus. Für Descartes ist der Mensch ein denkendes Wesen, für Dostojewskij ein fühlendes. Luther nannte den Verstand des Teufels Hure; Dostojewskij hatte zu Luther keinerlei Beziehungen, aber diese Überzeugung hätte er sofort unterschrieben. Die Vernunft, abgetrennt vom Herzen, ist die große Versuchung des Menschen, die Brutstätte des Bösen.

Dostojewskij sah die Gefahr der abstrakten Vernunft, die am Ende des neunzehnten Jahrhunderts zu herrschen begann, voraus. In den „Dämonen“ schildert er alle Stufen und Arten der Intellektualisten, als vom Dämon des Bösen besessene Menschen, die zu jeder Schändlichkeit bereit sind. Er war eines Sinnes mit Solowjew, der eine übersteigerte Vernunftstätigkeit als gottfeindlich empfand und Tolstoj hauptsächlich deswegen ablehnte, weil der russische Mystiker mehr die mephistophelische Vernunft Tolstojs als dessen gotthungriges Herz spürte. Für Dostojewskij haben Vernunft und Wissenschaft nur eine dienende Rolle zu spielen, für ihn war eine ausschließlich auf den Grundlagen der Vernunft und Wissenschaft aufgebaute Kultur ein Monstrum. Die entwurzelte Zivilisation, die den entseelten Intellektualisten gebiert, führt zum Atheismus und Satanismus. In den „Dämonen“ verkündet er hellseherisch den Anbruch des Satansreiches, in dem die Menschen von der Wahnidee besessen sind, eine Umwälzung durch Gewalt herbeizuführen und die Welt nach ihren Ideen umzugestalten, indem sie Verbrechen und Brutalität zum System erheben, Vergewaltigung und Mord zur Erreichung des gesetzten Zieles sanktionieren*.

Wenn man die Menschen ihrer Grundlage nach, ob sie mehr zum Zweifel oder zum Glauben neigen, in zwei Gruppen, die Verwandten Hamlets und die Don Quichottes, einteilen kann, das heißt in solche, die der Glaube zu einer unabwendbaren Tragikomik führt, und in solche, die durch ihre zweiflerische, kritische Einstellung dem Untergang geweiht sind, so trug Dostojewskij beide Uranfänge in gleicher Stärke in sich.

Dostojewskij hatte den ihm angeborenen Intellekt am Schleifstein von Kants Philosophie geschärft. Auch war er ein Verehrer Voltaires und trotzdem sah er die Wurzel des Bösen im Rationalismus: „Sich allzuviel bewußt werden ist Krankheit.“ Ein weiteres Kennzeichen seiner Ethik, das für die Weltmüden nicht taugt, ist die Tatenfreude. Eine der häßlichsten Sünden ist die Unterlassungssünde, die einem gleichgültig trägen Herzen entspringt. Daß der Komische Mensch am Hilferuf des verängstigten Kindes vorüber-

* „Die Dämonen“ — als Prophezeiung des Bolschewismus und Terrorismus siehe K. Raudive: „Der Chaosmensch und seine Überwindung“, Memmingen 1951.

ging, war eine Sünde, von der ihn selbst der Tod nicht befreien konnte. „Handle unermüdlich. Wenn du nachts dich niederlegst, und es dir einfällt, du hast das, was nötig war, nicht getan, so stehe unverzüglich auf und erfülle das Versäumte“, lehrt der Staretz Sossima. Aber wie die einmal getane, ungesühnte Sünde den Menschen verfolgt, so ist auch das von ihm einmal erzeugte Licht unauslöschlich. „Der Märtyrer stirbt, aber sein Licht bleibt“, auch das lehrt der Staretz Sossima. Der Lohn für eine gute Tat ist nicht im Himmel zu erwarten, der Lohn ist die innere Befriedigung, die Freude, die das Herz des Täters erfüllt.

Dostojewskij hatte ein lebhaftes Gefühl für die Ungleichheit der Menschen, er war ein Gegner der Einebnung. „Es gibt Menschen, die so schön sind und denen Gott eine so begnadete Natur geschenkt hat, daß der Gedanke allein, sie könnten sich zum Schlechten verändern, ganz unmöglich scheint.“ Hier erzählt er vom zarten Alej, auf den er im Pfuhl des Totenhauses wie auf eine Insel der Lauterkeit stieß, und neben ihm der Arrestant Gasin, von dem es heißt: „Mir schien es bisweilen, als sehe ich vor mir eine gewaltige Riesenspinne.“ Vor Gott sind alle Menschen gleich, untereinander aber werden sie es nie sein, weder in sozialer noch in ethischer Hinsicht. Es muß Diener und Herren geben, anders ist die Ordnung der Welt undenkbar, nur muß man die Fähigkeit besitzen, jenseits aller gesellschaftlich-standesgemäßen Schranken im Menschen den Menschen zu sehen. Sossima lehrt: „Du sollst so handeln, daß dein Diener freier im Geist ist, als er es wäre, wenn er nicht dein Diener sein würde.“ Und der Untergeordnete, der an Geist und irdischen Gütern Minderbemittelte, bezeugt seine Würde dadurch, daß er den vom Schicksal Bevorzugten neidlos achtet.

„Die Berge einebnen ist ein guter Gedanke“, diese Einsicht ist keine christliche, denn Werchowenski, der sie vertritt, ist ein teuflischer Nihilist, der alles auf einen Nenner bringen will. Daß dieser Gedanke der christlichen Lehre entgegengesetzt ist, hat am tiefsten Mereschkowskij verstanden: Christi Lehre ist nicht ein ebener Weg über eine Ebene, eine irdische oder eine himmlische, sie ist ein ewiges Hinauf und Hinab, eine Treppe von der Erde zum Himmel, vom Himmel zur Erde; die Treppe besteht aus Stufen, und allen ist es gestattet, die höchste Stufe zu besteigen, hierin besteht die Gleichheit, aber nicht alle haben sie bestiegen, und der, der sie erreicht hat, steht höher als der, der zurückbleibt — hierin besteht die

Ungleichheit. Viele sind berufen, darin liegt Gleichheit; wenige sind auserwählt — darin die Ungleichheit. Es steht geschrieben, daß die Ersten die Letzten sein werden, also wird es auch im Himmelreich höhere und niedere Stufen geben. Nein, das Christentum ist kein Ameisenstaat, und das Christentum Dostojewskijs ist es am allerwenigsten.

Dostojewskij glaubt nicht an eine zukünftige abstrakte Menschheit, um derentwillen man Opfer bringen muß, er glaubt an die Aufgabe des einzelnen in der Gegenwart. „Gott nahm die Samen aus anderen Welten und säte sie in diese Erde und sein Garten blühte auf ... Aber wenn etwas wächst und lebt, so ist es nur lebendig durch das Gefühl der Verbundenheit mit anderen geheimnisvollen Welten; wenn dieses Gefühl in dir schwach wird oder gar stirbt, dann stirbt auch das, was in dir aufgegangen war. Dann wirst du gleichgültig gegen das Leben werden und es sogar hassen", so lehrt der Staretz Sossima. In jedem Menschen liegt der Same Gottes und darum kann kein Mensch Mittel zum Zweck sein, wie edel dieser Zweck auch sein mag. Hier allerdings berührt sich Dostojewskijs Lehre vom Guten eng mit der Ethik Kants.

Erlischt der Glaube, daß in jedem Menschen ein göttlicher Funken oder wenigstens die Möglichkeit eines solchen glüht, erwachen gar leicht tierische Instinkte, das Leben wird zum Chaos, wie es in den „Dämonen", der Prophezeiung des Bolschewismus, dargestellt ist.

Weil jeder Mensch Gottes Ebenbild ist und die gleichen Rechte auf ein glückliches Leben hat, dürfen wir unser Glück nie auf dem Weh und der Mißachtung eines unserer Mitmenschen aufbauen. „Schuld und Sühne" handelt von diesem Problem und in den „Brüdern Karamasow" kommt Dostojewskij wieder darauf zurück. In der berühmten Puschkinrede, in der er seine ganze Lebensphilosophie in ein einziges glühendes Bekenntnis zusammenfaßt, gibt er die Lösung: wenn es der Menschheit vergönnt wäre, ein Schicksalsgebäude zu errichten, mit dem Endziel, alle Menschen glücklich zu machen, ihnen die Seligkeit hier auf Erden zu verschaffen, es aber zu diesem Zweck notwendig wäre, einen einzigen Menschen zu Tode zu quälen — nicht einen Shakespeare, sondern irgendein altes Männlein — wäre dann dieses Gebäude für einen solchen Preis annehmbar? Und mit einer leidenschaftlichen Inbrunst, in der alle

Zweifel der früheren Jahre verbrennen, antwortet er: „Es ist nicht möglich, sich ein bewußtes Wesen vorzustellen, das einverstanden wäre, der Architekt dieses Gebäudes zu sein, und nicht für einen Augenblick kann man den Gedanken zulassen, daß die Menschheit selbst einverstanden wäre, solch einen Bau anzunehmen, sich in einem Hause glücklich zu fühlen, in dessen Fundament die Pein eines zu Tode gemarterten Menschen eingemauert ist." Diese Passage seiner Rede enthält einerseits die Kardinalerkenntnis seiner idealistischen Weltanschauung und andererseits bringt sie uns die Verworfenheit und Verdorbenheit unserer Zeit zum Bewußtsein: Heute lebt der größte Teil der Menschheit in einem durch Menschenblut erkauften Hause, das durch Bluttränen unserer unfreien Brüder erhalten wird.

3. Zweifel

> „Aus der Feuerglut des Zweifels ist mein Hosianna emporgestiegen."

„Mich hat Gott das ganze Leben gequält", sagt Kyrillow, und viele Helden Dostojewskijs könnten ähnliches von sich behaupten. Für die Menschen seiner Welt sind die Fragen, ob es Gott und Unsterblichkeit gibt, die ersten und dringendsten. Aber er gehört nicht zu jenen religiösen Schriftstellern, für die im Letzten alles gut ist. Er kannte den Höllenatem des Satans. Sein Leben lang kämpfte er gegen den metaphysischen Nihilismus. Einige Jahre vor seinem Tode schrieb er im Tagebuch, daß er in seinen atheistischen Gedanken weiter gegangen sei, als man es je in Europa gewagt habe. „Nicht wie ein dummer Junge glaube ich an Christus, aus der Feuerglut des Zweifels ist mein Hosianna emporgestiegen." Nicht so sehr durch seinen Glauben ist er groß als durch die Macht, mit der er seine höllischen Zweifel bekämpft.

Man kann aus Dostojewskijs Werken Aussprüche anführen, die von einem tiefen, beglückenden Glauben zeugen, und eine nicht kleinere Reihe von Zitaten als Beleg für seinen Unglauben. In ihm kämpften Christ und Antichrist, und diese Spannung ist das Eigenartige seiner Persönlichkeit und Kunst; darum ist es auch gefährlich, Unbefugten und Uneingeweihten seine Bücher in die Hand zu geben. Denn wer selbst unfertig, schwach und zweiflerisch ist und in allen Stimmen nur seine eigene hört, kann an dem Höllenatem zugrundegehen, ohne sich zum Licht durchgekämpft zu haben. Dostojewskij steht auf unruhigem Grund. Glauben und Unglauben verschränken sich bei ihm bis zur Ununterscheidbarkeit, eines geht aus dem anderen hervor. Alles ist dynamisiert.

In der von ihm geschaffenen Welt geschieht alles in der Auseinandersetzung mit Gott. Hat Gott den Menschen erschaffen oder der Mensch Gott? Die Antwort auf diese Frage ist für die Menschen Dostojewskijs wichtiger als alle erotischen Erlebnisse und die eigene Existenz selbst. Wenn es Gott nicht gibt, dann hat der Mensch ihn erfunden, so folgert Iwan Karamasow, der intelligenteste und unheimlichste Gottesempörer, von dem man meinen könnte, er sei Nietzsche nachgezeichnet. Es ist doch unbegreiflich, wie die Idee von Gott in einer so reißenden Bestie, wie es der Mensch ist, entstehen konnte, argumentiert Iwans scharfe Logik, und weiter: auch der Teufel existiert nicht, auch ihn hat der Mensch erschaffen und natürlich auch ihn nach seinem Ebenbilde, denn eine andere Art des Schaffens ist ja unmöglich. Aus diesen Folgerungen Iwans entsteht der schauerliche Satz: „Satana sum et nihil humanum a me alienum est“, der Teufel ist dadurch gekennzeichnet, daß ihm nichts Menschliches fremd ist. Die schlimmste Qual ist Gottes Ferne, Dostojewskij scheut nicht vor den grimmigsten Abgründen des Zweifels, der Abtrünnigkeit, der Gotteslästerung und Heiligtumschändung zurück; der ärgste Atheist hätte keine schlimmeren ersinnen können.

In die Gruppe der niedrigsten Gotteslästerer gehört der alte Karamasow, der die Heiligenbilder anspuckt und sagt, wer Gott erfunden hat, den müßte man am strengsten strafen. Ein stumpfer Atheist ist Smerdjakow, ein billiger Gottesleugner der nihilistische Rationalist Rakitin, aus gleichem Stoff ist Pjotr Werchowenski, nur ist er eine aktivere Natur. Dann gibt es noch eine zweite Gruppe: die idealistischen Gottesleugner, deren Abtrünnigkeit umgekehrter Glaube ist: Kyrillow, Wersilow und vor allem Iwan Karamasow; ihre Auflehnung gegen Gott wurzelt in der Sehnsucht nach seiner Nähe. Neben diesen Zweiflern stehen die Gläubigen: den korrekten Begriff der kirchlichen Religiosität stellt Schatow dar mit seinem Glauben an die Gotthaftigkeit des Volkes; den engherzigen Dogmatismus, das sklavische Kleben am Buchstaben — Ferapont; das dogmatische Christentum — Pater Paisi; der Glaube eines reinen Herzens ist in Aljoscha verkörpert, und endlich das liebend-vertrauende Verhältnis zu Gott, die wahre, allumfassende Religiosität in Sossima, er ist Vorbild und Wegweiser für Orthodoxe, Katholiken, Protestanten, Theosophen, Anthroposophen und alle Sucher des ewigen Lichts. „Aus der Feuersglut des Zweifels ist mein Hosianna emporgestiegen", bekennt Dostojewskij und diese Esse des Zweifels brennt in allen seinen Werken, am mächtigsten aber in der Legende vom Großinquisitor. Iwan gehört in gleichem Maße wie Sossima zu Dostojewskij: er ist die Nachtseite seiner Seele, wie Sossima die Tagseite ist. Nur die Zusammenschau dieser beiden Gestalten läßt uns Dostojewskijs inneres Gesicht erahnen. In Briefen und Notizen weist er selbst wiederholt darauf hin, daß Iwan der Gegenspieler Sossimas ist.

Goethe hat zu Eckermann gesagt, daß beide, Faust und Mephisto, Teile seines eigenen Wesens seien; das gleiche kann man von Sossima und Iwan in bezug auf Dostojewskij behaupten. Iwans Zweifel erreichen ihren Gipfelpunkt in der tragisch schönen Legende, bei der ich etwas näher verweilen will.

Fünfzehn Jahrhunderte sind vergangen, seit Er die Erde verlassen und versprochen hat, zurückzukommen. Die Menschen harren sein, sie haben aber keine anderen Beweise als nur ihren Glauben. Sie erwarten Ihn, sie lieben Ihn, sie hoffen auf Ihn auch in den dunkelsten Zeiten. Den großen Märtyrern ist Er zuweilen erschienen, aber nun will Er zu den Leidenden, Gequälten und Sündigen kommen, zu allen, die Ihn noch kindlich lieben. Und das geschieht in Spanien, in Sevilla, zur Zeit der Inquisition, als täglich zu Gottes Ruhm Ketzer verbrannt werden. Er erscheint und alle erkennen Ihn. „Er wandelt stumm unter ihnen, mit einem stillen Lächeln unendlichen Mitleidens. Eine Sonne der Liebe brennt in Seinem Herzen." Er streckt die Hand aus und gibt jedem Seinen Segen. Wie in lang vergangenen Zeiten wirkt er wieder Wunder. Das Volk weint und küßt die Erde, über die Er geschritten ist. In diesem Augenblick erscheint der Großinquisitor, ein fast neunzigjähriger Greis, und befiehlt den Wachen, Ihn zu ergreifen. Die Macht des Alten ist so groß, und das Volk dermaßen unterwürfig und gehorsam, daß es wortlos zurückweicht und die Wachen inmitten der Grabesstille Hand an Ihn legen und Ihn fortführen. In der Nacht kommt der Großinquisitor zu seinem Gefangenen in die

Kerkerzelle und spricht die ganze Nacht mit Ihm. Oder spricht er zu sich selbst? Zu seinem anderen Ich?

Im Großinquisitor der zukunftweisenden Legende hat Dostojewskij die Verleugnung des dem Menschen eingeborenen göttlichen Uranfangs verkörpert. Der Großinquisitor ist die Inkarnation des Rationalismus, des Materialismus, der Machtgier und der in ihren Dogmen erstarrten Kirche. Der Gedankengang des Monologs gipfelt in der Frage: „Warum bist Du gekommen, uns zu stören?" Der Großinquisitor wirft seinem geheimnisvollen Gast die Wiederkehr vor und sagt: „Es ist mir gleich, wer Du bist, ob Er oder ein anderer. Du kannst dem, was wir von alters her lehren nichts hinzufügen. Morgen werden wir Dich verbrennen. Dasselbe Volk, das Dir heute die Füße geküßt hat, wird morgen auf einen einzigen Wink meiner Hand die feurigen Kohlen unter Deinen Sohlen schüren. Du willst den Menschen befreien, aber der Mensch ist ein ohnmächtiger, verderbter Empörer, und nichts kann er so schlecht vertragen wie Freiheit. Wir (das heißt jene, in deren Händen die Macht ist) haben dem Menschen die Möglichkeit, sich aufzulehnen, wir haben ihm die Freiheit genommen und ihm damit die Tür zum Glück geöffnet, denn der Mensch ist nie so glücklich, wie wenn er scheinbare Freiheit mit tatsächlicher Unfreiheit verbindet." Der Großinquisitor wirft Christus vor, daß er die Menschen nicht kenne. Früher habe er, der Großinquisitor, ähnliche Gedanken wie Christus gehabt, dann aber habe er diesem Wahnsinn entsagt und angefangen Christi Fehler zu korrigieren. Wer die Welt beherrschen will, muß im Sinne des Teufels handeln: den Menschen vor allem Brot geben, weil für den Menschen nichts so wichtig ist wie die Erhaltung des nackten Lebens, sie durch Gewalt beherrschen und ihnen Wunder versprechen. Christus ist nicht von den Zinnen des Tempels herabgesprungen, er hat Steine nicht in Brot verwandelt, er hat die Gewalt über alle lebende Kreatur, die ihm der Teufel verhieß, nicht angenommen, denn er wollte, daß ihm die Menschen aus eigenem Antrieb und nicht durch Wunder und Gewalt gezwungen folgen sollten, aber die Menschen waren zu einer freiwilligen Liebe nicht fähig.

Christus befreite den Menschen von dem harten Buchstabengesetz, damit er in seinem Herzen selbst entscheide, was gut und böse sei, und der einzige Wegweiser war nur Christi Persönlichkeit. „Es gibt für den Menschen nichts Verlockenderes als Gewissensfreiheit, aber auch nichts Qualvolleres", sagt der Großinquisitor. „Hättest Du ihn, den Menschen, weniger geachtet, hättest Du weniger von ihm verlangt, das käme der Liebe näher, denn dann wäre seine Last leichter", schließt der Großinquisitor mit messerscharfer Dialektik seinen Monolog. Er wartet vergebens auf eine Einwendung seines geheimnisvollen Gastes und fährt dann in seinen eisigen Schlußfolgerungen fort: „Was schaust Du mich mit Deinen stillen Augen so forschend an? Werde doch zornig, ich will Deine Liebe nicht, denn ich liebe Dich nicht." Man muß die Bestie Mensch dazu zwingen, Kirchen und Paläste mit blutigen Tränen zu netzen. Dann werden die Millionen sich glücklich fühlen, aber die paar Tausend, die da herrschen müssen, werden und können es nicht sein. „Und das Volk wird ruhig sterben und jenseits des Grabes nichts finden als nur den Tod." Der Großinquisitor erhebt sich, um zu gehen.

„Morgen werde ich Dich verbrennen. Dixi." Tödliches Schweigen herrscht in der Kerkerzelle. Alles, was man in Worte fassen kann, alle Vernunftsbeweise sind ausgesprochen, alle logischen Folgerungen sind bis zur letzten Grenze gezogen. Nichts ist mehr zu sagen. Aber das menschliche Herz schlägt noch immer, das Herz ist durch die Argumente der Logik nicht zu überzeugen. Das Todesurteil ist gefällt, die Spannung bis zum Äußersten getrieben. Der Großinquisitor wartet auf eine Antwort, und wäre es auch eine bittere, furchtbare. Aber der geheimnisvolle Gast spricht kein Wort; er erhebt sich und küßt die blutleeren neunzigjährigen Lippen des Großinquisitors. Dieser schaudert und fühlt sich einer unaussprechlichen Macht, der er nicht gewachsen ist, ausgeliefert. Hastig öffnet er die Kerkertür, läßt seinen Gefangenen gehen und heißt ihn nie wiederkommen. Der geheimnisvolle Gast verschwindet, und der Großinquisitor bleibt allein zurück mit seiner das Innere leer brennenden Idee, die heute noch die Welt verheert.

Im „Idioten", einem der christlichsten Bücher, spricht Fürst Myschkin nie von seinem Meister. In Dostojewskijs letztem Werk begegnen wir dem Meister selbst, sein Name aber ist in der Legende nicht genannt, und kein einziges Wort kommt über seine Lippen. Der Großinquisitor dagegen, dem eine widerspruchslose, blitzscharfe Logik, eine virtuose Willenskraft zur Verfügung steht, argumentiert und beweist ununterbrochen. Aber das Schweigen des geheimnisvollen Gastes überzeugt tiefer als der Redeschwall des greisen

Kardinals. Hier stoßen zwei kosmische Uranfänge aufeinander: Vernunft und Glaube, Macht und Demut, Gewalt und Liebe, die Sinnlosigkeit des Lebens und ihr tiefster Sinn.

4. Leiden

„Wie tief ein Mensch leidet, kann der andere nie erfahren."

„Nicht Gott ist es, den ich nicht anerkenne, ich erstatte ihm nur die Eintrittskarte zurück", sagt Iwan Karamasow. Er fühlt sich von einem transzendentalen Wesen abhängig, doch die Welt ist für ihn ein nicht fertig gewordenes Gebilde und der Mensch ein mißlungenes Probewesen. In jeder religiösen Weltanschauung ist die Frage der Theodizee am schwersten zu lösen. Die indische Philosophie sieht das Leid als Strafe für ein früheres sündiges Leben an, die christliche Religion rechtfertigt unerklärliches und untröstbares, nach menschlichem Ermessen ungerecht auferlegtes Leid durch ewige Seligkeit im Jenseits.

Im Kosmos Dostojewskijs ist das Leid ein Urphänomen. „Die Tränen der Menschen durchtränken die Erde von der Rinde bis zum Kern", sagt Iwan. Die Frage über die scheinbar sinnlose Verteilung des Leids treibt ihn immer tiefer in die Metaphysik hinein. Durch Leid wird der Mensch sich erst seines eigenen Ich bewußt. „Das Leid ist der einzige Ursprung des Bewußtseins", heißt es in den „Memoiren aus dem Untergrund". Obwohl Dostojewskij wußte, daß ein gesteigertes Sichbewußtwerden aller Dinge Krankheit ist, war ihm eine Maus mit einem gesteigerten Bewußtsein lieber als ein normales Tier, d. h. ein nicht denkender Mensch. Das Leid leugnen, aus dem Leben ausschließen, heißt dem Menschtum entsagen — dieses ist seine tragische Einsicht; also ist das Tragische das eigentlich Menschliche. „Suche im Leid das Glück", sagt Sossima. Und der Dichter des Zarathustra: „Wo Leid ist, ist geweihte Erde."

Dostojewskijs bewußtes Leben, sein innerer Zusammenhang mit dem geheimnisvoll Göttlichen, begann in der Karwoche, als er in der halbdunklen Kirche die Frage Hiobs hörte: „Warum ist das Licht gegeben den Mühseligen und das Leben den betrübten Herzen?" Sein Leben lang spürte er, daß die Schrecknisse Gottes den

Menschen auf unergründliche Weise heimsuchen. In den vier Jahrtausenden abendländischer Kulturgeschichte hat noch niemand eine befriedigende Antwort gegeben, warum einzelnen Menschen und bisweilen den edelsten unter uns ein Übermaß an Heimsuchungen zuteil wird. Wie musische Menschen tiefe Ehrfurcht vor einem großen Kunstwerk empfinden, so empfand Dostojewskij eine mystische Ehrfurcht vor dem Leid, das für ihn eine Art Auszeichnung ist. Raskolnikow sinkt in die Knie nicht vor Sonja, sondern vor dem unerklärlichen Leid der ganzen Menschheit. Staretz Sossima neigt sich bis zur Erde vor Mitja, dessen Schmerzensweg er voraussieht, und gibt, von seinem Schüler Aljoscha befragt, die Erklärung: „In seinem Blick konnte man sein ganzes Schicksal lesen. Nur ein Blick war es, aber ich erschrak in meinem Herzen über das, was dieser Mensch sich selbst bereitet."

Schicksalsschläge bringen den Menschen Gott näher, es vollzieht sich durch sie eine Katharsis, die Völker und Individuen zu höchster Kulturproduktion und ethischer Vervollkommnung erhebt. Neben dem göttlichen Licht wohnt nämlich im Menschen ein böses Tier, und um es zu bezwingen, um den Weg für das Gotteslicht freizumachen, muß der Mensch durch Trübsal und Kümmernis gehen. Im Gefängnis gesteht Mitja seinem Bruder Aljoscha: „In diesen zwei Monaten habe ich einen neuen Menschen in mir gespürt, ein neuer Mensch ist in mir auferstanden. Er war in mir verborgen, aber er wäre nie zum Vorschein gekommen, wenn nicht dieses Gewitter eingeschlagen hätte."

Mit Hammer und Meißel arbeitet das Leid an der Persönlichkeit. Das Morsche bröckelt ab, das Feste, Kernige, Wertvolle tritt hervor. Leidenkönnen, im Schmerz ohne Bitternis lächeln ist der Beweis geistiger Größe. Staretz Sossima erzählt von seinem unheilbar kranken Bruder Markell, der in seinem Herzen das Geheimnis Gottes trug. „Es kamen heitere und klare Tage, voll Licht und Duft: es waren späte Ostern. In den Nächten schlief er schlecht und hustete — ich erinnere mich dessen noch — am Morgen aber kleidete er sich immer an und setzte sich in einen weichen Lehnstuhl ... still sitzt er und lächelt, man sieht ihm an, wie krank er ist, doch sein Blick ist strahlend." Die Krankheit hat Markell verwandelt, hat ihn, einen leichtfertigen Lebensgenießer, zu einem gottnahen Menschen gemacht. Seine Seelenschönheit hat etwas so Intensives, daß sie das Leben Sossimas bis in seine alten Tage verklärt.

Ein Licht ähnlicher Art leuchtet uns aus Makar, dem Pilger, entgegen. Er gehört zu jenen, die trotz ihres unheilbar verwundeten Herzens (der Gutsherr hat ihm die geliebte Frau entführt), sich an der Schönheit der Gotteswelt und des Lebens erfreuen: „Etwas Ungewöhnliches und Glühendes, etwas von der Gewalt und Großartigkeit jener glühenden Wüste, durch die Löwen streifen und in der Heilige umherirren", entströmt seinem Wesen.

Dostojewskij kennt Seelenangst und körperliche Qualen, das aussichtslose Leid, stumme, schweigende Marter, wie auch den Seelenschmerz, der in laute Klagen ausbricht. „Die Klage lindert nur dadurch das Leid, daß sie das Herz zerreißt. Solch ein Leid verlangt nicht einmal nach Trost, es nährt sich am Gefühl seiner Unstillbarkeit, an seiner Trostlosigkeit. Die Klage aber ist nur das Bedürfnis, die schmerzende Wunde immer wieder zu berühren." Und hier erzählt er von der nie zuheilenden Seelenwunde einer Mutter, die ihr dreijähriges Söhnchen verloren hat. Er selbst hatte Unmenschliches gelitten, eine durchschnittliche Natur wäre am zehnten Teil zerbrochen und zugrunde gegangen, er aber nahm sein unabwendbares Schicksal als gottgewollt hin. Es berührte ihn unangenehm, wenn seine Leser ihn bemitleideten oder seinen Heroismus bewunderten, ihn Meister nannten. Das Erlittene hatte ihn weder bitter noch zynisch gestimmt und nichts lag ihm ferner, als den Märtyrer zu spielen. Als einmal eine taktlose, wehleidige Dame in einer Gesellschaft sagte, man sehe in seinem Gesicht die Spuren der ausgestandenen Qualen, antwortete er ärgerlich: „Was für Qualen meinen Sie?" und leitete das Gespräch auf belanglose Dinge über. Er hielt sich an das Hiobswort: „Selig ist der Mensch, den Gott straft, darum weigere dich der Züchtigung des Allmächtigen nicht." Dennoch bäumte sich sein ethisches Bewußtsein gegen die Beschaffenheit der Welt auf: wenn er auch das Leid im allgemeinen als Prüfung hinnahm, so erschien ihm das Leid der Kinder gänzlich ungerechtfertigt; dieses konnte er auf keine Weise mit seinem überempfindsamen Gewissen vereinbaren.

Die Kirche lehrt, daß die Kinder für die Sünden ihrer Eltern büßen müssen, aber diese Erklärung ist für das menschliche Herz unverständlich: „Ein Unschuldiger kann für einen anderen nicht leiden", ruft Iwan verzweifelt aus. Im Gespräch Iwans mit Aljoscha wird das Problem der Theodizee auf die Spitze getrieben. Wie läßt es Gott zu, daß Schicksalsschläge, Krankheit und bisweilen auch Eltern und Erzieher ein kleines hilfloses Wesen, das von den Sünden noch nichts weiß, peinigen? Die Schilderungen der Kindermarter — der Knabe, der auf Befehl eines Generals vor den Augen seiner Mutter von Jagdhunden zerfleischt wird, das kleine Mädchen, das von seinen stumpfen, sadistischen Eltern gefoltert wird und Gott vergebens um Hilfe anruft; das langsame Sterben des vom Elend ausgelaugten Iljuscha — gehören zu den gewaltigsten und grausamsten Seiten der Weltliteratur.

Was soll man mit dem General machen, der den Knaben vor den Augen der Mutter zerfleischen ließ? Erschießen? fragt Iwan seinen Bruder, den Mönch. „Erschießen“, erwidert ohne zu zögern Aljoscha, der Christus zu seinem Wegweiser erwählt hat. Sein zartschwingendes Gewissen findet keine Lösung. Gut, der General ist vernichtet, aber die Schmerzensschreie des Kindes sind dadurch nicht ausgelöscht. Vom sinnlosen Leid der Kinder aufgewühlt, verharrt Iwan in seinem metaphysischen Trotz: „Ich bin eine Wanze und erkenne erniedrigt, daß ich nicht verstehen kann, warum das so eingerichtet ist ... Wenn alle leiden müssen, um die ewige Harmonie zu erkaufen, warum sollen dann die Kinder in diese Pein mit einbezogen sein ... warum sind sie zum Mittel gemacht worden, das den Boden für eine zukünftige Harmonie düngt?“

Iwan verwirft diese sinnlose Harmonie: „Die ewige Harmonie ist nicht eine einzige Kinderträne wert.“ Das Leid der Schutzlosen und besonders das Leid der preisgegebenen Kinder war für ihn eine stete Anklage gegen Gott. „Es gibt Leid, es gibt keine Schuldigen.“ Über Dinge, die unserem Verständnis entzogen sind, hört der Mensch nicht auf zu grübeln. „Wenn Kinder leiden müssen, damit die Summe des Leids zusammenkommt, die notwendig ist, um der Wahrheit ans Licht zu helfen, so sage ich gleich zu Anfang, daß die Wahrheit diesen Preis nicht wert ist ... ich will solche Harmonie nicht, aus Liebe zur Menschheit will ich sie nicht. Diese Harmonie ist zu hoch veranschlagt, der Preis für die Eintrittskarte ist zu teuer. Und darum beeile ich mich, die Karte zurückzuerstatten.“

Die tragische Unlösbarkeit dieser Frage macht Iwan, das alter ego Dostojewskijs, zum metaphysischen Empörer, der in Verzweiflung ausruft: „Kann man von Empörung leben? Und ich will leben!“ Dostojewskij wies den Gedanken von sich, daß ein Wesen — und dazu noch ein schwaches, kleines, schuldloses — leiden müsse, damit ein anderer entsühnt oder einige Stufen höher zu Gott erhoben werde. Gut, der Tod seiner eigenen Kinder hatte ihn nach durchstandenen Höllenqualen dem ewigen Licht nähergebracht, aber war dadurch das martervolle Sterben der Kleinen, die wie jedes menschliche Wesen Selbstzweck und nicht Mittel zum Zweck waren, sinnerfüllt?

Die Frage nach dem letzten Sinn des Leides entzieht sich jeder Beantwortung. Trägt die Welt wirklich das Zeichen der Unvollkommenheit oder erscheint das nur unserem unvollkommenen Auge so? Vom göttlichen Standpunkt aus, der unserem beschränkten Bewußtsein unzugänglich ist, ist vielleicht in der Welt alles gerechtfertigt. Nur zwei Wege bleiben uns: Abtrünnigkeit oder Glaube.

5. Der Glaube

„Ohne Gott ist der Mensch allein."

„Beweisen kann man hier nichts, wohl aber sich davon überzeugen", sagt der Staretz Sossima, und Mitja, der auf dem Wege zur Vervollkommnung unendlich weit von Sossima entfernt ist, sagt eigentlich dasselbe: „In Glaubenssachen helfen keine Beweise".

Es ist fast wie in der Musik: nicht jeder besitzt ein Talent, noch seltener sind Genies anzutreffen, wer aber keinen Sinn für Musik hat, für den bleibt das Geheimnis der Neunten Symphonie ewig verschlossen. Die Pilger, die ins Kloster kommen, betrachten den menschenkundigen Staretz als einen Heiligen, aber das Göttliche, das von ihm ausstrahlt, das ihn hellsichtig macht, ist nichts anderes als eine unendliche, durch nichts zu erschütternde Kraft der Liebe und des Glaubens. Christus lebt in ihm als ewiger Herr und Meister. Er ist ein Zeuge der ewigen Liebe, aber der Tag wird kommen — das ist Dostojewskijs Glaube — wo alle ihre Zeugen sein werden. Bis dahin aber müssen je und je Erleuchtete erstehen, die durch ihr persönliches Beispiel das menschliche Leben vom Fluch der Abgeschiedenheit befreien und den Weg zur allvereinenden Brüderlichkeit weisen.

Die Reichen sind ebenso unglücklich wie die Armen; sie leben in der Absonderung und vollziehen geistigen Selbstmord; die Armen verzehren sich in Neid und äußerer Dürftigkeit. Wie der Egoismus die Seelen der Reichen, so verunstaltet der Neid die Seelen der

Armen. Je mehr die Technik die Landstrecken vereint, desto isolierter leben die Menschen. Der Untergrundmensch fühlt sich wie eine Maus in der Falle: schaurig abgesondert und von allen Seiten bedroht, allen Gefahren wehrlos preisgegeben. Das Alleinsein ist ein Fluch. Und wo liegt die Ursache dieser schrecklichen Verlassenheit, dieser gegenseitigen Entfremdung, die die Menschen zum Nihilismus, zum Mord und Selbstmord treibt? Im „Jüngling" ist die Antwort gegeben: „Ohne Gott ist der Mensch allein". In diesem schlichten Satz liegt die tiefste Wahrheit: das eigene Ich wird zur unerträglichen Last, der Mitmensch ist undurchdringlich, unerreichbar, fremd und feindlich, gleichgültig, und Gleichgültigkeit kann grausamer als Feindschaft sein. Fast hundert Jahre sind vergangen, aber kein Schriftsteller der Weltliteratur hat die Diagnose der seelischen Krankheit, die heute zur verheerenden Epidemie geworden ist, präziser gestellt: „Ohne Gott ist der Mensch allein".

Das Himmelreich ist nach Dostojewskij nicht in einer überirdischen Welt, sondern im eigenen Innern zu suchen: Das Heil vollzieht sich nicht jenseits des Grabes, dem gläubigen Menschen wird es täglich zuteil. Gebet ist Erziehung. Und ebenso gibt es keine materialisierte Hölle. Alle geschilderten Schrecken sind nur ein Symbol. Sollte es im jenseitigen Leben ein höllisches Feuer geben, dann wären die körperlichen Schmerzen nur eine Linderung der seelischen, denn geistige Qual ist furchtbarer als jede körperliche Folter, und die entsetzlichste Pein ist das Bewußtsein, daß die Seele nicht mehr fähig ist, Liebe zu verströmen und Liebe zu empfangen. Auf die Frage, was die Hölle sei, antwortet Sossima mit einem Satz, der den Kern der Religion Dostojewskijs enthält: „Das qualvolle Bewußtsein, daß man nicht mehr fähig ist zu lieben". Haben wir niemand, der uns liebt, ist das Leben traurig; wird unsere Liebe nicht erwidert, sind wir verzweifelt, sind wir uns aber bewußt, daß wir die Fähigkeit zu lieben verloren haben, daß, was immer auch geschehen mag, nichts mehr in uns das Gefühl der Liebe erwecken kann, dann sind wir gestorben. Gott ist fern, und die Hölle brennt in uns. Denn wir leben nur solange und insoweit, als wir lieben und uns Gott nähern.

In der Skizze „Bobok" hat Dostojewskij ein grausiges Bild entworfen, wohin die Menschheit kommt, wenn sie den Glauben an Christus verliert. Sündig und schmutzig wird alles, und schon bei Lebzeiten entsteigt der Menschheit ein Verwesungsgeruch. Er schildert, wie die unlängst begrabenen Toten sich miteinander unterhalten. Das Leben im Jenseits ist die konsequente Fortsetzung des Diesseits, das Seelenheil oder die Seelenpein die Folgerung irdischen Verhaltens. Eine Dame aus der hohen Gesellschaft ist empört, daß man neben ihr einen kleinen Kaufmann beerdigt hat, und der kleine Kaufmann ist entsetzt, daß dem sich auflösenden Leichnam seiner Nachbarin übler Geruch entsteigt. „Das Geheimnis des Todes!" Verzweifelt stößt ein Kaufmann diesen Schrei aus. Grauenvoll ist der Kontrast zwischen dem Sakrament des Todes und der Atmosphäre der Zersetzung und Banalität. Unbarmherzig ist Dostojewskij in seiner Gerechtigkeit: all diese Geheimräte, Generäle und einflußreichen Damen der Gesellschaft, die in ihrer Innenwelt nichts als nur Laster, Fadheit und Faulheit bargen — wie sollte ihre Seele gerettet werden? Vermag überhaupt jemand tote Seelen zu erlösen? Unermeßlich ist Dostojewskijs Angst vor der Gottlosigkeit der Menschen, denen ein moralischer Gestank entströmt.

Die Welt ist nicht fertig, sie wird beständig, und wird durch den Menschen entweder zur Hölle oder zum Paradies. Wenn die Hölle der Verlust der Fähigkeit zu lieben ist, dann ist das Paradies gotterfülltes Liebesverlangen. Nicht nur das Himmelreich, auch die Hölle ist inwendig im Menschen. Wird der Mensch in Gott frei, ist er des Paradieses teilhaftig. Der Bruder des Staretz Sossima, der in jungen Jahren starb, sagt kurz vor seinem Tode zur weinenden Mutter: „Weine nicht, das Leben ist ein Paradies, und alle sind wir im Paradiese, wir wollen es nur nicht anerkennen. Wenn wir es aber anerkennen könnten, so würden wir morgen im Paradiese sein".

Sossima lehrt, daß Demut, Liebe, Selbstverantwortung, Leid und Freude Stufen sind, auf denen sich die Seele Gott nähern kann. Wer sie furchtlos durchschritten, dem wird die ekstatische Gottschau zuteil. „Brüder, fürchtet euch nicht vor der Sünde des Menschen, liebt den Menschen auch in seiner Sünde, denn solches ist der Liebe Gottes ähnlich und die höchste Liebe auf dieser Erde. Liebt Gottes ganze Schöpfung, das All und jedes Sandkorn. Liebt jedes Blättchen, jeden Strahl von Gottes Licht. Liebt die Tiere, liebt die Pflanzen, liebt jedes Ding. Wenn du jedes Ding lieben wirst, dann wirst du das göttliche Geheimnis aller Dinge erschauen, und dann wirst du schließlich die ganze Welt mit einer allumfassenden Liebe umfangen", lehrt der Staretz.

Nicht so sehr durch Kontemplation nähert sich der Mensch Gott, sondern durch unablässiges Tun, durch tatkräftige, den ausdauernden Pflanzen gleichende Liebe, die der Winterfrost nicht zerstört. Sossima nennt diese Liebe grausam, denn sie verlangt das Schwerste: Selbstverleugnung, Ausrottung des uns eingeborenen Egoismus. „Die demütige Liebe ist eine furchtbare Kraft; sie ist die allergrößte Kraft, und ihresgleichen gibt es nicht." Wer sie ausübt, wird die ganze Welt bezwingen. Daß wir unseren eigenen Willen, unser Ich zum Mittelpunkt des Weltgeschehens machen und uns mehr Recht zusprechen als unseren Mitmenschen — das ist die Quelle des größten moralischen Vergehens.

In der deutschen Mystik löst sich das Menschenantlitz im Göttlichen auf, in der Mystik Dostojewskijs dagegen behielt der Mensch auch im Angesicht Gottes seine Persönlichkeit, und dieser nicht egozentrische, sondern theozentrisch gebundene Mensch wird durch die Demut nicht ausgelöscht, sondern verklärt. Seine Mystik kennt nicht die Auslöschung des Geschöpflichen und ist dadurch Johannes vom Kreuz verwandt.

Die Vorahnung der Ewigkeit erfährt Fürst Myschkin in den letzten Minuten vor dem Anfall der Epilepsie. Die Beschreibung dieser kurzen Augenblicke erinnert an die Verzückungen der Heiligen Theresia und des Heiligen Johannes vom Kreuz: „Der Verstand und das Herz sind plötzlich von ungeheurem Leben erfüllt. Alle Aufregungen, aller Zweifel löst sich gleichsam in eine höhere Ruhe auf . . . Für diese bewußte letzte Sekunde vor dem Anfall kann man das ganze Leben hingeben."

Aber der Fürst ist, wie gesagt, krank, und die Gesunden nehmen die Aussprüche der Kranken nicht allzu ernst; Aljoscha dagegen ist gesund und auch seine Seele erbebt in der Berührung mit anderen Welten. Als er die Zelle des toten Sossima verläßt, ist es ihm, als träfen von allen zahllosen Welten Gottes unsichtbare Fäden in ihm zusammen. Der Glaube an die persönliche Unsterblichkeit ist ihm freudige Selbstverständlichkeit.

Dostojewskijs Religion ist die Religion der sich beständig höher entwickelnden, tätigen Nächstenliebe, die dem Asketismus ebenso abhold ist wie dem durchschnittlich Alltäglichen. Es ist eine dem Erdendasein zugewandte Religion der Freiheit mit Christus im Mittelpunkt.

6. *Christus*

„Eine Sonne der Liebe brennt in seinem Herzen."

Er hatte eine religiöse Erziehung genossen und sein Herz kannte das Christentum von Jugend auf. Seine Beteiligung am revolutionären Kreis Petraschewskijs faßte er in späteren Jahren als eine Verleumdung Christi auf und als eine Entfremdung vom russischen Volke. Als er aus der Katorga heimgekehrt war und einer seiner Freunde empört bemerkte: „Wie ungerecht Sie doch verurteilt worden sind", erwiderte er: „Nein, gerecht. Das Volk hätte uns ohnehin verurteilt". In der Erklärung, die er der Untersuchungskommission einreichte, bekannte er klar und offen: "Fouriers Lehre ist ein friedliches System, es bezaubert die Seele mit seiner Anmut, es bannt das Herz durch die Menschenliebe, die Fourier beim Aufbau seines Systems bewegte, es setzt die Vernunft in Erstaunen durch seine Wohlgestaltung, anziehend wirkt es nicht nur durch eine gallenbittere Aggression, sondern begeistert durch Liebe zur Menschheit".

Diese Worte schrieb er 1849, und am Schluß seines Lebens wiederholte er das gleiche Bekenntnis in vertiefter Form. Die Flamme lebendiger, gegen den Haß kämpfender Liebe ist der Gehalt seines Werkes und seiner Persönlichkeit. Belinskij hatte ihn zum Atheismus bekehren wollen, das Leben und die Epoche, in der er lebte, taten dasselbe — vergessen wir nicht, daß seine Werke gleichzeitig mit denen von Marx, Feuerbach und Darwin erschienen. Obwohl ihn religiöse Erlebnisse in der Kindheit stark erschüttert hatten, wird in seinen Erstlingswerken die religiöse Frage nicht berührt. Auf dem Schafott stand er ohne ein Gefühl der Reue, im Gegenteil, er fühlte sich als Märtyrer, der für eine gerechte Sache leidet; die Gedanken, die ihn bewegten, waren human und edel, aber nicht bewußt christlich.

Seine erste bewußte Begegnung mit Christus geschah in der Katorga, wo er die Leidensbereitschaft des russischen Volkes unmittelbar kennenlernte. In der sibirischen Verbannung erwachte in ihm der Glaube und das Bewußtsein der eigenen Sündhaftigkeit. Unergründlich ist die Seele der Menschen: Ernst Wiechert verlor im „Totenwald" seinen Glauben an Gott, Dostojewskij gewann ihn im „Totenhaus". Die Sträflinge gaben ihm das zurück, was die

Besten der Intelligenz ihm genommen hatten: die lebende Gottesbeziehung.

In diesen vier schauerlichen Jahren erkämpfte er sich sein Christus-Erlebnis, obwohl er zu einem von Zweifel unbeschwerten Glauben sich nie durchgerungen hat. Ein Fern- und Nahgefühl Gott gegenüber wechselt beständig in ihm. 1854, bald nach seiner Entlassung aus der Katorga, schreibt er, auf die düstere Periode seines Lebens zurückschauend, in einem Brief: „Was mich betrifft, so muß ich sagen, ich bin ein Kind unseres Jahrhunderts, ein Kind des Unglaubens und Zweifels bis auf den heutigen Tag, und ein solches werde ich bleiben (ich weiß das), bis der Sargdeckel sich auf mich senkt. Welch schreckliche Qualen kostete und kostet mich noch jetzt dieser Durst nach Glauben, der um so stärker in meiner Brust wird, je mehr Gegenbeweise ich aufbringe. Und trotzdem gewährt mir Gott bisweilen Augenblicke, in denen ich vollkommen ruhig bin, in solchen Augenblicken fühle ich, daß ich liebe und geliebt werde, und in diesen Augenblicken habe ich mir das Sinnbild meines Glaubens ausgearbeitet, in dem alles klar und heilig ist. Dieses Sinnbild ist sehr einfach: man muß glauben, daß es nichts Schöneres, Tieferes, Sympathischeres, Weiseres, Vernünftigeres, Mutigeres und Vollkommeneres gibt als Christus, und nicht nur gibt, sondern ich behaupte mit eifersüchtiger Liebe: auch nicht geben kann. Und noch mehr: Wenn mir jemand beweisen würde, daß Christus außerhalb der Wahrheit ist, und es tatsächlich auch so wäre, daß die Wahrheit außerhalb Christus ist, so zöge ich vor, lieber mit Christus als mit der Wahrheit zu bleiben." Credo quia absurdum est.

Diesem Bekenntnis, das in einem irrationalen Sein wurzelt, ist er bis ans Ende seines Lebens treu geblieben. In der Finsternis der „Dämonen" flackern die gleichen Gedanken. Und in den Briefen, die er kurz vor seinem Tod an Leser schreibt, die ihn um Richtlinien für die Erziehung ihrer Kinder baten, wiederholt sich das Glaubensbekenntnis in mannigfaltiger Variation. In dem bereits zitierten Brief vom 27. März 1878 an die unbekannte Mutter heißt es: „Etwas Besseres als Christus läßt sich nicht ausdenken." Christus ist durch seine göttliche Schönheit und seinen göttlichen Ursprung der Mittelpunkt von Dostojewskijs Leben und Wortkunst, angefangen mit dem „Totenhaus" und endend mit seinem letzten Atemzug. Sein Christus ist der einsame Mensch, der, wie es im

„Idioten" heißt, versonnen in die Ferne schaut, in seinem Blick ein Gedanke so groß wie die Welt. „Dieser schweigende Mensch in der Abendstimmung vor dem fernen Horizont," erinnert uns an Rembrandts Christusdarstellung. Dostojewskij glaubte an die Möglichkeit einer Erneuerung des Christentums durch die russische Seele, aber im gleichen Maße an den allesverschlingenden Abgrund.

Das christliche Erbteil, das er von einem Werk zum andern steigert, ist die hohe Bewertung des Einzelmenschen. Eine einzige Menschenseele wiegt mehr als die ganze Weltenharmonie. Nie konnte er verstehen, daß ein Mensch durch einen andern ersetzt, für eine Idee oder eine Gemeinschaft geopfert werden kann. Er begriff Hiob nicht, der sich im Gram über seine verlorenen Kinder dadurch getröstet fühlt, daß Gott ihm neue schenkt. „Wie konnte er die neuen lieben und die anderen, die ersten, vergessen? Wie konnte er, wenn er an sie dachte, vollkommen glücklich sein mit den neuen, wie lieb er diese auch haben mochte?" Diese Worte des Staretz Sossima sind eines der intimsten Bekenntnisse Dostojewskijs, der weder seine Kinder noch seine Freunde, die ihm Tod und Schicksal raubten, vergessen konnte.

Wenn das erste Kennzeichen seines Christentums die Hochwertung des Einzelmenschen ist, dann ist das zweite die unabdingbare Verantwortung des Individuums und seine Entscheidungsfreiheit zwischen Gut und Böse. Als Gott die Welt geschaffen hatte, gab er sie frei, und ein zartschwingendes Gewissen, das sich nicht nur für das eigene Leben, sondern für alles was geschieht, verantwortlich fühlt, könnte eine Weltwandlung hervorrufen. Schon im „Totenhaus" spricht Dostojewskij diesen Gedanken aus, und in seinem Hauptwerk kehrt er nachdrücklich zu dieser Ansicht zurück. Im realistischen, naturalistischen, von der Nützlichkeitssucht besessenen Zeitalter rettet er die Würde des Menschen vor den erniedrigenden utilitaristischen Prinzipien und den Ketten des Kausalgesetzes. Indem das Christentum dem Menschen selbst die Verantwortung auferlegt und seine Handlungen nicht durch Milieu, Vererbung oder ein Fatum erklärt, macht es ihn frei. Christus hat auf jede mit Gewalt verbundene Macht verzichtet, und nur eine Macht, die die Freiheit zur Voraussetzung hat — die Macht der Liebe — anerkannt: ein christliches Leben ist ein Leben aus dem Geiste der Liebe.

Er hatte die Kirchenväter studiert und sich eingehend mit religiöser Lektüre beschäftigt. Sein Wissen um Christus bezieht er aber nicht aus einem Studium der orthodoxen, katholischen oder protestantischen Dogmen, sondern vor allem aus innerem Erleben. Sein Gottesglauben wurzelt nicht in verstandesmäßigen Begriffen, er wurzelt in der werktätigen, alles vergebenden Liebe, die uns dem Eigenwillen enthebt und in den Kreis der ewigen Liebe zieht. „Ein Herz in der Liebe Gottes", wie es bei Johannes vom Kreuz heißt. Sein Christus ist der Heiland, der die Ehebrecherin, die müßige Maria und die sündige Magdalena zu seinen Lieblingen erkor, der auf der Hochzeit zu Kana das Wasser in Wein verwandelte und den Menschen erscheint, um die Freude zu vermehren: es ist ein Christus, der mitten im Leben steht. Sein Christentum ist ein so einfaches, tiefes und überzeugendes, daß man — wenn man fähig ist, alles bisher Gewußte, Gelernte, Angezweifelte und Übernommene zu vergessen — das Verlangen hat, gleich heute danach zu leben, und nicht begreift, warum die Menschen nicht immer schon diese Lehre zum Ordner und Sinn ihres Lebens gemacht haben. Die unergründlichen Grausamkeiten des Schicksals sind in einem christlichen Glauben leichter zu ertragen und die untergründigen bösen Instinkte durch Christi Lehre bezähmbar.

Die Erde wird sich in ein Paradies verwandeln, wenn man den Nächsten wie sich selbst lieben wird; „an einem Tage, in einer Stunde wäre alles geregelt. Die Hauptsache: liebe den Nächsten wie dich selbst . . . das ist alles, weiter braucht man nichts zu tun . . . wenn nur alle das tun wollten, dann würde sich alles wie von selbst regeln". Aber man muß den Nächsten um Gottes willen lieben, denn nur Göttliches und Ewiges kann man unendlich lieben. Wer sich dem anderen hingeben will, muß zuallererst sich selbst in Gott gefunden haben. Ein Bettler kann nur Lumpen verschenken, wer an Ewiges gerührt hat, kann Ewiges ausstrahlen.

Ein immer wiederkehrendes Motiv seines Lebens und Schaffens: die Sehnsucht nach Brüderlichkeit, nach einer Vereinigung aller Menschen, eine Sehnsucht, die die Menschen seit dem Turmbau zu Babel zu großen und edlen wie auch zu schrecklichen Taten hingerissen und sich bisher als unerfüllbar erwiesen hat. „Es ist mir so traurig zumute, weil ich die Wahrheit weiß und die anderen sie nicht wissen. Oh! wie schwer ist es, ganz allein die Wahrheit zu kennen!" Diese tragische Erkenntnis spricht der Komische Mensch aus, und er sagt ferner: „Ich sah die Wahrheit, ich sah sie und weiß, daß die Menschen schön und glücklich sein könnten, ohne die Fähigkeit zu verlieren, auf der Erde zu leben".

Der „Traum eines komischen Menschen" gibt uns den Schlüssel zu Dostojewskijs religiöser Philosophie. Um nicht pathetisch zu wirken und durch Übertreibungen abzustoßen, hat er die Überzeugung seiner Reifejahre in den Mund eines komischen Menschen gelegt — war doch auch Don Quichotte, der im Glauben an Christus für eine höhere Weltordnung kämpfte, ein komischer Mensch, über den alle lachten. Und der Glaube des Komischen Menschen an das Paradies auf Erden ist ein Traum. Aber unsere Einstellung zu diesem Traum ist nur dann richtig, wenn wir uns den Ausspruch des Komischen Menschen, der die tiefsten Gedanken Dostojewskijs enthüllt, vergegenwärtigen: „Ein Traum? Ist nicht unser ganzes Leben ein Traum?"

Dostojewskij glaubte, daß das Himmelreich hier auf Erden durch die All-Einheit der Menschen verwirklicht werden könne, durch die allvereinende Liebe zu Christus, die Macht, den Menschen psychisch und physisch umzugestalten. Das irdische Paradies war für ihn nicht ein sozialistischer Ameisenstaat, nicht eine humanistische Utopie, sondern die Wiederkunft Christi. Der geheimnisvolle Gast im Großinquisitor spricht kein einziges Wort, Fürst Myschkin führt den Namen seines Meisters nicht auf den Lippen, und auch der Komische Mensch nennt nicht den Namen des Wesens, das das irdische Paradies beseelt, aber man spürt seinen Atem, das Licht der ewigen Liebe, das im Laufe der Jahrhunderte durch eine Ruß- und Rauchwand, durch heuchlerische Hohlworte, die keinen Tatenkern enthielten, durch pathetisches und salbungsvolles Geschwätz wie auch durch Buchstabengitter verdunkelt worden ist. Christus ist für Dostojewskij nicht eine verschollene, historische Tatsache oder ein fernes, unerreichbares Ideal. Es ist die Gegenmacht der Herzensverhärtung.

Sein Christus, und besonders der Christus, den wir in der „Legende vom Großinquisitor" kennenlernen, hat kaum eine Beziehung zum Schöpfer — das ist das Gefährliche an ihm. Dieser losgelöste Christus ist nicht Mittler zwischen dem himmlischen Vater und den irdischen Menschen. Er wandelt stumm unter uns „mit einem stillen Lächeln unendlichen Mitleidens. Eine Sonne der Liebe brennt in seinem Herzen." Nicht daß Dostojewskij sich gegen die Kirche je aufgelehnt hätte; er selbst war durchaus kirchlich gesinnt und in seinen journalistischen Aufsätzen finden wir manchen Gedankengang, der der Verherrlichung der orthodoxen Kirche dient, ohne die er sich das Leben des russischen Menschen überhaupt nicht vorstellen konnte. Aber in keinem seiner tragischen Romane ist die Auseinandersetzung mit der Kirche ein Hauptmotiv; keiner seiner Helden kämpft für oder gegen ein Dogma, wie das die Helden Graham Greenes oder Elisabeth Langgässers tun. Seine Menschen kämpfen, um in den Lichtkreis Christi zu treten oder auch, um sich aus ihm zu befreien. Wie Fürst Myschkin zur Kirche steht, wird nicht erörtert, und doch wird niemand daran zweifeln, daß er ein wahrer Christ ist. Aljoscha verläßt das Kloster, um den Menschen zu dienen, Sossima, die Erfüllung des christlichen Menschen, lebt außerhalb der klösterlichen Ordnung, und der Komische Mensch, der Dostojewskij innerlich vielleicht am verwandtesten ist, träumt von einem Paradies, in dem die Menschen, mit den Ewigkeitsgewalten unmittelbar verbunden, keine Kirche bauen und sie auch nicht brauchen. In Dostojewskijs Kosmos tritt Christus zu uns, als lägen die zweitausend Jahre der Mißverständnisse. des Mißbrauchs des Evangeliums und der Heuchelei nicht dazwischen. Für ihn war die Bibel, wie für den Staretz Sossima, eine geheimnisvolle Einheit, die Offenbarung, das Heilige Buch, und es gibt wohl kaum einen Schriftsteller, dessen Leben so eng und lebendig mit dem Evangelium verbunden war. Wegen „staatsumstürzlerischer Ideen“ in der Peter-Pauls-Festung eingeschlossen, bittet er seinen Bruder vor allem um die Bibel. Während der vier Jahre der Katorga ist sie das einzige Buch, das er lesen darf und jedes Wort der Heiligen Schrift wird zur Flamme in ihm. Auch die Stimme aus dem Jenseits, die ihn vom Leben abberief, glaubte er aus den Worten der Heiligen Schrift zu hören.

Auf seinem Flug durch das Weltall erblickt der Komische Mensch einen Stern und fragt, ob das unsere Erde sei, die „unglückliche, arme und dennoch teure und ewig geliebte, die eine qualvolle Liebe in ihren allerundankbarsten Geschöpfen erweckt.“ An diesen Stern und Unstern war Dostojewskij unlöslich gebunden.

„Die Menschen können schön und glücklich sein, ohne die Fähigkeit zu verlieren, auf der Erde zu leben.“ Dostojewskijs Erdennähe ist so groß, daß man versucht ist, Nietzsche zu zitieren: „Bleibt mir der Erde treu, meine Brüder, mit der Macht eurer Tugend.“ In keinem seiner Werke spüren wir eine Verachtung des irdischen Daseins, jenen Widerwillen dem Leben gegenüber, den der vitale Riese Tolstoj so gut kannte, für den das Christentum ohne Losschälung von der Welt undenkbar war, im Gegensatz zu Dostojewskij, für den es ohne die Treue zur Erde undenkbar war. Wahrhaftig vermag die Erde nur der zu lieben, der den Himmel liebt. Auch in dieser Liebe übersteigt Dostojewskij alle Grenzen: er liebt die Erde bis zum Himmel und den Himmel bis zur Erde. Wer nur den Himmel liebt und trotzdem auf der Erde weiterlebt, ist ein Heuchler; wer nur die Erde liebt, ohne die geheimnisvolle, Himmel und Erde vereinigende Grenze zu kennen, ist ein Heide.

Aljoscha küßt die Erde in jener Nacht der Verzückung, als er Christi Nähe erlebt. „Über ihm wölbte sich weit und breit und unabsehbar die Himmelskuppel, übersät mit stillen, flimmernden Sternen. Die weißen Türme und goldenen Kuppeln der Kathedrale hoben sich mattleuchtend vom saphirblauen Nachthimmel ab; die schönen Herbstblumen im Garten der Einsiedelei schliefen noch dem Morgen entgegen. Es war, als wenn die irdische Stille mit der Stille des Himmels zusammenflösse, und das Geheimnis der Erde sich mit dem der Gestirne berühre . . . Aljoscha stand und schaute empor . . . und plötzlich, als hätte ihn ein wuchtiger Schlag getroffen, warf er sich zur Erde nieder. Er wußte nicht, warum er sie umfing. Er wollte auch nicht darüber nachdenken, warum es ihn so unwiderstehlich verlangte, sie zu küssen, und er küßte sie weinend, schluchzend, und tränkte sie mit Tränen, und wie außer sich, wie verzückt, schwur er, sie zu lieben, zu lieben bis in alle Ewigkeit."

Solange die Erde nicht himmlisch ist, bleibt sie die alte heidnische, ehe der Himmel nicht irdisch ist, ist er nicht christlich. „Dein Wille geschehe wie im Himmel also auch auf Erden." Aber wir alle sind verantwortlich, daß Gottes Wille auf Erden geschehe. Hier ist der gewaltige Unterschied zwischen dem Glauben Dostojewskijs und dem Ernst Wiecherts, um nur einen schwergeprüften Gottsucher unserer Zeit zu erwähnen. In der Hölle des „Totenwaldes" geht der Begriff des Menschen und auch der Begriff Gottes unter. „‚Mit Gott! Mit Gott!' riefen die Sträflinge in Dostojewskijs ‚Totenhaus', aber hier konnten sie nicht ‚mit Gott' rufen. Gott hatte sie verlassen und war gestorben" — diese Sätze enthalten die Quintessenz des Wiechertschen Totenwaldes. Dagegen die Quintessenz der Hölle Dostojewskijs: „Ja, mein Freund, es ist in

Wahrheit so, wenn du dich nur aufrichtig für alle und alles verantwortlich machst, so wirst du auch einsehen, daß du allen gegenüber für alles schuldig bist. Wenn du aber deine Faulheit, deine Ohnmacht den Menschen zur Last legst, so wirst du in satanischen Hochmut verfallen und wider Gott murren", lehrt der Staretz Sossima.

Daß der Verlust der persönlichen Freiheit das peinvollste ist, was dem Menschen widerfahren kann, das ist einer der Hauptgedanken im „Totenhaus". Die Selbstvergottung, die mißbrauchte und mißverstandene Freiheit, die zu einer alles Lebendige bedrohenden Willkür verzerrt wird, ist das Thema der nächsten Romane, bis schließlich in seinem Hauptwerk die erlösende Idee aufgeht: es gibt nur eine Freiheit, die in Christus begründete, durch seine Persönlichkeit erleuchtete.

Solche maßlose Verantwortung, eine solche Freiheit auf sich zu nehmen, im reinen Geiste zu leben, ist ein nur wenigen mögliches Wagnis. Denn nichts reizt den Durchschnittsmenschen so zur Abtrünnigkeit, zu Verachtung und Haß, wie Unbegreifliches und höchste Forderungen; und darum hat man auch an die Stelle der Freiheit die Autorität gesetzt, an die Stelle des Geistes — das Wunder, an die Stelle der Wahrheit — die Magie. Die Menschen sind zur Masse geworden, der man den schönsten Schmuck, den selbständigen Gedanken, die freiwillige Nachfolge geraubt hat. Alle hohen Ziele sind herabgeschraubt.

Ein verwirrtes Herz glaubt nicht an Gott. Gottlosigkeit aber führt zu Selbstvergottung. Wenn es Gott nicht gibt, so bin ich selbst Gott — so denkt „der starke Mensch" und will sich von Gott befreien. Erreicht er sein Ziel, äußert sich seine bedingungslose Freiheit im Dämonismus und Nihilismus.

Der diabolische Stawrogin, dessen Innenleben vereist ist und dessen virtuoser Intellekt alles zu beweisen vermag, führt den einen seiner besten Schüler, Kyrillow, zum Selbstmord, den anderen, Schatow, zum Glauben an die Gotthaftigkeit des Volkes: „Noch nie ist es vorgekommen, daß zwei oder mehrere Völker einen und denselben Gott gehabt hätten, sondern jedes Volk hat stets seinen eigenen Gott gehabt . . . Je stärker ein Volk ist, desto ausschließlicher ist auch sein Geist . . . Jedes Volk ist nur solange Volk, wie es noch seinen besonderen, eigenen Gott hat und all die anderen Götter der Welt stark und grausam von sich stößt. Da es nur eine einzige Wahrheit gibt, so kann auch nur ein einziges Volk den einzigen wahren Gott haben, mögen andere Völker auch noch so große Götter besitzen. Das einzige Gott-Trägervolk aber — das sind wir.“ Dies ist die Irrlehre Schatows, die wir in unserer Zeit als Faschismus kennengelernt haben.

Und die dritte Art des Satanismus repräsentiert in den „Dämonen“ der junge Werchowenski, der Fanatiker der Zerstörung und Zersetzung, der Anbeter des Nichts, der grenzenlose Despot: nur ein Zehntel der Menschheit darf frei sein und unumschränkte Macht besitzen, neun Zehntel sind die Herde, die sich dem Willen der Herrschenden skrupellos zu fügen hat. — Heute kennen wir auch diese Weltverwaltung aus der Erfahrung als Stalinismus. Das sind Menschen, von denen Sossima sagt: „Sie denken, alles ohne Christus gerecht aufzubauen, aber sie werden damit enden, daß sie die Welt mit Blut überschwemmen, denn Blut schreit nach Blut, und das Schwert wird durch das Schwert vergehen.“ Dostojewskij sieht die Zeit kommen, wo die Christusverleugner sich auf Erden gegenseitig bis auf die zwei letzten Menschen vertilgen werden, bis dann zum Schluß der letzte den vorletzten und zuletzt sich selber vernichten wird. Wenn die Menschen aufhören, ihr Leben einer transzendenten Wahrheit zu unterwerfen, so setzen die stärksten und begabtesten sich selbst in den Mittelpunkt und werden Unmenschen, denn der Mensch ist ein Wesen ohne die Kraft, sich zum Göttlichen emporzuringen; entweder verfällt er der Teufelsversuchung, oder versumpft in der Masse.

Fürst Myschkins Ausfall gegen den Katholizismus, den er einen unchristlichen Glauben nennt, ist nicht ernst zu nehmen. Sein Christus, den er den russischen nennt, ist mit der dogmatischen orthodoxen Kirche ebensowenig vereinbar wie mit der dogmatisch katholischen oder den bürgerlichen Normen der Zivilisation. Nicht gegen die katholische Kirche lehnt er sich auf, sondern gegen die festen Mauern einer Kirche überhaupt, die eine Feindin jenes Christusglaubens ist, den Myschkin vertritt. Es ist ein Angriff gegen den Machttrieb, der in gleichem Maße wie die Gleichgültigkeit im Widerspruch mit dem Evangelium steht. Fürst Myschkin nennt den Katholizismus noch schlimmer als den Atheismus, da er Christi Lehre entstellt und verunglimpft hat: „Der römische Katholizismus glaubt, daß die Kirche ohne staatliche Weltmacht nicht auf Erden bestehen könne ... Der Papst eroberte das Land und den irdischen

Thron und nahm das Schwert der Cäsaren . . . Mit der Zeit hat er noch zum Schwert die Lüge hinzugefügt, Betrug, Fanatismus, Aberglauben und Freveltaten." Diese Worte beziehen sich nicht so sehr auf den Katholizismus als auf das Buchstabengesetz überhaupt. Er macht die römische Kirche für die Entstehung des Atheismus verantwortlich, obwohl alle seine atheistischen Helden durch die russische Orthodoxie geprägt sind. Wenn er von der Ostkirche spricht, setzt er sich nicht für das eine oder andere Dogma ein, er läßt seiner Liebe zum ewigen Pilger, heiligen Toren, Märtyrer und Büßer, die sich in der russischen Kirche ihrem Wesen nach wenig von der katholischen unterscheiden, freien Lauf.

Ich kann mir einen Menschen vorstellen, der ein Gegner der Kirche ist, der östlichen oder der westlichen, und doch mit Dostojewskij eines Weges geht; ich kann mir aber keinen wahrhaften Christen als Gegner Dostojewskijs denken, denn Christus ist für ihn das Leuchtfeuer unseres Gewissens, die Inkarnation höchster geistiger Vollkommenheit. Christus ist das reine Licht, die Welt aber Licht und Dunkel, Liebe und Haß. Das Leben des Menschen, ein unentwegter Kampf gegen die Finsternis für den Sieg des Lichts, ist an sich tragisch.

Tatsächliche und scheinbare Widersprüche

„Demütige dich, du stolzer Mensch,
und zerbrich vor allem deinen Hochmut!"

Im „Tagebuch eines Schriftstellers" kommt es zu einigen Unstimmigkeiten, die daraus erwachsen, daß der Dichter, dessen Leitstern Christus war, als Publizist die absolute Monarchie verteidigte. Wie aufschlußreich auch das „Tagebuch eines Schriftstellers" ist, so dürfen wir nicht vergessen, daß die dort veröffentlichten Artikel oft nur eine überhitzte Antwort auf überhitzte Tagesfragen waren. Schon Fedor Stepun*, einer der besten zeitgenössischen Dostojewskij-Kenner, hat davor gewarnt, den Publizisten Dostojewskij zum berufenen Interpreten seiner Weltschau zu machen. „Ein solches Verfahren könnte leicht zur Vereinfachung und Entstellung

* Fedor Stepun: Dostojewskij, Weltschau und Weltanschauung, 1950.

der Weltanschauung Dostojewskijs führen." Der Journalist widerspricht dem christlichen Dichter, der in politischen Fragen von großer Einfalt war. Der von ihm visionär erschaute Christus ist überzeitlich und für uns heute ein unentbehrlicher Wegweiser, in seinen politischen Ansichten dagegen scheint er vom heutigen Standpunkt aus veraltet und reaktionär zu sein. Mereschkowskij hat bereits darauf hingewiesen, daß Dostojewskij den Weg von der Kirche Petri zur Kirche des Johannes gehe und unbegreiflicherweise meine, daß seine Lehre in einer absoluten Monarchie zu verwirklichen sei. Heute hat man den Eindruck, als wolle er die größte Wahrheit, die höchste Liebe mit sturer Willkür verbinden: vereinigte er doch in seiner Vorstellung die Möglichkeit einer religiösen Revolution mit einem absoluten Staat! Allerdings muß hier gesagt werden, daß für ihn der Zar ein Vertreter Gottes auf Erden, ein Gesalbter war. Im „Tagebuch eines Schriftstellers" schreibt er kurz vor dem Tode: „Der Antichrist wird kommen und sein Fundament wird Gesetzlosigkeit sein." Wir wissen heute, daß der Antichrist tatsächlich gekommen ist und sein Prinzip ist Gesetzlosigkeit und starre Tyrannei.

Den Ameisenstaat des Sozialismus nennt er ein vom Katholizismus gezeugtes Ungeheuer. Nun aber hat sich der Sozialismus segensreich in einem protestantischen Land wie Schweden ausgewirkt, ist aber im russischen Atheismus zum Irrsinn geworden.

Er, der einen mystischen Schrecken gegen jede Art von Gewalttat empfand, begrüßte den Krieg gegen die Türkei mit einem Jubelruf, er faßte ihn als einen Kreuzzug auf, den man um Christi willen führen müsse. Gewiß lag viel Idealismus im Gedanken, die erniedrigten Balkanslawen von der Herrschaft der Türken zu befreien. Aber seine Auffassung vom Krieg als solchem erscheint uns heute in seiner Zeitbefangenheit einfältig. Mit welch kindlicher Bewunderung erzählt er vom russischen Unteroffizier Danilow, einem Opfer des mohammedanischen Fanatismus, den er zum Märtyrer, zum Symbol der slawischen Seele macht. Er zweifelt nicht daran, daß die Masse des russischen Volkes vom christlichen Glauben durchdrungen ist, durch ihn lebt und bereit ist, für ihn zu sterben. „Unser Volk pflegt nicht zu schreien und zu fordern, unser Volk ist vernünftig und still und will gar nicht den Krieg, es will ihn durchaus nicht, es leidet nur aus ganzer Seele und heißem Herzen mit den für ihren christlichen Glauben gemarterten Brüdern, und wenn es notwendig sein und das Wort des Zaren erschallen wird, dann wird das ganze Volk wie ein Mann sich erheben, eine Masse von hundert Millionen und wird alles vollbringen, was eine solche hundert Millionen starke Masse, von Begeisterung und Eintracht beseelt, vermag!"* Welch billige Publizistik!

Als am 12. April 1877 die Kriegserklärung an die Türkei durch ein Manifest kundgegeben wurde, und die russischen Regimenter die Grenze überschritten, ging er in die Kirche und betete inbrünstig für den Sieg der russischen Waffen. Schon im März desselben Jahres hatte er im „Tagebuch eines Schriftstellers" in kurzsichtiger Naivität geschrieben: „Noch einmal darüber, daß Konstantinopel früher oder später uns gehören muß . . ." „Das goldene Horn und das alles wird uns gehören. Erstens wird das von selbst geschehen und zweitens, weil die Stunde geschlagen hat." Wenn er von den „gewaltigen Großrussen" spricht und seinen Traum vom Panslawismus träumt, wird einem ganz elend zumute. Die Gleichberechtigung und friedliche Vereinigung aller Völker durch die Persönlichkeit Christi steht im Widerspruch mit einer absoluten Monarchie wie auch mit seiner Kriegsbegeisterung, die allerdings nur im „Tagebuch" zum Ausdruck kommt; in seinen Romanen werden Fragen dieser Art überhaupt nicht berührt. Er hat den russischen Don Quichotte geschrieben, und in politischer Hinsicht war er selbst ein Don Quichotte. „Eine Vereinigung in der Liebe garantiert durch die Tat, nicht durch die Guillotine."

Im Tagebuch 1876, April, schreibt er aber: „Wir brauchen diesen Krieg für uns selbst und nicht für unsere Brüder, die Slawen, die von den Türken gepeinigt werden, wir brauchen ihn für unsere eigene Rettung: der Krieg reinigt die Luft, die wir atmen, und an der wir heute fast ersticken. Ganz gleich wie der Ausgang des Krieges sein wird, der Koloß wird erschüttert sein und früher oder später das Seine erhalten . . ." Nicht immer sei der Krieg eine Geißel Gottes, bisweilen sei er auch Rettung. „Die Heldentaten der Selbstentäußerung, die Hingabe des eigenen Blutes für eine heilige Idee ist bei weitem moralischer als die ganze Bourgeoismoral." Dieser Aufsatz erinnert an Gravuren aus alter Zeit, auf denen der Krieg wie ein pompöser Wettkampf mit Trompetenschall, blitzenden Uni-

* Tagebuch eines Schriftstellers, 1877, II.

formen, wehenden Federbüschen und Hurrarufen dargestellt wird. „Die Gehobenheit der Gefühle, entzündet von einer großen Idee, ist ein Schritt vorwärts und nicht Vertierung." Es komme allerdings darauf an, wofür man Krieg führe. Die feige Sorge um das eigene Wohlergehen entstehe immer in Zeiten eines langwährenden Friedens und verwandle sich zu guter Letzt in eine panische Angst um das eigene Ich, die sich in allen Schichten der Gesellschaft verbreite und schließlich in eine schreckliche Gier, Geld zu vermehren, ausarte. Der Glaube an die Solidarität der Menschen, an die Brüderlichkeit, verschwinde und laut erschalle die These: „Jeder stehe nur für sich, jeder denke nur an sich!" Seine Bejahung des Krieges wurzelte in einer Ablehnung des selbstzufriedenen, moralischen Durchschnitts. Krieg war für ihn Empörung gegen falsche Sicherheiten. Liest man seine Aufsätze aus dem Jahre 1877, muß man an den „weinenden Philosophen" denken, der den Krieg den Vater aller Dinge nennt und der Dostojewskijs und Nietzsches Ahne war. Heraklit hat das tiefe Wort geprägt: „Sattheit gebiert Frevel."

Obwohl sich Dostojewskij in seinen publizistischen Aufsätzen für die Eroberung Konstantinopels einsetzte, war er — welch ein Widerspruch — ein Gegner imperialistischer Kriege: „Solche Kriege hat England geführt, und unsere Kinder werden es erleben, wie England enden wird." In seiner politischen Einstellung ein donquichottischer Idealist, erhoffte er vom Kriege Unmögliches: eine Veredelung der Menschheit. Von seinen Ideen besessen, war er sich nicht bewußt, daß Krieg die Verneinung von Liebe und Leben, daß Krieg ohne Haß und Entmenschlichung überhaupt nicht möglich und somit eine Verneinung seiner Weltschau ist.

Greift man in dilettantischer Willkür einzelne Sätze heraus, kann man zu jedem Ja ein Nein finden und verstrickt sich in einem Dostojewskij-Chaos.

Widerspruchsvoll scheint auch sein Verhalten zu Westeuropa. 1863 schreibt er in den „Winterlichen Bemerkungen": „Warum macht Europa auf uns einen so starken, zauberhaften, verlockenden Eindruck?" und 1870 in einem Brief an Maikow das Gegenteil: Europa erwecke in ihm nur Ekel und Haß. Er selbst fühlte sich im Ausland immer wie ein Ausgestoßener und Vertriebener. Mehrfach nennt er den Westen die Wiege des Atheismus und Satanismus. Dagegen steht im „Tagebuch" der berühmte Satz, daß Europa die zweite Heimat der Russen sei, und in seiner Puschkin-Rede heißt es: „Für den wirklichen Russen ist Europa und das Schicksal der ganzen arischen Rasse ebenso teuer wie Rußland selbst, wie das Schicksal der eigenen Heimat... O, die Völker Europas ahnen nicht, wie teuer sie uns sind!" Er träumte davon, jeder Russe möge ein wahrer Europäer werden.

Er wird der russischste aller russischen Schriftsteller genannt. Es gibt aber keinen anderen Schriftsteller, der so schonungslos die Nachtseite des eigenen Volkes enthüllt und so ingrimmig auf die Keime der Zersetzung und Verwirrung im russischen Charakter, auf die Trunkenheit und die Unfähigkeit, Maß zu halten, hingewiesen hat. Vom russischen Menschen heißt es in den „Memoiren aus dem Untergrund": „Der Mensch liebt zu bauen und Wege zu bahnen, aber er liebt auch die Vernichtung und das Chaos. Der russische Mensch ist so geartet, daß er der Zerstörung und dem Chaos nie entsagen wird." Und an anderer Stelle: „Im russischen Menschen leben nebeneinander das höchste Ideal und die größte Gemeinheit." Iwan Karamasow, Dostojewskijs alter ego, sagt von den Russen: „Ruten, Peitschenschläge, das gehört zu uns. Das kann man uns nicht nehmen." Iwan geht so weit, die körperliche Züchtigung eine nationale Eigenart der Russen zu nennen. Er erzählt von einem Droschkenkutscher, der ein müdes altes Pferd dadurch antreibt, daß er es auf die Augen schlägt, und fügt erklärend hinzu: „Dies ist schon ein Russizismus."

Sind wir dessen eingedenk, daß für Dostojewskij der Atheist der abscheulichste Mensch und der Atheismus die Wurzel allen Übels war, wirken die Worte Fürst Myschkins, den er sein Lieblingskind nannte, erschreckend: „Atheist zu werden, ist für einen Russen so leicht, leichter als für jeden andern in der ganzen Welt! Und die Russen werden auch nicht gewöhnliche Atheisten, nein, der Atheismus wird für sie einfach zu einem neuen Glauben, sie glauben an ihn, ohne dabei auch nur zu bemerken, daß sie an eine Null glauben." Dies ist eines der negativsten Urteile Dostojewskijs über die Russen. Wem es beliebt, der kann sie auf den heutigen Bolschewismus beziehen. Der russische Mensch muß an etwas glauben, sei es an einen Heiligen, eine Null oder einen Henker. Hier kommt die verhängnisvolle russische Eigenart, die Dostojewskij an sich selbst gut kannte, zum Ausdruck: die Neigung zum Übermaß, zum Fanatismus, zum Überschreiten aller Grenzen. Aber auch zur Verherrlichung seines eigenen Volkes hat er bald erleuchtete, bald unglaubliche Worte geschrieben. In der Puschkinrede, die sein Vermächtnis, sein letztes Wort geblieben ist, sagt er, der russische Mensch der Zukunft werde Frieden in die europäischen Widersprüche bringen und einen Ausweg für das Gefühl des Unbehagens in der europäischen Kultur finden. Hier spricht er nicht vom Ruhm des Schwertes, sondern von der Bruderschaft aller Völker, zu der die Menschheit durch den russischen Christus geleitet werde. Er suchte die Synthese und er fand sie in der weisen Mahnung: „Beurteilt nicht das russische Volk nach den Gemeinheiten, die es oft begeht, sondern nach den großen und heiligen Dingen, nach denen es sich auch in seiner größten Gemeinheit beständig sehnt." Die Widersprüche sind scheinbarer, oft oberflächlicher Art, nichts lag ihm ferner als eine nationale Hybris. In der bereits mehrfach zitierten Puschkin-Rede verbrennen in der Glut seines christlichen Herzens alle Widersprüche: „Demütige dich, du stolzer Mensch, und zerbrich vor allem deinen Hochmut. Demütige dich, du müßiger Mensch, und arbeite vor allem auf der heimatlichen Erde. Nicht außerhalb dir ist die Wahrheit, sondern in dir selbst. Nicht in den Dingen ist die Wahrheit, nicht außerhalb dir, nicht irgendwo jenseits der Meere, sondern vor allem in der Arbeit an deiner eigenen Vervollkommnung. Bezwinge dich und du wirst wahrhaft frei werden wie nie zuvor. Nirgends ist Weltharmonie, wenn du selbst ihrer nicht würdig bist, wenn du böse und stolz das Leben umsonst verlangst, und nicht einmal voraussetzt, daß man dafür bezahlen muß."

Auch das Verhältnis zwischen Volk und Menschheit hat er in der Puschkin-Rede klar ausgesprochen:

Der einzelne Mensch darf sich nicht in sich selbst abkapseln, er muß für sein Volk arbeiten, darf aber nie vergessen, daß die Menschheit größer als die Nation ist. Seiner Ansicht nach hat Puschkin das tiefer als alle anderen verstanden, und darum ist Puschkin sein ideeller Wegweiser wie in der frühen Jugend so in den Reifejahren bis zur Todesstunde. Die Fähigkeit des Sichhineinversetzens in andere schätzte er nicht nur an Dichtern, sondern auch am einfachen Mann und an einem Volk am höchsten, und diese innere Verwandlungsfähigkeit hielt er für die schönste und charakteristischste Eigenschaft Puschkins und des ganzen russischen Volkes. Diese Eigenschaft sei es, die das russische Volk dazu befähige, die Idee einer allvereinenden Brüderlichkeit zu verwirklichen. „Darum wird schließlich unser armes Land das einzige sein, das die Menschheit ein neues Wort lehren wird. Die ganze Welt nicht durch das Schwert und Blutvergießen, sondern durch die Kraft der Liebe zu vereinigen, das Bild Christi im westlichen Europa wieder lebendig zu machen, dazu ist der zukünftige russische Mensch berufen."

In den „Dämonen" verkündet er den Anbruch des Satansreichs, in seinem letzten veröffentlichten Wort die Erneuerung des Christentums durch die russische Seele. Die erste Prophezeiung hat sich bereits erfüllt, ob auch für die zweite die Stunde der Erfüllung schlagen wird? Schrieb er doch 1868, daß die Erneuerung der Welt sich in einem Jahrhundert vollziehen wird.

Also: 1968 . . .

Wesensschau

„Der Mensch ist nicht ein Tier dieser Erde,
er ist ein anderen Welten verbundenes Wesen."

Die Kernworte seines Lebens und Werkes sind Verzweiflung und Begeisterung.

Mit einer heftigen Lichtsehnsucht im Herzen geboren, wurde er in die tiefste Finsternis geworfen. Wie im persönlichen so im überpersönlichen Leben war er der große Leidende. Aber die Intensität seiner Leidensfähigkeit wird noch durch das Verlangen nach Freude übersteigert. „Wer den Menschen liebt, liebt auch seine Freude" — dieser Satz könnte als Inschrift über dem Eingangstor zu Dostojewskijs Welt, die für dilettantische Touristen von gleicher Gefährlichkeit wie die Nietzsches ist, stehen.

Wer beim Studium Dostojewskijs an einzelnen Werken kleben bleibt, Aussprüche aus dem Zusammenhang willkürlich herausgreift, läuft Gefahr, ihn einen Düsterling und Nihilisten zu nennen. Überschaut man seine helldunkle Welt in ihrer Gesamtheit, fühlt man die eigene Widerstandskraft wachsen im verpflichtend beglükkenden Bewußtsein, daß ein Mensch Schwerstes ertragen kann, ohne die Kraft der Liebe einzubüßen.

Ein kränklicher, schwacher, überempfindsamer, mittelloser, von der Polizei verfolgter Mensch, der durch einen ungeheuren Willen und Glauben sich aufrecht erhielt und durch harte Arbeitsdisziplin sich zum Lebensenthusiasmus durchkämpfte.

In den von Not und Krankheit gepeitschten achtundzwanzig Schaffensjahren hat er zwölf Bände* geschrieben, jeder Band zählt über sechshundert Seiten, und nach dem Urteil Leo Tolstojs wiegt jede, auch nur flüchtig geschriebene Seite Dostojewskijs mehr als ein ganzer Band anderer Schriftsteller. Im düsteren Kerker der Zarenzeit eingeschlossen, ahnt er trotz zermürbender Krankheit die Unerschöpflichkeit seiner Lebenskraft. Mit achtundzwanzig Jahren begegnet er dem Tode auf dem Schafott. Kaum daß der Henker von ihm gewichen, spürt er in ekstatischer Freude die mystische Heiligkeit des Lebens: „Man sieht die Sonne!“

Im Totenhaus eingeschlossen, hätte er beim sadistischen Wüterich Krivzew stehen bleiben können, er wählte aber Alej, den keuschen Jüngling, einen Analphabeten, dessen Augen bei den Worten der Bergpredigt feucht erglänzten. Sein Wegweiser war nicht der Gekreuzigte („vor diesem Bilde kann einem ja der Glauben vergehen“), sein Christus segnet die Kinder, küßt den Großinquisitor und erscheint den Menschen, um die Freude zu vermehren. Je älter er wurde, desto heiterer. Vier Jahre vor seinem Tode schrieb er aus Ems: „Ich weiß, daß mein Leben nicht mehr lange dauern wird, aber nicht nur, daß ich nicht sterben will, mir ist, als ob ich erst jetzt zu leben anfange. Keine Spur von Müdigkeit, obwohl ich schon fünfundfünfzig Jahre alt bin.“ Fünfundfünfzig Jahre sind an sich kein hohes Alter, wohl aber ein Methusalem-Alter, wenn man das Leid von tausend Leben in sich aufgenommen hat und jede Not des Mitmenschen die Unruhe des Herzens vermehrt.

Auf der Abendschwelle ist er so weltliebend und weltsegnend, sein Hinscheiden ist von einem so milden, versöhnlichen Licht umstrahlt, daß man an ein Wort des Philosophen denken muß, der ihm, obwohl er den Antichrist schrieb, in der radikalen Treue zur Erde verwandt war: „Wolkenlos hinablächeln aus lichten Augen.“

Alle seine Helden schuf er aus dem eigenen Innern, er sündigte und beichtete mit ihnen, er weinte und sank mit ihnen auf die Knie. Wie in seinem Leben, so vollzieht sich auch in seinen Werken, in denen das sühnende Feuer der Reinigung brennt, eine Wandlung von der Finsternis zum Licht.

* Die vorläufige Sowjet-Ausgabe 1959 umfaßt zehn Bände, da das „Tagebuch eines Schriftstellers“ in diese Ausgabe nur fragmentarisch aufgenommen ist.

Die Hölle des Totenhauses ist durch die Formvollendung und den unterirdischen Quell des Glaubens an den Menschen zu ertragen. In den „Memoiren aus dem Untergrund“, diesem genialen Monolog vor dem Spiegel, einem qualgeborenen Werk, gehen die wilden Zweifel an allen Kulturwerten, an der Menschheit und an Gott in zynischen Nihilismus über. Der Mann aus dem Untergrund, ein Produkt westeuropäischer, abstrakter Zivilisation, begeht nach Dostojewskij das größte Verbrechen, indem er dem Leben untreu wird und die von ihm gehaßte Welt für all seine Niederlagen verantwortlich macht. Dieser alles verachtende, gespaltene Intellektualist, der weder böse noch gut, weder ein Schuft noch ein Ehrenmann, weder ein Insekt noch ein Übermensch, sondern alles zu gleicher Zeit ist, die düsterste Person von allen Gestalten Dostojewskijs, Stufe und Übergang, ist in Europa eine der bekanntesten. Er ist immer auf der Hut, das Wichtigste und Teuerste, das heißt seine Individualität zu bewahren; aber den freien Willen, ohne den ein Mensch nur ein Reißstift, eine Klaviertaste ist, unterscheidet er nicht von selbstherrlicher Willkür und versteckt sich vor der Verantwortung des Lebens wie eine Maus im Kellerloch. Der Aufgang der Sonne scheint unendlich weit zu sein. Doch bereits im „Idioten“ ist das Licht stärker als die Finsternis. Trotz unheilbarer Krankheit ist Fürst Myschkin in seiner Ganzheit gesünder als die süchtigen Muskelmenschen und Übergescheiten, die sich von seinem Lichte nähren. Am Schluß der Tragödie versinkt er allerdings ins Dunkel der unheilbaren Geisteskrankheit, er ist nur ein Idiot, aber das von ihm entzündete Licht glüht weiter in dem von ihm gelebten unvergeßlichen Wort: „Was hat mein Unglück, mein Leid zu sagen, wenn ich die Kraft habe glücklich zu sein? Ich kann nicht verstehen, wie man an einem Baum vorübergehen kann und nicht glücklich darüber ist, daß man ihn sieht, mit einem Menschen sprechen und nicht glücklich darüber ist, daß man ihn liebt . . . Schauen Sie ein Kind an oder Gottes Abendrot, einen Grashalm wie er wächst.“ Die Liebe des Fürsten Myschkin ist jene, die Johannes vom Kreuz kostbarer vor Gott, segensreicher für die Seele und teurer für die Kirche nannte, als alle anderen Taten zusammen.

Im Chaos der „Dämonen“ flackert als Nordlicht die tragischschöne Gestalt Kyrillows, den ein vom Baum herabgesunkenes, feingeädertes Herbstblatt mit freudiger Bewunderung erfüllt.

Eigentlich sollte das Lichtzentrum der Mönch Tichon bilden, aber seine Figur blieb fragmentarisch, eine Skizze zum Staretz Sossima. Mit jedem Werk steigert sich die Lichtkraft. Vier Jahre vor seinem Tode schrieb er den „Traum vom komischen Menschen“: hier sprechen Menschen mit Bäumen wie mit ihresgleichen, sie verstehen einander und Seligkeit erfüllt sie. Die Freude an der Welt als einem ästhetischen Gebilde kennt außer dem Komischen Menschen Makar der Pilger, Sossima, sein Bruder Markell, wie auch Aljoscha. „Nur vom ästhetischen Standpunkt aus ist die Welt ewig gerechtfertigt,“ heißt es bei Nietzsche, doch Dostojewskij befriedigt der ästhetische Standpunkt allein nicht. Er ordnet die ästhetischen und ethischen Werte den religiösen unter, tiefste Freude entsteht im Gefühl der Verbundenheit mit einer höheren, geheimnisvollen Welt. In seiner Auffassung ist der Mensch nicht ein Tier der Erde, er ist ein anderen Welten verbundenes Wesen, und je mehr er sich dieser anderen Welt verbunden fühlt, desto freier wird er. Vier Jahre vor seinem Tode schrieb er in einem Brief: „Gibt man den Menschen nur Brot, werden sie aus Langeweile die schlimmsten Feinde.“ Das Wort Heiterkeit mochten Makar der Pilger wie auch Sossima besonders gern. Makar sagt zum Arzt, der an seinem Krankenbett sitzt: „Nein, du bist kein Gottloser, du bist ein heiterer Mensch.“ Diese Schlußfolgerung ist für Dostojewskij überaus kennzeichnend: wahrhafte Heiterkeit ist mit Gottlosigkeit unvereinbar. Und umgekehrt: wahrhafte Gottverbundenheit läßt Melancholie nicht zu. Heiterkeit ist gottnah, Düsternis — unchristlich. Das höchste Gefühl des Glücks, der Erlösung erleben wir nicht durch die Materie, sondern durch den kontemplativen oder werktätigen Geist. Wäre „Der Traum eines komischen Menschen“ Dostojewskijs letztes Werk geblieben, so hätte man vielleicht ein Recht, von seinem Pessimismus zu sprechen: es ist ein komischer, das heißt nicht ernst zu nehmender Mensch, der im Ordnungsgesetz der Natur Gott erlebt. Jedoch in seinem letzten Roman siegt eindeutig der Glanz der Seele. Nicht nur die Lichtgestalten, Meister Sossima und sein Jünger Aljoscha, sondern auch ihre dunklen Gegenspieler Iwan und Mitja sind Lebensbejaher. Freude ist für Dostojewskij nicht ein geduldiges Ausharren im Schmerz, auch nicht ein schwereloses Dahingleiten, sondern Leidüberwindung. Die Lebensleidenschaft Iwan Karamasows, dieses voltairianischen Geistes, den die „verdammten Fragen“ durchbohren wie die Pfeile den heiligen Sebastian, ist ungeheuer. Trotz seiner Hellsichtigkeit dem unerklärlichen, unersättlichen Leid gegenüber, liebt er „die klebrigen hellen Blättchen, die sich im Frühling von den feuchten Ästen lösen." Teuer ist ihm der hohe blaue Himmel, teuer sind ihm die großen Geschicke und allmenschlichen Kulturwerte, die Genien der Welt. Er will nach Europa reisen und weiß im voraus, er wird „zur Erde niederfallen, die Steine küssen und weinen." Und es ist westeuropäische Erde, die diese Ekstase hervorruft. Reich und schöpferisch steigt das Leben aus ihm, ekstatisch ist sein irrationaler Glaube an die ästhetische Werterfülltheit, an die unübersehbaren Wunder geistigen Schaffens. Er ist dieser Erde treu, er liebt sie mit dem Innersten, mit „dem Eingeweide". Die Fähigkeit zur Verzweiflung und Begeisterung ist ein typisches Kennzeichen der Menschen Dostojewskijs. Selbst das Leid als unerklärliches Urphänomen vermag nicht Iwans „rasenden, wütenden und vielleicht unanständigen Lebensdurst" zu vernichten. Noch intensiver ist Mitjas Lebensekstase. Sein Lieblingsgedicht ist Schillers „Lied an die Freude". Durch einen Justizmord im Gefängnis eingeschlossen, fühlt er: ohne Freude kann niemand, ohne Freude kann man nirgends leben. „Und dann werden wir, die unterirdischen Menschen, aus dem tiefsten Schacht der Erde eine tragische Hymne Gott singen, der Freude zu verteilen hat. Es lebe Gott und seine Freude . . . Ich bin! in tausend Schmerzen — ich bin! in Folterqualen — ich bin! Auf die Marterbank gestreckt, bin ich noch, ich sehe die Sonne, und sehe ich die Sonne nicht, weiß ich dennoch, daß sie da ist. Und zu wissen, daß es eine Sonne gibt, daß ist schon das ganze Leben." Hier schließt sich der Ring von Dostojewskijs Schaffen: Mitjas Worte sind ein Widerhall seiner eigenen, die er, vom Hinrichtungsplatz hinabgestiegen, kurz vor seiner Abtransportierung in die Katorga an seinen Bruder schrieb: „On voit le soleil!"

Über den Gottesfrohsinn Sossimas könnte man ein eigenes Kapitel schreiben. Als er den Egoismus und Hochmut seiner Jugend abgeschüttelt hat, fühlt er sich wie aus einem Kerker befreit, sein Herz ist voller Glück, keine Spur von Weltverachtung oder Misanthropie. Nach dem Sieg über die niedrigen Triebe erscheint ihm die Welt in einer nie gesehenen Schönheit, jeder Tag wird zum Lebenshymnus: „Wie schön und sündlos ist die Natur, und nur wir allein sind gottlos und dumm und verstehen nicht, daß das

Leben ein Paradies ist; wenn wir es aber nur verstehen wollten, so würde die Erde in ihrer ganzen Schönheit zum Paradiese, und wir würden einander umarmen und vor Freude weinen.“ Das Gefühl der Verbundenheit mit anderen Welten erfüllt ihn mit Seligkeit. Die Lieblinge seines Geistes sind die Vögel, das Symbol der sorglosen Heiterkeit. Kurz vor seinem Tode lehrt er seine Schüler: „Bittet Gott um Freude. Seid froh wie Kinder, wie die Vögel des Himmels.“ Am Sarge des Meisters enthüllt sich Aljoscha der Sinn des Lebens. „Nicht den Kummer, die Freude der Menschen besuchte Christus, als er sein erstes Wunder wirkte, um den Menschen zur Freude zu verhelfen . . . wer die Menschen liebt, liebt auch ihre Freude.“ Der vor Erschöpfung und Traurigkeit eingeschlafene Aljoscha träumt einen Traum, der ihm zum ekstatisch-mystischen Göttlichkeitserlebnis wird. Sein Meister ermuntert ihn im Traum: „So beginne dein Werk, mein Lieber, beginne es, mein Sanfter! Siehst du unsere Sonne, siehst du Ihn? . . . Wasser verwandelt er in Wein, damit die Fröhlichkeit der Gäste nicht verkürzt werde.“ Im Erwachen fühlt Aljoscha, der den Mut zum Urselbst und den noch selteneren Mut, dem Ewig-männlichen zu entsteigen, besitzt, seine unverbrüchliche Zugehörigkeit zum Leben.

Mit jedem Werk steigert sich die Intensität des Lichts. In den „Brüdern Karamasow“, dieser seelischen Innenoffenbarung Dostojewskijs, siegt Gott über Satan, das Böse ist vernichtet oder richtiger gesagt, es vernichtet sich selbst. Smerdjakow und der alte Karamasow gehen elendiglich zugrunde. Der metaphysische Empörer Iwan wird, durch eine schwere Krankheit geläutert, vom Dämon des Intellektualismus befreit. Kerker und Zwangsarbeit zügeln die unbeherrschte Natur Mitjas. Sossimas unverlierbares Gottvertrauen, seine religiösen Erlebniswerte nimmt Aljoscha in sich auf. Geistig Gezeugtes ist unsterblich: Sossima trug das Erbe seines früh entrückten Bruders in sich und mit der Lehre des Staretz im Herzen geht Aljoscha in die Welt, um den Menschen zu dienen. Einige Jahre vor seinem Tode schrieb Dostojewskij im Tagebuch eines Schriftstellers: „All euer Unglück besteht darin, daß ihr gar nicht wißt, wie schön ihr seid! . . . Jeder von euch . . . könnte alle beglücken . . . und diese Macht ist jedem verliehen, nur ist sie so tief in euch verschüttet, daß ihr selbst nicht mehr daran glaubt.“ Wäre der Mensch sich der Kraft bewußt, die ihm gegeben ist, um sich selbst zu wandeln, wir würden im wirklichen Leben noch zarteren Frauen begegnen als Beatrice und Julia und noch herrlicheren Helden als in den Tragödien Shakespeares und Schillers.

In der Regel stehen Idealismus und Lebensnähe im umgekehrten Verhältnis zueinander: je idealer desto lebensfremder. Spinoza und Kant haben grandiose idealistische Systeme, Eispaläste errichtet, in denen der Atem des lebendigen Menschen gefriert. Dagegen ist Dostojewskijs von einem gleich hohen Ethos durchdrungene Weltanschauung lebensnah.

Die Inschrift des Engelsbildes: „J'ai le coeur tout plein d'amour", das die Mutter dem kleinen Fjodor — war es Zufall oder Hellsicht — geschenkt hatte, war in sein Herz eingebrannt. Bis an sein Lebensende versiegte in ihm nicht der Born der Liebe.

Schon in seinen Erstlingswerken tauchen Gedanken auf, die dem Reifewerk das Gepräge geben. Die Urwesenheiten, die seit Hesiod den Menschen beunruhigen, bestürzen ihn. Von Widersprüchen zerrissen, hat er im Laufe der Jahre diese in sich ausgetragen und zu einer Einheit gewandelt. Ohne C. G. Jung studiert zu haben ahnte er, daß der religiöse Sinn eine nicht minder starke Triebfeder wie der Sexualtrieb ist.

Wie er der Nützlichkeitssucht den Ewigkeitsdurst gegenüberstellt, dem Zweifel den Glauben, der Verderbtheit — die Keuschheit, dem urmännlichen und urweiblichen Menschen den Christusmenschen, so konfrontiert er auch den Antichrist mit Christus. Er schreckt nicht davor zurück, das Abstoßendste zu zeigen. Er stellt auch das Unmenschliche dar, denn das gehört zur unentrinnbaren Wirklichkeit.

Er wußte, daß einer der größten Feinde des Menschen und besonders des russischen Menschen das Trägheitsprinzip ist. In der Puschkin-Rede, die man sein geistiges Vermächtnis nennen kann, greift er die Idee der Arbeit auf, Arbeit als Vervollkommnung am eigenen Ich, Arbeit zum Allgemeinwohl, wie auch als Gegenmacht zur Langeweile, die seit Gogol in der russischen Literatur als eines der größten Laster angeprangert wird.

Diesem größten Gegner der Todesstrafe, diesem Mathematiker der seelischen Gleichungen geht es wie in seinem ersten so in seinem letzten Werk, im schrillen Schrei des Epileptikers und in der milden Weisheit des Staretz Sossima, um das Menschliche im Menschen. Er konnte Gleichgültigkeit und Mißachtung nicht ertragen. Er brauchte das Du als Knabe, als junger Schriftsteller, als reifer

Mann. Nicht nur an seine Geliebte, an seinen Schutzengel — seine Frau, an den Lieblingsbruder Michail, an alle seine Freunde und Freundinnen schreibt er, als könne er ohne sie nicht leben. Fünf Monate vor seinem Tode, als er bereits auf dem Gipfel seines Ruhmes stand, schreibt er an den Schriftsteller I. S. Aksakow, der im Leben unseres Dichters keine sonderliche Rolle gespielt hat: „Ich umarme Sie aufrichtig und danke Ihnen von ganzer Seele. Ich habe Sie nötig, es ist mir unmöglich, Sie nicht zu lieben."* Ja, leben und nicht lieben konnte er nicht. Er liebte die Zuchthäusler, er liebte die unbekannten Leser und am meisten die von ihm selbst geschaffenen Gestalten.

In Sibirien sühnte er sein Empörertum. Nicht mit einer persönlichen Schuld, mit einem metaphysischen Schuldbewußtsein beladen, kehrt er aus der Katorga ins Leben zurück: „Jeder von uns ist verantwortlich für alle und alles, was auf Erden geschieht."

Er war und blieb ein revolutionärer Geist, aber er wollte die Revolution nicht auf dem Wege des Terrors, sondern eine Revolution im Namen Gottes und Christi. Rein äußerlich schloß er sich in den siebziger Jahren an die reaktionären Kreise an, als schöpferischer Künstler blieb er in seinem Leben und Werk ein Revolutionär. Die russische nationale Wahrheit lag für ihn in der Religion: Verliert das russische Volk sein religiöses Gefühl, muß es zugrunde gehen. Den Sozialismus nannte er eine dem russischen Gefühl fremde Lehre, den Materialismus — Zersetzung des geistigen Lebens. „Alle Nihilisten sind Sozialisten," schrieb er an Katkow bereits am 25. 4. 1866. Der Sozialismus schien ihm besonders auf russischer Erde widernatürlich durch das Zerschneiden aller organischen Bande mit der irdischen und überirdischen Heimat. In seinem Notizbuch steht die Eintragung: „Der Sozialismus, das ist die Verzweiflung, den Menschen irgendwann einzurichten; sie richten ihn durch den Despotismus ein und sagen, das ist die Freiheit selbst." Der radikale Sozialismus war für ihn untrennbar vom Despotismus. Nach Dostojewskij kann ein besseres Leben nicht durch soziale Reformen erreicht werden, sondern durch die persönliche Vervollkommnung jedes einzelnen, dessen Wegweiser Christus ist. Wer sich selbst bezwingt und demütigt, wird innerlich frei.

Mit seinem scharfen Verstande wußte er, daß der Mensch die

* Brief Dostojewskijs an I. S. Aksakow vom 28. August 1880.

kompliziertesten mathematischen Rechnungen lösen kann, aber die metaphysische Rechnung im Leben nicht aufgeht. Der menschliche Mensch ist nur als gottbezogenes Wesen denkbar. Wenn es keine Unsterblichkeit gibt, wenn mit der irdischen Existenz alles aufhört, dann gibt es auch keine Tugend und das Leben wird zum Chaos.

Einige Wochen vor seinem Tode schreibt er in einem Brief:* „Ein ungläubiger und gleichgültiger Mensch wird niemals das russische Volk und seine nationalen Eigenarten verstehen", und man könnte mit gleichem Recht sagen: ein ungläubiger und gleichgültiger Mensch wird niemals Dostojewskij verstehen.

In seinem Notizbuch von 1876 steht eine Eintragung, die seine lebensbejahende Weltschau und die dem einzelnen auferlegte Verantwortung sehr klar zum Ausdruck bringt: „Das Leben ist gut und man muß es so gestalten, daß jeder dies bestätigen kann."

Wollte ich alles, was ich im Laufe der vierzig Jahre, in denen ich mich mit Dostojewskij beschäftigte, erkannt habe, in ein Wort zusammenfassen, müßte ich sagen: er war ein Genie der Liebe.

Wer Dostojewskij studiert, erkennt die tragische Schönheit nicht nur des russischen Menschen, sondern des abendländischen Menschen überhaupt, sieht aber auch sehr deutlich die Gefahr, die Westeuropa aus dem maßlosen Osten droht.

* Brief vom 19. 12. 1880.

IV.

DOSTOJEWSKIJ UND EUROPA

Dostojewskij und das russische Schrifttum

„Man nennt sie Träumer, Utopisten und Narren, sie sind aber die Propheten, die wahrhaft Besten unter den Menschen und die Führer der Menschheit.“

Unergründliche, schöpferische Urkräfte offenbaren sich im Genius, den jedes Volk, jedes Zeitalter, jedes Individuum neu entdeckt als die Verwirklichung und Überhöhung eigener, im Betrachter selbst keimhaft schlummernder Möglichkeiten. Die Empfänglichkeit für die Ausstrahlung eines Genius hängt von der Höhe der Kulturstufe des Lesers, von der Weite seines geistigen Horizonts, aber auch von seiner inneren Struktur und Weltanschauung ab. Je geistiger jemand ist, desto weltoffener.

Über hundert Jahre sind vergangen, seit Belinskij die erste Kritik über Dostojewskij veröffentlichte. Überblicken wir im Geiste die noch ungeschriebene Geschichte der Dostojewskij-Kritik, so müssen wir feststellen, daß er, der Gegenstand der widerspruchsvollsten Interpretationen, zu einer geistig-seelischen Weltmacht geworden ist. Dostojewskij in der Spiegelung seiner Zeitgenossen, Dostojewskij in der klassischen russischen Kritik ist ein ganz anderer als der der Mystiker oder Kommunisten. Und die typisch russische Dostojewskij-Deutung ist wiederum sehr verschieden von der deutschen, französischen, spanischen oder englischen. Indem ich die mannigfaltige Dostojewskij-Interpretation kurz umreiße, will ich auch darauf hinweisen, was Dostojewskij den einzelnen Kulturen Europas schuldet. Der Schattenriß der Wechselwirkung Dostojewskijs und Europas erweckt die Vorstellung von seiner die Allwelt in sich aufnehmenden und in die Allwelt sich verströmenden Größe. Wie jedes Genie ist auch er ein lebendiger Beweis, daß europäische Kultur in der gegenseitigen Durchdringung der vielfältigen völkischen Geisteserzeugnisse besteht. Ein Volk ohne einen großen Dichter ist taubstumm.

Zusammen mit seinen Zeitgenossen Turgenjew und Tolstoj bildet Dostojewskij das Gipfel-Dreieck der russischen klassischen Literatur, dessen Vollkommenheit nie wieder erreicht worden ist. Dostojewskijs größter Rivale, mit dem er sich sein Leben lang hart und schmerzlich auseinandersetzte, war Turgenjew, der ihn nur zwei Jahre überlebte. Sie spürten eine gegenseitige Antipathie, die sich je und je bis zum Haß steigerte, um dann wieder vorübergehend mit einem leichten Schleier der Anerkennung zugedeckt zu werden. Ihre Hauptwerke erschienen fast gleichzeitig, und wenn auch die literarischen Interessen und die humane Weltschau ein Ansporn zu gegenseitigem Verständnis und gegenseitiger Zusammenarbeit hätten sein können, so war doch ihre innere Struktur zu verschieden.

Dostojewskij lernte Turgenjew noch vor seiner Verschickung nach Sibirien kennen und war anfangs von ihm entzückt. Sie verkehrten in den gleichen literarischen Kreisen, wurden von den gleichen Kritikern rezensiert. Turgenjew, elegant und reich, von ungezwungener Haltung, hatte in der Gesellschaft viel mehr Beifall als der scheue, schweigsame, eruptive Dostojewskij, der ihn anfangs neidlos bewunderte. 1845 schrieb er seinem Bruder Michail über Turgenjew: „Beinah hätte ich mich in ihn verliebt. Ein Dichter, ein Genie, ein Aristokrat, schön, reich, klug, gebildet . . . In der Tat: ich wüßte keinen Vorzug, den ihm die Natur nicht verliehen hätte!"

Man braucht nur die Porträts der beiden Dichter anzusehen, um sich zu überzeugen, daß sie zwei weit voneinander getrennten Welten angehörten. Turgenjew, noch als alter Mann untadelig gekleidet, mit einem schön gepflegten Bart und edlen Zügen; die Spuren, die die Zeit in dieses Antlitz gegraben hat, verstärken nur dessen ausgeglichene Harmonie: ein Türmer, zum Sehen geboren, zum Schauen bestellt, der den unabwendbaren Wechsel der Dinge von hoher Warte geruhsam beobachtete. Dagegen Dostojewskij auf dem berühmten Porträt Perows: die Hände umklammern nervös die Knie, der grobe Rock hängt wie nicht zu ihm gehörig um seine eingefallene Brust, das Zeichen des Todes steht auf seinem aschfahlen Gesicht, die Augen glühen, der Blick ist nach innen gerichtet. Turgenjews Romane — die Psalmen Davids — beanspruchen einen Einband aus weißem Leder mit Goldschnitt; wie Dostojewskijs Werke — das Buch Hiobs — eingebunden sind, ist gleichgültig. Turgenjew — ein reicher Gutsbesitzer, Dostojewskij ein Stadtkind mit leicht entzündbaren Nerven, ein Epileptiker, dauernd in Geldnöten; Turgenjew ein verfeinerter, westlich orientierter Skeptiker, der die größte Zahl seiner Mannesjahre im Ausland verlebte; Dostojewskij ein tragischer Gottsucher, der sich außerhalb Rußlands verfemt und verdammt vorkam.

Turgenjews Werke atmen Anmut und Schönheit. Die Atmosphäre bei Dostojewskij ist von vorwärtsdrängender Unruhe geladen. Liebe, Leben und Tod sind in Turgenjews Werken von wehmütiger Harmonie umweht; die Gestalten Dostojewskijs sind von Verzweiflung gezeichnet. Das Kennwort des ersteren ist — zart, das Kennwort des letzteren — wild. Turgenjew, der den Leser mehr ansprach, wurde von den Verlegern besser bezahlt, was Dostojewskij bis aufs Blut verletzt: „Oh, wenn ich nur einen Roman unter denselben Voraussetzungen schreiben könnte wie Tolstoj und Turgenjew!“ Turgenjew, der große Güter besaß, erhielt vierhundert Rubel pro Bogen, Dostojewskij, der nichts besaß als ein äußerst sensibles Nervensystem, — nur den vierten Teil davon. Wurde Turgenjew von der Kritik angegriffen, lächelte er resigniert: „Das geht vorüber wie ein Sommerregen.“ Dostojewskij dagegen empörte jeder ungerechte Angriff, immer hatte er Angst, mißverstanden zu werden und die Hoffnungen seiner Zeitgenossen zu enttäuschen. Der fundamentale Unterschied in der Art, sich selbst, Volk, Vaterland und Religion zu beurteilen, verstärkte mit den Jahren die anwachsende Abneigung, hinzu traten noch rein persönliche Mißhelligkeiten. Turgenjew hatte in seiner Jugend ein Spottgedicht über Dostojewskij verfaßt; Dostojewskij zeichnete die Karikatur Turgenjews in seinem Reifewerk, den „Dämonen“; er verhöhnte seinen Gegner in der Gestalt des albernen Dichters Karmazinow, dessen Liebesszenen in einer abstrusen Landschaft, auf veilchenblauem Rasen und unter orangefarbenen Bäumen sich abspielen. Als Turgenjew das Buch las und seine Kunst parodiert sah, zuckte er nur die Schultern: „Habe ich euch nicht immer gesagt, der Kerl ist total verrückt?“

Während Dostojewskij Redakteur des „Wremja“ war, warb er

um Turgenjews Mitarbeit und schätzte seine Beiträge hoch. Im „Tagebuch eines Schriftstellers", wo er im Nachmittagsglanz seines Lebens mit allen Dingen endgültig abrechnet, widmet er Turgenjew anerkennende Worte. Turgenjew, der Zurückhaltende, hat seltsamerweise in der Presse keine prinzipielle Stellung zu Dostojewskijs Schaffen eingenommen. In Privatgesprächen, Briefen und seinen Erinnerungen erwähnt er ihn hin und wieder und immer mit ausgesprochener Abneigung. Der „Jüngling" ging ihm auf die Nerven: „Ich habe einen Blick in dieses Chaos geworfen. Gott, welch ein Sauerteig! Welch ein Krankenhausgestank, unnützes Gestotter und welch ein psychologisches Herumbohren in Wunden." Dostojewskij dagegen schreibt kurz vor seinem Tode im „Tagebuch eines Schriftstellers" über Turgenjew: „Der künstlerische Wert seiner Werke steht außer allem Zweifel."

Den übrigen russischen Zeitgenossen fühlte er sich überlegen. Seine Urteile über Schriftsteller sind von großer Prägnanz, z.B. über Gontscharow: „Ein glänzendes Talent, aber mit der Seele eines Beamten, ohne Ideen und mit den Augen eines gekochten Fisches."

Mit dem zehn Jahre jüngeren Zeitgenossen Nikolai Leskow kam es zu heftigen Auseinandersetzungen. Dostojewskij hatte keinen Sinn für das Talent dieses schroffen Schriftstellers, der Heinrich Heine über alles liebte und der sich an den Leitspruch hielt: „Besser ein unglücklicher Mensch als ein glückliches Schwein." Nach Dostojewskijs Tod spottete er über diesen „gewandten, halbtollen, vielgeliebten Schriftsteller", der ihm als Redakteur der „Epoche" die Honorare unregelmäßig ausgezahlt habe.

Über alle Kritik erhaben war in den Augen Dostojewskijs nur einer, der sieben Jahre jüngere Tolstoj, den er 1877 den Lieblingsschriftsteller aller Leser nennt. Daß er mit ihm nicht persönlich bekannt war, empfand er als schmerzliche Lücke seines geistigen Lebens. In den siebziger Jahren, als Dostojewskijs Ruhm den Gipfel erreichte, besuchte Tolstoj Petersburg nur selten. Einmal waren beide bei einer Vorlesung Solowjews anwesend. Als Dostojewskij nachträglich erfuhr, wer mit ihm im Hörsaal gewesen, war er sehr betrübt, daß er die Gelegenheit verpaßt hatte, die Bekanntschaft mit dem am meisten bewunderten Zeitgenossen zu machen. Im „Tagebuch eines Schriftstellers" heißt es: „Es gelingt Tolstoj besser als irgendeinem von uns, für sein Selbst einen Ausdruck zu finden." Er pries „Anna Karenina" als geniales Meisterwerk, besonders beeindruckt war er von der Versöhnungsszene zwischen Wronski und Karenin am Krankenbett Annas. Er nannte den Roman ein Ereignis, geeignet, Westeuropa auf die russische Literatur aufmerksam zu machen. „Solche Menschen wie der Autor von ‚Anna Karenina' sind Erzieher der Gesellschaft . . . Sie sind unsere Lehrer und wir nur ihre Schüler."

Die zwei größten russischen Gottsucher haben einander nie die Hand gereicht. Die Gipfel der menschlichen Bergketten sind scheinbar ebenso schicksalhaft voneinander getrennt wie die geographischen: auch Cervantes und Shakespeare kannten einander nicht. Aus den Briefen und Tagebüchern Tolstojs erfahren wir, wie hoch er Dostojewskij schätzte. Die „Erniedrigten und Beleidigten" konnte er nie ohne Ergriffenheit lesen, die Gestalt des Idioten hielt er für ein Meisterwerk, schätzte aber als Ganzes am höchsten das „Totenhaus", das er das beste Buch der neuen Literatur nannte. Die urchristliche, von allen Dogmen unabhängige Gesinnung Dostojewskijs war es, die Tolstoj sich im Brief an Strachow (26. 9. 1880) äußern ließ: „Ein gutes, ein aufbauendes Buch, ich genoß es gestern den ganzen Tag, wie ich lange nichts genossen habe. Sollten Sie Dostojewskij treffen, sagen Sie ihm, daß ich ihn liebe." Nach Dostojewskijs Tod schreibt er an N. Strachow ein sehr demutsvolles Bekenntnis: „Ich habe ihn immer als meinen Freund betrachtet und ich konnte gar nicht anders denken, als daß wir uns einmal sehen würden . . . Und plötzlich las ich nun, daß er gestorben sei. Es war mir, als sei mir eine Stütze genommen. Ich war ganz verwirrt und erst jetzt kam es mir zum Bewußtsein, wie teuer er mir war, und ich mußte weinen und ich weine noch."

In einem Gespräch mit der Witwe Dostojewskijs äußerte er sich im selben Sinne: „Dostojewskij war ein edler Mensch, von echt christlichem Geiste beseelt." Im Munde Leo Tolstojs bedeuteten diese Worte das höchste Lob.

Der erste, der die öffentliche Aufmerksamkeit auf Dostojewskij lenkte, war der Vater der russischen Kritik, Belinskij. 1846, gleich nachdem Dostojewskijs Erstlingswerke erschienen waren, veröffentlichte er eine zwanzig Seiten lange Besprechung über „Arme Leute" und den „Doppelgänger". „Er setzt uns nicht in Erstaunen durch jene Kenntnisse des Lebens und des menschlichen Herzens, die man nicht durch Erfahrung und Beobachtung erwirbt, nein, er kennt alle Dinge tief, aber er kennt sie a priori, das heißt, rein dichterisch, schöpferisch. Seine Kenntnisse stammen aus dem Talent, der Inspiration." Das Hauptmerkmal der Wortkunst Dostojewskij sei „ein tiefmenschliches und pathetisches Element". An der Sprache spüre man, daß sein geistiger Ahne Gogol sei, aber die Konzeption der Werke und die Charaktere „leuchten durch hervorragende Selbständigkeit". Er nannte den Grundton der Werke tragisch und schrieb jene Worte, die bis auf den heutigen Tag so oft wie die keines anderen Kritikers wiederholt worden sind: „Ehre und Ruhm dem jungen Dichter, dessen Muse die Menschen in Bodenkammern und Kellerwohnungen liebt und den Bewohnern vergoldeter Paläste von ihnen erzählt: das sind doch auch Menschen und eure Brüder!" Belinskij erkannte in Dostojewskij, dem Schilderer der Geknechteten und Enterbten, nicht nur einen Deuter der sozialen Not, sondern einen Mitkämpfer in der Auflehnung gegen soziale Ungerechtigkeit und Unterdrückung.

Eine gewaltsam einseitige, weitverbreitete und vielfach banale Deutung von Dostojewskij gab N. K. Michailowskij.* 1882 publizierte er seinen Aufsatz „Das grausame Talent", in dem er zu beweisen versucht, daß Dostojewskij wollüstige Freude an Grausamkeiten und Quälereien gehabt habe. Michailowskij unterscheidet zwei Klassen von Schriftstellern: solche, die die Gefühle des sein Opfer verschlingenden Wolfes schildern, und wiederum solche, die die Gefühle der Lämmer, die von Wölfen verschlungen werden, beschreiben. Dostojewskij gehöre der ersten Gruppe an, es gäbe nämlich keinen Schriftsteller, der so eingehend und überzeugend, „mit — möchte man sagen — soviel Liebe" — die Gefühle des Wolfes, der ein Lamm zerfleischt, geschildert hat. „Er wühlte in den allertiefsten Tiefen der Seele des Wolfes, schnüffelte verfeinerte, verzwickte Empfindungen heraus; ihn interessierte durchaus nicht das einfache Gefühl des Hungers und der Sättigung, sondern die Wollust des Ingrimms und der Grausamkeit. Er reizt absichtlich seine wilden Tiere, zeigt ihnen das Lamm, ein Stück blutigen Fleisches, er züchtigt sie mit der Peitsche und mit rotglühendem Eisen, nur um ... sich an diesem Anblick zu weiden und dem Publikum ein Schauspiel zu bieten."

Eine besondere Gruppe der russischen Literaturphilosophen bilden die Mystiker Wladimir Solowjew, Mereschkowskij, Berdjajew,

* N. K. Michailowskij, 1842—1904, dieser von Kant und Spencer beeinflußte russische Literaturkritiker war seiner Weltanschauung nach Positivist.

N. Rosanow und Fedor Stepun. Da zwischen Solowjew, dem Begründer der metaphysischen Richtung, und Dostojewskij ein besonders herzliches Einvernehmen bestand, skizzieren wir Solowjews Gedankengang näher.*

Sie lernten einander im Jahre 1873 kennen, Dostojewskij war einundfünfzig, Solowjew zwanzig Jahre alt und hatte sein philosophisches Studium eben beendet. Dostojewskij hatte zu dieser Zeit bereits seine großen Romane geschrieben, mit Ausnahme der zwei letzten, „Der Jüngling“ und „Brüder Karamasow“. Solowjew hat das Modell für Aljoscha in den „Brüdern Karamasow“ abgegeben und Dostojewskij pflegte zu sagen, Solowjews Gesicht erinnere ihn an Carraccis Christus, den er besonders liebte. 1878 war Dostojewskij ein regelmäßiger Besucher von Solowjews Vorlesungen über das Gottmenschentum. Tief war die Freundschaft, die den reifen gefeierten Schriftsteller und den frühreifen Philosophen verband, und es ist schwer zu sagen, wer dem anderen mehr verdankt. Es ist anzunehmen, daß der junge Philosoph Dostojewskij zur „Legende vom Großinquisitor“ inspiriert hat.

Am Anfang des 20. Jahrhunderts bewertete man in Rußland Dostojewskij nach dem Maßstab Solowjews. Dieser sah in Dostojewskij einen Auserwählten, dem sich Gott und Christus in seelischer Innenoffenbarung enthüllt hat. In den „Drei Reden zum Andenken Dostojewskijs“ 1883 schält Solowjew den Kern der religiösen Idee Dostojewskijs, die er „wahr und wohltuend“ nennt, heraus: Dostojewskij ist für den Philosophen kein gewöhnlicher Romanschriftsteller, sondern weit mehr, ein Priester und Prophet, wie es die Dichter in den ersten Zeiten der Menschheitsentwicklung waren; er nennt ihn Rußlands größten Mystiker, humansten Dichter und gewaltigsten Realisten, der den Sündenpfuhl der menschlichen Gesellschaft nicht nur schonungslos aufdeckt, sondern auch inbrünstig nach einem Ausweg sucht. Das allmenschliche Ideal Dostojewskijs, die kosmische, universelle Wahrheit, bezeichnet Solowjew mit dem Wort — Kirche. „Das vollkommene Ideal und das letzte Ziel ist nicht im Volkstum beschlossen ... sondern in der Kirche, die als höchstes Ziel aller Dienstbarkeit moralische Opfertaten nicht nur von der einzelnen Persönlichkeit, sondern von einem ganzen Volk fordert.“ Von der christlichen Idee, die seinen Werken

* Wladimir Sergejewitsch Solowjew, 1853—1900; 1875—77 Dozent der Philosophie an der Universität Moskau, 1878/81 an der Universität Petersburg.

das überirdische Leuchten verleiht, heißt es: sie besteht in „einer freien Vereinigung der ganzen Menschheit, einer weltumfassenden Bruderschaft im Namen Christi, die zur Erreichung ihres Ideals weder Vergewaltigung noch Mord anerkennt, sondern nur moralische Opfertat, die in Selbstentäußerung begründet ist". Für Dostojewskij gäbe es weder Hellenen noch Hebräer, alle Menschen seien für ihn Kinder Gottes. Das kirchliche Christentum wie auch das Christentum als Erlösung der einzelnen Menschenseele genüge ihm nicht, er verkünde ein weltumfassendes Christentum, das die ganze Menschheit und alle Werke der Menschen, die alltäglichsten wie die außergewöhnlichsten, durchdringe. Dostojewskijs Christus sei das kosmisch-historische Prinzip der Liebe, der freien Übereinstimmung und brüderlichen Einigkeit. Dieses Ideal sei für Tatsachen-Menschen unerreichbar, und Solowjew stellt ihnen die Glaubensmenschen gegenüber. „Die Tatsachen-Menschen leben von fremdem Leben, und sie sind es nicht, die Leben schaffen. Das Leben wird geschaffen von den Glaubensmenschen. Man nennt sie Träumer, Utopisten und Narren, sie sind aber die Propheten, die wahrhaft Besten unter den Menschen und die Führer der Menschheit."

Als 1881 Zar Alexander II., den Solowjew ebenso wie Dostojewskij aus ganzem Herzen verehrte, einem Attentat zum Opfer fiel, erkühnte sich der junge Philosoph in einer öffentlichen Rede zur Forderung, den Zarenmörder zu begnadigen: „Man muß aus dem Blutkreise heraustreten, und die Regierung sollte allen voran das Beispiel der Barmherzigkeit geben". Der Mörder wurde hingerichtet und der Philosoph, der im Geiste Dostojewskijs wirkte, verlor seine Anstellung an der Universität.

Mereschkowskijs Werke über Dostojewskij sind das Großartigste, was die metaphysische Richtung hervorgebracht hat; sie sind am meisten bekannt und sogar in solche Sprachen übersetzt, deren Vertreter im allgemeinen wenig Interesse für metaphysische Probleme haben. So wurde sein Buch über Tolstoj und Dostojewskij ins Englische übersetzt, noch bevor Dostojewskijs große Romane in England erschienen waren. Mereschkowskij, ein Mahner zur abendländischen Selbstbesinnung, dessen Größe auch heute noch nicht annähernd ermessen wurde, ist der letzte weltumfassende russische Dichter, der in sich nicht nur das Erbe Dostojewskijs trägt, sondern das der ganzen klassischen, christlich-russischen Kultur, die heute wie das alte Griechenland untergegangen ist.

Auch Nikolai Berdjajew, ein Schüler Solowjews, hält Dostojewskij für den größten Dichter der christlichen Metaphysik und den Ahnherrn der russischen Metaphysik überhaupt. Solowjew nennt Dostojewskij einen Erzieher der menschlichen Gesellschaft, Berdjajew dagegen warnt, das Tragische zum Vorbild zu erheben. Für ihn ist Dostojewskij als Dichter der Ekstase und der Maßlosigkeit der Urrusse, der besser als irgendein anderer die verhängnisvollen Schwächen des eigenen Volkes diagnostiziert hat: wollüstige Freude am Untergang und Willensschwäche. Nach Berdjajew wußte Dostojewskij, daß die Russen ein Volk großer Möglichkeiten seien, aber ein Volk mit einer kranken Seele, dem es an Selbstzucht mangle.*

Ein Lauscher und Komponist kosmischer Musik, der letzte russische Lyriker mit Weltatem, Alexander Block, zählt Dostojewskij zu den notwendigen Wegweisern seines Schaffens. „Hier in den Romanen Dostojewskijs liegt die Seele nicht fest und leidenschaftlich auf den Buchseiten, wie das bisher immer gewesen, nein, sie tanzt auf ihnen."

Dostojewskij und Block, Schöpfer urrussischer Wortkunstwerke, sind ohne religiöse Voraussetzung nicht zu verstehen. Feinde des Formalismus, Dichter wahren Menschentums, ist Petersburg für sie die gleichermaßen geliebte und gehaßte Stadt.

Apokalyptische gespenstische Bilder von Straßen, Kirchen, Vorstadtkneipen entspringen nicht einem geographischen Ort, es sind Versionen eines fiebrigen übernächtigten Auges. Dostojewskijs Gedanken von der Allmenschlichkeit der Russen denkt sein Erbe Alexander Block weiter, dieser Glaube hindert auch ihn nicht, über sein eigenes Volk die negativsten Urteile auszusprechen: „Rußland hat mich erdrückt wie eine dumme Sau ihr Ferkel", diese hellsichtigen Worte schreibt er kurz vor seinem Tode. Auch Blocks Weg zu Christus führt über einen schmalen Steg, unter dem die Schlangen des Atheismus zischen. Auch er, Realist und Visionär, besaß ein frommes Herz und einen nihilistischen Verstand. Wie Dostojewskijs einprägsamste Gestalt der schweigsame, geheimnisvolle, von den Wortpfeilen des Großinquisitors unversehrbare Gast ist, so Alexander Blocks — der von den Kugeln der Feinde unverwundbare, im wilden Schneewehen leicht dahinschreitende Christus mit dem Kranz weißer Rosen auf dem Haupt. In den religiösen Versionen des

* N. Berdjajew, Die Weltanschauung Dostojewskijs, Prag 1923.

genialen Lyrikers spürt man den Atem Dostojewskijs, doch bei diesem siegt das Licht, bei jenem die Finsternis. Alexander Block, der vollgültige Erbe Dostojewskijs, starb 1921, als die ganze kulturelle Welt den hundertjährigen Geburtstag Dostojewskijs feierte und das alte Rußland in den Abgrund des Antichrist versank.

Beschließen wir die Urteile der russischen Mystiker mit Fedor Stepun, dem westeuropäischen Russen, der so tief in die Problematik unserer Zeit hineingeschaut hat. Er nennt das Werk Dostojewskijs, den er für einen ausgesprochenen Platoniker hält, ein philosophisches System in Gestalten, „das auf einer breiten sozialpsychologischen Basis ruhend, sich zu den letztwesentlichen religiösen Problemen erhebt."*

Die Mystiker behaupten, daß man Dostojewskij lesen und in seinen Werken die Seele läutern wird, solange es Menschen geben wird, die dem christlichen Ideal nachleben. Aber Dostojewskijs geheime Macht reicht noch viel weiter: auch über die Grenzen der christlichen Welt hinaus fasziniert er seine Leser.

An den Toren des Kreml steht geschrieben, daß Religion ein Opiat fürs Volk sei.

Weihnachten und Ostern sind wie eine veraltete Sentimentalität aus dem Leben gestrichen, aber auch im Bereich dieser auf Nutzsucht eingestellten, Christus bekämpfenden Welt, wo anstelle des Prinzips der Liebe dasjenige des Hasses waltet und der Mensch zu einer jederzeit ersetzbaren Sache, zur billigsten Maschine herabgewürdigt ist, gehört Dostojewskij zu den meistgelesenen und einflußreichsten Dichtern. Welch unbegreifliche Ironie der Kulturgeschichte: der größte russische Metaphysiker wird von den Bekämpfern der Metaphysik der jungen Schriftstellergeneration als Muster hingestellt! Im kommunistischen Rußland hat man im weitesten Umfang Dostojewskij-Forschungen betrieben und manch Neues zutage gefördert: er ist in den Blickpunkt der Literaturwissenschaft und Philologie gerückt. Geheime Verliese sind geöffnet, Archive gegründet, der Nachlaß, seine Memoiren und Kommentare sind publiziert worden. Von ungeheurer Bedeutung sind die Tagebücher und noch mehr die Notizbücher Dostojewskijs, die den Forscher in die verborgenen Winkel seiner Werkstatt führen. In vier stattlichen Bänden, mit genauen und sorgfältigen Kom-

* Fedor Stepun, „Der Bolschewismus und die christliche Existenz", 1959.

mentaren versehen, sind seine Briefe erschienen. Im Vorwort zu dieser Ausgabe gibt G. Gorbatschew eine aufschlußreiche Erklärung für die Einstellung der Sowjets zu Dostojewskij. Er kommt den versteckten Einwänden jener zuvor, die angesichts dieser Herausgabe fragen, was der Bolschewismus, der alles Mystische und Idealistische tödlich haßt, mit Dostojewskij zu tun habe, indem er behauptet, daß nicht Dostojewskij, sondern seine veralteten Ausleger schädlich seien und im Widerspruch zu der bolschewistischen Lebensanschauung stünden. Die Rechtfertigung des Interesses für Dostojewskij faßt Gorbatschew in vier Punkte zusammen: Erstens ist Dostojewskij einer der größten Meister russischer Prosa, darum ist es für die Sowjet-Schriftsteller nützlich, den Aufbau seiner Romane zu studieren. Zweitens: Dostojewskij ist der erste Schriftsteller, der den Schauplatz des russischen Romans in die Großstadt verlegt hat. Drittens ist es heilsam, Dostojewskijs Ideen kennenzulernen, weil der Individualismus, den er verficht, in all seinen Romanen Schiffbruch erleidet, ebenso wie seine religiösen Phantastereien. Viertens: die schonungslose Enthüllung der korrupten bürgerlichen und aristokratischen Gesellschaft bildet einen überzeugenden Protest gegen die kapitalistische Gesellschaftsordnung. Und — horribile dictu — abschließend heißt es: „Er hinterließ uns das beste Beispiel der antireligiösen Propaganda."

Von den zahlreichen Dostojewskij-Forschern in Sowjetrußland sind vor allem noch zwei Namen zu nennen: Perewersew und G. Großmann. Perewersew erklärt die besondere Eigenart in Dostojewskijs Schaffen durch das Gesetz von Ursache und Wirkung, das er, den Naturwissenschaften entlehnend, ohne Bedenken auf die Geisteswissenschaft anwendet. Da er für die Dostojewskij-Deutung bei den Sowjets bis 1935 repräsentativ war* und die Charakteristik Dostojewskijs in der umfangreichen Literaturenzyklopädie zusammengestellt hat, geben wir den Extrakt seiner Ansichten wieder: „Der geniale Vertreter des bürgerlichen Stils in der Literatur trat hervor, als die Zeit der Leibeigenschaft zu Ende ging und der Kapitalismus zu keimen begann." Wer dem Proletariat entstiegen war, mußte die harte Konkurrenz in den Reihen der Besitzenden bestehen. Das Bürgertum hatte keinen festen Grund unter den Füßen, es fühlte sich ständig beleidigt und erniedrigt, und so kam

* Enzyklopädie der Literatur, Leningrad, 1930.

es in der Literatur „zu hysterischen Ausbrüchen, die bisweilen eine krankhafte pathologische Form annahmen. Das Katastrophale drückt dem gesamten Schaffen Dostojewskijs einen tragischen Stempel auf, macht es qualvoll, düster und sein Talent grausam." Perewersew wiederholt, ohne sich dessen bewußt zu sein, in abtötender Monotonie die Kennworte Michailowskijs: hysterisch, düster, pathologisch. Um sich als Mensch zu fühlen, muß der Held Dostojewskijs, der vorwiegend zu den armen Leuten gehört, die Kraft und den Mut aufbringen, seine Mitmenschen zu beleidigen und zu erniedrigen, wie er selbst beleidigt und erniedrigt worden ist, und in seiner weiteren Entwicklung muß er einen seiner Mitmenschen erschlagen, um zu beweisen, daß er die Gesetze übertreten darf. „Der pathologische Trieb zu kränken, zu quälen, zu beleidigen, zu übertreten, ist im gleichen Maße entwickelt wie das krankhafte Verlangen zu leiden und Kränkung zu ertragen." Alle Romane Dostojewskijs zwingt Perewersew in das gleiche Schema, indem er die Charakterbildung der Gestalten, die Thematik, die Komposition und den Stil Dostojewskijs auf die sozialen Verhältnisse zurückführt; diese sind die Ursache, das künstlerische Schaffen — die unabweisbare Folge. In einem zusammenbrechenden kapitalistischen Staat konnte sich nur eine solche und keine andere Kunst entwickeln. „Hysterische Gespanntheit, krampfhafte Hast, düstere Katastrophenstimmung . . . haben die wirbelartige Entwicklung seiner Werke bestimmt. Dynamik, spannende Ereignisse, chaotische Situationen, ein wirres Durcheinander von überraschenden Geschehnissen bilden den Charakter seiner Kompositionen." Dostojewskijs Stil sei in der russischen Literatur etwas ganz Neues und Ungewöhnliches, und dieses Neue bestehe im Bruch mit der ruhig dahinfließenden Epik der Gutsbesitzerliteratur. Dostojewskij besäße „eine tüchtige Ladung gemeinschaftlichprogressiver Energie", aber die reaktionären Momente, das heißt seine Religiosität, seien von gleicher Intensität und verderben seine besten Werke. Abschließend behauptet Perewersew, daß weder Dostojewskijs Zeitgenossen noch die späteren Kritiker ihn richtig verstanden hätten, dies sei einzig und allein den Sowjetschriftstellern gelungen ... „In der neuen russischen Literatur ist Dostojewskij ein Grundpfeiler, ihm gebührt jene Zentralstellung, die Puschkin in der Literatur der Gutsbesitzer einnahm. Alle Schriftsteller der Gutsbesitzerperiode sind mehr oder weniger Puschkin verwandt, alle Dichter der Bourgeois-Periode aber sind mehr oder weniger in Dostojewskij verankert." Mit dieser letzten Behauptung hat Perewersew zweifellos recht: Dostojewskij hat besonders intensiv die russischen Symbolisten wie L. Andrejew, Sologub, A. Bjelyj, ja sogar eine Reihe von Sowjetschriftstellern beeinflußt, aber einen geistigen Erben hat er unter ihnen nicht gefunden.

Obwohl die Sowjets den Gehalt seiner Romane zum Dienst an ihrer Propaganda mit einer schier unfaßlichen Skrupellosigkeit vergewaltigt haben, sind sie den rein formalen Fragen, zu deren Lösung ein neugieriger Intellekt und wissenschaftliche Präzision genügen, mit eifrigem Forschersinn nachgegangen und haben auf diesem Gebiet Beachtliches geleistet. Sämtliche älteren Kritiker, russische wie auch ausländische, haben Dostojewskij eine Nachlässigkeit in der Form, eine chaotische Komposition vorgeworfen, und dieses Urteil ist kritiklos vom Publikum im Osten und Westen wiederholt worden. Diesem Aberglauben tritt L. Großmann, der bedeutendste Literaturforscher in Sowjetrußland, energisch entgegen. Großmann ist einer der ganz wenigen zeitgenössischen russischen Literaten (der heute allerdings in Ungnade gefallen ist), die sich dem bekannten und äußerst markanten Ausspruch Majakowskijs nicht anschließen: „Persönlichkeit ist unanständig." Ein Meister im Zeichnen literarischer Porträts, ist Stil für ihn Ausdruck der Persönlichkeit und nicht, wie für Perewersew, ein mechanisches Resultat sozialer Verhältnisse.*

Großmann verwirft die Ansicht der russischen Mystiker, daß das Wertvollste in den Werken Dostojewskijs der religiöse Gedankengehalt sei. Er hat die Stilistik, Ästhetik und Komposition des Dichters eingehend studiert und nennt den Autor der „Brüder Karamasow" einen der größten und eigenartigsten Wortkünstler. „Die Fragen der Form standen bei Dostojewskij immer an erster Stelle." ... „Dostojewskij ist nicht so sehr als Philosoph, Psychologe und Mystiker hervorragend, sondern als Schöpfer eines neuen Romanstils ... Mit ihm beginnt ein neues Blatt in der Geschichte des europäischen Romans." Dostojewskij habe ein neues literarisches Genre begründet: den philosophischen Abenteuer-Roman, worin es ihm gelungen sei, philosophische Gedankengänge mit spannender äußerer Handlung zu verbinden. Der Ausgangspunkt, eine ethisch-

* Ganz besonders wertvoll ist seine Dostojewskij-Biographie: „Der Weg Dostojewskijs." Es ist undenkbar, daß heute jemand das Leben Dostojewskijs darstellt, ohne Großmanns Werke zu kennen.

psychologische oder philosophisch-religiöse Idee, sei von einem Kaleidoskop der Geschehnisse eingeschlossen. Die unwiederholbare Eigenart seiner Worttechnik sei die Verschmelzung von Sensation und Philosophie, von religiösem Drama mit einem Boulevard-Roman.

Nahezu in jedem Jahrzehnt und unter jedem Regime wird Dostojewskij eine andere Deutung zuteil. Es ist, als wiederholten sich die Ereignisse seines Lebens: bald wird er zum Tode verurteilt, bald mit Lorbeer geschmückt. Zur Blütezeit des sozialistischen Realismus, also bereits in der Mitte der dreißiger Jahre, mußte Perewersew seinen Ausführungen als einer gefährlichen Ketzerei abschwören. Dostojewskijs individualistische, idealistische, von den Gesellschaftsklassen unabhängige Ethik, die im Verantwortungsgefühl des einzelnen wurzelt, wurde im Namen der kommunistischen Lehrsätze verworfen und die Auffassung Maxim Gorkis setzte sich durch: Dostojewskij wurde ein Spießbürger, ein schädlicher, gefährlicher Schriftsteller genannt, seine Philosophie der Demut — ein Zeichen erbärmlicher Schwäche.

In den vierziger Jahren, während des Krieges mit Deutschland, wurde er zum Nationalisten erhoben, zum Sittenlehrer und Künder des waschechten Russentums. W. Jermilow analysiert Dostojewskijs „Dämonen“ als Prophezeiung des politischen Gangstertums der Nazis, obwohl ihm die Notizbücher bekannt waren, in denen schwarz auf weiß steht, daß die „Dämonen“ aus dem Grauen vor der russischen Revolution geboren sind. Dostojewskijs Abscheu gegen Gewalttat und Grausamkeit benutzte man als Propaganda gegen die Freveltaten des Faschismus, blind gegen die Folterkammern im eigenen Lande. Um den Haß gegen die Greueltaten der Nazis zu schüren, brüstete man sich mit der russischen Humanität des umstrittenen Dichters. Wie gütig und mitleidend der Russe sei, ersehe man aus den Werken Dostojewskijs. Dem Realismus seiner Psychologie stellte man die dekadente degenerierte Psychologie eines Proust oder Joyce gegenüber. Aber nach Abschluß des Friedens mußte der arme W. Jermilow „seinen Ketzereien“ abschwören und einen öffentlichen Vortrag über die rückständigen Ideen Dostojewskijs halten. Im April 1948 zwang der Polizeistaat eine Reihe bekannter Literaturgelehrter, darunter den hervorragenden Dostojewskij-Forscher Dolinin, in der Universität zu Leningrad vom Katheder herab Sünden zu bereuen, das heißt eigene wertvolle Werke zu schmähen und zu verwerfen. Dolinin verkündete feierlich, daß er sich vom Reaktionär Dostojewskij voller Abscheu abwende und fortan seine Aufmerksamkeit Belinskij und anderen revolutionären Demokraten zuwenden werde.

In den fünfziger Jahren nach Stalins Tod (1953) wurde im Hinblick auf den fünfundsiebzigsten Todestag Dostojewskijs die offizielle Haltung erneut revidiert und der Gedenktag geräuschvoll gefeiert. Eine zehnbändige Ausgabe seiner gesammelten Werke erschien, sogar „Die Dämonen", die als Einzelausgabe während der Sowjetherrschaft nicht herausgegeben worden waren. Die dem Zeitgeist angepaßte Einleitung zu den Gesammelten Werken schrieb W. Jermilow. Er hebt Dostojewskijs Mitleid mit den Erniedrigten und Beleidigten hervor, die religiösen Motive werden als rückständig gebrandmarkt. In den übrigen Kritiken der letzten Jahrzehnte wiederholt sich stereotyp die gleiche Einstellung.

Hundert Jahre nach Dostojewskijs Geburt vollzog sich seine Auferstehung: im In- und Auslande erschienen eine Reihe aufschlußreicher Werke, die ihm als Künstler huldigten. Die Verleumdung wegen seiner ästhetischen Formlosigkeit und stilistischen Nonchalance war endgültig abgetan.* Sehr eindrucksvoll schreibt N. Berberowah, eine der repräsentativen russischen Emigrantenschriftstellerinnen: „Die Zeit kommt und geht, und heute gibt es keinen Zweifel mehr: Leo Tolstoj schrieb von unseren Ahnen, Dostojewskij — von uns selbst. Es ist charakteristisch, daß die europäische Jugend Tolstoj als einen Romanschriftsteller betrachtet, der ganz wunderbare Familien- und Liebesgeschichten erzählt; Dostojewskij dagegen gilt als ein Pfeiler der zeitgenössischen Philosophie.**

Die Literatur über Dostojewskij übersteigt längst den Umfang seiner gesammelten Werke. Er, der zu seinen Lebzeiten auf Knien liegend seine Zeitgenossen um ein paar hundert lumpige Rubel vergebens anflehte, ist seit dem ersten Weltkrieg der am meisten interpretierte Autor. Weder die Faschisten noch die Kommunisten, weder die Intellektualisten noch die Nihilisten haben ihn zu Fall gebracht,

* Von den neuesten Werken, nicht nur der russischen Emigranten, sondern der Dostojewskij-Literatur überhaupt, ist zweifellos das wertvollste die Studie Motschulskijs, der die Notizbücher und Entwürfe zu den großen Romanen erforscht und in der Kenntnis des Nachlasses kaum einen Rivalen hat. Neue Daten über Dostojewskijs Verhaftung, seine Kerker- und Katorgazeit hat Ljaskowskij publiziert.

** Orion, Paris 1947.

selbst seine weniger wertvollen Erzählungen und Fragmente, die Entwürfe zu seinen Romanen, die Notizbücher werden wie kostbare Edelsteine in das Gold der Bewunderung eingefaßt.

Eine eingehende Studie über die Frage, was Dostojewskij von Westeuropa empfing und was er dem Abendland gegeben hat, wäre ein aufschlußreiches Kulturdokument, das einen umfangreichen Band füllen würde. Gundolf errichtete das England und Deutschland verbindende Denkmal „Shakespeare und der deutsche Geist". Wer wird der Baumeister des gewaltigen Pendants sein: Dostojewskij und der europäische Geist? Folgende Betrachtungen sollen nur eine Anregung zu diesem Problem sein, ohne Anspruch auf eine abgerundete Forschung oder enzyklopädische Vollständigkeit. Indem ich mich an den Grundsatz pars pro toto halte und auf die literaturhistorischen Zusammenhänge und Aussprüche repräsentativer Persönlichkeiten hinweise, hoffe ich die Vorstellung eines Blutkreislaufes der Kultur zu erwecken: ungezählte unterirdische Adern verbinden Dostojewskij als Nehmenden und Gebenden mit dem Osten und Westen Europas, als Gebenden allerdings auch mit Amerika, doch diese Frage der Dostojewskij-Forschung habe ich vorläufig bewußt ausgeschlossen.

Was mich hauptsächlich beschäftigt, ist die künstlerische Auswirkung Dostojewskijs auf verwandte und entgegengesetzte Naturen, die Tatsache, daß man, aus derselben Quelle schöpfend, zu gleichen wie auch entgegengesetzten Resultaten kommen kann.

Wechselwirkung Dostojewskijs und Westeuropas

> „Ein Volk erhält sich nicht durch seine Militärmacht und lebt nicht von Brot und Manufakturwaren, sondern zweifellos von den Ideen, die Herz und Seele erfüllen."

In seinen Briefen aus dem Ausland wiederholen sich die Begriffe — Ödigkeit und Langeweile. „Keine bekannte Seele, nur ausländische Fratzen." Er fühlte sich im Ausland „wie eine vom Brotlaib abgeschnittene Scheibe". Doch diese organische Gebundenheit an Rußland hinderte ihn nicht, den geistigen Reichtum Westeuropas begierig in sich aufzunehmen. Nichts war ihm fremder als selbstherrlicher Chauvinismus: „Sein Vaterland lieben heißt noch nicht die Ausländer schmähen." Er hatte in Deutschland, Italien, Frankreich, England und in der Schweiz kürzere oder längere Zeit gelebt. Im „Tagebuch eines Schriftstellers" 1876 schreibt er, daß er sich innerlich von seinem Vaterland lösen, persönliche Vorurteile unterdrücken könne, um fremde Völker und Kulturen unparteiisch anzuerkennen: „Die Russen haben zwei Vaterländer: unser Rußland und Europa . . . Allumfassende Menschlichkeit ist das, was den Russen auszeichnet und worin seine Berufung besteht. Die Schriftsteller Westeuropas sind uns ebenso teuer wie den Westeuropäern selbst." Wie wichtig er Westeuropa nahm, äußert sich schon in der gründlichen Kenntnis westeuropäischer Literatur. Eines der amüsantesten Bücher ergäbe die Zusammenstellung seiner scheinbar widerspruchsvollen Urteile über die Russen, Deutschen, Franzosen, Engländer und Schweizer.

Seine geistige Entwicklung ist ohne das tägliche Brot der westeuropäischen Kultur nicht denkbar. Mit der ganzen Unersättlichkeit seines Wesens sog die Urzelle in ihm Nahrung vor allem aus dem Evangelium und Platon; dessen müssen wir eingedenk sein, um seiner makrokosmischen Bezogenheit gerecht zu werden.* Bei der ersten Reise ins Ausland, die er in seinem 40. Lebensjahr antrat, begierig nach „synthetischen, perspektivischen Eindrücken", waren seine Urteile im allgemeinen negativer als in den späteren Jahren. Über Europa äußert er sich in Briefen, im Aufsatz „Winterliche Bemerkungen zu sommerlichen Eindrücken", hie und da auch in seinen Romanen, obwohl die Hauptfiguren überall Russen sind, am eingehendsten aber spricht er über seine Einstellung zu den Völkern Europas — und diese waren für ihn vor allem drei: die Deutschen, Franzosen und Engländer — im „Tagebuch eines Schriftstellers", wo er, auf sein Leben rückschauend, sich und seinen Lesern über seine Sympathien und Antipathien Rechenschaft gibt: „Welcher echte Russe denkt nicht zuallererst an Europa?"

Wie dachte nun Dostojewskij über Europa, zu welcher westlichen Kultur fühlte er sich am meisten hingezogen, für welche Dichter und Städte empfand er besondere Vorliebe? Und andererseits: Wie haben die europäischen Nationen sich zu Dostojewskij verhalten? Der hervorragende, unlängst im Exil verstorbene rus-

* Platons Werke befanden sich in seiner von Großmann aufgezeichneten Bibliothek.

sische Literaturhistoriker I. Tschorževskij behauptet, die treffendsten Urteile über Dostojewskij hätten Ausländer gefällt. Dostojewskij kannte die Werke seiner großen ausländischen Zeitgenossen — Balzac, Victor Hugo, Dickens — nicht minder gut als die russischen Schriftsteller, aber in Westeuropa wurde er erst nach seinem Tode berühmt; auch darin war sein Rivale Turgenjew glücklicher.

Als Dickens starb, hatte Dostojewskij den „Idioten" eben beendet und die „Aufzeichnungen aus einem Totenhause", die „Memoiren aus dem Untergrund" und „Schuld und Sühne" waren für ihn bereits überschrittene Stufen; trotzdem wußte der englische Dichter nichts von ihm. Rußland galt im 19. Jahrhundert für Westeuropa als eine gefährliche Großmacht; daß aber dieses Land fähig wäre, auch in geistiger Hinsicht die ganze Welt zu befruchten, hielt man für unmöglich. Schrieb doch Carlyle, der im gleichen Jahr wie Dostojewskij gestorben ist, die unglaublich kurzsichtigen Worte: „Der Zar aller Reußen ist stark mit seinen vielen Bajonetten, Kosaken und Kanonen und vollbringt eine gewaltige Leistung, indem er einen Erdteil zusammenhält, aber er kann noch nicht sprechen ... Er hat noch nicht die Stimme des Genius gefunden, die von allen Menschen und allen Zeiten gehört wird." 1840 nennt er Rußland ein „großes und stummes Monstrum", und man ist daraufhin versucht, Carlyle einen blinden Denker zu nennen, war doch damals Puschkins Erdenbahn bereits abgeschlossen, Gogols Hauptwerke waren erschienen, und zehn Jahre später leuchtete das klassische russische Dreigestirn am Kulturhimmel. Und dennoch wußte Carlyle von Mahomet mehr als von seinen gigantischen russischen Zeitgenossen.

Dostojewskij hat manch negatives Urteil über die Völker Europas gefällt, aber die nachteiligsten über sein eigenes Volk.

Er war sich der typisch russischen Eigenart bewußt, dem Eigenen gegenüber sich kritisch zu verhalten. Voll ätzender Wehmut zitiert er Saltykow: es gebe in ganz Rußland keinen Fleck, der nicht vollgespien sei, und zwar von den Russen selbst. Einige Urteile Dostojewskijs über sein Vaterland sind so zermalmend, daß Maxim Gorki ihn das böse Genie Rußlands nannte. Fast über jedes Volk hat er ebensoviel Negatives wie Positives ausgesagt, und wer bei einzelnen willkürlich herausgegriffenen Sätzen stehenbleibt, kann ihn zu einem russischen Chauvinisten, einem Deutschenhasser oder Franzosenfresser machen. Zitieren wir zuallererst einige seiner markantesten Urteile über die Deutschen. In den „Winterlichen Bemerkungen“ heißt es, an den Umgang mit den Deutschen müsse man sich gewöhnen, sonst ertrage man sie nur schwer, besonders in großen Massen. Den Durchschnittsdeutschen mochte er nicht und ahnte nicht, welch großen Widerhall er gerade beim deutschen Leser finden würde. In seinen Romanen figurieren Ausländer nur als Statisten oder Nebenfiguren und der Deutsche als ein gutmütiger, komischer, beschränkter Mensch. Anna Grigorjewna erzählt in ihrem Tagebuch, daß er während seines Aufenthaltes in Deutschland beständig über die Deutschen geschimpft hätte. Aber tut das nicht jeder Ausländer in jedem Lande, wenn er, sich in Sehnsucht nach der Heimat verzehrend, gezwungen ist, fern von ihr zu leben und noch dazu mit geringen Mitteln. Sein Fremdsein dem deutschen Menschen gegenüber ist auch zum Teil durch seine Unkenntnis der Sprache zu erklären: bei ernsteren Gesprächen benötigte er einen Dolmetscher, obwohl er mit kleineren Unterbrechungen vier Jahre in Deutschland gelebt hatte und außerdem mehrere Male in Ems zur Kur war.

Im Brief an A. Suslowa 1865 schreibt er: „Bei den Deutschen gilt es als größtes Verbrechen, ohne Geld zu sein und eine Schuldbezahlung zu versäumen.“ Eine Freundin, um deren Gesundheit er sehr besorgt war, warnt er in einem Brief vom 11. Juli 1879 vor berühmten Ärzten und rät ihr, sich an einen bescheidenen deutschen Arzt zu wenden, „denn ich schwöre Ihnen, die deutschen Ärzte sind besser als die russischen“. Und davon war er überzeugt, sonst wäre er wohl nicht immer wieder zur Kur nach Deutschland gefahren. Im selben Jahr erzählt er in einem anderen Brief sehr gerührt von einem Deutschen, der ihn auf der gemeinsamen Reise nach Wiesbaden wie ein Vater betreut, schlafen gelegt, zugedeckt und vor der Trinkgeldgier der Bedienten geschützt hätte — ohne natürlich zu ahnen, mit wem er es zu tun hatte. Aber einzelne Äußerungen in Briefen sind nicht maßgebend, sie widersprechen sich wie die Tageseindrücke. Bewußt und prinzipiell setzt er sich mit den Deutschen und anderen Völkern im „Tagebuch eines Schriftstellers“ 1876/77 auseinander und geht von zwei Voraussetzungen aus: Die Deutschen seien den Russen vollkommen unähnlich und hätten immer und überall den Russen nicht gemocht. Trotzdem hat er auf der Flucht vor seinen russischen Gläubigern es am längsten in Deutschland ausgehalten, und seine Lieblingsstadt nächst

Florenz war Dresden, obwohl er, als er das erstemal in Dresden war, „nichts Widerlicheres kannte als die Dresdnerinnen“, wie ja überhaupt seine expansive Natur zu Widersprüchen neigte. Als er zum erstenmal den Kölner Dom sah, gefiel er ihm nicht: „Spitzen, Spitzen, immer wieder nur Spitzen, die reine Galanterieware.“ Als er ihn zum zweitenmal besuchte, wollte er ihn für sein Fehlurteil „auf Knien um Verzeihung bitten“. Was Berlin betrifft, so hatte er „den allersauersten Eindruck“.

Er lobte die Gründlichkeit, Ordnung und Freundlichkeit der deutschen Bahnbeamten, der kleinen und großen Angestellten. Um das Verhältnis zur Arbeit zu charakterisieren, prägte er ein schönes Wort: Die Deutschen haben den Sieg über die Arbeit erreicht, d. h. sie verstehen ihre Arbeit einzuteilen und haben es auf allen Gebieten zu hohen Leistungen gebracht. Voll rühmender Bewunderung erzählt er von einer jugendlichen Angestellten im Hotel, die nur fünf Stunden in der Nacht schlief und am Tag schwere Arbeit und unzählige Dienste freundlich leistete und fügt hinzu: „Bei uns in Petersburg wäre etwas Ähnliches nicht möglich ... Nein, so arbeitet man bei uns nicht!“ Er rühmte die deutsche Methode, die deutsche Tüchtigkeit, mit einem Anflug von Ironie über die Gehirnverengung der Spezialisten, mit der in diesem Land gearbeitet wird. „Hier kennt jeder sein Fach, obwohl er mehr als sein Fach auch nicht kennt.“ Er vergleicht die deutschen Beamten mit den russischen: jeder wisse, was ein russischer Beamter sei: „das ist etwas Böses, Gereiztes, und wenn sich diese Haltung nicht unmittelbar äußert, dann auf heimtückische Art, die der Gesichtsausdruck schon verrät“. Der russische Beamte ist „hochmütig und stolz wie ein Jupiter ... er ist grob, unachtsam, nachlässig, feindlich (Dostojewskij unterstreicht dieses Wort) zum Publikum, nur deswegen weil das Publikum Publikum ist, auf das er von seinem Jupiterhorn herabschaut.“ Besonders anerkennend spricht er vom geduldigen, entgegenkommenden, höflichen Postbeamten in Deutschland, der die eigene Würde zu wahren verstehe.

„Wir Russen lachen gern über die Schwerfälligkeit der Deutschen und erzählen uns darüber Anekdoten, obwohl wir uns aufrichtig vor ihrer Wissenschaftlichkeit beugen.“ Und an anderer Stelle: „Die Deutschen sind in vielen Dingen unsere Lehrmeister gewesen und werden es noch lange sein.“ Als negativ empfindet er „das übertriebene deutsche Nationalgefühl“, das den Ausländer reizt. Als Ureigenschaft des Deutschen nennt er Anmaßung, eine das ganze Volk umfassende Prahlsucht, die mitunter an Dummdreistigkeit grenze und in eine für den Ausländer schwer erträgliche Selbstzufriedenheit ausarte. Der „allercharakteristischste Wesenszug dieses großen, stolzen und eigenartigen Volkes" aber bestehe im Protestantismus; sein Wesen sei Protest gegen die katholische Kirche, gegen das alte wie auch das neue Rom, gegen alle Völker, die zu Rom halten, und somit gegen das extremwestliche Europa. „Die Deutschen — ein kriegerisches Volk" — heißt einer seiner Aufsätze im Tagebuch 1876.

Er hatte keinen deutschen Freund, aber er hatte einen solchen auch nicht unter den Franzosen oder Italienern, ganz zu schweigen von den Schweizern, mit deren Kultur er sich im einzelnen nicht auseinandergesetzt hat, die er aber „abschreckend trocken und nüchtern" fand.

Sein Urteil über die Durchschnittsmenschen eines Volkes und die geistigen Repräsentanten, die Dichter, ist nicht das gleiche. Seiner Meinung nach muß man ein Volk mehr als nach seinem Alltagsverhalten nach seinen Träumen, seiner Sehnsucht einschätzen. „Ein Volk erhält sich nicht durch seine Militärmacht und lebt nicht von Brot und Manufakturwaren, sondern zweifellos von den Ideen, die Herz und Seele erfüllen", schreibt er in den siebziger Jahren im „Graschdanin".

Von allen Genien der Weltliteratur ist ihm Goethe der fremdeste. In dem Maße, in dem Goethe ein pantheistischer Dichter ist, ist Dostojewskij ein christlicher. Die Eigenart goethischer Kunst und Weltschau findet ihre Prägung in dem bekannten Satz: „In der Beschränkung zeigt sich erst der Meister", die Eigenart der Weltschau Dostojewskijs in seinem Bekenntnis: „Überall und immer gehe ich bis an die letzte Grenze, mein ganzes Leben habe ich Grenzen übertreten." Goethe und Dostojewskij sind die am weitesten voneinander entfernten Sterne im Weltall, deren Bahnen einander nie kreuzen. Wie das Unendliche zum Endlichen, wie das Maßlose zum Maß, verhält sich Dostojewskijs Kunst zu Goethe. Goethes Welt ist ein klarer Bergsee, in dem sich die hehren Gipfel und kleine Kieselsteine mit derselben Klarheit spiegeln. Dostojewskijs Kunst ist ein alles mit sich reißender, wildrauschender Wasserfall.

Der Name Mignon kehrt allerdings in seinen Notizbüchern

mehrfach wieder, und es gab eine Zeit, da er die Geschichte einer russischen Mignon schreiben wollte; später wurde daraus die Geschichte der Nastassia Filippowna. Nur von einer Stelle in Goethes Werken war er zutiefst berührt: von Werthers Abschiedsworten an die Welt, von der Wehmut des Selbstmörders Werther beim Gedanken, daß er nie mehr das Gestirn des großen Bären sehen werde. Im allgemeinen aber sind seine über Goethe ausgesprochenen Urteile farblos. Seine glühende Verehrung in der Jugend wie auch in den Reifejahren gehörte dem Dichter des Don Carlos. In einem Brief an seinen Bruder schreibt der junge Dostojewskij: „Schillers Name ist mir teuer, ein Zauberklang, der unzählige Träume erweckt". Er rühmt sich, Schiller auswendig zu kennen. In den „Erniedrigten und Beleidigten" versucht er sich von seiner schwärmerischen Schiller-Begeisterung zu befreien, indem er sie verhöhnt, wie er überhaupt — gleich Nietzsche — alles was er anbetete, verbrannte, um die Ewigkeitsdauer des Angebeteten zu prüfen. Er lacht über die „gestirnten Dummheiten", er verspottet seinen Helden, der „ein Brüderchen Schillers" ist, den komischen Namen Pfefferkuchen trägt und mit seiner Geliebten die pathetischen Werke des deutschen Idealisten liest, und trotzdem blieb er Schiller, den er in einem Atemzug mit Shakespeare nennt, treu. — Seinem siebenjährigen Töchterchen liest er die „Räuber" vor und empfiehlt allen Werdenden und Wachsenden die Lektüre des deutschen Klassikers. Im „Tagebuch eines Schriftstellers" spricht er vom unauslöschbaren Eindruck, den Schiller, eine ganze Epoche in der russichen Geistesgeschichte, in seiner eigenen Seele hinterlassen habe. Eine interessante Parallele ergibt sich durch die Gegenüberstellung der beiden Großinquisitoren. Kirchhofsruhe, ein Leichengeruch umgibt den greisen Kardinal wie im „Don Carlos" so in den „Brüdern Karamasow". Für beide sind Menschen nur Zahlen, erbärmliche Wesen, denen nichts so schädlich ist wie Freiheit und nichts so notwendig wie Gewalt. Marquis Posas Forderung: „Stellen Sie der Menschheit verlorenen Adel wieder her!" hallt auch in Dostojewskijs Werken wider. Der Traum von sanfteren Jahrhunderten, von einer milderen Weisheit, war ja auch Dostojewskijs Traum. König Philipp sagt: „Mich gelüstet nach einem Menschen", und diese Sehnsucht flammt in allen Werken Dostojewskijs, bald unendlich traurig, bald vom Licht eines Ostermorgens überstrahlt. Die Hymne an die Freiheit ist eines der Leitmotive in den Brüdern Karamasow: „Wollust ist dem Wurm gegeben, doch der Cherub steht vor Gott" — der alte Karamasow und Aljoscha.

Egon Friedell nennt Schiller „das Genie der Kolportage"; läßt man diesen Ausspruch im Prinzip gelten, könnte man von Dostojewskij das gleiche sagen — vorausgesetzt, daß so widerspruchsvolle Begriffe wie Genie und Kolportage in sich vereinbar sind. Die Berührung zwischen Dostojewskij und Schiller ist eine tiefere und vielseitigere, als es im ersten Augenblick scheint, und es ließe sich über dieses Thema allein ein Buch schreiben.* Die Quintessenz seiner Berührung mit Schiller hat Dostojewskij in die Worte gefaßt: „Bei uns ist Schiller in die Seele des Volkes eingezogen und hat beinahe eine Epoche in der Geschichte unserer geistigen Entwicklung ausgefüllt."

Der zweite deutsche Dichter, an dem Dostojewskijs Herz hartnäckig hing, war E. T. A. Hoffmann, dessen Einfluß man in den Erstlingswerken, im „Doppelgänger", in den „Erniedrigten und Beleidigten" und anderen spürt. Einige Jahre vor seinem Tode rühmte er im „Tagebuch eines Schriftstellers" Hoffmanns dichterische Reinheit, seinen edlen Wirklichkeitssinn und ungekünstelten Humor. Hoffmann, wie überhaupt deutsche Literatur, las Dostojewskij in russischer oder französischer Übersetzung.**

Ihn ärgerte Bismarcks Kampf gegen die katholische Kirche; er sah darin den Anfang zu einem Imperium des Antichrist. Prophetisch klingen seine Worte: „Es ist der Kampf des Christentums mit einer neuen zukünftigen Gesellschaft, die ihren eigenen Thron an Stelle von Gottes Thron setzen will". Ein apokalyptisches Licht flackert in diesem publizistischen Aufsatz von 1873. Wie ein Gewitter sah er die Ereignisse der kommenden Jahrzehnte heraufsteigen: „Die Welt wird gerettet, doch zuerst vom bösen Geist heimgesucht werden . . . der böse Geist ist nahe: unsere Kinder werden ihn vielleicht schon erleben."

Ein Kennzeichen des deutschen Menschen ist Empfänglichkeit und bis 1933 standen Deutschlands Tore allen geistigen Strömungen der Welt weit offen. In Deutschland hat Dostojewskij — wie auch

* Vgl. Prof. D. Tschitschewskij, „Schiller und die Brüder Karamasow", Zeitschrift für slawische Philologie, VI 1929.

** Daß Dostojewskij bei der Konzeption seines neuen Christentums starke Antriebe Novalis verdankt, wie dies René Fülöp-Miller in der Einleitung zum Tagebuch der Gattin Dostojewskijs behauptet, ist nicht nachzuweisen.

manch anderer ausländischer Dichter — früher als in Frankreich oder England Verständnis und Aufnahmebereitschaft gefunden; der Umfang der deutschen Dostojewskij-Literatur wird nur von der russischen übertroffen. Einiges von Dostojewskij ist schon zu seinen Lebzeiten ins Deutsche übersetzt worden: Auszüge aus den „Armen Leuten" 1846, die „Memoiren aus einem Totenhaus" 1864 — also bereits zwei Jahre nach der Originalausgabe.

Nicht nur im Scherz nennt man Riga das Paris des Ostens. Einen der ersten nicht-russischen Aufsätze über den russischen Dichter schrieb bereits 1864 der Deutsch-Balte Victor Hehn noch zu Lebzeiten des Dichters in der Baltischen Monatsschrift. Eine etwas hausbackene, aber sehr eingehende Interpretation in derselben Zeitschrift widmet ihm 1882 ein anderer Deutsch-Balte, Alexander von Reinholdt, und beweist damit, daß die Städte am Baltischen Meer, Riga und Reval, nicht nur einen Wall gegen den Anprall der östlichen Macht bildeten, sie fingen auch das Licht aus dem Osten auf und leiteten es in den Westen, wie es heute noch Frank Thiess, abgetrennt von seiner Heimat tut. Alexander von Reinholdt rühmt den Psychiater und Pathologen Dostojewskij, wie auch den edlen Menschen. Er spricht von der pädagogischen Bedeutung der Werke, insbesondere des „Totenhauses", ist aber für die Genialität der Dämonen, die er eine Wollust-Orgie der Phantasie nennt, vollkommen blind. Größe kann nur durch Große erfaßt werden.

Der erste Deutsche, der Dostojewskijs Genialität erahnte, war Nietzsche, der in dem Jahr geboren wurde, als Dostojewskij mit der Übersetzung des Balzacschen Romans zum erstenmal in die Öffentlichkeit trat. Und seltsame Schicksalsfügung: die erste Konzeption des „Zarathustra" gehört in das Todesjahr Dostojewskijs! Dieser konnte naturgemäß von Nietzsche nichts kennen, Nietzsche aber kommt einige Male auf Dostojewskij zu sprechen, namentlich allerdings nennt er nur das „Totenhaus". In der „Götzendämmerung", die er in seinem letzten Schaffensjahr schrieb, heißt es von Dostojewskij: „Er gehört zu den schönsten Glücksfällen meines Lebens, mehr selbst noch als die Entdeckung Stendhals. Dieser tiefe Mensch, der zehnmal recht hatte, die oberflächlichen Deutschen gering zu schätzen, hat die sibirischen Zuchthäusler, in deren Mitte er lange lebte, lauter schwere Verbrecher, für die es keinen Rückweg zur Gesellschaft mehr gab, sehr anders empfunden, als er selbst erwartete — ungefähr als aus dem besten, härtesten und wertvollsten Holz geschnitzt, das auf russischer Erde überhaupt wächst."* Wie Nietzsche in allen Stimmen, denen er lauschte, immer wieder seine eigene hörte, so hat er in den Werken Dostojewskijs nur die dem Untergang geweihten Wahlverwandten Zarathustras erkannt. Die wahren Christen dagegen, die das Wort der Geduld bewahren, sind nirgends erwähnt. Mit den von der Hybris Besessenen, die den Schlüssel der Hölle und des Todes tragen, sang er das Lied des freien Todes, das Nacht- und Grablied, und er übertrieb nicht, wenn er sagte, Dostojewskij sei der einzige Psychologe, von dem er gelernt hätte. Dostojewskij und Nietzsche sind die beiden Pole europäischer Kultur, Nietzsche ein Erbe des Prometheus, Dostojewskij ein Pfeiler im Tempel Gottes.

Es ist aber nichts sinnloser als der Versuch, Dostojewskij zu einem Vorläufer Nietzsches zu machen, obwohl beide eine gemeinsame Kampffront haben: Empörung gegen Mittelmäßigkeit, Halbheit, Heuchelei, gegen das Verbogene und Verlogene, beide kennen die tiefsten Abgründe des Zweifels, aber sie kämpfen aus entgegengesetzten Motiven. Für Nietzsche war der Mensch Selbstzweck, für Dostojewskij — ein Untertan Christi. Wenn einer der Grundbegriffe Nietzsches Frevel ist, so das Kennwort Dostojewskijs — Sühne. Hätte Dostojewskij Nietzsches Schriften gelesen, hätte er im Autor der berauschenden Dithyramben den Antichrist erkannt, der eine erschreckende Ähnlichkeit mit Raskolnikow und Iwan Karamasow aufweist. Nietzsche und Dostojewskij — beide ein Glockenschlag der Entscheidung: Nietzsche, ein Dichter der wachmachenden Verachtung, Dostojewskij — ein Dichter der erlösenden Liebe. Beide sind religiöse Denker. Nietzsche schuf seine Philosophie im Kampf gegen Gott, Dostojewskij seine Werke im Kampf gegen die Gottlosigkeit. Nietzsche brach in der Nacht des Nichts zusammen, aus der Hölle des Zweifels stieg Dostojewskijs Hosianna empor.

Aus der langen Reihe der Verfasser, die sich eingehend mit dem heute bereits abgegriffenen Thema „Dostojewskij und Nietzsche" beschäftigt haben, sei der Erzieher und Prediger, der Dichter des deutschen Gemüts und Ordnungssinns, der volkhaft-klassischen Idealität, Paul Ernst genannt, der aus dem Naturalismus und Sozialismus hervorging. Von ihm stammt das Wort: „Wenn man Rußland erkennen will, so muß man Dostojewskij studieren." Er stellt

* Nietzsche, Götzendämmerung, § 45.

gefährlicherweise die Philosophie Nietzsches als deutsche Ethik der Philosophie Dostojewskijs als der russischen Ethik gegenüber; aber die Anschauung des Russen habe in Deutschland weitaus stärkeren Eingang gefunden als die Philosophie Nietzsches bei den Russen. Die Ethik Nietzsches sei entstanden aus einer krankhaften Steigerung des Stolzes, bei Dostojewskij dagegen aus der Steigerung des Mitleidens; bei dem einen sind die Einsamkeitsinstinkte grundlegend, bei dem andern die geselligen, das innerliche Nachschaffen fremder Gefühle. „Dostojewskij hat eine neue Religion ausgebildet; der Gott dieser Religion ist das Leiden, der Gottesdienst ist das Anbeten des Leidens der Menschheit, das geduldige und demütige Ertragen des eigenen Leides.“ Zum Schluß betont Paul Ernst das für den Deutschen Fremdartige an Dostojewskij: „Ich wußte, daß ich mit dem Mann zu kämpfen hatte, wenn ich mich als Deutscher behaupten wollte.“*

Dostojewskij und Nietzsche gehörten der gleichen Epoche an, und der Zeitgeist, der in ihnen dichtete, verband sie eng miteinander.**

Einer der unverrückbaren Wegweiser der Neuzeit, Peter Wust, ein Kämpfer für die Auferstehung der Metaphysik, der die Krisis des abendländischen Geistes diagnostizierte, sah in der Tatsache, daß man Dostojewskij und Nietzsche so oft in einem Atemzug nennt, ein Zeichen dafür, wie wenig man den Gegensatz dieser beiden Geister verstanden hat. Die Gleichheit der Ideen sei so auffallend, daß man die kulturhistorische Tatsache vergißt, daß der Zeitgeist Qualitäten enthält, die sich bei völlig fremden Denkern identisch manifestieren können. Dostojewskij war für diesen religiösen Philosophen ein einziger flammender Protest gegen die säkularisierte Menschenidee des abendländischen Europa. „Und weil Dostojewskij den Menschen in seiner metaphysischen Tiefe wiedererkannte, deshalb konzentrierte er auch alles menschliche Geschehen in der Gestalt Christi.“*** Mit der ihm eigenen Klarsicht stellt Peter Wust fest, daß Dostojewskijs Angriffe auf Rom mehr der entpersönlichten abendländischen Zivilisation überhaupt als dem römischen Katholi-

* Paul Ernst, Völker und Zeiten im Spiegel ihrer Dichtung, München 1940.

** Dmitrij Tschizewskij, Dostojewskij und Nietzsche, Kleine Schriften, Deus et Anima, Bonn, Heft 6.

*** „Peter Wust (1884—1940) „Die Säkularisierung des europäischen Geistes“, Hochland Jhrg. 29, Nr. 7 und 8. Aus der umfangreichen Literatur über Dostojewskij und Nietzsche will ich hier nur auf zwei Werke, ohne sie zu analysieren, hinweisen. L. Schestow, Dostojewskij und Nietzsche, Petersburg 1903; Walther Schubart, Dostojewskij und Nietzsche, Luzern 1939.

zismus galten. Auch sei es kleinlich, sich an einzelne Aussprüche Dostojewskijs zu klammern, der durch seine Konzentration des menschlichen Geschehens auf die absolute Gestalt Christi seinen „gefährlichen Irrtum“ aufgewogen habe.

Wenn Nietzsche im 19. Jahrhundert ein noch einsamer Lauscher Dostojewskijs war, so feierte der russische Dichter seinen Triumphzug durch Deutschland nach dem ersten Weltkrieg. Wie am Ende des 19. Jahrhunderts Ibsen im Mittelpunkt des europäischen Interesses stand, so nach 1918 Dostojewskij. Man stellte ihn höher als Stendhal und Balzac und nannte ihn in einem Atemzug mit Shakespeare. Die Schrecken des Krieges, die Erschütterungen der Revolution, die Umwertung aller Werte hatten den Weg zu ihm freigelegt.

Nicht nur die Dichter Deutschlands, alle neuzeitlichen Schriftsteller könnte man in zwei Gruppen einteilen: in solche, die von Dostojewskij Anregung erhalten haben, die zu seiner Gefolgschaft oder zu seinen Gegnern gehören, und in solche, die an ihm, ohne innerlich berührt zu werden, vorübergegangen sind. Kennzeichnend ist, daß die letzteren meistens im Bannkreis Goethes stehen, einer rund in sich abgeschlossenen Welt.* Der Kreis um Stefan George, „der Staat“, hat sich Dostojewskij wie überhaupt allem Slawischen gegenüber ablehnend, um nicht zu sagen feindlich, verhalten. Ein Erbe Goethes, Hans Carossa, ist bei ihm nur flüchtig stehengeblieben. Hermann Hesse dagegen hat unvergeßliche Worte über sein Werk „Der Idiot“ geschrieben: „Sein Denken ist jenes, das ich das magische nenne. Er leugnet, dieser sanfte Idiot, das ganze Leben, das ganze Denken und Fühlen, die ganze Welt und Realität der andern. Für ihn ist Wirklichkeit etwas vollkommen anderes als für sie ... Darin, daß er eine ganz neue Wirklichkeit sieht und fordert, wird er ihr Feind.“

Deutsche Literaturhistoriker erwähnen Rainer Maria Rilke im Zusammenhang mit Dostojewskij und es ist nicht anzuzweifeln, daß sich seine eigentliche Erweckung zum Dichter durch Tolstoj und Dostojewskij vollzog. An Clara Westhoff schreibt er am 18. Oktober 1900: „Im Januar 1901 gehe ich wieder nach Rußland. Dort werden mir alle Züge des Lebens klarer und seltsam vereinfacht, dort kann ich dann leichter weiterarbeiten, bessern, ergänzen.“ In

* H. Rimscha, Dostojewskij, ein Antipode Goethes, 1949.

den „Geschichten vom lieben Gott“, wie überhaupt nach seiner Rußlandreise, spürt man eine neue religiöse Gemeinschaft und Verbrüderung der Menschen. In „Malte Laurids Brigge“ wird der demütig Liebende in den Teppich seiner Kunst verwoben. Noch in der letzten Phase seines Lebens erwähnt er ehrfurchtsvoll Dostojewskij, der das „durchaus Unerträgliche ertrug“, und den überwältigenden Eindruck, den die „Memoiren aus einem Totenhaus“ auf ihn gemacht hatten*. Aber für den aus dem Osten stammenden Dostojewskij-Kenner sind die gigantisch lebensnahe Mystik Dostojewskijs und die abstrakt zarte Innenschau Rilkes zwei weit voneinanderliegende Welten.

Begeisterte Anhänger Dostojewskijs waren die Expressionisten; Chaos und Aufruhr, schleuderten sie ihre Kunstwerke, Hilferuf und Verzweiflungsschrei, in die Welt hinaus. „Wir verneinen alles, was der Ekstase und dem Rausch Schranken setzt“, verkündete der Wortführer dieser Richtung Kasimir Edschmid. Im Gegensatz zu Nietzsche war es nicht die Hybris, die maßlose Verwegenheit, die die Expressionisten bei Dostojewskij fesselte, in seiner Kathedrale beugten sie das Knie vor den sanften Heiligen, wie auch vor den Chimären, und schrieben auf die Tafel ihres Herzens: „Auch der am tiefsten erniedrigte Mensch ist noch ein Mensch und dein Bruder.“

Vor allem tat das Georg Trakl**, der das Leben eines Abstürzenden lebte, wie ein Sturmwind durch die steilen Gassen jagte, die Zwiespältigkeit der Welt in seinen Gedichten spiegelnd. Zu seinen Meistern wählte er die größten Gegensätze: Mozart und Dostojewskij. Mag sein, daß in dem genialischen österreichischen Lyriker slawisches Blut und slawischer Geist sprachen und sich im Widerstreit zwischen dem Dämonischen und Mönchischen äußerten. Seine visionären Bilder und Gestalten — die Magd, der Mörder, die Dirne, das Kind, der Tor — der Hauch von Verfall, der Verwesungsgeruch erinnern an Dostojewskij. Und Christus, befreit aus den Mauern der Kirche, ist ihr gemeinsamer Wegweiser. Georg Trakl hing nicht an irdischer Habe; in Not oder bei einem Umzug verschenkte oder verkaufte er das wenige, das er besaß, aber die gesammelten, ins Deutsche übersetzten Werke Dostojewskijs waren unantastbares Gut. Georg Trakls Schauder vor Menschen-Grau-

* Brief vom 9. Dezember 1920.
** Georg Trakl (1887—1914).

samkeit, sein eigenes Sterben, diese Sekunde zur Ewigkeit, sein Sturz ins unfaßbare Dunkel, mutet wie eine Phantasiegeschichte Dostojewskijs an. Trotz verbindender weltanschaulicher Elemente trennt die beiden ihre Beziehung zur Natur. Diese war für Georg Trakl Ausdruck seines Innenlebens, er rettete sich durch ein Hinausverlegen der eigenen Person in die Landschaft, für den anthropozentrischen Dostojewskij war der Mitmensch Fluch und Segen, obwohl er sich sein Leben lang nach einem Landgut, umgeben von Laubbäumen, sehnte. Von allen deutschsprachigen Dichtern der ersten Hälfte des 20. Jahrhunderts ist der Geist Dostojewskijs zweifellos am lebendigsten in Franz Werfel, der heute zu Unrecht wenig gelesen wird. Für ihn war der Expressionismus Stufe und Übergang: „Auch im schlammigsten Antlitz harret das Gottlicht seiner Entfaltung," in diesem Wort aus der Zeit des Expressionismus, wie auch in dem von Alma Mahler zitierten Leitspruch: „Wie kann ich glücklich sein, wenn ein Geschöpf auf Erden noch leidet?* klingt das große Thema Dostojewskijs auf. Da aber Franz Werfels Schaffen, die Geheimnisse seiner Werkstatt noch nicht erforscht sind, muß die Frage, ob es sich hier um verwandtes Erleben oder um Beeinflussung handelt, vorläufig offen bleiben.**

Seine Ehrfurcht vor dem Einzelmenschen, seine anthropozentrische Weltschau, seine metaphysische Veranlagung, sein eingeborenes Verlangen, die Dinge dieser Welt nicht nur durch diesseitige Geschehnisse allein zu erklären, verbindet ihn mit Dostojewskij. Beide ergreift ein Grauen angesichts des Dämonischen im Innern des Menschen. „Dem Unerklärlichen in uns und über uns" sind Werfels Werke geweiht, ebenso die Dostojewskijs. Der Anti-Intellektualismus ist für Werfel ebenso charakteristisch wie für Dostojewskij. Auch die von ihm geschaffenen Gestalten sind alogisch, in ihrem Leben bleibt immer ein irrationaler Rest.

Barbara*** ist in ihrer uferlosen Hingebung, stummen Treue und Demut eine Schwester des „Idioten" oder Aljoschas, noch mehr

* Alma Mahler-Werfel, „Mein Leben", Frankfurt a. M., 1960.

** Dr. Marysia Turrians Forschung „Dostojewskij und Franz Werfel", Bern 1950, weist auf Züge in Werfels Dichtung hin, „die Dostojewskijschen Ursprung verraten." Leider aber wird uns nicht mitgeteilt, wie Werfel sich bewußt und tatsächlich zu Dostojewskij verhielt, welche seiner Werke und wann er sie gelesen. Fraglos handelt es sich bei Werfel mehr um eine geistige Verwandtschaft als um Motivübernahme, jedoch wäre es äußerst wertvoll zu wissen, in welchem Geschehenszusammenhang die ideelle Gleichheit begründet ist und ob die psychologischen und weltanschaulichen Parallelen kausal aufeinander zu beziehen sind.

*** „Barbara oder die Frömmigkeit", 1929; „Das Lied von Bernadette", 1941.

ist es die kleine Bernadette, und ich wüßte kaum ein Werk der neuzeitlichen Literatur, das dem Geiste Dostojewskijs so verwandt ist, wie die „Vierzig Tage des Musa Dagh". Nicht nur die Grundstimmung, die Tragik unerfüllbarer Humanität, auch die innere Form weist Verwandtschaft auf: bei beiden ungeduldig vorwärtsdrängende vitale Unmittelbarkeit, orgiastische Phantasie und ein in wuchtigen Delacroix-Farben sich überstürzender Einfallsreichtum. Gleich Dostojewskij gibt Werfel dem Grausigen und der Gespanntheit den Vorzug vor dem ästhetisch Wohlgebildeten, und darum sind Künstler seiner Art ein Gegensatz zum langsam formenden Hans Carossa, der den alltäglichen Dingen eine Weihe gibt und in der tiefen, stillen Kraftzone Goethes steht; ein Gegensatz aber auch zur spielerischen Versponnenheit Hermann Hesses, dessen Buchseiten an feingeäderte, bald herbstlich erglühende, bald vergilbte Buchenblätter erinnern, wie schließlich auch zur überzüchteten, distanzierten Kunst Thomas Manns, die so vollkommen ist, daß man seine Bücher als Endzweck der rationalistischen Kunst bezeichnen könnte, — um nur die Gipfel der neuen deutschen Literatur zu nennen. Die beiden letztgenannten Dichter haben Dostojewskij ihren kritischen Tribut dargebracht*. Für Thomas Mann ist Dostojewskij der Typus „des Heimgesuchten und Besessenen, in welchem der Heilige und der Verbrecher eins werden". Und von Dostojewskijs Werk sagt er, daß es „außer dem verbrecherischen Erkenntnis- und Bekenntnisfuror, mit dem er die Kunde vom Menschen erweitert, eine erstaunliche Menge von Mutwillen und phantastischer Komik und Lustigkeit des Geistes in sich schließt. Denn unter anderem war dieser Gekreuzigte ein großer Humorist." Richtiger wäre zu sagen: ein Satiriker. Dostojewskij schätzte Humor sehr hoch, nannte diese Gabe, die er vor allem bei Dickens bewunderte, ein Kennzeichen tiefen Gefühls, er selbst war aber humorlos. Er übersteigerte, übertrieb, unterstrich Eigenschaften seiner Personen — z. B. ihre Schüchternheit oder Verlogenheit — und, indem er sie liebevoll verspottete, wurde er zum Satiriker wie sein Vorbild Cervantes.

Obwohl Thomas Manns Parole lautet: „Dostojewskij mit Maßen, Dostojewskij mit weiser Beschränkung", steht „Doktor Faustus" unter seiner verblüffenden Einwirkung: der triviale Teufel aus den

* H. Hesse, Blick ins Chaos, Bern 1921; Th. Mann, Neue Studien, Stockholm 1947.

„Brüdern Karamasow“ hat beim Herüberschlüpfen in die Welt Leverkühns sogar seine Influenza mitgenommen! Die Ähnlichkeit der beiden Teufelsvisionen setzt in Erstaunen, da es kaum zwei Dichter gibt, die so weit auseinander sind wie der Gottsucher Dostojewskij und der weltkühle Skeptiker Thomas Mann. Und dennoch ist sein Teufel ein Zwillingsbruder der Vision Iwan Karamasows: beide sind Parvenüs, beide brüsten sich mit ihrem gespreizten Stil, und wie der Teufel Iwans sich über die Russen und ganz besonders über das Gottsuchertum Dostojewskijs lustig macht, so der Teufel Manns über die Deutschen und die Geheimkräfte des Genies. Daß es sich hier um eine Motivübernahme und nicht um eine verwandte Geisteshaltung oder Weltschau handelt, ist nicht zu bestreiten. Thomas Mann schrieb die Werke seiner Reifezeit — ich denke hier vor allem an „Doktor Faustus“ — ohne Herzensglanz; die seelische Anteilnahme des Künstlers nannte er verächtlich „Kuhwärme“; für Dostojewskij dagegen bedeutet Schaffen — Lieben. Die Erschaffung eines Kunstwerkes ausschließlich nur durch Vernunftarbeit ist undenkbar, doch ist bei Dostojewskij die innere Form, die Atmosphäre des Dichtwerkes, vorwiegend durch Gefühl bestimmt, bei Thomas Mann durch den Intellekt. Ein Irrtum wäre es zu behaupten, daß letztere Haltung keine starken Erschütterungen in der Auseinandersetzung zwischen Ich und Welt hervorruft, und im ewigen Kosmos der Kunst sind beide Typen, der intellektuelle und emotionelle, gleichberechtigt. Dostojewskij aber gehört zu den Ausnahmestrukturen, bei denen eine rasante Denkschärfe mit einem vulkanartigen Gefühlsleben verbunden ist.

Eigenartig ist Oswald Spenglers Deutung. Selbst mit prophetischem Geist begabt, sah er in Dostojewskij mehr als einen genialen Dichter. Tolstoj könne man in mancher Hinsicht mit Marx, Ibsen und Zola vergleichen, aber Dostojewskij stehe in der gesamten Kulturgeschichte der Menschheit vollkommen abgesondert da, nur mit den ersten Aposteln des Christentums besäße er gemeinsame Züge.

Der andere deutsche Kulturhistoriker, der Österreicher Egon Friedell, nennt Dostojewskij den letzten Byzantiner und behauptet, seine Totenmaske habe eine auffallende Ähnlichkeit mit dem Kopf des Sokrates. „Beide waren nämlich Verbrecher, die sich zum Heiligen emporgeläutert haben.“ Ferner heißt es bei ihm, daß das Genie in Dostojewskij seine fesselndste und gewagteste Ausprägung gefunden habe: „Er verbindet eine nachtwandlerische Dämonie der Intuition, die hart an den Rand des Irrsinns gelangt, mit einer spaltnerischen Hirndialektik von höchster Wachheit und Kälte, Scheidekraft und Logizität. Und dazu tritt eine Zartheit und Wucht des Sittlichkeitsempfindens, die in der modernen Welt einzig dasteht ... man möchte glauben, seine Bücher seien ihm von unsichtbaren Engeln diktiert worden."

Einer der hervorragenden westlichen Dostojewskij-Deuter der Gegenwart ist Romano Guardini, der den Dichter nicht intellektuell analysiert, sondern selbst im Einvernehmen mit Christus steht und in seinem Inneren die Einheit der in der Liebe erlösten Schöpfung erlebt.* Wir fühlen das Geheimnis des Herzens Gottes in diesem Verfasser, der sich vor dem Heilig-Unerforschlichen beugt und dadurch eine große Dostojewskij-Verwobenheit in seinem schönen Buch erreicht. Karl Pfleger, der uns mit seinem Wissen um geistige Gesetze Notwendige, ist ihm verwandt: „Es gibt auch heute noch keinen Schriftsteller, der mit einer so förmlichen Explosion von schöpferischer Darstellungskraft und solch einer Rasiermesserschärfe dialektischen Denkens die Krise des modernen Humanismus deutlich gemacht hat, wie der alte Dostojewskij."**

Daß wahrheitsuchende Christen sich von Dostojewskij berührt fühlen, ist begreiflich, seltsamerweise aber hat er nicht nur die ärgsten Atheisten, sondern auch die größten Rationalisten aus der Fülle seines Geistes beschenkt. Die Intensität der Dostojewskij-Verehrung Romano Guardinis, des hervorragenden katholischen Literaturphilosophen, unterscheidet sich im wesentlichen wenig von der demütigen Bewunderung Albert Einsteins, des genialen Physikers unserer Epoche, der seinem Paß nach Schweizer war: „Mir gibt Dostojewskij mehr als irgendein Wissenschaftler ... Es ist der ethische Eindruck, die ethische Erhebung, deren ich in unvergleichlichem Maße innewerde, wenn mich das Kunstwerk anstrahlt. Und an diese ethischen Güter dachte ich, wenn ich Dostojewskijs

* Romano Guardini, Religiöse Gestalten in Dostojewskijs Werk, Leipzig 1939.

** Karl Pfleger, Geister die um Christus ringen, Salzburg 1934, S. 16. Wenn in der zeitgenössischen deutschen Literatur Dostojewskijs Einfluß nicht zu spüren ist, so sind doch auch nach dem zweiten Weltkrieg wissenschaftliche Werke über Dostojewskij in Deutschland erschienen, von denen ich hier, ohne sie zu analysieren, als Tatsache einige erwähnen möchte: Eduard Steinbüchel, Dostojewskij, Sein Bild vom Menschen und Christen, 1947; Reinhardt Lauth, Die Philosophie Dostojewskijs in systematischer Darstellung, München 1950, ferner die Arbeiten von Dr. Paul Wohlfarth, „Das Griechisch-Orthodoxe in der Welt Dostojewskijs" u. a. in der Zeitschrift „Studium Generale", 1951 Heft 5.

Werk vorausstellte."* Und wenn man neben den weltberühmten Physiker den in verborgener Geborgenheit lebenden Gastfreund der Heiligen, Ketzer und Narren — den Schweizer Walter Nigg stellt, der zu den besten deutschsprachigen Dostojewskij-Kennern zählt, erwacht eine Ahnung von der universellen Einwirkung Dostojewskijs auf das Abendland:

„Jedenfalls leuchtet aus Dostojewskijs Werken das Antlitz Christi auf eine solch überirdische Weise, daß man sehr weit, fast bis zu Franziskus zurückgehen muß, um einem ähnlichen Christuserlebnis zu begegnen. Der Christus der Theologen wirkt daneben ausnahmslos klein. Nicht im entferntesten besitzt er diesen sonnenhaften Glanz, der von diesem den Großinquisitor auf seine dürren Lippen küssenden Christus ausgeht. Rembrandt war einer der letzten, der Christus in einem ähnlich überirdischen Licht zu sehen vermochte, der alles verzeiht und noch in der letzten Finsternis leuchtet."**

Leider ist die tragische Persönlichkeit Dostojewskijs auch zum Thema seichter sensationeller Romane, die vom denkfaulen Leser verschlungen werden, mißbraucht worden.

Von allen europäischen Literaturen kannte Dostojewskij die französische am besten. In der zweiten Hälfte des 19. Jahrhunderts war Frankreich tonangebend, in ideeller und politischer Hinsicht das Land, das an der Spitze Europas stand. Auch sprachen die gebildeten Russen der höheren Kreise im 19. Jahrhundert französisch miteinander, besonders wenn sie sich im Ausland aufhielten, was Dostojewskij, der das Französische von Kindheit auf vollkommen beherrschte, immer als Albernheit empfand. Er selbst verwendete in seinen Briefen einzelne markante französische Ausdrücke und gebrauchte hin und wieder einen französischen Satz in Augenblicken starker Erregung.

Bei seiner ersten Auslandsreise war der Eindruck von Frankreich ein durchaus negativer: „Paris ist die langweiligste Stadt, und gäbe es in ihr nicht so viele wirklich bemerkenswerte Dinge, so müßte man hier vor Langeweile sterben", schreibt er in einem Brief an Strachow. Und ferner: „Die Franzosen sind ein Volk, von dem einem übel wird . . . Der Franzose ist still, sauber, höflich, aber falsch, und Geld bedeutet für ihn alles . . . Nicht eine Spur

* Albert Einstein, Einblicke in seine Gedankenwelt, von Alex Moszkowski, 1921.
** Walter Nigg, Prophetische Denker, 1957.

von Idealismus. Sie werden es mir nicht glauben, wie hier die Seele von der Einsamkeit heimgesucht wird. Ein trübseliges, schweres Gefühl.“ In den „Winterlichen Bemerkungen“ ironisiert er die Selbstzufriedenheit des französischen Bourgeois, die windstille Ordnung, die in Paris herrsche. In späteren Jahren ändert sich sein Urteil, und maßgebend ist schließlich das, was er im „Tagebuch eines Schriftstellers“ aussagt. Er glaubt, daß die Geschichte Europas in großem Maße mit dem Geschick Frankreichs verbunden sei. „Die Franzosen sind eine geniale Nation, sie haben das Erbe des Altertums empfangen, fünfzehn Jahrhunderte an der Spitze der romanischen Völker Europas gestanden und einen unbestreitbaren Einfluß auf alle Völker Europas ausgeübt, aber im letzten Jahrhundert ist diese lebendige Kraft, die die Nation bewegte und ernährte, versiegt. Diese lebendige Kraft lag darin beschlossen, daß Frankreich seit dem Anfang des Christentums in Westeuropa an der Spitze des Katholizismus stand. Die französische Revolution hat die Wurzel des Katholizismus untergraben und nun schlägt die Stunde der Entscheidung: Entweder wird Frankreich zum Katholizismus zurückkehren oder zum Verbreiter des Atheismus werden. „In dieser schicksalshaften Frage vom Leben oder Tode Frankreichs, von der Wiedergeburt oder dem Erlöschen ihres großen, der Menschheit so sympathischen Genius, hängt vielleicht Leben und Tod der ganzen europäischen Menschheit ab.“ („Tagebuch eines Schriftstellers“ 1873).

Beim Franzosen bewunderte er das Gefühl für Form. „Französisch — das ist soviel wie makellose Formvollendung.“ Aber die äußere Politur blendete ihn nicht. „Der Typ des Franzosen, oder besser des Parisers, ist elegant geformt, während wir noch Bären sind . . . und so hat auch noch der vulgärste Franzose Manieren, eine Art der Anrede, Ausdrücke, ja selbst Gedanken, die vollendet elegant sind, obwohl er selbst, sein eigenes Herz und seine Seele, nichts dazu getan hat, diese Form zu schaffen — er hat sie ererbt.“ Er spöttelt über das Land, in dem der Katholizismus mit dem Atheismus und die Bourgeoisie mit dem Sozialismus Hand in Hand gehen. Die französischen Utopisten — Fourier, Eugène Sue, Saint-Simon — waren Mitschuldige seiner Verurteilung.

Von den Klassikern mochte er Corneille am liebsten, auch „der feurige, leidenschaftliche Racine“ eroberte sein jugendliches Herz. Im Gegensatz zu Turgenjew liebte er George Sand, vor allem ihr glühendes Bekenntnis zur Menschlichkeit, „ihre Gestalten und Ideale, jungfräulich und rein im höchsten Sinn.“ Die Lektüre ihrer Romane erregte ihn in seiner Jugend derart, daß er nicht schlafen konnte. Und in den Jahren der Reife gibt er im „Tagebuch eines Schriftstellers“ (1876) seiner Bewunderung Ausdruck für diese „erleuchtete Prophetin einer besseren Zukunft“. Von seinen Zeitgenossen Victor Hugo und Balzac empfing er die stärksten Anregungen, ist aber seltsamerweise an Flaubert und Baudelaire, mit denen er im selben Jahr geboren ist, vorbeigegangen. Als Zwanzigjähriger rät er seinem Bruder, sich ernsthaft in die Werke Victor Hugos zu vertiefen. „Ein Dichter von christlicher Reinheit mit der Seele eines Engels“, nennt er ihn und rühmt sein „kindliches, unerschütterliches, begeistertes Gottvertrauen.“ Obwohl Hugos „Les pauvres Gens“ nach Dostojewskijs „Armen Leuten“ erschien, haben beide Werke mehr als den Titel gemeinsam. Beide Autoren, die leidenschaftlichsten Bekämpfer der Todesstrafe im 19. Jahrhundert, waren in psychologischer Hinsicht sozialgerichtete Talente, für die der Mensch den höchsten Wert bedeutet. Victor Hugos Jugendwerk „Der letzte Tag eines zum Tode Verurteilten“ (1829) hatte den jungen Dostojewskij bis ins Innerste erschüttert, der Ausruf: „Un forçat . . . cela voit le soleil!“ hallt fast wörtlich in seinem tiefsten, bereits mehrfach zitierten Brief, wie auch im Karamasow-Roman wider. Er bewundert Hugos Kompositionsmethode, die Gegenüberstellung von Kontrasten, die wirbelnde Gestaltenfülle, künstlerische Griffe, die seinem eigenen Werk die Prägung gaben. Allein diese Übereinstimmung darf nicht überschätzt werden. Dostojewskij ist konventionsloser, ewiger, die Abenteuer seiner Menschen, die sozusagen nackt vor uns treten, vollziehen sich im Geist, während die Figuren Hugos ohne das ihnen entsprechende Milieu schwer verständlich in steifgestärkter Leibwäsche einherstolzieren und uns heute wie eindrucksvolle Museumspuppen anmuten.

Nach der von L. Großmann aufgezeichneten privaten Büchersammlung Dostojewskijs wissen wir, daß er Pascal gelesen; aus seinen Werken ersehen wir, daß die Gedanken des französischen Moralisten ihm vertraut waren: gesteigerte Vernunftwachheit, Christusnähe, Krieg dem Atheismus, Vertrauen in die Stimme des Herzens.*

* Näheres über Pascal und Dostojewskij in meinem Essayband „Gestalten und Schicksale“, 2. Auflage, Memmingen, 1956.

Seine Sympathie für Voltaire mündete in die Gestalt Iwan Karamasows. Doch von allen Franzosen liebte er Balzac am meisten. Als junger Mensch verbrachte er seine Sommerferien damit, alles zu lesen, was er von diesem Romanschriftsteller auftreiben konnte, und seine erste literarische Publikation war eine Übersetzung von „Eugénie Grandet". 1843 hielt sich Balzac drei Monate in Petersburg auf, die russischen Zeitungen waren seines Lobes voll. Zu gleicher Zeit weilte ja auch Dostojewskij als Konstrukteur im Kriegsingenieurdepartement in der Hauptstadt. Trotzdem suchte er — nach heutiger Lebensart ganz unbegreiflich — seinen Abgott nicht persönlich auf.

Als er Anna Grigorjewna heiratete und sie zu „bilden" begann, war Balzac der erste Autor, den sie unbedingt lesen mußte. Wie sich jeder schöpferische Mensch seinen Meister wählt, so hatte sich Dostojewskij für Balzac entschieden. In der Verschmelzung von Realismus und Phantastik, in der Zergliederung verbrecherischer Charaktere, des Machtwillens, der Demut und auch der Geldgier begegnen sie einander. Den direkten Einfluß Balzacs spürt man am deutlichsten durch den Vergleich von „Schuld und Sühne" mit „Père Goriot". Rastignacs Problem von den Ausnahmemenschen, die um einer edlen Idee willen über Leichen gehen, und ihrem Gegensatz, den Normalmenschen, die sich dem Gesetz beugen müssen, ist ja auch Raskolnikows Problem. Beide Helden, deren Namen mit der gleichen Silbe beginnen, ergehen sich, ehe sie den Mord verüben, in langen philosophischen Betrachtungen. Nicht nur einzelne Gedanken, einzelne Sätze stimmen überein, aber niemand wird es einfallen, die beiden Werke oder gar Autoren zu verwechseln oder den jüngeren literarischen Diebstahls zu bezichtigen. Ein Dichter übernimmt von seinem Vorbild nur, was er bereits besitzt, Anregung zu schlummernden, zum Teil unbewußten Möglichkeiten und unterscheidet sich dadurch vom Worthandwerker, der zur Vervollkommnung seiner unfertigen Erzeugnisse mechanisch übernommene Teile anklebt. Im balzacschen Kosmos wälzt sich das schwere Rad des Pessimismus, im Mittelpunkt der Welt Dostojewskijs brennt die reine Flamme der ewigen Liebe.

Von allen westeuropäischen Kulturen verdankt Dostojewskij Frankreich am meisten. Und wie verhält und verhielt sich Frankreich zu ihm? Das französische Publikum hat er viel langsamer für sich gewonnen als Puschkin, Gogol und der in Paris so außerordentlich beliebte Turgenjew. Doch als ihm die Tore geöffnet waren, wurde er förmlich zu einem Bestandteil der französischen Kultur. Im 19. Jahrhundert verhielt sich Frankreich im allgemeinen ausländischem Gedankengut gegenüber ablehnend. Nur einzelne Gipfel überragten die Mauern des nationalen Hochmutes, zu ihnen gehörte der Freund Turgenjews, Prosper Merimée, der französische Puschkin-Übersetzer. Tschoržewskij übermittelt in seiner russischen Literaturgeschichte ein sehr eigenartiges Urteil Merimées über „Schuld und Sühne". Merimée rühmt Dostojewskijs großes Talent, wirft ihm aber vor, daß dieser Roman mehr aus Victor Hugo als aus Puschkin stamme und fragt, wie ein Dichter dieses mit seiner Würde vereinigen könne.

Zu Lebzeiten Dostojewskijs wurde nur seine Erzählung „Krotkaja" ins Französische übersetzt;* als nächstes Werk nach seinem Tode 1884 die „Erniedrigten und Beleidigten", im selben Jahr „Schuld und Sühne", das „Totenhaus" 1886 und bald darauf andere Werke. In der ersten Ausgabe der „Brüder Karamasow" wurden aus Rücksicht auf den französischen Leser die „langweiligen Partien", d.h. die religiösen Reden des weisen Sossima ausgelassen. In Frankreich ist das Interesse für Dostojewskij durch den mitten in einer atheistischen Welt christlich gesinnten feurigen Eugène Melchior de Vogüé begründet worden. In Petersburg als Diplomat tätig, hatte er die Tochter eines russischen Generals geheiratet und war eine der sehr frühen Kulturbrücken zwischen dem Osten und Westen. 1883 veröffentlichte er in der „Revue des deux Mondes" einen Essay über Dostojewskij, den er später in seinem literaturhistorischen Werk „Le roman russe" 1888 erweiterte. Seine Urteile sind so farbig und haben die westeuropäische Einstellung zu Dostojewskij so stark beeinflußt, daß wir bei seinem Buch, das fünfzehn Auflagen erlebt hat und noch nicht veraltet ist, etwas näher verweilen müssen.

Dostojewskijs Kunst nennt er „die Religion des Leidens" und stellt sie der Kunst Tolstojs, dem „Nihilismus und Mystizismus" entgegen. Mit ungeheurer Intensität versenkt er sich in den geliebten russischen Dichter und wirft den Franzosen vor, daß sie wohl einen Silvio Pellico kennen, aber einen Dostojewskij noch nicht entdeckt haben. Er rühmt an Dostojewskij „la finesse du

* 1876 in der Petersburger Zeitung „Journal de St. Petersbourg".

coeur" und „la finesse philosophique", die Feinheit des Herzens und die feinsinnige Philosophie und nennt ihn einen tragischen, düsteren und erschreckend traurigen Dichter; er sei ein Reisender, der das ganze Universum durchwandert und alles, was er gesehen, beschrieben habe, aber er sei nur nachts gereist. Ein unvergleichlicher Psychologe der schwachen und verwundeten Seele, ein gewandter Dramaturg, gebannt an die Szenen des Schreckens und Mitleids, der Schöpfer vollkommener realistischer Schilderungen und der Welt der Chimären. „Dostojewskij ist eine doppelte Natur und es hängt nur davon ab, von welcher Seite man ihn betrachtet: er besitzt das Herz einer Rotkreuzschwester und den Geist eines Großinquisitors." Er sei ein Philosoph, ein Apostel, ein Tröster der Betrübten, ein Henker der trägen Seelen und ein „Shakespeare des Irrenhauses". Wie tief auch Vogüé in das Wesen Dostojewskijs eindringt und in der Feinheit der Auffassung manchem heutigen Dostojewskij-Interpreten überlegen ist, so verfällt er doch in einer Hinsicht in den damals allgemeinen Fehler: er wirft seinen Romanen, besonders dem „Idioten" und den „Dämonen", unerträgliche Längen vor. Für die „Dämonen" besitzt er kein Verständnis, nennt diesen Roman ein lächerliches (ridicule), konfuses, schlecht gebautes Werk, eine Anhäufung von apokalyptischen Ideen, aber heute ist dieses den Bolschewismus prophezeiende Werk eines der aktuellsten.

Vogüé rühmt Dostojewskijs mit elektrischen Funken geladenen Dialoge, seine subtile und barocke Dialektik, in der sich Schrecken und Beharrlichkeit in solch einem Maße paaren, daß man an die Folterkammer Iwans des Schrecklichen erinnert werde. Er nennt Dostojewskij eine exzessive Natur, die die Mitte zwischen Engel und Tier einzuhalten nicht verstand. In jedem seiner Werke sei, um einen Ausdruck von Sainte-Beuve zu gebrauchen, eine Pointe des Sadismus. Einen französischen Roman könne man an jeder Stelle unterbrechen, nicht aber einen Roman Dostojewskijs, und darin bestehe seine Überlegenheit. Seine Werke seien nie eine Ansammlung von Worten, sondern immer der Körper einer Idee. Alles in allem sei Dostojewskij eine Erscheinung aus einer anderen Welt, „ein unvollkommenes, aber mächtiges Wunder, einzigartig in seiner Originalität und Intensität". Trotzdem zählt Vogüé ihn nicht zu den Genies der Weltliteratur, wie Tolstoj und Turgenjew, denn ein Genie sei ohne zwei Eigenschaften undenkbar: ohne Maß und ohne universale Allseitigkeit. Dostojewskij aber hätte nicht das Leben als Ganzheit mit seinen hellen und düsteren Eigenschaften erfaßt, „er hat nur zwei Arten von Büchern, schmerzensreiche und schreckliche".

Eine bisher unbeachtete und ungeklärte literaturhistorische Tatsache ist die Verwandtschaft von Dostojewskijs Großinquisitor mit dem Poem von Leconte de Lisle* „Les raisons du Saint Père", das erst nach dem Tode des französischen Dichters und 20 Jahre nach dem Erscheinen der „Brüder Karamasow" publiziert worden ist. Fraglich bleibt, ob es sich hier um einen direkten Einfluß handelt oder ob beide Dichter aus einer gemeinsamen, uns bisher unbekannten Quelle geschöpft haben. Oder ist die Ähnlichkeit aus gleichgerichteter Seelenverfassung entstanden — also „Zufall"? Erstaunlich ist jedenfalls die Identität des Motivs; auch beherrscht beide Legenden, von denen die eine in Prosa, die andere in gebundener Rede geschrieben wurde, die gleiche, geheimnisvolle Atmosphäre. Bei Leconte de Lisle, dem Meister der unpersönlichen, wissenschaftlich ziselierten Dichtkunst, ist der Schauplatz der Handlung nicht Sevilla, sondern Rom, aber auch bei ihm vollzieht sich die Begegnung des Intellektualisten Innocenz III., der ein Schreck aller Ketzer ist, wie beim Großinquisitor Dostojewskijs, in dunkler Nacht, die nur von einem spärlichen Licht erhellt wird. Auch hier argumentiert der Vertreter der Vernunft mit scharfen, logischen Beweisen, er bedrängt mit Fragen und Vorwürfen den ihm erschienenen Christus, der kein einziges Wort spricht, während der Papst ununterbrochen seine Argumente gegen ihn vorbringt: Er habe die Menschen nicht gekannt, nicht Liebe brauchen die Menschen, sondern Angst. Ganz ähnlich argumentiert der Großinquisitor: „Vor unserem Zorn werden sie schwächlich zittern, ihr Verstand wird sich ducken, ihre Augen werden tränen." Noch deutlicher wirkt die Parallele dort, wo Innocenz III. Christus ermahnt, zu verschwinden: „Störe uns nicht, unser Werk zu vollenden!" Fast buchstäblich mit denselben Worten droht der Großinquisitor Dostojewskijs: „Warum bist du gekommen, uns zu stören?" In der Tat, es wäre sehr interessant zu erfahren, ob die Ähnlichkeit beider Werke kausal aufeinander bezogen werden kann.

Erst in der Epoche Henri Bergsons, als die Metaphysik ihre

* Charles Leconte de Lisle, 1818—1894.

Auferstehung feierte und im Franzosen der Sinn für das Universelle eine Steigerung erlebte, an Stelle des „l'art pour l'art"-Prinzips das „l'art pour la vie" trat, an Stelle der Dekadenz der élan vital, an Stelle des Skeptizismus „eine Glut Opfer zu bringen", kurz, um 1910, als die Gedanken-Musik des sich nach Gottes Nähe sehnenden Quintetts erklang — André Suarès, Romain Rolland, Paul Claudel, André Gide, Charles Péguy — erwachte im französischen Menschen das wahre Verständnis für Dostojewskij, wie für die klassische russische Kunst überhaupt.

In seinem Erinnerungsbuch berichtet Romain Rolland, wie er bereits 1887 die großen Romane Dostojewskijs entdeckte. Er liebt die „Dämonen", die erstaunliche Analyse der Wahnvorstellungen eines Volkes, und glaubt, daß „aus diesem Wust von Ruinen, Wahnsinn und Verbrechen ein neues Gesetz entstehen wird, ein neuer Glaube, ein neuer Gott." „Schuld und Sühne" nennt er „einen Orkan der Seele", wie die Möwe werde man auf dem Kamm einer ungeheuren Welle schaumbespritzt im Wirbel davongetragen. Jedoch in den abenteuerlichen Verwicklungen des „Idioten" und der „Dämonen" meint er „die peinlichen Einflüsse Eugène Sues" zu spüren, und zieht „dem krankhaften Genie Dostojewskijs bei weitem das gesunde Tolstojs vor".*

André Gide hat die französische Haltung Dostojewskij gegenüber genau diagnostiziert. Bereits 1908 schrieb er: „Die Quelle, aus der Europa nun seinen Durst stillt, ist Dostojewskij. Er nimmt jetzt den Platz ein, den zu Lebzeiten Ibsen, Nietzsche und Tolstoj innehatten . . . Es muß aber gesagt werden, daß der Franzose sich bei der ersten Begegnung mit Dostojewskij unangenehm berührt fühlt, er findet ihn zu russisch, zu unlogisch, zu unvernünftig, zu unverantwortlich." Erst 1918, nach dem ersten Weltkrieg, waren die Franzosen von einer Dostojewskij-Begeisterung ergriffen. Ihre geistige Abgeschlossenheit war durchbrochen, eine Gruppe von Schriftstellern verfolgte das ausgesprochene Ziel, den Franzosen „die russische Seelen-Unruhe" einzuimpfen. Gide glaubt, nicht nur seine Landsleute, sondern alle Westeuropäer befremde es zunächst, daß Dostojewskijs Hauptproblem das Verhältnis des Menschen zu Gott sei, und daß er darüber alle anderen Probleme, die den Staat, die Familie und die sozialen Übel betreffen, vernachlässige. Auch

* Memoires et souvenirs, 1949.

seine grenzenlose Demut und Selbstverleugnung wirke anfangs auf stolze und selbstbewußte Menschen unangenehm. Als Beispiel für dieses Befremdende und Unbegreifliche in der Kunst Dostojewskijs führt Gide den Brief aus Sibirien an, in dem Dostojewskij ohne Groll und Empörung über den Zaren, seinen grausamen Richter, spricht. Dem Franzosen falle es schwer, eine solche Haltung zu verstehen: nach französischer Auffassung vergißt ein edelgesinnter Mensch keine einzige ihm zugefügte Beleidigung; er verteidigt sich, rächt seine verletzte Ehre. Dostojewskij habe dem westlichen Europa eine neue, bis dahin unbekannte Ethik geschenkt: die des Verzeihens; und eine neue Schönheit: die Demut. In André Gides Tagebüchern, dieser Schatzkammer europäischen Geistes, kehrt Dostojewskijs Name immer wieder.

Einen direkten Einfluß Dostojewskijs spüren wir im Roman „Die Falschmünzer“ und besonders in der „Engen Pforte“, wo der vielseitige und wandelbare Humanist und Genießer die Selbstverleugnung als das höchste Ziel und die vornehmste Schönheit preist.*

Einer der leidenschaftlichsten französischen Dostojewskij-Verehrer ist André Suarès, Pilger am Abgrund, für den die Verzweiflung unsere natürliche Seelenverfassung ist, dieser Essayist mit dem tragischen Lebensgefühl, der das schöne Wort geprägt hat: „la vie est une passion“. Gleich Dostojewskij weiß er, daß Intensität im Leid zur Lebensbejahung führt, und daß unter den Menschen die schlimmsten Bestien zu finden sind: „La bestialité de l'homme est la pire de toutes“. Er stellt „die zwei größten Realisten des 19. Jahrhunderts“, Dostojewskij und Flaubert, einander gegenüber: erbarmungslos sezieren beide die menschliche Seele, aber Flaubert hat heute keine Macht mehr über die Jugend, weil auf seine Helden auch nicht der kleinste Lichtstrahl fällt, während Dostojewskijs Lebensschau, die von einem inneren Licht erleuchtet ist, ihn unserer Zeit notwendig macht.**

Hier muß darauf hingewiesen werden, daß Dostojewskij schon Jahrzehnte vor Proust die Kunst des „monologue intérieur“ beherrschte. Im ersten Augenblick welch weit voneinander entfernte Welten — Dostojewskij und Proust! Die Welt des letzteren ist ohne Gott erschaut und erbaut, Dostojewskij aber ist, wie bereits ausge-

* André Gide, Dostoievsky, Paris 1923 und Pages de journal, 1945.

** André Suarès, Trois hommes, 1912.

führt, einer der größten neuzeitlichen Gottsucher. Allein beide kennen die unterbewußten Seelenströmungen des Menschen, bei beiden eine durch Vernunft und Intuition geleitete Zerlegung der Gefühle und Empfindungen in ihre Urelemente. Bei Proust ein kompliziert verfeinerter Satzbau, bedachtsam wird ein Mosaikstein bzw. ein penibel ausgearbeiteter Manuskriptzettel an den anderen gefügt, ein genialer Impressionist und Sensualist, dagegen Dostojewskijs vulkanische Ausbrüche — die höchsten Offenbarungen sah er wie im Fieberwahn! Daß Dostojewskijs Gestalten in ihrem Suchen nach dem kleinen Du, dem Mitmenschen, und dem großen Du — Gott, nie in ihrem alltäglichen Beruf gezeigt werden, davon war schon die Rede, und bei Proust geschieht ähnliches: seine Gobelinfiguren führen ein Leben im Müßiggang, hingegeben einem Liebesschmerz, einer Liebesseligkeit bis zur Perversität. Mit keinem anderen Schriftsteller der Weltliteratur hat sich Proust in seinem Roman „Auf der Suche nach der verlorenen Zeit" so eingehend befaßt wie mit Dostojewskij. Ihm hat er im Gespräch mit der gefangenen Albertine mehrere Seiten gewidmet, aus denen hervorgeht, wie stark ihn der russische Dichter beeindruckt und wie unzureichend er ihn gekannt hat. Im fünften Band seines großen Romans analysiert er die Romankunst des russischen Schriftstellers, der eine neue Schönheit der Welt geschenkt hat: „Seine Frauen (sie sind ebenso eigenartig wie die Frauen Rembrandts) mit ihren geheimnisvollen Gesichtern und ihrem anziehenden Äußern verwandeln sich plötzlich (es ist, als hätten sie eine Komödie der Güte gespielt) in schrecklich arrogante Wesen (obwohl es immer noch scheint, als seien sie ihrem Wesen nach gütig), und sind trotzdem immer ein und dieselben." Nach Marcel Proust schafft nämlich jeder Künstler nur eine einzige unwiederholbare Gestalt in vielen Variationen. Die schreckliche Schönheit sei nicht nur den weiblichen Antlitzen Dostojewskijs eigen, sondern allen Gestalten, auch den Physiognomien der Häuser, in denen sich die Ereignisse vollziehen. Nach Proust wiederholen sich in den Werken Dostojewskijs die gleichen Personen, die gleichen Szenen, die gleichen Kulissen. In der Seele des russischen Dichters glaubt er Kräfte zu allem Irrationalen, Irren und Kranken, zu allem Unmenschlichen zu erschauen.

Am höchsten schätzte er Endlichkeit, Deutlichkeit, Klarheit, darum war ihm Dostojewskij in dem Maße fremd, in welchem dieser dem Essayisten André Suarès nahe war. Das Eigenartigste sind für ihn Dostojewskijs Narren, seine Spukgestalten, die ihn an die Koboldgestalt in Rembrandts „Nachtwache“ erinnern. Alles sei eine Frage der Beleuchtung, ändert man diese, kann aus jedem Menschen ein Gespenst gemacht werden und umgekehrt. Unglaublich wirkt Prousts Vermutung, Tolstoj sei ein Nachahmer Dostojewskijs gewesen.

Wenn in Deutschland in der Epoche des zweiten Weltkrieges eine ganze Generation heranwachsen mußte, ohne aus der Quelle Dostojewskijs getrunken zu haben, so ist in Frankreich die Kontinuität der künstlerischen Dostojewskij-Einwirkung nicht unterbrochen worden. Wesentliches haben dazu die russischen Emigranten in Paris beigetragen; außer dem bereits erwähnten, für den Dostojewskijforscher unentbehrlichen Materialiensammler Motschulskij sei hier noch der Name Evdokinow genannt; er gehört zu den französischen Russen, die ihre Werke in der Sprache der Exilheimat schreiben.

Von den französischen Schriftstellern, die nach dem zweiten Weltkrieg auf die Weltbühne traten, seien drei genannt, die, trotz unterschiedlicher Weltanschauung, begierig aus derselben Quelle getrunken haben. Der streng dogmatische Katholik François Mauriac* lehnt in seiner Studie über Flaubert diesen Schriftsteller als Leugner der Übernatur vollkommen ab und stellt ihm die russischen Sinnsucher des Lebens gegenüber: „Erst Dichter wie Tolstoj und vor allem Dostojewskij scheinen uns auf den Grund der Seele zu stoßen.“ Und in seinem Tagebuch heißt es: „Dostojewskij ließ uns die Schwelle zu einer geheimeren Welt überschreiten und öffnet uns das Herz des russischen Dramas.“ Von den Werken des christlichen Romanciers bewertet er besonders hoch „Die Dämonen“, die dem Leser die in der russischen Seele sich vollziehenden Gesetze der Alchimie enthüllen. Im übrigen fühlt er sich nicht so sehr von Dostojewskijs Weltschau als von der vollendeten Verschmelzung von Inhalt und Form angezogen.

Der jenseits aller Dogmen stehende, düstere Idealist Albert Camus**, der sich Leben und Kunstwerk ohne Auflehnung und Freiheit nicht denken kann, aber für den Sisyphusfluch keinen Ausweg weiß, hat sich mehrfach darüber geäußert, was ihm Dostojewskij bedeutet. 1942 schreibt er im „Mythos von Sisyphus“: „Zweifellos hat niemand in dem Maße wie Dostojewskij der absurden Welt so

* François Mauriac, geb. 1885, „Noch ist es Zeit“, 1957.
** Albert Camus, 1913—1960.

eindringliche und so quälende Reize zu geben gewußt." Ein Dichter ist immer im Werden: in seinem Essayband „L'homme révolté", der neun Jahre später erschien, ist das Kennzeichen des menschlichen Lebens nicht mehr das Absurde, sondern das Tragische. Er nennt Dostojewskijs Gestalten in einem Atemzuge mit denen der griechischen Tragödien, und seine Grunderkenntnis — man muß unentwegt gegen das Sinnlose ankämpfen — deckt sich mit dem Gedanken Sossimas vom unermüdlichen Tun. Der Inbegriff der menschlichen Tragik liegt für ihn in der Frage Iwan Karamasows nach der Unbegreiflichkeit der unschuldigen Kindern zugemessenen Qual. Als man nach der Verteilung des Nobelpreises 1957 an Camus in der Aula der Universität zu Uppsala die Frage richtete, wie er den Einfluß Dostojewskijs auf sein Schaffen einschätze, antwortete er lakonisch mit einem einzigen Wort: „Considérable" — (beträchtlich).

Sein letztes Werk ist die Dramatisierung der „Dämonen", die in seinem Todesjahr mit großem Erfolg wie in Paris so auch in Deutschland aufgeführt wurde. Trotz durchgehend wörtlicher Treue gegenüber der Vorlage kann die Verdichtung des zweibändigen Romans in eine zweiundzwanzig Bilder umfassende Tragödie als selbständige Dichtung gelten. Es lag Camus vor allem daran, einem Autor, von dessen Werken und Themen er seit zwanzig Jahren nicht loskommt, seinen Dank und seine Verpflichtung zu bezeugen. In den letzten Wochen vor der Aufführung war er weder für Anruf noch Post erreichbar. Bereits in seinem Essay-Band „Der Mensch in der Revolte" hatte er sich mit der Psychologie der Revolutionäre und Terroristen auseinandergesetzt und im Theaterstück die Prophezeiungen der bolschewistischen Revolution eindrucksvoll herausgearbeitet.

Wenn zu Dostojewskijs Lebzeiten und in den ersten Jahrzehnten nach seinem Tode „Die Dämonen" das am wenigsten gelesene und geschätzte Werk waren, dann ist nach dem zweiten Weltkrieg das Gegenteil eingetreten: man ist gezwungen einzusehen, daß die Prophezeiung Wahrheit geworden ist. Diese zynischen Übermenschen sind nicht nur russisch, sie erinnern an hochmütig böse Gestalten aller europäischer Großstädte. Wie die meisten westlichen Schriftsteller, so ist auch Albert Camus mehr von den nicht fertig gewordenen Probemenschen fasziniert, die sich alles erlauben, als von den gottnahen Lichtgestalten.

Als der dritte zeitgenössische französische Schriftsteller, der aus der Quelle Dostojewskijs getrunken hat, sei noch der nihilistische Existentialist Jean-Paul Sartre erwähnt*. Bei der erstmaligen Lektüre seiner Dramen hatte ich das beklemmende Gefühl, als kenne ich bereits diese Gestalten in der Wüste ihres Stolzes, diese Menschen, die nicht wissen, ob sie einander lieben oder hassen, die leiden, weil sie keinen Schmerz empfinden, die, vom Zufall zusammengewürfelt, auch ohne Handschellen gefesselt sind und einander quälen. Leo Schestow nennt Dostojewskij den Doppelgänger Kierkegaards** und man ist versucht, Dostojewskijs atheistische Gestalten als die Doppelgänger der Gestalten Sartres anzusehen. Dostojewskijs abtrünnige, gottferne Helden, seine „Nietzscheaner", die er selbst als satanisch empfand, ohne sie deshalb abstoßend zu schildern, können als der Ausdruck des Existentialismus gedeutet werden, insofern diese Richtung als Verzweiflung der Nachkriegszeit gilt. Dabei muß aber immer beachtet werden, daß das Endresultat der Philosophie Sartres der Weltanschauung Dostojewskijs entgegengesetzt ist, wie der Aristotelismus dem Platonismus.

Sartres Für-sich-Sein, das Mensch-Sein, besteht darin, daß das Seiende sich richtet. Anschaulich vollzieht diesen Prozeß Dostojewskijs Untergrundmensch, der im Bösesein eine Befriedigung findet. Dostojewskij hat das Wort geprägt: der „Sich-selbst-Hinrichtende"; und das sind nicht nur die Selbstmörder, sondern vom Leben angewiderte, sich sinnlos zerfleischende und dennoch am Leben klebende Geschöpfe. Sartres Mensch trägt das Nichts in sich, Iwan Karamasow weiß, daß der Mensch den Teufel, die Verdichtung des Nichts, geschaffen habe. Sartres Mensch kann sich von der Angst nicht befreien, denn er ist Angst. Dostojewskijs Hippolyt wie auch Kyrillow bejahen den Selbstmord als Befreiung von der Angst. Die Verbindung von Menschsein und Angstsein, die bei den Existentialisten zum Gemeinplatz geworden ist, kennen wir in tragischer Größe aus den Alpträumen des schwindsüchtigen Hippolyt: es gibt wohl kaum etwas Beklemmenderes als das den Tod symbolisierende gefräßige Schuppentier, das nachts den Kranken beschleicht.

Sexuelle Begierde ist bei Sartre nicht Lust, sondern Gier, den Partner wie eine Sache zu besitzen. An dieser Triebbesessenheit geht Ragoschin (der Widerspieler des Idioten) zugrunde. Er tötet

* Jean-Paul Sartre, geb. 1905.

** Leo Schestow, Kierkegaard et la philosophie existencielle, Paris 1936.

die mit allen Sinnen begehrte Frau, denn während sie lebte, hatte er nie das Gefühl des Besitzes, sondern nur des Besessen-Seins. Trotz des Ekels vor sich selbst und der Umwelt möchte das nichtigste Wesen, Mensch genannt, nichts so sehr wie sein. Diese These Sartres, wie auch manch andere, scheint Dostojewskijs Untergrundmenschen entsprungen, obwohl der französische Existentialist, soweit mir bekannt ist, Dostojewskij nirgends als Meister oder Wegweiser genannt hat. Wie Dostojewskijs Atheisten, so wollen auch die Figuren Sartres den leeren Thron Gottes besteigen. Zu den Bekenntnissen Kyrillows und Iwan Karamasows hat Sartre kaum etwas Neues hinzugefügt. Bei beiden sind die abtrünnigen Helden romantische Zyniker. Dostojewskijs Untergrundmensch nennt sich eine „Maus in der Falle" und das Symbol der Falle kehrt bei Sartre mehrfach wieder. Am prägnantesten sagt es Inez: Alles ist Falle! Diese Verwandtschaft einzelner Ideen beider genannter Schriftsteller drängt sich uns ganz besonders im Drama „Huis clos" auf, das den Dostojewskij-Kenner wie eine französische Variation über das Dostojewskij-Thema „Bobok" anmutet. Beim verschwenderischen Dostojewskij unterhalten sich in der genannten Skizze fünfzehn Tote auf dem Kirchhof, beim sparsamen Sartre drei in einem abgeschlossenen Zimmer: Gracin, Inez und Estelle. Bei beiden Dichtern vollzieht sich das Gespräch in einer Atmosphäre von Zynismus und Trivialität. In der meisterhaften Skizze Dostojewskijs liegt ein angebissenes Butterbrot auf einem Grabstein, bei Sartre ist der Tote ungehalten über eine vermißte Zahnbürste. Die Toten des Russen setzen ebenso wie die des Franzosen im Tode ihr nichtig-banales Sein fort. Der Generalmajor Dostojewskijs ist aufs Kartenspiel versessen, die Französin Sartres ist entsetzt, für das Bemalen ihrer Lippen keinen Spiegel vorzufinden. Der Geruch der Verwesung ist wie hier so dort unerträglich. Inez sagt von sich, sie sei verfault, denn sie könne weder geben noch nehmen. Estelle nennt sich kurzweg „Gestank", und Dostojewskij formuliert die Situation auf dem Kirchhof: „Der Gestank ist hier ein moralischer ... die Seele stinkt." Bei Sartre bleibt die Frage unbeantwortet, woher diese Zersetzung stammt, Dostojewskij dagegen weiß, daß ohne Christus alle sündig und schmutzig werden. Beide Werke sind auf dem Kontrast zwischen der Mystik des Todes und seiner Trivialität aufgebaut.

Die Toten leiden keine physische Marter und dennoch haben sie das Gefühl, in die Hölle verdammt zu sein: die seelische Zersetzung ist schlimmer als die körperliche. Das erotische Moment wird zur schamlosen Gier. Gracin fordert seine toten Schicksalsgenossen auf, schamlos zu beichten, jetzt hätte eine höfliche Zurückhaltung wahrhaftig keinen Sinn mehr: „Gleich werden wir nackt wie die Würmer sein . . . Wir sind nackt. Nackt bis auf die Knochen.“ Ist das nicht der Widerhall von dem Schrei der Kirchhofstoten Dostojewskijs? „Laßt uns nackt sein, entkleiden wir uns!“

Doch wie auffallend auch die Berührungspunkte sind, es wäre eine grobe Vereinfachung, Sartre als einen Epigonen Dostojewskijs anzusehen: das Talent des Franzosen ist viel zu stark, um zu plagiieren. So gleichklingend diese zwei Welten an der Oberfläche sind, so fern sind sie sich in der Tiefe. Bei Sartre hat sich bisher der Krampf der Verzweiflung nicht gelöst, aber sein Lebenswerk ist noch nicht abgeschlossen. Er steht vorläufig auf der Stufe des Untergrundmenschen, für den der Mensch ein Ekel, ein Reißstift, eine Klaviertaste, eine Laus, eine Wanze, oder — um seinen eigenen Ausdruck zu gebrauchen — Marmelade ist.

Je älter Dostojewskij wurde, desto mehr entfernte er sich — wie er selbst zu sagen pflegte — von der „ungläubigen Seine“ und wandte sich dem „heiligen Ganges“ zu. Er plante eine Reise nach Konstantinopel und Jerusalem, um dort Anregungen für ein großes Werk über den Osten zu empfangen, aber seine schwindenden Kräfte machten diese Reise unmöglich. Asien als die Mutter aller Religionen regte seine Phantasie an, als Land, wo Gott dem Menschen nachbarlich nahe ist und wo die unsterblichen Ideen vom Messias und dem Gottesmenschentum herkommen.

Über die Spanier als Volk hat Dostojewskij sich nicht geäußert, aber das Herzstück seines gesamten Wortkunstwerkes, den Großinquisitor, verlegt er nach Spanien, und eines seiner Lieblingsbücher war Cervantes' „Don Quichotte“. Der tatenfrohe Idealismus des spanischen Helden, das Gelübde der Wachheit zum Schutze der Mühseligen und Beladenen war ihm wesensverwandt. In den vierziger Jahren nannten die Petersburger Schriftsteller den jungen, für Wahrheit und Gerechtigkeit sich tollkühn einsetzenden Dostojewskij den Ritter von der traurigen Gestalt und eine der Frauengestalten bezeichnet den Fürsten Myschkin mit diesem Namen.

Im „Tagebuch eines Schriftstellers“, September 1877, widmet er Cervantes, dem „großen Dichter und Herzenskenner“, dem die tiefsten und geheimsten Seiten des Menschen offenbar waren, einen langen Aufsatz. Er nennt Don Quichotte den edelsten aller Ritter mit der schlichtesten Seele und dem größten Herzen. Und vom Buch selbst heißt es: „Oh, das ist ein gewaltiges Buch, nicht wie jene, die heute geschrieben werden. Solcher Bücher wird die Menschheit einmal in mehreren hundert Jahren teilhaftig." Der Jugend sei ein gründliches Studium dieses Werkes aufs wärmste zu empfehlen. Die Bekanntschaft mit diesem allergrößten und allertraurigsten Buche, das der Genius des Menschen geschaffen hat, wird die Seele des jungen Lesers läutern, in sein Herz erhabene Gedanken säen und dazu beitragen, daß sein Sinn vom dummen Götzen der Mittelmäßigkeit und faden Vernunft abgelenkt werde. „Dieses traurigste aller Bücher wird der Mensch am Jüngsten Tag zu Gott mitnehmen. Und er wird auf das tiefe, verhängnisvolle Geheimnis des Menschen und der Menschheit in diesem Buch hinweisen."

Zum Schluß dieser Betrachtungen, aus denen man spürt, daß für Dostojewskij auch im Alter ein Bucherlebnis nicht minder erregend als ein persönlich-menschliches war, heißt es, daß Don Quichotte, der Mann mit dem heiligen Herzen starb, als der Irrsinn von ihm wich und er vernünftig wurde. Daß der Held des Dichters Cervantes ihm bei dem Wunschtraum, einen vollendet schönen Menschen zu schaffen, als Vorbild vorschwebte, darüber war bereits die Rede. Seine Notizbücher geben uns darüber Auskunft, daß einzelne Passagen im „Idioten" — zum Beispiel die verzückte Rede des Fürsten Myschkin — unmittelbar aus der unversiegbaren Quelle des Don Quichotte stammen. Mit Recht nennt Motschulskij den „Idioten" den russischen Don Quichotte; nur muß hinzugefügt werden, daß die Abenteuer des Fürsten Myschkin rein geistiger Art sind.

Aber wie sehr Dostojewskij den „Don Quichotte" liebte, zur übrigen spanischen Kultur hatte er keine näheren Beziehungen. Für ihn, wie für jeden Europäer, auch den gebildeten, hörte damals Europa bei den Pyrenäen auf. In das Blickfeld der Spanier trat Dostojewskij ungefähr um die gleiche Zeit wie in Frankreich: erst am Ende des neunzehnten Jahrhunderts, und zwar durch eine Frau, Emilia Pardo Bazan. Sie hatte in Paris gelebt, Dostojewskij aus französischen Übersetzungen kennen- und liebengelernt und warb nun in ihrer Heimat für ihn. Seitdem haben sich spanische Schriftsteller und Philosophen immer wieder mit ihm beschäftigt. Pio Baroja, der tief in die Wesensart Dostojewskijs eingedrungen und ihm in mancher Hinsicht wahlverwandt ist, schrieb 1910 in seinem äußerst interessanten Buch „Die Selbstvergottung der Jugend“: „Nach hundert Jahren wird man das Auftauchen Dostojewskijs in der Literatur als das außerordentlichste Ereignis des neunzehnten Jahrhunderts bezeichnen.“

Der blendende, elegante Lebensphilosoph José Ortega y Gasset hat, unabhängig von östlichen Dostojewskij-Kennern, in seinem Aufsatz „Über den Schwund des Menschlichen in der Kunst“ bemerkenswerte Gedanken über das Formerlebnis Dostojewskijs ausgesprochen: „Während die anderen Großen verblassen, ersteht Dostojewskij, der den Roman als literarisches Genre vom Untergang gerettet hat, immer wieder neu.“ Der Grund des Überdauerns sei durch die mystische Dramatik, den pathologischen Charakter seiner Helden und den Exotismus der slawischen Seele zu erklären. „Ein Kunstwerk wird nie durch die Materie gerettet, wie eine Statue nie durch das für sie verwendete Gold.“ Das Kunstwerk widersteht dem Druck von Jahrhunderten mehr durch seine Form als durch seinen Stoff, obwohl den durchschnittlichen Leser weder die Genesis eines Werkes noch seine Formanalyse etwas angeht, und so ist es auch zu erklären, daß man bisher mehr vom Inhalt der Romane Dostojewskijs als über ihre Form geschrieben hat. Ortega fesselt bei Dostojewskij vor allem das Artistische seiner Schöpfung, die Struktur der Romane. Es mag sein, daß Dostojewskij als Mensch ein Anwalt, ein Prophet der armen Leute war, aber als ein homme de lettres besaß er eine hervorragende Romantechnik und war einer der größten Erneuerer der Romanform. Eine unwiederholbare Eigenart seines Stils seien die virtuosen Dialoge. Er habe es verstanden, ohne einen effektvollen, theatralischen Rahmen, kraft seiner Wortgewalt und unvergleichlichen Prägnanz des Ausdrucks den Leser mitten in das unbarmherzige Leben hineinzureißen.*

Auch der große Mystiker und Gottsucher des neuzeitlichen Spanien, Miguel de Unamuno, war ein Verehrer Dostojewskijs. In seinem Buch „Agonie des Christentums“ nennt er die „Brüder Karamasow“ das Evangelium unserer Zeit. Während des Bürgerkrieges ist das Interesse für Dostojewskij in Spanien noch lebhafter geworden, wie die neuen Ausgaben seiner Werke beweisen. 1936 erschien ein Buch von R. Cansinos Assens, in dem der Autor die Helden

* José Ortega y Gasset, La deshumanizacion del arte, 1928.

Dostojewskijs (zweiundfünfzig an der Zahl) auf Grund psychoanalytischer Untersuchungen in Gruppen einteilt und ein besonderes Kapitel dem Humor, dem Sarkasmus und der Ironie Dostojewskijs widmet.

Zweimal war Dostojewskij in Italien. An den Bildern eines Raffael, Correggio und Carracci konnte er sich nicht sattsehen, aber die italienische Literatur blieb ihm vollkommen fremd, selbst zu Dante hat er keine Stellung genommen; sein Dichtwerk aber hat die Italiener stark beeindruckt. Einige italienische Kritiker behaupten, sein Einfluß sei in Grazia Deleddas Werken zu spüren. In den Romanen des Russen wie in denen der Italienerin lodern grellfarbige sinnliche Schilderungen, aber Sinnlichkeit ist bei Dostojewskij eine dämonische, durch den Geist zu beherrschende Gewalt, bei der Deledda fehlt dagegen der Akzent des souveränen Geistes ganz. Ehrfürchtig nähert sich Donini dem russischen Dichter und kommt zu dem Ergebnis, daß es eine hohle Phrase, eine Erfindung des westlichen Europa sei, von der sogenannten „Slawischen Seele" bei Dostojewskij zu sprechen. Die Russen seien weder solche Mystiker noch solche Barbaren, wie die Italiener annähmen. Der stärkste Beweis für Dostojewskijs Größe sei seine Persönlichkeit, die Bejahung seines leiddurchtränkten grausigen Lebens, in seinem Glauben an die Schönheit des Lebens liege seine Genialität. Ehe die Italiener mit den Werken Dostojewskijs bekannt geworden seien, hätten sie nicht gewußt, daß Menschen Demütigungen und Leiden ertragen können, ohne sich nach dem Tod zu sehnen. Dem Durchschnittsitaliener falle es schwer zu begreifen, daß die Helden Dostojewskijs so selten Selbstmord begehen. Für ihn ist Dostojewskij der große Mensch, der den Kampf der zwei feindlichen Mächte in sich ausgetragen hat: den Kampf zwischen Vernunft und Herz.*

Dostojewskij verstand kein einziges englisches Wort. Das Reich der Briten hat er nur einmal im Jahre 1862 für eine kurze Frist besucht: acht Tage hielt er sich in London auf, um die Weltausstellung und den russischen Revolutionär und Emigranten-Schriftsteller Herzen zu besuchen. Von den Eindrücken, die auf ihn einstürmten, war er bestürzt und hat diese in den „Winterlichen Bemerkungen zu sommerlichen Eindrücken" in markanten Bildern festgehalten.

* Von Dostojewskij beeinflußt scheint Carlo Coccioli zu sein, einer der bedeutenden Dichter im gegenwärtigen Italien.

In acht Tagen hatte er mehr gewonnen als manch ein Reisender in acht Monaten: „Welch weite, niederdrückende Bilder: Dieses Tag und Nacht nicht aufhörende Gewoge ist wie ein unübersehbares Meer; ein Knirschen und Heulen von Maschinen und Zügen, die über den Häusern und bald wohl unter ihnen gehen werden, diese Kühnheit der Unternehmungslust, dieses scheinbare Durcheinander ist in Wirklichkeit eine bürgerliche Ordnung im höchsten Maße, diese widerwärtige Themse, diese von Steinkohle durchtränkte Luft, diese wunderbaren Squares und Parks und diese verkommenen Stadtwinkel wie White Chapel mit der nackten und halbnackten Bevölkerung und die City mit ihren Millionären und dem Welthandel, der Kristallpalast, die Weltausstellung ..." An der leblosen Aufzählung spürt man, wie fremd ihm all diese Dinge waren. Gegen den englischen Imperialismus empfand er Abscheu, und zur englischen Kultur hatte er kaum eine innere Beziehung. Bei der Schilderung von London und den Engländern wiederholen sich die Worte: stolz, düster, schweigsam.

„Man spürt hier eine schreckliche Kraft, die all die unzähligen Menschen vereint hat, die aus allen Enden der Welt gekommen und zu einer allgemeinen Herde vereinigt sind; man spürt hier einen Riesengedanken, hier ist etwas erreicht, hier ist Sieg und Triumph, aber Angst befällt einen, wie unabhängig man auch sein mag, es wird einem irgendwie bange ... alles ist so triumphal, sieghaft stolz, daß es einem den Atem verschlägt. Es ist wie ein Bild aus der Bibel, ein neues Babylon, eine Vorhersage aus der Apokalypse, die man mit eigenen Augen sieht." Ihn schreckt in London die unumschränkte Herrschaft Baals und „die Masse in einem Ausmaß, wie das sonst nirgends auf der Welt möglich ist". (Was würde er von den Massenveranstaltungen im heutigen Rußland sagen?) Er skizziert einen Feiertagsabend in einem Arbeiterviertel, den Rausch und die stumpfe Gier all der tausend Frauen und Männer, die ihr freudloses Dasein vergessen wollen. „Alle sind trunken, ohne froh zu sein, sind düster, schweigsam und niedergedrückt." Das Volk ist überall Volk, aber das, was man hier sieht, ist eine Masse, die das Bewußtsein verloren hat, und dieser Verlust wird systematisch gefördert. „Schaut man auf diese Parias der Gesellschaft, fühlt man, daß die Verheißung für sie noch lange ohne Erfüllung bleiben und daß man ihnen noch lange den Palmzweig und das weiße Gewand verweigern wird, und daß sie noch lange vergebens am Throne des

Allmächtigen aufbegehren werden." Er beschreibt seinen nächtlichen Besuch im Hay-Market, wo er in einer für ihn ungewöhnlich grellen Gasbeleuchtung Tausende von Prostituierten sieht. Etwas Bezauberndes hat für ihn die englische Frau: „In der ganzen Welt gibt es nicht so schöne Frauen wie die Engländerinnen." In einen Winkel zurückgezogen, beobachtet er in einem Kasino eine junge Engländerin, die sich mit ihrem gut zahlenden Partner unterhält; ergriffen beschreibt er ihr Gesicht „von idealer Schönheit". Von den glänzenden Cafés und Kasinos ist er geblendet, aber ebenso erschüttert vom schamlosen Zynismus dieser Stadt, wo Gold und Lumpen in unmittelbarer Nähe anzutreffen sind. Etwas Grausames hat für ihn diese Stadt: „Sie ist durch nichts erschüttert, weder durch das, was am Tage, noch durch das, was in der Nacht geschieht." Der unbeschränkte Herrscher Baal verlangt keine sichtbaren Zeichen der Unterwürfigkeit, weil er von seiner Allmacht ohnehin überzeugt ist. Und darin ist London der Gegensatz von Paris, „wo man die Armen irgendwo versteckt, damit sie den ruhigen Schlaf der Bürger nicht stören".

Die von Dostojewskij geschaffenen Menschen, die Hauptträger einer Idee, sind ausnahmslos Russen. Nur im Roman „Der Spieler" haben die Nichtrussen auch etwas zu sagen. Im internationalen Gewimmel der Hasardspieler ist der schweigsame Engländer Mr. Astley der einzige anständige Mensch.

Als kleiner Junge lauschte er begierig den sentimentalen Schauergeschichten Anna Radcliffes, die die Eltern abends einander vorlasen. Als er selbst das Lesen erlernt hatte, verschlang er in russischer Übersetzung die Romane Walter Scotts, die sich damals in Rußland einer großen Beliebtheit erfreuten; auch Charles Dickens gehörte von Kindheit auf zu seiner Lieblingslektüre. Shakespeare, dessen Dramen ihn mit ihrer kontrastierenden Gestaltenfülle bis an seinen Lebensabend begeisterten, gehörte gleich Schiller und Cervantes zu seinen ewigen Begleitern. Kurz vor seinem Tode schrieb er im Tagebuch eines Schriftstellers, daß der Wert von Shakespeares Werken unverlierbar sei und über Epochen und Völkern stehe, denn Shakespeare sei nicht so sehr ein englischer Dichter wie einer der größten Menschengestalter überhaupt.

Werke englischer Autoren über Dostojewskij gibt es weit weniger als deutsche oder französische. Im allgemeinen ist Dostojewskij für den Engländer eine monströse Pflanze, die auf westeuropäischem

Boden nicht gedeiht. Von neueren Publikationen größeren Stils sei hier die nüchterne, sachliche Monographie E. H. Carrs erwähnt, der die Zahl der Kränze bei der Beerdigung Dostojewskijs genau angibt, aber für seine religiöse Weltanschauung nur einen Platz kennt: das Museum. Im Schlußkapitel heißt es: „Die unverhüllte, inchoative menschliche Natur ist aus der englischen Literatur und vielleicht auch aus dem englischen Leben seit dem Zeitalter Elisabeths verschwunden. Wir haben uns abgeschlossen, organisiert und durch eine Menge von Traditionen abgegrenzt, die zu einem Teil unseres Selbst geworden sind und denen wir, auch wenn wir es wollten, nicht entfliehen können." Nur im Rußland des neunzehnten Jahrhunderts, das vom Rationalismus nicht ausgedörrt war, konnte ein Dichter wie Dostojewskij entstehen. Der Gehalt seiner Kennwörter — als solche nennt Carr drei: „seltsam", „phantastisch", „problematisch" — befremde den Engländer. Dostojewskij sei ein Meister im Zeichnen verzwickter, widerspruchsvoller Charaktere, seine religiösen Anschauungen dagegen seien Antiquitäten, „by his religion he belongs to the old order, by his psychology to the new". Dostojewskijs irrationelle Psychologie bewundere jeder englische Schriftsteller, man müsse sich aber vor Übertreibungen in dieser Richtung hüten, sonst käme man dahin, den „Jüngling" höher einzuschätzen als „Die Brüder Karamasow". Abschließend behauptet Carr, daß Dostojewskijs psychologische Genialität nach hundert Jahren ebenso veraltet sein werde wie heute seine Theologie, und erst dann werde man den richtigen Abstand zu ihm gefunden haben, um ihn als Gestaltungs- und Wortkünstler zu bewerten.*

Ein großer Teil der englischen psychologischen Feinschmecker des 20. Jahrhunderts ist mehr oder weniger von Dostojewskij beeinflußt. Man kann aufschlußreiche Parallelen zwischen den Stilelementen Joyces und Dostojewskijs ziehen. Dostojewskij ist wohl der erste, der den streng geordneten, logisch regelrechten Satzbau aufgelöst hat und ein äußerlich zusammenhangloses, nur durch Erlebnisse des Unterbewußtseins begründetes Wortgefüge, wie auch mechanische Assoziationen eingeführt hat — darin ist er ein Vorgänger von Joyce, obwohl dieser ihn nicht mochte; aber man lernt bisweilen auch von denen, die man mißachtet. Auf die Frage, ob er Dostojewskij für einen großen Dichter halte, antwortete er: „Nein.

* E. H. Carr, Dostojevsky, London 1941.

Wenn Rousseau schildert, wie er einen Löffel gestohlen hat, den er tatsächlich gestohlen hat, ist er viel interessanter als Dostojewskijs Personen, die in Wirklichkeit nicht vollzogene Mordtaten beichten."*

Das andere Unikum der modernen englischen Roman-Literatur zwischen den beiden Weltkriegen, D. H. Lawrence, hat eine Zeitlang — wie er sich selbst ausdrückt — Dostojewskij vergöttert. Dostojewskij schildere in gleich überzeugender Weise die Ekstase des Egoismus (Dmitrij Karamasow) wie die höchste moralische Entselbstung (Der Idiot). Lawrence wiederholte das Klischee-Urteil Michailowskijs: sadistisch sei Dostojewskijs Neigung, sich und seine Helden zu quälen. „Dostojewskij ist eine Ratte, die sich in einem haßerfüllten Schatten herumschlängelt, aber Liebe ausübt, weil sie dem Licht gehören will." Der „christliche Asketismus Dostojewskijs" hatte für den düsteren Fanatiker der Sinnenlust, diesen unerlösten Satyr, etwas Abstoßendes.**

Joseph Conrad hat sich eingehend mit Dostojewskij beschäftigt und von ihm gelernt, sich in die innersten Schlupfwinkel der menschlichen Seele hineinzustehlen. Aber er hat nichts von Dostojewskijs tiefer Menschenliebe, wie könnte er sonst den Satz geprägt haben: „Ein übler Geruch entsteigt Dostojewskij". Im Banne des russischen Dichters stand auch Virginia Woolf. In der Technik des Romans, in der Virtuosität, Spannung zu erzeugen sowie Religion mit Kriminalistik zu verbinden, ist Graham Greene ein Schüler Dostojewskijs. Und schließlich sei hier noch das unterhaltsame Büchlein J. C. Powys' genannt, der Dostojewskij für den größten Romanschriftsteller überhaupt hält und manch scharfsinniges, eigenwilliges Urteil ausspricht, ohne sich die Mühe zu geben, es zu begründen: „Dostojewskijs erstes Werk ‚Arme Leute' erschien 1846, sein letztes ‚Die Brüder Karamasow' 1880; zwischen diesen beiden Daten ist sozusagen das Herz des 19. Jahrhunderts eingeschlossen." Weil der Engländer, er spreche worüber er wolle, immer auf Shakespeare zurückkommt, nennt J. C. Powys Dostojewskij den Shakespeare unter den Romanschriftstellern, den Meister der Unter- und Obertöne, der keine langen Beschreibungen mag, nur kurz die Szenerie vermerkt und in wenigen Worten das ausspricht, wozu andere ganze Bände brauchen. Für J. C. Powys ist das Böse der

* James Joyce and the making of Ulysses, by Frank Budgen, London 1934.
** L'oeuvre de D. H. Lawrence, par P. de Reul, Paris 1937.

notwendige Uranfang der Welt, und von diesem Standpunkt aus versucht er die menschliche Seele nicht nur in seinen eigenen Romanen, sondern auch die Dostojewskijs und seiner Gestalten zu enträtseln. Wie Carr interessiert auch ihn der Psychologe und nicht der Metaphysiker Dostojewskij.

Während Dostojewskij das „Tagebuch eines Schriftstellers" herausgab, erhielt er unter den ungezählten Briefen auch solche von jüdischen Lesern* und fühlte sich dadurch angeregt, im dritten Heft seines Tagebuchs von 1877 sich mit der jüdischen Frage auseinanderzusetzen. Hier muß vorausgeschickt werden, daß er gegen die Juden sowenig wie gegen irgendein anderes Volk eine ausgesprochene Abneigung empfunden hat. Überzeugt, daß der russische Mensch nicht a priori eine Verachtung für den Juden kenne und daß man ein Volk, das eine Geschichte von bereits vierzig Jahrhunderten habe, ernst nehmen müsse, nennt er die Juden beispiellos in ihrer Zähigkeit und Energie, aber auch überempfindsam für die ihnen zugefügten Ungerechtigkeiten; diese stete Anklage habe sie nicht gehindert, die Neger in Amerika und die verarmten Litauer in Kowno durch das ihnen zur Verfügung stehende Kapital zu versklaven. Er nennt die Juden hochmütig und zweiflerisch, am unangenehmsten sei ihm ihr „grämlicher Mißmut". Der gebildete Jude sei der reizbarste und leichtest verletzbare Mensch. „Die Juden denken an nichts anderes als nur an sich!" Unter der Voraussetzung, daß alles, was Humanität, Gerechtigkeit, Menschlichkeit und christliches Gesetz verlangt, für die Juden getan werden soll, kann er sich „eines phantastischen Gedankens" nicht erwehren: wenn sich die soziale Ordnung in Rußland durch einen Zufall ändern würde und an der Spitze der Verwaltung Juden ständen, dann würde wohl nach einer kurzen Frist „alles Hab und Gut ... alle Macht in die Hand der Juden übergehen und eine Epoche anheben, mit der sich die Leibeigenschaft und sogar das Tatarenjoch nicht vergleichen ließe.**

Schon 1861 sprach Dostojewskij in der Zeitschrift „Wremja" von der Allmenschlichkeit, dem Allfrieden und der Allvereinigung. Er

* Damals betrug die Zahl der Juden in Rußland 3 Millionen.

** Was hätte wohl Dostojewskij dazu gesagt, wenn er geahnt hätte, daß gerade Schriftsteller jüdischer Nationalität sich besonders häufig und intensiv mit ihm beschäftigen werden? Von Franz Werfel und André Suarès war schon die Rede. Stefan Zweigs Essay gehört zu den populärsten; auch sei hier der Name E. Luckas und H. Pragers genannt, und wir dürfen nicht vergessen, daß auch Georg Brandes ein Jude war.

träumte von einer zukünftigen, durch den russischen Christusgedanken geeinigten europäischen Menschheit. Im Tagebuch 1877 heißt es: „Es wird eine vollkommene geistige Vereinigung aller Stämme und ein gleiches Recht für alle sein.“ In seinem letzten Lebensjahr kehrt er in der Puschkin-Rede zu seinem Lieblingsthema zurück. Aber er hat sich im einzelnen weder mit dem Schicksal der sogenannten kleinen Nationen noch mit der immer mehr anwachsenden Macht und Bedeutung Amerikas auseinandergesetzt, im Gegensatz zu Goethe, den die Zukunft des „jugendlichen Staates“ (gemeint sind die USA) einige Jahre vor seinem Tode so interessierte, daß er den Wunsch aussprach, noch einige fünfzig Jahre auszuhalten.*

Bei seinem Traum von der allmenschlichen Vereinigung dachte Dostojewskij zweifellos nicht nur an die Nationen, die in seinen Werken namentlich genannt sind. In seinem Bewußtsein existierte noch nicht die Kultur Skandinaviens, die seit dem Siegeszug Ibsens die Gesichtszüge Europas mitbestimmt hat, und Kierkegaard lag noch im Grabe der Verachtung und Vergessenheit. Ibsen hatte eben erst und Strindberg noch nicht seine Herrschaft angetreten.

Da sich durch mein Studium an der einheimischen und an mehreren ausländischen Universitäten wie auch durch die schon fünfzehn Jahre währende Schule des Exils die Erkenntnis erhärtet hat, daß in kultureller Hinsicht die Scheidelinie zwischen großen und kleinen Völkern willkürlich ist, will ich am Schluß dieses Ausblickes einiger kleiner Völker gedenken, deren Einstellung zu Dostojewskij mir bekannt ist. Hier muß ich vorausschicken, daß ich bedauerlicherweise aus Unkenntnis der Sprache an den zahlreichen holländischen Publikationen über Dostojewskij mit den fesselnden Titeln — besonders über die Verbrecherpsychologie — vorbeigehen muß.

Dänemark besitzt von jeher eine Neigung für psychologische Probleme und von den nordischen Völkern war ein Däne der erste, der 1889 die Aufmerksamkeit Skandinaviens auf Dostojewskij lenkte. Der Schöpfer des psychologisch-biographischen Porträts, der idealistische Atheist Georg Brandes vergleicht Dostojewskij mit Rousseau: beide seien reizbar, mißtrauisch, fähig zu Niedrigkeiten, aber auch zu höchstem Aufschwung — dieses das Gemeinsame; und das Gegensätzliche: Rousseau ein Feind der Demut und christlichen

* Gespräche mit Eckermann, 1827 21/2.

Ergebenheit, Dostojewskijs Werke „eine Rüstkammer christlicher Charaktere und Gemütsverfassungen."*

Vom Dänen Eijner Thomassen stammt eine auf neuer Quellenforschung beruhende kurze, aber übersichtliche Dostojewskij-Biographie, die mit einem Vorwort von Alf Ahlberg ins Schwedische übersetzt ist.

Von den Norwegern, die mit einem Sinn für Tragik und dramatische Spannung ausgezeichnet sind, hat der Urromantiker Knut Hamsun sich inbrünstig zu Dostojewskij bekannt. In seinem Buch „Im Märchenland" (1903), wo er Erlebnisse und Träume aus Rußland erzählt, schreibt er: „Kein anderer Schriftsteller hat ein so feines Verständnis für die komplizierte menschliche Natur wie Dostojewskij. Seinem seelischen Einfühlungsvermögen entgeht nichts, er hat die Gabe des zweiten Gesichts. Wir besitzen kein Maß, um seine Größe zu messen, so entfernt und über allem steht er. Seine Zeitgenossen haben versucht, ihn zu erklären, aber es ist keinem gelungen, weil er unfaßbar groß ist." Hamsun hält die kleine Erzählung „Die Sanftmütige" für das hervorragendste Werk Dostojewskijs: „Ein kleines Buch. Aber für uns sehr groß, verwirrend groß."

Von den drei östlichen Giganten Tolstoj, Turgenjew und Dostojewskij hat letzterer in Schweden am langsamsten Eingang gefunden. Seine Mystik und Maßlosigkeit, seine psychologischen Orgien sind dem Volke Linnés und Celsius' wesensfremd, obwohl Dostojewskijs Romane bereits seit den achtziger Jahren des vorigen Jahrhunderts mehrfach übersetzt wurden. Wie in Frankreich so flammte auch in Schweden das eigentliche Interesse für Dostojewskij nach dem ersten Weltkrieg auf, allerdings weniger tiefgreifend. Schwedische Autoren haben über Dostojewskij nur kleine Informationen und Aufsätze veröffentlicht. Im schwedischen naturwissenschaftlichen Bewußtsein lebt Dostojewskij mehr als Realist, als spannender Erzähler und nicht als Metaphysiker und Sinnsucher des Lebens. Eine 1948 veranstaltete Rundfrage an die bekanntesten schwedischen Dichter über ihre Stellungnahme zu Dostojewskij anläßlich der Uraufführung von Heinrich Sutermeisters Oper „Raskolnikow" kann als Bestätigung dieser Behauptung dienen. Der im Diesseits wurzelnde, mit einem humanen Wirklichkeitssinn begabte Schwede ist

* G. Brandes, Samlede Skrifter, Bd. X. Vgl. dazu auch Vilhelm Gronbach, Dostojewskij, Kopenhagen 1947.

empfindsam für die sozialen Gerechtigkeitsfragen im Kosmos Dostojewskijs, scheut sich aber, in irrationale Tiefen zu steigen. Wie der in der Welt heimische August Strindberg zu Dostojewskij gestanden, ob er ihn gelesen und gewürdigt hat, ist mir nicht bekannt, aber in der Haßliebe begegnen sie einander. Einer der feinsinnigsten Denker Skandinaviens (zu Unrecht auf dem Kontinent unbekannt), der Lyriker und Essayist Vilhelm Ekelund*, ein Verehrer der alten Griechen, Hölderlins und Nietzsches, gesteht in einem kleinen Essay, Dostojewskij sei ihm zu russisch. Obwohl er den Verfasser der „Brüder Karamasow“ zu den Erlösern der Menschheit zählt, die die Abgesondertheit zerbrechen und den Weg zur Zusammengehörigkeit weisen, fragt er, ob die Werke Dostojewskijs überhaupt entstanden wären, wenn er reinen Herzens, eine versöhnliche Natur gewesen wäre und nicht ein bitterer, erniedrigter, ehrgeiziger Mensch. Daß Vilhelm Ekelund von der „List der Güte“ bei Dostojewskij spricht, ist auf die Unkenntnis des Lebens und der Werke des russischen Dichters zurückzuführen.

Von den schwedischen Dichtern, die ihre Werke in den ersten drei Jahrzehnten unseres Jahrhunderts publiziert und ihre eigene Stimme durch die Dostojewskijs verstärkt haben, seien hier nur zwei genannt.

Der grellfarbige, faszinierende Prosaschriftsteller, der makabre Hjalmar Bergman** hat sich mehrfach darüber geäußert, in welchem Maße Dostojewskij ihn beeinflußt habe. In der Wahl der Sujets (Verbrecherpsychologie, Allmacht des Geldes), in der Technik des Romans, in den sich überstürzenden Ereignissen, im Prestotempo des Erzählens, spürt man Dostojewskijs heißen Atem, nicht aber in der Weltschau. Dostojewskijs Werk trägt den Titel „Idiot“, Hjalmar Bergmans — „Clown Jac“. Dostojewskijs Fürst Myschkin ist ein Apostel Christi und wird um dieses Wahnsinns willen von der Gesellschaft zum Idioten gestempelt. Clown Jac ergreift seinen Beruf, als er zufällig feststellt, daß seine Angstneurosen das gedanken- und gefühllose Publikum zum Lachen reizen und er dadurch Geld verdienen kann. Wie Dostojewskij fürchtet sich auch Hjalmar Bergman nicht, die Grausamkeiten und Widersinnigkeiten des Lebens aufzudecken. Er kennt die seelentötende Macht des Geldes und führt uns — wie Dostojewskij — in eine Gesellschaft von

* V. Ekelund (1880–1949), Essay-Sammlung „Veri Similia“ 1915.
** Hjalmar Bergman, 1883–1931. Hauptwerke „Markurel“, „Clown Jac“.

Geldwechslern, Wucherern, Betrügern und durchtriebenen Krämern. Auch in Dostojewskijs Romanen ist Habsucht eines der verbreitetsten Laster, aber er stellt ihm eine franziskanische heilige Armut gegenüber, ein Ideal, das Hjalmar Bergman fernliegt. Die Bücher des Schweden erscheinen auf den ersten Blick sehr vergnüglich. Bei der Lektüre lacht man herzlich, hat man aber das Buch zu Ende gelesen, fühlt man eine seltene Beklemmung. Bei der Lektüre Dostojewskijs erfaßt uns bisweilen ein Grauen; haben wir aber sein Buch geschlossen, umflutet uns ein geheimnisvolles Licht. Bei Hjalmar Bergman wird das Leben zur grotesken Maskerade, bei Dostojewskij zur Tragödie. Dostojewskijs Menschen sind auf einen metaphysischen Hintergrund gezeichnet, Hjalmar Bergmans Gestalten hängen in einem engen, leeren dumpfen Raum, und dennoch verbindet ihn mit dem russischen Dichter die Sehnsucht nach einem vollendet schönen Menschen.

Der aus dem hohen Norden, einer der ärmsten Gegenden Schwedens, stammende Lyriker und Romancier Dan Andersson* hat sich inbrünstig zu Dostojewskij bekannt. Als er im Alter von 21 Jahren zum erstenmal „Schuld und Sühne" las, fand er es abstoßend. Als er aber neun Jahre später zum selben Buch griff, strömten Tränen der Dankbarkeit über seine Wangen und er spürte in seinem Innern ein Gefühl der Befreiung. In einem Brief an den Maler Hans Larsson schreibt er: „Dieses Werk und die Karamasow sind nicht eines Menschen, sondern Gottes Werk." Aus den „Brüdern Karamasow" soll er ganze Seiten und Szenen auswendig gekannt haben. Einige Monate vor seinem Tode rezensierte er die Dämonen: „Wer war das, der dies geschrieben hat — war es ein Mensch, oder der Schöpfer selbst, der in der Nähe seines wachesten Jüngers träumte?" Besonders fesselte ihn die Psychologie des bodenlos, namenlos Bösen. In der Niederschrift psychologischer Beichten hat er von Dostojewskij gelernt. Grauen und Angst flackern in seinen Büchern, aber das erlösende Licht der werktätigen Liebe fehlt. Vielleicht, weil er aus diesem Leben auf der Stufe des Untergrundmenschen schied. Sein Tod mutet uns wie ein Kapitel aus einem Roman Dostojewskijs an: er starb an einem Gift, das nicht für ihn, sondern für das Ungeziefer bestimmt war! Ruhelos, vom Gespenst der Armut gehetzt, hatte er Unterschlupf

* Dan(iel) Andersson, 1888—1920.

in einem der billigsten Hotels Stockholms gefunden, in einem Zimmer, das allzu gründlich gegen Ungeziefer desinfiziert worden war. Am anderen Morgen fand man ihn tot in seinem Bett.

In den letzten zwei Jahrzehnten ist das Interesse für Dostojewskij gestiegen, in jedem Jahr erscheinen neue Übersetzungen, auch die unreifen Erzählungen seiner ersten schriftstellerischen Periode und Anthologien seiner Schriften werden herausgegeben. Einer der den Zeitpuls beobachtenden, philosophisch ausgerichteten Kritiker, Gösta Attorps, stellte neulich in einem Aufsatz über die jüngst erschienenen Dostojewskij-Übersetzungen die richtung- und geschmackbestimmende Frage: „Warum liest man eigentlich so viel Dostojewskijs Nachfolger, da man doch das Original zur Hand hat?"* Verallgemeinerungen auf völkerpsychologischem Gebiet sind gefährlich und müssen durch Ausnahmen berichtigt werden. Dies bezieht sich auch auf die Aussage über die naturwissenschaftlichen Schweden. Alf Ahlberg, den man das Gewissen Skandinaviens nennt, der Verfasser nachdenklicher Essays, einer schwedischen Philosophiegeschichte und hervorragender Übersetzer philosophischer Werke, schreibt: „Dostojewskijs Werke lernte ich 1920 kennen und war von ihm gebannt. Er ist mein unvergleichlich größtes literarisches Erlebnis und begleitet mich durch alle Jahre hindurch wie eine Bibel . . . Er hat mit übermenschlichem Klarsinn die kommenden Ereignisse vorausgesehen und wenn jemand den Namen Prophet verdient, dann ist er es." Alf Ahlberg nennt Dostojewskij den sechsten Evangelisten, vorausgesetzt, daß Bach der fünfte sei.** In den unsterblichen Werken begegnen sich die Völker Europas und Menschen entgegengesetzter Weltanschauung wie Brüder.

Der tschechische Staatsmann und Denker T. G. Masaryk, einer der edelsten und konsequentesten Humanisten zu Beginn des zwanzigsten Jahrhunderts, führt in seinem umfassenden Werk „Rußland und Europa" den Gedanken durch, wer Rußland kennenlernen wolle, müsse sich in Dostojewskij, „diesen großen Zergliederer der russischen Revolution", vertiefen. Europa habe bereits zu Anfang des zwanzigsten Jahrhunderts, also schon vor dem ersten Weltkrieg unter russischem Einfluß gestanden, und wer den negativen und positiven Erscheinungen dieser Zeit nachspüren

* Gösta Attorps, geb. 1899; Svenska Dagbladed 15. 8. 60.
** Alf Ahlberg, geb. 1892; Brief an die Autorin 29. 8. 60.

wolle, müsse unbedingt Dostojewskij studieren, dessen Welt- und Lebensanschauung Masaryk gänzlich ablehnt, obwohl er dessen Bedeutung im Kampfe gegen den Nihilismus nicht schmälert.

Was die Litauer betrifft, dieses Volk, dem die Vorfahren Dostojewskijs entstammen und das einen so lebendigen Sinn für religiöse Probleme und emotionelles Erleben hat, so sei hier die ins Deutsche übersetzte, sehr eingehende geschichtsphilosophische Deutung der „Legende vom Großinquisitor" Antanas Maceina* genannt. Die Legende selbst umfaßt nur zwanzig Seiten, die Analyse Maceinas 244! Das Werk wird ergänzt durch ein ausführliches und breit angelegtes Nachwort von W. Szylkarski über „Messianismus und Apokalyptik bei Dostojewskij und Solowjew". Für Maceina ist die Legende ein auf menschlicher Eingebung beruhender Kommentar der Apokalypse. Er analysiert die berühmte Legende nicht vom dichterischen, sondern vom kirchlichen, dogmatischen Standpunkt aus. „Denn das Lamm und das Tier erscheinen nicht nur in der Geschichte der Menschheit, sondern leben auch in einem jeden von uns". Nach Maceina ist der Großinquisitor ein scharfer Angriff auf den Katholizismus: „Eine schärfere Anklage gegen die Kirche Roms und gegen den sie bewegenden Geist ist wohl nie erhoben worden und nie mit einem solchen Aufwand von dialektischer Kraft und dramatisierender Kunst durchgeführt worden." Vom dogmatischen Standpunkt aus ist es gut möglich, die Legende so zu deuten, behält man aber den ganzen Kosmos Dostojewskijs im Auge, alle seine Werke, seine Briefe, sein ganzes Leben, dann ist das Eigentliche in der Legende nicht die Kritik an Rom, sondern der Zusammenstoß des starren Buchstabengesetzes, des Machtprinzips mit dem aus den Mauern der Kirche herausgetretenen Christus, der dem Einzelmenschen kaum tragbare Verantwortung auferlegt. „Der Mensch ist schwächer und geringer von Natur, als du ihn dachtest," an diesem Vorwurf, den der Großinquisitor Christus macht, kann niemand von uns, ganz gleich welcher Konfession er sei, vorübergehen, wie auch nicht an der Feststellung des Großinquisitors, daß der Mensch um der Bequemlichkeit und des seichten Glückes willen die Freiheit opfert.

Hier sei auch noch Vladimir Szylkarski genannt, ein verdienstvolles Bindeglied zwischen dem Osten und Westen, der die Grund-

* Antanas Maceina, „Der Großinquisitor", 1952.

lage der geistigen Begegnung zwischen Dostojewskij, Solowjew und Nietzsche aufgezeigt hat.

Die Letten sind — ähnlich wie die Armenier und Isländer — ein Volk, das eine geradezu zärtliche Neigung zum Buch und eine große intellektuelle Wachheit besitzt.* Im Gegensatz zu den anderen Randstaaten, etwa zu Estland und Finnland, war in meiner Heimat das Interesse für Dostojewskij von jeher groß, obwohl er nie in dem Maße wie Goethe zu einem wirksamen Bestandteil der lettischen Kultur geworden ist.

Aspasia, eine der hervorragendsten lettischen Lyrikerinnen und Dramatikerinnen, schreibt in ihren Erinnerungen an die neunziger Jahre: „Dostojewskij war ein Mensch bis in die allermenschlichsten Abgründe und bis zum höchsten menschlichen Gipfel. Ich kann mir keinen Menschen vorstellen, der mit ihm in Berührung kommt, ohne aufs tiefste erschüttert zu sein."

Dostojewskijs gesammelte Werke wurden schon früh ins Lettische übersetzt. Als 1926 eine neue Übertragung von „Schuld und Sühne" erschien, war die 15 000 Exemplare betragende Auflage in wenigen Monaten ausverkauft, und die Gesamtzahl der Letten betrug damals 2½ Millionen.

Nicht ein Erbe Dostojewskijs, aber durch seine psychologische Begabung und seine religiöse Einstellung ein ihm verwandter Denker ist der lettische Europäer Konstantin Raudive, der dynamisch-tragische Dichter, der die Verneiner des Christentums die Totengräber Europas nennt, jedoch der Selbstsicherheit der nicht wandlungsfähigen Kirche den Krieg erklärt. Wie für Thomas Mann und Albert Camus so ist auch für ihn, einen vorzüglichen Kenner russischer Literatur, Dostojewskijs genialstes Werk „Die Dämonen", die er als eine Zukunftsprophezeiung des terroristischen Bolschewismus analysiert: „Dostojewskij hat uns seine eigene, wie auch unsere Seele und vielleicht die Seele aller Menschen in banger Schonungslosigkeit, erschütternder Wahrhaftigkeit und künstlerischer Vollendung enthüllt.**

* Nach einer Statistik der 30er Jahre nahm Lettland in der Buchproduktion die zweite Stelle ein; die erste gehörte Dänemark, wo auf 100 000 Einwohner 86 Bücher kamen, in Lettland 82.

** Konstantin Raudive, Der Chaos-Mensch und seine Überwindung, Memmingen 1951.

Schlußwort

Seit über hundert Jahren werden gerechte und ungerechte, begründete und unbegründete Urteile über Dostojewskij ausgesprochen, und immer noch wächst die Schar seiner Deuter, Nachfolger wie auch die der Verleumder. Die Bewegung in ihm und seinen Werken ist so heftig, daß sie mächtige Strömungen für und wider hervorgerufen hat. Nur noch Nietzsche, der gleich Dostojewskij nicht zu den Dichtern gehört, die einstimmig anerkannt werden, hat so allumfassend gewirkt, ist soviel gedeutet und mißdeutet, verherrlicht und mißbraucht worden. In seinem Vaterlande war Dostojewskij schon zu Lebzeiten ein Leuchtfeuer, in der übrigen Welt begann er erst nach seinem Tode zu leben, und je mehr Jahre verstrichen, desto intensiver.

Wird die Größe und Lebendigkeit eines Dichters danach bemessen, wie weitgreifend und tiefgehend seine Wirkung ist, dann gehört Dostojewskij zu den größten. Soziale Revolutionäre, mimosenhaft zarte Jünger Christi, theologische Dialektiker, Scholasten, selbstherrliche Solipsisten, Gottsucher, die in Harmonie mit dem Rhythmus der Welt schwingen, und Abtrünnige, in deren Augen die furchtbare Verzweiflung der Einsamkeit brennt, rabiate Gottesleugner, Psychotherapeuten, nihilistische Ästheten, nüchterne Naturwissenschaftler, Begründer einer neuen Romanform — sie alle beanspruchen Dostojewskij für sich — mit oder ohne Berechtigung, nennen ihn ihren Freund, Meister, Wegweiser.

Aus den kritischen und unkritischen Urteilen, dichterischen Aussagen und wissenschaftlichen Forschungen über Dostojewskij könnte man eine ganze Bibliothek zusammenstellen. Aber unbeantwortet bleibt die Frage: in welchem Spiegel würde Dostojewskij selbst sich erkennen? Die Fülle des Widerhalls würde ihn, der während seines Lebens nach Verständnis lechzte, erschrecken. Vielleicht würde ihn beim Anblick einer vollständigen Dostojewskij-Bibliographie ein epileptischer Anfall heimsuchen, vielleicht würde er voller Sarkasmus sich an seinen eigenen Ausspruch aus seiner Redakteurzeit in den sechziger Jahren erinnern: „Mein Name ist Millionen wert." Vielleicht aber würde er an eine seiner Freundinnen einen ellenlangen, verzweifelten Brief schreiben und ihr haargenau vorrechnen, was Verleger an ihm, dem immer mit Geldnot kämpfenden, verdient haben und mit welch kleinen Summen er selbst auskommen mußte; denn er vergaß nichts und nicht umsonst hatte er sich in der Kriegsingenieurschule in komplizierten mathematischen Berechnungen geübt, Gesetze unzerstörbarer Festungen studiert und damals hieß keine einzige Dostojewskij! Eines jedenfalls ist klar, träte er heute zu uns, würden die meisten Essayisten und Forscher sein Erscheinen als eine Störung empfinden und ihn von hinnen weisen, wie das der Großinquisitor mit seinem geheimnisvollen Gast tat: „Warum bist du gekommen, uns zu stören?"

Das Genie umfaßt alles und alle, Gegenwärtiges und Zukünftiges, aber es selbst wird erst von den einander folgenden Geschlechtern allmählich ergründet, nur Dichteraugen vieler Jahrhunderte strahlen seinen Glanz zurück.

Den vier Giganten im Osten — Gogol, Turgenjew, Tolstoj, Dostojewskij — entsprechen vier im Westen: Cervantes, Goethe, Shakespeare, Dante. Sie tragen das Himmelsgewölbe der europäischen Kultur, die zur Kultur des Weltalls geworden ist. Gogol und Cervantes waren fromme Christen, tragisch groteske Satiriker. Gogols Denkmal in Moskau trägt als Inschrift seine eigenen Worte: „Lachen werde ich über meine bitteren Tränen", die auch einem Cervantesdenkmal gelten könnten.

Mildes Licht umstrahlt das zweite Paar: Goethe und Turgenjew. Unerschütterlich in ihrem Gleichgewicht und ihrer Selbstdisziplin, wußten sie, daß man die Urteile der Toren und die Ungerechtigkeit geliebter Menschen gelassen ertragen muß; von einer pantheistisch-ästhetischen Weltschau durchdrungen, bewahrten sie bis ins hohe Alter eine tiefe Empfindsamkeit für Schönheit und Jugend und verhielten sich ehrfürchtig zu allem Seienden, dem Geringsten wie auch dem Gewaltigsten, dem Ergründlichen wie auch dem Unergründlichen. Jeden Abschnitt im Werk des einsam alternden Turgenjew, das er selbst „Senilia" und sein Herausgeber „Gedichte in Prosa" nannte, könnte man, wie das ganze Werk, mit einem Goethewort überschreiben: „Es sei wie es wolle, es war doch so schön". Er schuf ein azurenes Reich voller Reminiszenzen, in dem die warme Sommerluft nach Reseda und Lindenblüten duftet, eine Welt, in der er gleich Goethe „klar ins holde Klare schaute".

Vom Schritt des dritten Paares — Tolstoj und Shakespeare — erdröhnt der ganze Erdball. Unermüdliche Porträtisten, Beleber toter Historie, haben sie mehr Gestalten geschaffen, als die Nachwelt sie zählen konnte. Unheimlich ist ihre zeugerische Fruchtbarkeit und der dazu scheinbar im Widerspruch stehende Pessimismus. Die Tragödien Shakespeares, wo über dem angehäuften Tod kein Licht der Auferstehung leuchtet und der Rest ein Schweigen ist, läßt uns an den Tod des Ilja Iljitsch denken. „Der Sterbende zuckte heftig, wie in den Händen des Henkers der zum Tode Verurteilte, wohl wissend, daß er sich nicht retten konnte. Er weinte über seine Hilflosigkeit, über sein schreckliches Alleinsein, über die Grausamkeit der Menschen und die Grausamkeit Gottes." Auch für Shakespeare ist der Tod, der in seinen Tragödien die Menschen haufenweise niedermäht, nur das schwarze Loch, der schmale dunkle Sack, in den der Mensch auf schmerzliche Weise, von einer unsichtbaren, unabwendbaren Macht hineingezwungen wird.

Und das vierte Paar: Alma sdegnosa — feurige Seele — wie Dante sich selbst nannte, und Dostojewskij, der gläubige Zweifler, sind einander in der christlichen Glut, in der Kenntnis von Hölle und Paradies verwandt. Beide kannten den Fluch der Verbannung (Dostojewskij allerdings in grausamerer Form), das Übermaß der Verzweiflung und Begeisterung. Kaum der Hölle entstiegen, grüßen Dante die himmlischen Sterne; Dostojewskij ist glücklicher, ihn grüßen sie bereits in der Hölle, die er aus eigener Erfahrung gründlicher als Dante kannte. Der Schlußakkord der „Göttlichen Komödie" von der Liebe, die die Sonne und alle anderen Sterne bewegt, ist das Leitmotiv im Dichtwerk Dostojewskijs: „Liebe erkauft alles, Liebe errettet alles."

Von den vier russischen Giganten ist Dostojewskij der größte Lebensbejaher: wo er auch ist, immer findet er zum Leben. Gogol lacht laut, um seine Tränen zu verbergen, aber gleich dem Ritter Don Quichotte stirbt er an Schwermut. Turgenjew kennt in wehmütiger Ironie die Schönheit des vergänglichen Lebens, die Unzulänglichkeit aller Dinge. Bei Tolstoj geistert selbst am strahlenden Sommertag die Frage: was hat es für einen Sinn zu essen, zu trinken, schöne Frauen zu lieben, Kinder in die Welt zu setzen, wenn sich alles früher oder später in stinkenden Moder — Shakespeare sagt: in eine Quintessenz von Staub — verwandelt; aber bei Dostojewskij weisen in diabolischer Finsternis die Sterne dem Irrenden den Weg: „Ich kann lieben, leiden, mitleiden, mich erinnern, und das ist immerhin Leben."

ZEITTAFEL*

1821	Oktober 30. (11. November) in Moskau DOSTOJEWSKIJ geboren	*Flaubert und Baudelaire geboren, Napoleon gestorben*
1822	D. W. Grigorowitsch geb.	*Charles Fourier begr. sozialistische Richtung kleiner Genossenschaften*
1823	Alexander Ostrowskij russ. Bühnendichter geboren	*Beethoven IX. Symphonie*
1824		*Byron stirbt*
1825	Tod Alexanders I. Thronbesteigung Nikolais I. Puschkin „Boris Godunow“	*Erste Eisenbahn (England)*
1826	Aufstand der Dekabristen Michael Saltykow geboren	
1827		*Beethoven stirbt* *Pestalozzi stirbt* *Victor Hugo: „Cromwell“*
1828	Tolstoj geboren	*Ibsen geboren* *Taine geboren* *Henri Dunant geboren*
1829		*Victor Hugo: „Le dernier jour d'un condamné“* *1. Gewerkschaft in England*
1830	Dostojewskijs Vater kauft ein Landgut Puschkin: „Eugen Onegin“	*Juli-Revolution in Paris* *Unabhängigkeitserklärung Griechenlands* *Polnischer Aufstand* *Comte: „Cours de philosophie positive“*
1831	Nikolai Leskow geboren	*Hegel stirbt* *Victor Hugo: „Notre Dame de Paris“*
1832		*„Faust II.“ Goethe stirbt* *Walter Scott stirbt* *Björnstjerne Björnson geboren*

* Alle russischen Daten nach dem Gregorianischen Kalender.
Die Romane Dostojewskijs sind zuerst in Zeitschriften gedruckt worden, daher erstreckt sich das Erscheinen über mehrere Monate oder Jahre.

1833		*Alfred Nobel geboren* *Aufhebung der Sklaverei im britischen Reich*
1834	Michail und Fjodor Dostojewskij im Moskauer Internat von L. J. Tschermak Gogol: „Die toten Seelen“ Puschkin: „Pique Dame“	
1835		*Erste deutsche Eisenbahn*
1836	Gogol: „Revisor“	
1837	Dostojewskijs Mutter stirbt Puschkin stirbt	*Morse Schreibtelegraph* *Ch. Fourier stirbt*
1838	Dostojewskijs Eintritt in die Kriegsingenieursschule	
1839	Dostojewskijs Vater wird von seinen Bauern ermordet Modest Mussorgskij geboren	
1840	Tschaikowskij geboren Lermontow: „Ein Held unserer Zeit“ Gogol: „Der Mantel“	
1841	Lermontow stirbt	*Carlyle „On Heroes“* *L. Feuerbach „Das Wesen des Christentums“*
1842	Besuchsreisen zum Bruder Michail nach Reval	*Franz Liszt in Petersburg*
1843	Dostojewskij absolviert die Kriegsingenieursschule und wird als Konstrukteur im Kriegsingenieurdepartement angestellt. Dr. Riesenkampf und Dostojewskij beziehen eine gemeinsame Wohnung	*Sören Kierkegaard „Entweder — Oder“* *Balzac in Petersburg* *Edvard Grieg geboren*
1844	Dostojewskij übersetzt George Sand. Übersetzung von Balzacs „Eugénie Grandet“. Im Oktober verläßt er seinen Dienst im Departement und bezieht eine gemeinsame Wohnung mit Grigorowitsch. Arbeit an den „Armen Leuten“	*Nietzsche geboren* *Thorwaldsen gestorben*
1845	Abschied vom Staatsdienst April Letzte Umarbeitung und Abschluß am Roman „Arme Leute“ Mai „Der allerherrlichste Augenblick meines ganzen Lebens“ — begeisterte Anerkennung seines	*Stirner: „Der Einzige und sein Eigentum“*

Erstlingswerkes durch Nekrassow und Belinskij
Freundschaft mit Belinskij
Juli/Sept. Arbeit a. „Doppelgänger"
November Erste Begegnung mit Turgenjew
„ROMAN IN NEUN BRIEFEN".

1846 Januar 15. „ARME LEUTE" (Drucklegung seines ersten Werkes im Almanach „Petersburgskij sbornik)
Februar „DER DOPPELGÄNGER" (in der Zeitschrift „Otetschestwenije sapiskij)
März Belinskijs überaus rühmende Kritik über „Arme Leute" und den „Doppelgänger" in Ot. sa.
April Dostojewskij erkrankt. Bekanntschaft mit Dr. Janowskij und Petraschewskij
Besuchsreise zum Bruder nach Reval
Oktober Dostojewskij beginnt die Niederschrift von „Die Wirtin" und „Netotschka Neswanowa".
Bekanntschaft mit dem Revolutionär Alexander Herzen
Bruch der Freundschaft mit Nekrassow
Bekanntschaft mit Maikow und Pleschtschejew
Grigorowitsch „Das Dorf".

1847 Febr. Dostojewskij besucht die Freitage Petraschewskijs
April-Juni Dostojewskij arbeitet als Feuilletonist an einer Petersburger Zeitung
Juli 15. Belinskijs Brief an Gogol
Okt./Dez. „DIE WIRTIN" in Ot. sa.
Bruder Michail siedelt mit seiner Familie von Reval nach Petersburg über
Gontscharow „Eine alltägliche Geschichte"
Grigorowitsch „Anton Goremyka"

1848	Febr. „DAS SCHWACHE HERZ“ in Ot. sa.	*Karl Marx und Friedrich Engels „Kommunistisches Manifest“*
	März Belinskijs negative Kritik über „Die Wirtin“ (in „Sowremennik“)	*Februarrevolution in Paris* *Märzrevolution in Deutschland*
	Mai (26.) Tod Belinskijs	*Sozialistischer Juni-Aufstand in Paris*
	Sept. „DER CHRISTBAUM“ und „DIE HOCHZEIT“ in Ot. sa.	*Oktoberrevolution in Österreich* *Ungarische und tschechische Erhebungen*
	Nov./Dez. Dostojewskij besucht regelmäßig die Freitage Petraschewskijs	
	Dez. „WEISSE NÄCHTE“ in Ot. sa. Michail Dostojewskij eröffnet eine Tabakfabrik	
1849	Jan./Febr. „NETOTSCHKA NESWANOWA“ Roman, I., II. in Ot. sa.	*Strindberg geboren* *Ellen Key geboren* *Chopin gestorben*
	April 15. Dostojewskij liest bei Petraschewskij Belinskijs Brief an Gogol vor	
	April 23. um vier Uhr morgens Verhaftung	
	30. September — 16. November „Gericht über die Petraschewzi“	
	Dez. 22. 7 Uhr morgens „Hinrichtung“	
	Dez. 24. Dostojewskijs Abtransport von der Peter-Pauls-Festung per Etappe nach Sibirien	

Sibirien

1850/54	Zuchthaus in Omsk. Erster epileptischer Anfall	*1850 Balzac stirbt*
1852	Turgenjew „Das Tagebuch eines Jägers“ Tolstoj „Kindheit“ Gogol stirbt	
1853	Solowjew geboren Anfang des Krimkrieges Ostrowskij „Schuster bleib bei deinem Leisten“	*van Gogh geboren*

1854/59	Dostojewskij Soldat in Semipalatinsk	
1854/55	Freundschaft mit Baron Wrangel in Semipalatinsk Verkehr mit der Familie Issajewa	
1855	Dostojewskijs Beileidsode für die Zarin Alexandra Fedorowna Dostojewskijs Beförderung zum Unteroffizier Tod des Zaren Nikolai I. Thronbesteigung Alexanders II.	*Kierkegaard stirbt*
1856	Preislied zur Thronbesteigung Alexanders II. Turgenjew „Rudin“	*Sigmund Freud geboren*
1857	Febr. Trauung mit Maria Dmitrijewna Issajewa (geb. 1828)	*Baudelaire „Les fleures du mal“* *Flaubert „Madame Bovary“*
	Aug. Dostojewskijs erste Veröffentlichung nach achtjährigem Schweigen in Ot. sa. „EIN KLEINER HELD“ Tolstoj „Jugend“	
1858	Arbeit an „Onkelchens Traum“ und „Das Dorf Stepantschikowo“	*Selma Lagerlöf geboren*
1859	März Ende der sibirischen Verschickung „ONKELCHENS TRAUM“ (in Russkoje slowo)	*Darwin „On the origin of species“* *Henri Bergson geboren* *Knut Hamsun geboren*
	August Übersiedlung nach Twer	*Verner v. Heidenstam geboren*
	Okt. Beginn „Das Totenhaus“ Nov./Dez. „DAS DORF STEPANTSCHIKOWO in Ot. sa. Dez. Übersiedlung nach Petersburg Turgenjew „Das Adelsnest“ Gontscharow „Oblomow“	
1860	Januar „GESAMMELTE WERKE“ in 2 Bd.	*Schopenhauer stirbt*
	Sept. „AUFZEICHNUNGEN AUS EINEM TOTENHAUS“ I. (in Russkij mir) Turgenjew „Am Vorabend“ Ostrowskij „Das Gewitter“ Tschechow geboren	*Fröding geboren*
1861	Januar Dostojewskij wird Schriftleiter der Zeitschrift „Wremja“ Bekanntschaft mit A. P. Suslowa	

	Jan./Nov. „Aufzeichnungen aus einem Totenhaus" Forts. (in Wremja)	
	Jan./Juli „Die Erniedrigten und Beleidigten" (in Wremja)	
	Aufhebung der Leibeigenschaft durch Zar Alexander II.	
1862	Januar „Aufzeichnungen aus einem Totenhaus" Forts. (Wremja)	*Victor Hugo: „Les Misérables"* *Bismarck Ministerpräsident*
	Juni/Aug. Dostojewskijs erste Auslandsreise (Paris, London — Begegnung mit den russ. emigrierten Revolutionären A. Herzen und M. A. Bakunin — Schweiz, Italien)	
	Turgenjew: „Väter und Söhne"	
1863	April „Winterliche Bemerkungen zu sommerlichen Eindrücken" (Wremja)	*Edvard Munch geboren*
	Mai Die Zeitschrift „Wremja" wird von der Zensur verboten	
	Aug./Okt. 2. Auslandsreise (Baden-Baden, Paris, Italien)	
	August Begegnung mit Apollinaria Suslowa in Paris (26. Aug.) Beginn der Hasardleidenschaft in Wiesbaden	
	Sept. Begegnung mit Turgenjew in Baden-Baden	
	Polnischer Aufstand (1862-64).	
1864	März Gründung der Zeitschrift „Epoche"	*Gründung der Ersten Internationale durch Marx in London*
	März „Memoiren aus dem Untergrund" (Epoche)	
	April 15. Tod seiner ersten Frau Maria Dmitrijewna	
	Juni 10. Tod seines Bruders Michail. Freundschaft mit den Schwestern Korwin-Krukowskij	
1865	März Die Herausgabe der Zeitschrift „Epoche" wird aus Geldmangel eingestellt Anwachsen der Schuldenlast	*Jean Sibelius geboren*
	Juli Dritte Auslandsreise Roulettespiel in Wiesbaden	

	Okt. Rückkehr nach Petersburg Auf der Heimreise zwei Wochen Gast bei Wrangel in Kopenhagen Mereschkowskij geboren	
1866	Jan./Dez. „SCHULD UND SÜHNE" (In Ruski Westnik)	*Nathan Söderblom geboren*
	Okt. 4. Bekanntschaft mit Anna Grigorjewna Snitkina	*Ibsen „Brand"*
	Okt. 4.—29. „DER SPIELER" (in Gesammelten Werken, Neuausgabe)	*Romain Rolland geboren*
1867	Febr. Heirat mit Anna Grigorjewna Snitkina (geb. 1846, gest. 1918)	*Karl Marx „Das Kapital"*
	April Vierter (vierjähriger) Aufenthalt im Ausland	*Ibsen „Peer Gynt"*
	April Dresden	*Nobel erfindet das Dynamit*
	Juni Baden-Baden	
	Aug./Sept. Genf Beginn an der Niederschrift des „Idioten"	
1868	Jan./Dez. „DER IDIOT" „Ruski Westnik"	*Friedenskongreß in Genf mit Bakunins Rede*
	Febr. 22. Geburt der Tochter Sonja	
	Mai 12. Sonjas Tod	*Haeckel „Natürliche Schöpfungsgeschichte"*
	Sept. Italien (Mailand)	
	Nov. Florenz Maxim Gorki geboren	
1869	Aug. Reise von Florenz nach Dresden	*André Gide geboren*
	Sept. Geburt der 2. Tochter Ljubow (Aimée) (gest. 1926)	
1870	Jan./Febr. „DER EWIGE GATTE" (in der Zeitschrift „Sarja") Beginnt „Dämonen" Tolstoj „Krieg und Frieden" Lenin geboren Iwan Bunin geboren	*Deutsch-Französischer Krieg* *3. Französische Republik* *Dickens stirbt*
1871	Endgültiger Abschluß der Hasardleidenschaft in Wiesbaden	*1. Pariser Kommune* *Zola „Les Rougon-Macquart"*
	Jan./Nov. „DIE DÄMONEN" I. (Ruski Westnik)	*Darwin „The descent of man"*
	Juli 8. Rückkehr nach Petersburg	*Nietzsche „Geburt der Tragödie"*

Juli 16. Geburt des 1. Sohnes Fjodor (gest. 1892)

1872 Staraja Russa wird einer seiner Lieblingsaufenthaltsorte

Nov./Dez. „DIE DÄMONEN“ II. (Ruski Westnik)

1873 Dostojewskij wird Chefredakteur der Wochenschrift „Graschdanin“ (bis 1874)

„TAGEBUCH EINES SCHRIFTSTELLERS“ (BOBOK)

Gründung eines eigenen Verlages („Idiot“ und „Dämonen“ Neuauflage)

Abzahlung aller Schulden.

Bakunin „Staat und Anarchie“

Sergej Rachmaninow geboren

1874 Sommer und Winter in Staraja Russa.

Mai Beginnt den „Jüngling“

Juni/Aug. Fünfte Auslandsreise (Ems)

Okt. Beendet den „Jüngling“

Mussorgskij: „Boris Godunow“

1875 Jan./Dez. „DER JÜNGLING“ in Ot. sa. Bruch der zehnjährigen Freundschaft mit Maikow und Strachow

H. Ch. Andersen gestorben
R. M. Rilke geboren
A. Schweitzer geboren

Mai/Juli Sechste Auslandsreise (Kur in Ems)

August 10. Geburt des Sohnes Alexej (gest. 1878)

Tolstoj „Anna Karenina“

Tschaikowskij „Schwanensee“

1876 Fortsetzung von „TAGEBUCH EINES SCHRIFTSTELLERS“ (DIE SANFTMÜTIGE)

Hausankauf in Staraja Russa

Juli/Aug. Siebente Auslandsreise (Sommerkur in Ems). Den Rest des Sommers verbringt Dostojewskij auf dem Gut seines Schwagers im Gouvernement Kursk und besucht die Stätten seiner Kindheit

Turgenjew „Jungfräuliche Erde“ (Neuland) und „Rauch“

1877	„TAGEBUCH EINES SCHRIFTSTELLERS" (DER TRAUM EINES KOMISCHEN MENSCHEN) Russ.-türkischer Krieg Tschaikowskij „Eugen Onegin". Tod Nekrassows	*Ibsen „Die Stützen der Gesellschaft"*
1878	Mai Tod des Sohnes Alexej	*Nietzsche „Menschliches — Allzumenschliches"*
	Juni Arbeit an den „Brüdern Karamasow" Enge Freundschaft mit dem Philosophen W. Solowjew Pilgerfahrt ins Kloster Optina Pustyn Korrespondierendes Mitglied der kaiserlichen Akademie der Wissenschaften Verkehr im Hause der Großfürsten	
1879	Jan./Nov. „DIE BRÜDER KARAMASOW" I. (in Ruski Westnik) Aureole des Ruhms. Wiederholte Dichterlesungen Verkehr im großfürstlichen Hause Freundschaft mit der Gräfin Tolstoj und Gräfin Heiden	*Ibsen „Nora"* *Einstein geboren* *Strindberg „Das rote Zimmer"*
	Juli Achte und letzte Auslandsreise (Sommerkur in Ems) Tolstoj „Beichte" Stalin geboren	
1880	Jan./Nov. „DIE BRÜDER KARAMASOW" II.	*Flaubert gestorben*
	Juni 8. Höhepunkt des Ruhms Puschkin-Rede in Moskau	
	Aug. „TAGEBUCH EINES SCHRIFTSTELLERS" Alexander Block geboren	
1881	Jan. „TAGEBUCH EINES SCHRIFTSTELLERS"	*Nietzsche „Morgenröte"*
	Jan. 28. (9. Februar) stirbt Dostojewskij	*Ibsen „Gespenster"*
	März 1. Ermordung Zar Alexanders II.	*Carlyle gestorben*

BIBLIOGRAPHIE

Aus der Überfülle der Dostojewskij-Bibliographie seien hier außer den russischen Quellen, nach denen ich gearbeitet habe, die Autoren genannt, die mein Werk ergänzen.

Systematische Dostojewskij-Bibliographie siehe:
Enzyklopädie der Literatur, Leningrad 1931
Enciclopedia Italiana, vol. XIII, 1932.

AUSGABEN DER WERKE:

* Dostojewskij, Gesammelte Werke, Petersburg 1911. 21 Bände.

* Dostojewskij, Gesammelte Werke, Moskwa 1956—1958, redigiert, eingeleitet, kommentiert, mit einer kritischen Analyse und Chronologie versehen von L. P. Großmann, A. S. Dolonin, V. V. Jermilow. 10 Bände.

* Dostojewskij, Briefe, redigiert von A. S. Dolinin, mit einer Einleitung von Gorbatschew, 1928—1959. 4 Bände.

HANDSCHRIFTLICHER NACHLASS:

Raskolnikows Tagebuch, mit unbekannten Entwürfen, Fragmenten und Briefen zu „Raskolnikow" und „Idiot", München 1928, Piper.

* Idiot. Entwürfe und Notizen. Redigiert von P. N. Sakulin und N. F. Beltschikow, Goss. Izdat. Moskau 1931.

* Schuld und Sühne. Entwürfe und Notizen. Redigiert von I. N. Gliwenko, Moskau, Leningrad 1931.

* Dämonen. Entwürfe und Notizen mit einem Kommentar von N. I. Ignatowa und E. N. Konschina, Akademie 1935.

* Brüder Karamasow. Entwürfe und Notizen. Redigiert von A. S. Dolinin, Leningrad 1935.

* Der Jüngling. Handschriftliche Aufzeichnungen, Redigiert von A. S. Dolinin, Moskau 1947.

BIOGRAPHISCHES MATERIAL:

* Wrangel, A., „Erinnerungen an Dostojewskij in Sibirien", 1912.

Dostojewskij, geschildert von seiner Tochter Aimée, München 1920.

* Nikolski, J., Die Geschichte einer Feindschaft. Sofia 1921.

Das Tagebuch der Anna Grigorjewna Dostojewskij, München 1925

Fülöp-Miller, René, Die Lebenserinnerungen der Gattin Dostojewskijs. München, Piper-Verlag, 1925.

* Silberstein, Die Geschichte einer Feindschaft (Dostojewskij und Turgenjew). Leningrad 1928.
* Suslowa, A. P., Briefe und Tagebücher. Redigiert von Sabaschnikow. Moskau 1928.

Die mit * bezeichneten Werke sind nach der russischen Ausgabe zitiert.

RUSSISCHE VERFASSER ÜBER DOSTOJEWSKIJ:

Michailowski, N. K., Das grausame Talent. Petersburg 1885.
Solowjew, W. S. Drei Reden zum Gedächtnis Dostojewskijs, 1883, Mainz 1921.
Mereschkowskij, D., Tolstoj und Dostojewskij. Petersburg 1903.
Schestow, L., Dostojewskij und Nietzsche. Petersburg 1903.
Rosanow, V., Die Legende vom Großinquisitor. Moskau 1908.
Berdjajew, N., Die Weltanschauung Dostojewskijs, München 1925.
Sokolow, N., Dostojewskij-Bibliographie. Leningrad 1925.
Grossmann, L., Leben und Werk Dostojewskijs I. und II. Moskau 1928. Der Weg Dostojewskijs, Moskau 1928.
Perewersew, W., Enzyklopädie der Literatur, Leningrad 1930.
Iwanow, W., Dostojewskij, Tragödie, Mythos, Mystik. Tübingen 1932.
Ljaskowski, A. I., Dostojewskij, Petropolis, Copyright by the author 1946.
Belinskij, Gesammelte Werke, Leningrad 1947.
Motschulski, K., Dostojewskij, Ymca Press, Paris 1947.
Belkin, A. A., Dostojewskij in der russischen Kritik. Moskau 1956.
Netschajewa, V. S., Die Handschriften Dostojewskijs. Moskau 1957.

Die Notizbücher Dostojewskijs sind entweder nach Motschulski oder nach den Kommentaren der Gesammelten Werke 1956—1958 zitiert. Zum Teil nach der Ausgabe Moskau 1935, redigiert von Ignatowa.

DEUTSCHSPRACHIGE VERFASSER:

Nötzel, K., Die slawische Volksseele, Eugen Diederichs, Jena 1916.
Dostojewskij und wir, München 1920.
Der russische und der deutsche Geist, Berlin 1920.
Das Leben Dostojewskijs, Leipzig 1925.
Fülöp-Miller, Der unbekannte Dostojewskij, München 1925.
Dostojewskij am Roulette. Piper-Verlag 1929.
Die Urgestalt der Brüder Karamasow, Piper-Verlag 1929.
Zweig, Stephan, Drei Meister. Insel-Verlag 1929.
Kampmann, Th., Dostojewskij in Deutschland. Münster 1931.
Moeller v. d. Bruck, A., Rechenschaft über Rußland. Berlin 1933.
Guardini, R., Religiöse Gestalten in Dostojewskijs Werk, Leipzig 1939.
Mann, Th., Neue Studien. Bermann-Fischer Verlag, Stockholm 1947.
Lauth, R., Die Philosophie Dostojewskijs, München 1950.
Stepun, Fedor, Dostojewskij, Heidelberg 1950.
Der Bolschewismus und die christliche Existenz. München 1959.

MÜLLER-ECKHARD, H., Die Krankheit nicht krank sein zu können. Stuttgart 1954. (Eine ausgezeichnete Analyse des Doppelgängers).

NIGG, W., Der christliche Narr. Zürich 1956. (Eines der besten Essays über den Idioten).
Prophetische Denker. Zürich 1957.

ENGLISCHE VERFASSER:

LLOYD, J. A. T., Fedor Dostoievsky, a great russian realist. London 1912.
MIDDLETON MURRY, L., F. Dostoievsky, a critical study. London 1916.
LAVRIN, I., Dostoievsky and his creation. London 1920.
MUCHNIC, H., Dostoievsky's English Reputation. Northampton 1939.
CARR, E. H., Dostoievsky, A new Biography. London 1941.
POWYS, J. C., Dostoievsky. London 1946.
SEDURO, Vladimir, Dostoyevski in Russian Literary Critism 1846—1956. (Columbia University Press).

FRANZÖSISCHE VERFASSER:

SUARÈS, André, Trois Hommes. Nouvelle Revue Française 1912.
GIDE, André, Dostoievsky. Paris, Libraire Plon 1923.
Tagebuch 1889—1939, I., II., III. Band. Stuttgart 1950—54.
PERSKY, Serge, Dostoievsky. Paris 1924.
EVDOKIMOW, P., Dostojewskij et la problème du mal ondes. Editions du Livres Français. Lyon 1942.

ITALIENISCHE VERFASSER:

GASPARINI, E., Elementi della personalita de Dostojevsky. Rom 1928.
GOBETTI, P., Il paradosso dello spirito russo. Turin 1928.
CUZZER, V., Dostojevsky. Rom 1935.
DONINI, G., Dostojevsky vivente. Florenz 1936.

SPANISCHE VERFASSER:

BAROJA, Pio, Juventud Egolatria 1910.
ORTEGA Y GASSET, José, La Deshumanizacion des arte. Madrid 1928.
CANSINOS ASSENS, R., Dostoyevski el novelista de la subconsciente. Madrid 1936.

LETTISCHE, LITAUISCHE UND TSCHECHISCHE VERFASSER:

MAURINA, Z., Dostojewskij, Leben und Weltanschauung. Riga 1932.
Russische Übersetzung. Riga 1934.
Englische Übersetzung. A Prophet of the Soul, Fyodor Dostoievsky, translated by C. P. Finlayson. London 1939.
Schwedische Übersetzung. Stockholm 1951, 2. Auflage 1957.
FREIJS, A., Das religiöse Problem bei Dostojewskij, Dissertation 1932.
CELMS, T., Kant und Dostojewskij, Probleme der Gegenwart. Riga 1933.

IN DEUTSCHER SPRACHE:

MASARYK, Thomas G., Rußland und Europa. Studien über die geistigen Strömungen in Rußland. Jena, 2 Bde. 1913.
Zur russischen Geschichts- und Religionsphilosophie. Soziologische Skizzen. Diederichs-Verlag, Jena 1913.
Studie of M. Dostojewskij, Jiri Horak. Praze 1932.
SZYLKARSKI, W., Herausgeber der Kleinen Schriften aus der Sammlung Deus et Anima. 1. Heft: Dostojewskij — Solowjew — Nietzsche, zur Einleitung in die Schriftenreihe.
2. Heft: Solowjew und Dostojewskij. Zur Entstehungsgeschichte der Legende vom Großinquisitor. Bonn 1948.
RAUDIVE, Konstantin, Der Chaosmensch und seine Überwindung. Memmingen 1951.
MACEINA, Antanas, Der Großinquisitor. Heidelberg 1952.

SKANDINAVISCHE VERFASSER:

BRANDES, G., Samlade Skrifter, Band X.
EDFELDT, J., Dostojewskij. Stockholm 1936.
THOMASSEN, E., Dostojewskij. En Livsskildring. Ljus. Stockholm 1942.

REGISTER